EXPERIENCIA CON DIOS

EDICIÓN 25 ANIVERSARIO

EXPERIENCIA CON DIOS

Cómo conocer y hacer la voluntad de Dios

HENRY Y RICHARD
BLACKABY
con CLAUDE KING

B&H ESPAÑOL
NASHVILLE, TENNESSEE

Publicado por B&H Publishing Group
Nashville, Tennessee 37234

Clasificación Decimal Dewey: 231
Subdivisión: DIOS, VOLUNTAD \ VIDA CRISTIANA

El diseño de la página 54 se usa con permiso de *Experiencia con Dios: Cómo conocer y hacer la voluntad de Dios,* por Henry T. Blackaby y Claude V. King, publicado por LifeWay Press, 1990.

La agencia literaria Wogelmuth & Associates, Inc. representa a Henry y Richard Blackaby.

Publicado originalmente en inglés por B&H Publishing Group con el título *Experiencing God, Revised and Expanded.* Copyright © 2008 por Henry Blackaby, Richard Blackaby y Claude King. Todos los derechos reservados.

Traducción al español: Guillermo Martínez.

Diseño interior: *Grupo Nivel Uno, Inc.*

A menos que se indique otra cosa, las citas bíblicas se han tomado de la versión *Reina-Valera 1960*® © 1960 por Sociedades Bíblicas en América Latina; © renovado 1988 Sociedades Bíblicas Unidas. Usadas con permiso. *Reina-Valera 1960*® es una marca registrada de las Sociedades Bíblicas Unidas y puede ser usada solo bajo licencia.

ISBN: 978-1-5359-1568-7
Impreso en EE.UU.
1 2 3 4 5 ≈ 21 20 19 18

A mis padres, G. R. S. Blackaby y Sra.,
y mis suegros, M. A. Wells y Sra.,
por el fiel ejemplo que me brindaron;

a Marilynn, mi esposa,
por la fidelidad de su compañía,

y mis hijos, Richard, Thomas, Melvin, Norman y Carrie,
pues todos han sido parte de mi experiencia con Dios.

—Henry T. Blackaby

A mis maravillosos hijos, Mike, Daniel y Carrie.
Que siempre gocen de su experiencia con Dios,
tal como sus padres, abuelos y bisabuelos lo han hecho.

—Richard Blackaby

CONTENIDO

PRÓLOGO

Cuando conocí a Cristo, jamás imaginé todo lo que Dios se proponía hacer en mi vida y a través de ella. Crecí en una comunidad de la costa occidental del Canadá, que se encontraba aislada cerca de la frontera con Alaska. Mi padre trabajaba como gerente de un banco y era un hombre consagrado a Dios. Desde niño llegué a reconocer una verdad profunda: Dios es Dios y yo no lo soy.

Pareciera bastante sencillo, pero se trata de una verdad que revolucionó mi vida. No solo llegué a creer que Dios es real, sino también que quiere cumplir una función activa en mí. Cuando llegué a la adolescencia, era un muchacho tímido e introvertido. Más adelante, durante un culto especial en la iglesia, Dios me hizo comprender que quería acceso exclusivo a mi vida, a fin de usarla para Sus propósitos. Nunca olvidaré la noche en que me entregué sin reservas a Dios y le dije que estaba dispuesto a hacer cualquier cosa que me instruyera. A partir de ese momento, dejé de hacer planes por mi cuenta. Mi única meta fue cumplir la voluntad de Dios, sea lo que fuere.

En los años de mi juventud, Dios no me reveló que algún día sería pastor, líder de una denominación, autor de libros ni mentor de empresarios. Me dio tan solo una misión a la vez, y yo procuré serle fiel. Con el tiempo, llegué a reconocer que Dios obra en forma continua y activa a mi alrededor y que puedo reconocer Su actividad si la busco en la vida de las personas que me rodean. También descubrí que cada vez que Dios me dijo que hiciera algo, sin importar lo difícil que pareciera, siempre me dio las herramientas para cumplir Su instrucción.

Con el paso del tiempo, me condujo a servir como líder juvenil, director de adoración, ministro de educación de una iglesia, pastor principal, presidente de instituto bíblico, líder denominacional, autor de libros y disertante internacional. Cada nueva misión me exigió mucho más de lo que me hacía sentir a gusto o de aquello para lo cual estaba capacitado. Sin embargo, en cada ocasión, Dios demostró que no era solamente mi Creador o mi Salvador, también era mi sustentador, mi consejero, mi consolador, mi maestro, mi fortaleza, mi protector, mi guía y mucho más. Cada vez que obedecía a Dios llegaba a experimentarlo en dimensiones nuevas y más profundas que jamás había conocido.

De vez en cuando me pedían que hablara en conferencias, especialmente en reuniones de estudiantes, a fin de dar a conocer cómo había aprendido a andar con Dios. Mi relación con Él me parecía bastante común, puesto que era lo único que había experimentado. ¡Y créeme si digo que soy una persona realmente común! No obstante, una y otra vez, las personas me dijeron que mi testimonio las había convencido de que eran religiosas, morales y fieles a una doctrina, pero que no habían tenido la experiencia con Dios que yo había descrito.

Descubrí que una creciente cantidad de personas deseaba trabajar conmigo en la iglesia, y luego en la asociación denominacional en la cual me desempeñaba como líder. Había pastores que dejaban su ministerio en iglesias fuertes y se trasladaban a un entorno misionero, a fin de vivir por fe, para participar en lo que Dios estaba haciendo en medio de nosotros. ¡Parecía tan sencillo! Y sin embargo, cada vez que le creíamos a Dios, Él debía mostrarnos lo que deseaba que hiciéramos a continuación. A medida que le obedecíamos, experimentábamos una demostración fresca de Su poder, amor y provisión, cosas que llegaron a ser una parte tan natural de la manera en que andábamos con Dios. Sin embargo, poco tiempo después nos dimos cuenta de que no era así como funcionaban los cristianos y las iglesias en su mayoría. Fue durante aquellos días inolvidables (cuando trabajaba con iglesias en la ciudad de Vancouver, Canadá), que Avery Willis me consultó si escribiría las lecciones que había aprendido de mi andar con Dios. De ese modo, otros podrían estudiarlas y aprender de ellas. Yo sabía muy bien que era una persona común y corriente, por lo que ese momento fue una lección de humildad para mí. No era escritor. Tenía un horario de trabajo tan prolongado como frenético, de modo que escribir un libro sobre lo que había aprendido de mi comunión con Dios durante toda una vida, me parecía una tarea de enormes proporciones.

Con el tiempo, la editorial me asignó un editor, Claude King, para trabajar conmigo. Claude era un hombre muy atento y lleno del Espíritu Santo. Me escuchaba enseñar. Leía las transcripciones de mis sermones. Pasamos juntos muchas horas conversando sobre la manera en que Dios se relaciona con las personas y revela su voluntad. En cierto momento, la editorial me sugirió que mi obra se titulara «Cómo conocer a Dios», pero me negué rotundamente. Me preocupaba que el pueblo de Dios ya estaba inmerso en estudios bíblicos y libros cristianos que brindaban muchísima información sobre Dios. En consecuencia, había cristianos sinceros que venían a la iglesia cada semana y aprendían cada vez más sobre Dios, pero no tenían *una experiencia* con Él. Para muchos, Él era, simplemente, un Dios distante en el cual creían, una doctrina con la cual se comprometían, una deidad invisible a quien le recitaban sus oraciones... Necesitaban descubrir que Dios es una persona con quien los cristianos pueden disfrutar de una comunión íntima, creciente y caracterizada por el amor.

Entonces, pedí en oración que el resultado de nuestros esfuerzos no fuera simplemente otro curso para aprender. Pedí a Dios que, de algún modo, guiara nuestro trabajo escrito para que las personas pudieran experimentar un encuentro con el Dios viviente que produjera un cambio en sus vidas. Claude y yo reclutamos intercesores en toda Norteamérica y les pedimos que oraran cada día para que Dios nos guiara a producir algo que a Él lo complaciera como medio para bendecir a Su pueblo. Con el tiempo, el material se publicó como un estudio interactivo titulado *Experiencia con Dios: Cómo conocer y hacer la voluntad de Dios.*

Cuando el libro salió al mercado, ¡nadie del ambiente literario formó hileras para comprar ejemplares! Nadie había oído hablar de Henry Blackaby. Los estudios interactivos no eran populares, y la editorial no lanzó una campaña publicitaria a gran escala. Las expectativas eran moderadas, por no decir más; pero algo comenzó a suceder. Algunos grupos pequeños trabajaron con el estudio y encontraron a Dios de una manera fresca y renovada. Los miembros de esos grupos y sus iglesias comenzaron a vivir un avivamiento. Así comenzó a correr la voz de que este curso no se parecía a ningún otro que se hubiera estudiado antes. Al poco tiempo, comenzamos a enterarnos de que Dios estaba haciendo cosas sorprendentes en diversas partes del país, entre diversas denominaciones, y también en otros países. Con frecuencia, mientras las personas estudiaban el material, sentían el llamado de Dios al ministerio cristiano. Llegué a oír de agencias misioneras y seminarios en que las personas indicaban, como primera razón de su ingreso al ministerio, lo que Dios les había hablado claramente mientras estudiaban *Experiencia con Dios.* Muchos nos expresaron que las verdades que encontraron los ayudaron a asumir una actitud teocéntrica en su pensamiento, lo cual los ayudó a reconocer la voluntad de Dios para su vida, sus familias, sus negocios y sus iglesias. Un par de años después, se desarrolló el material como libro comercial. Es la versión revisada y ampliada que estás leyendo ahora.

Algunos de los testimonios más extraordinarios provienen de lectores que han sido cristianos durante mucho tiempo. Estos son algunos de sus comentarios:

- «Hubiera querido conocer estas verdades hace 40 años. Mi vida y mi ministerio habrían sido totalmente diferentes».
- «Estoy viviendo la etapa más maravillosa de mi vida cristiana. Nunca supe que podía tener una relación íntima y personal con mi Padre celestial».
- «Desde que comencé con este estudio, toda mi vida y mis actitudes han cambiado».
- «Sentí el llamado de Dios a las misiones mientras estudiaba *Experiencia con Dios.* Así es como Dios me condujo al campo misionero».
- «Nuestra iglesia no es la misma. Ha vuelto a vivir. El año pasado comenzamos once ministerios nuevos».

¡No puedo explicar lo maravilloso que ha sido para mí ver la manera en que Dios ha usado este material para dejar un impacto en Su reino! *Experiencia con Dios* se ha traducido a más de 70 idiomas. He ministrado en 114 países y en todo lugar que he visitado, las personas han relatado con lágrimas la forma en que Dios usó el libro para transformar sus vidas. Un sinnúmero de individuos me han dicho que ahora sirven en su iglesia, en el campo misionero o en su empleo actual debido a lo que Dios les dijo mientras estudiaban *Experiencia con Dios.*

Descubrí que en el corazón de los cristianos había una tremenda necesidad de conocer y hacer la voluntad de Dios. Eso me ha brindado oportunidades increíbles para servir al Señor. En varias ocasiones me han invitado a ministrar en las Naciones Unidas, así como en el Pentágono y la Casa Blanca. Muchos líderes cristianos prestigiosos, autores y líderes gubernamentales me han dicho que mientras estudiaban *Experiencia con Dios,* Él los guió claramente a su situación actual y les dio un propósito para su vida. También me relacioné con un grupo dinámico de cristianos que se desempeñan como directores ejecutivos de empresas. Me han pedido que los discipule y les enseñe a reconocer la actividad de Dios en el mercado. Ser parte de lo que Dios ha hecho en estos años ha sido verdaderamente maravilloso y una lección de humildad.

Desde que escribí *Experiencia con Dios,* ha sido sumamente gratificante ver personas que descubren maneras prácticas de aplicar las verdades espirituales a su vida. Junto a mi esposa e hijos, he escrito algunos materiales afines, entre los que se incluyen *Refrescante experiencia con Dios, El llamado de Dios: El propósito de Dios para todo creyente, Cuando Dios habla* y muchos más. Nunca olvidaré al numeroso coro que cantó en el debut de *Experiencing God Musical* [Experiencia con Dios: el musical]. ¡Las palabras no pueden describir la profunda gratitud que sentí hacia Dios cuando esa noche 10 000 personas cantaron las verdades que yo había experimentado en mi andar con Él! También he sido bendecido al poder establecer la organización *Blackaby Ministries International* (www.blackaby.org) para seguir difundiendo el mensaje de *Experiencia con Dios* alrededor del mundo en los años venideros.

Después de ver durante 17 años el uso de *Experiencia con Dios* para enseñar y desafiar a las personas a escala mundial, nos pareció que ya era hora de revisar y actualizar el curso. En tanto que he oído muchos testimonios maravillosos de quienes encontraron a Dios al estudiar el material, también me han hecho numerosas preguntas que no preví al recopilar inicialmente el curso. El resultado es el libro que ahora tienes en tus manos. Se trata de una edición completamente revisada y ampliada, más exhaustiva que la versión original.

En este nuevo emprendimiento me ha complacido que mi hijo mayor, Richard, colabore como escritor con Claude y conmigo. Richard ha servido como pastor y presidente de seminario y se desempeña actualmente como presidente de *Blackaby Ministries International.* Ha colaborado conmigo en la autoría de varias obras y está bien calificado para participar en la revisión del presente material. Ha colaborado en la revisión de *Experiencing God, Interactive Study* [Experiencia con Dios: Estudio interactivo] y trabajó como editor de campo para el material original. Richard conoce muy bien mi corazón y mi mensaje, y también viaja a otros países para dar testimonio de las verdades de *Experiencia con Dios.* Este libro se ha escrito en primera persona (desde mi perspectiva), porque las percepciones bíblicas y las ilustraciones se basan primordialmente en mi experiencia. Sin embargo, tanto Claude como Richard han hecho contribuciones considerables a esta obra. Mi oración es que te encuentres con tu Señor en las páginas de este libro y que, en consecuencia, tu vida no vuelva a ser la misma.

Introducción

En la iglesia, pero no en Cristo

Hace varios años, mientras hablaba en una serie de reuniones, se me acercó un hombre durante un descanso. Se notaba conmovido por lo que yo había dicho, y me manifestó que era profesor en el instituto bíblico de su denominación. Explicó que durante años había enseñado a sus alumnos a tratar la Biblia como una obra de literatura clásica, un libro para leer y disfrutar de su belleza, pero no como un libro a través del cual el Dios Todopoderoso hablara directamente al lector. Con lágrimas, confesó que lo había hecho porque no había tenido una experiencia personal en la que Dios se comunicara con él. Sin embargo, durante dicha conferencia, el Espíritu de Dios le había hablado con claridad y le recordó que la fe cristiana es, fundamentalmente, una relación interactiva entre Dios y las personas. Durante su juventud, este hombre había experimentado la guía de Dios en su vida. No obstante, al pasar los años e ingresar al mundo académico, se había distanciado más y más de Dios. Con el tiempo, su distanciamiento de Dios le pareció normal. Entonces, supuso que también debería ser lo normativo para sus alumnos.

Se trataba de un hombre que había estudiado la Biblia toda su vida. Sin embargo, para él, la Escritura había llegado a ser solo una colección de escritos antiguos que tenían escasa aplicación directa en su vida. Ahora que su corazón había descubierto al Dios viviente de dicha Escritura, se daba cuenta de que había estado contaminando la mente de una generación de jóvenes al enseñarles que Dios no hablaba a Su pueblo. Había experimentado un avivamiento. Y anhelaba reingresar al aula para decir a sus alumnos que Dios es real y que desea tener un encuentro con cada persona.

Es lamentable, pero esta situación la vemos con regularidad. Demasiadas personas se conforman con practicar una religión estéril en lugar de disfrutar de una relación creciente, dinámica y personal con el Dios viviente.

LA INVITACIÓN DE DIOS

Dios no es un concepto ni una doctrina, es una persona que desea tener una relación estrecha y personal contigo y conmigo. No desea que solo creamos en Él, sino también que nos relacionemos con Él de forma personal. No quiere oír meras oraciones de memoria; quiere conversar con nosotros. El plan de Dios no es abandonar a los cristianos una vez que renacen para que se las arreglen con su vida de la mejor manera posible. No desea que usemos nuestro ingenio solo para «defendernos» en la vida y «sobrevivir» con valentía hasta que, finalmente, seamos recibidos en el cielo. Dios desea participar activamente en nuestra vida cada día porque sabe lo que esto puede llegar a significar. Solo Él comprende plenamente tu potencial como hijo suyo. No desea que te pierdas nada de lo que tiene para ti. Creo que dentro del corazón de cada cristiano hay un deseo innato de conocer a Dios y hacer Su voluntad.

Cuando comenzaste tu vida cristiana fuiste adoptado inmediatamente como hijo del rey de los cielos. Los negocios del rey pasaron a ser tuyos también. Y ahora que Cristo es tu Salvador y Señor, desea colocarte en medio de Su actividad, la cual ofrece salvación a toda persona en el mundo. Dios mismo te dará el deseo de servirlo y amarlo. El Espíritu Santo pondrá en ti el anhelo de conocer la voluntad del Padre y llegar a participar en lo que Dios hace a tu alrededor. Sin embargo, Él ha preparado para tu vida mucho más que una misión que cumplir. Desea que tengas una relación de amor con Él que sea tan real como personal. Jesús dijo: «Y esta es la vida eterna: que te conozcan a ti, el único Dios verdadero, y a Jesucristo, a quien has enviado» (Juan 17:3).

VIDA ETERNA, YA MISMO

La esencia de la vida eterna (y lo esencial de este libro) es que conozcas personalmente a Dios el Padre y a Jesucristo, Su Hijo. No se conoce a Dios mediante un programa, un estudio o un método, sino a través de una relación creciente, dinámica y personal con Él. En esa intimidad Dios se revelará a sí mismo, revelará Sus propósitos y Sus caminos para que puedas conocerlo en dimensiones más profundas. Al relacionarte con Dios, Él te invitará a ser parte de Su actividad donde ya está obrando. Cuando obedezcas lo que Él te dice, logrará a través de ti, cosas que solo Él puede hacer. A medida que el Señor obre en tu vida y a través de ella llegarás a conocerlo mucho más estrechamente.

Jesús dijo: «Yo he venido para que tengan vida, y para que la tengan en abundancia» (Juan 10:10). ¿Te gustaría experimentar una vida en sus dimensiones más plenas y abundantes? Puedes hacerlo, si estás dispuesto a responder a la invitación de Dios para disfrutar de una íntima relación de amor con Él.

Requisito previo: Una relación con Jesucristo como Salvador

En las siguientes páginas, se da por sentado que ya has confiado en Jesucristo como tu Salvador y lo has reconocido como Señor absoluto de tu vida. Si todavía no has tomado esa decisión tan importante, el resto de este libro tendrá escaso valor, porque solo aquellos en quienes vive el Espíritu de Cristo pueden comprender estos asuntos espirituales. La Escritura dice: «Pero el hombre natural no percibe las cosas que son del Espíritu de Dios, porque para él son locura, y no las puede entender, porque se han de discernir espiritualmente» (1 Cor. 2:14).

Tal vez te bautizaron cuando eras bebé. O quizás hayas concurrido regularmente a la iglesia desde la niñez. Incluso es posible que seas líder en tu iglesia. Tanto el bautismo, como la concurrencia a la iglesia y la participación en sus actividades son respuestas adecuadas y propias de la obediencia a una relación con Dios. Sin embargo, nada de eso *crea* ni *reemplaza* la relación. ¿Hubo una ocasión específica en que te arrepentiste de tus pecados ante Dios y le pediste a Cristo que fuera tu Señor y Salvador? Si aún no lo has hecho, lo más importante que puedes hacer, ya mismo, es obedecer lo que exige la Escritura y arreglar tus cuentas con Dios. Pídele al Señor que te hable mientras lees los siguientes pasajes bíblicos y meditas en ellos:

- Romanos 3:23 – Todos hemos pecado.
- Romanos 6:23 – La vida eterna es un regalo de Dios.
- Romanos 5:8 – Por amor, Jesús pagó el precio de nuestros pecados con su propia vida.
- Romanos 10:9-10 – Confiesa a Jesús como tu Señor y reconoce que Dios lo resucitó de los muertos.
- Romanos 10:13 – Pídele a Dios que perdone tus pecados y confía en que Él lo hará.

Para depositar tu fe en Jesús y recibir el regalo de vida eterna que Él ofrece, tienes que:

- Reconocer que Dios te creó para tener una relación de amor con Él. Dios desea que lo ames con todo tu ser.
- Admitir que eres pecador y que no puedes salvarte a ti mismo.

- Creer que Jesús pagó el precio de tu pecado al morir en la cruz y que resucitó victorioso de los muertos.
- Confesar (ponerse de acuerdo con Dios sobre) tus pecados que te separan de Él.
- Arrepentirte de (darle la espalda a) tus pecados.
- Pedirle a Jesús que te salve por Su gracia, que es un regalo inmerecido.
- Entregarle el control de tu vida a Jesús.

Si necesitas ayuda, recurre a un pastor, un diácono, un líder o un amigo cristiano. Si acabas de tomar esta importante decisión, cuéntale a alguien la buena noticia de lo que Dios ha hecho en tu vida. Luego, informa a tu iglesia sobre tu decisión.

¿ESTÁS TRATANDO DE CONOCER MEJOR A DIOS?

Como cristiano, es posible que te sientas frustrado porque sabes que Dios tiene para ti una vida más abundante de la que estás experimentando en este momento. O tal vez, hayas anhelado fervientemente la dirección de Dios en tu vida mientras procuras servirle. Quizás, hace poco hayas experimentado una tragedia y te sientas perplejo, con la vida desbaratada, sin saber qué hacer ahora. Cualesquiera sean tus circunstancias actuales, mi oración sincera es que este libro pueda ayudarte a lograr lo siguiente:

- Creer en el infinito amor de Dios por ti y experimentarlo a diario.
- Oír cuando Dios te habla.
- Identificar la inconfundible actividad de Dios en tu vida.
- Creer que Él es y hace todo lo que promete.
- Ajustar tus creencias, tu carácter y tu conducta al Señor y Sus caminos.
- Identificar el rumbo que Dios marca en tu vida, y reconocer lo que Dios desea hacer a través de ti.
- Saber claramente cómo responder a lo que Dios te muestra.
- Experimentar a Dios obrando a través de tu vida como solo Él puede hacerlo.

Esas no son cosas que *yo* ni que *este libro* podamos hacer por ti. *Solo Dios puede hacerlas.* Puedo servirte de guía, de estimulador y, quizás también, de catalizador para ayudarte a disfrutar de una relación más profunda con Dios. Te hablaré sobre las verdades bíblicas mediante las cuales Dios ha guiado mi vida. Te relataré alguna de las maravillas que el Señor hace cuando Su pueblo aplica las verdades bíblicas para obedecerle.

Te invito a relacionarte con Dios al leer este libro, y a pedirle a Él que revele las maneras en que desea que apliques estas verdades en tu vida, familia, ministerio, empleo e iglesia. ¡Pero no te apresures! Muchas personas me han dicho que, mientras leían este libro, de pronto se encontraron personalmente con Dios y Él les cambió la vida para siempre. Oro para que esa sea tu experiencia. Al leer, dedícale tiempo a la pausa y la oración, pidiéndole a Dios que te hable, que te guíe y que te revele la manera en que desea que respondas. Si Dios habla claramente acerca de algo que desea hacer en tu vida, no te apresures a seguir con el próximo capítulo. En lugar de ello, dedica tiempo a reflexionar en lo que Dios ha dicho y permite que te revele cómo desea implementar dicha verdad en tu vida. Una vez que sientas que has procesado lo que Dios desea que comprendas, comienza a leer más para descubrir qué más tiene preparado para ti.

He descubierto que Dios siempre tiene una verdad nueva y más profunda que desea que aprendamos sobre Él. De modo que una vez que te haya enseñado algo, ¡prepárate para la *siguiente* verdad maravillosa que Dios te presentará sin demora!

¿Dónde estás?

A lo largo de su experiencia espiritual, las personas pueden encontrarse en muchas situaciones diferentes. A continuación, detallo algunas de las maneras en que podrías describir tu vida espiritual. Fíjate si una o más de estas descripciones coincide con tu actual relación con Dios:

inexistente	sin crecimiento	decreciente	confusa
emocionante	creciente	milagrosa	victoriosa
desalentadora	poderosa	desconcertante	derrotada
dinámica	contagiosa	sin esperanza	gozosa
pecaminosa	vergonzosa	intensa	bochornosa

Este libro es diferente a casi todos los que puedas leer. Una y otra vez, Dios ha usado las verdades que se explican aquí para iniciar un encuentro profundo con quienes las leen. Así que antes de proseguir, dedica un momento a preguntarte *¿Qué desea hacer Dios en mi vida mientras leo este libro?* Haz una pausa, ya mismo, para orar, pídele a Dios que cumpla Su voluntad en tu vida al continuar con el libro.

TU MAESTRO

Jesús dijo: «Mas el Consolador, el Espíritu Santo, a quien el Padre enviará en mi nombre, él os enseñará todas las cosas, y os recordará todo lo que yo os he dicho» (Juan 14:26). El Espíritu Santo de Dios es tu maestro personal. Él te guiará hacia una relación más estrecha con Dios, mientras te revela los propósitos y caminos del Señor. Jesús dijo: «El que quiera hacer la voluntad de Dios, conocerá si la doctrina es de Dios, o si yo hablo por mi propia cuenta» (Juan 7:17).

Ese es el criterio para este libro y cualquier otro. El Espíritu Santo, que vive en ti, siempre confirmará en tu corazón la verdad de la Escritura. Cuando yo exprese en este libro lo que percibo como un principio bíblico, podrás confiar en que el Espíritu Santo confirmará si tal enseñanza proviene de Dios o no. ¡Te recomiendo no aceptar automáticamente lo que digo! Pide siempre al Espíritu Santo que verifique, a través de la Escritura, lo que estoy enseñando. Al leer este libro no dejes de cultivar tu relación con Dios por medio de la oración, la meditación y el estudio bíblico, para que puedas recibir y obedecer todo lo que Dios te dice.

TU FUENTE DE AUTORIDAD

La Biblia es la Palabra de Dios para ti. El Espíritu Santo cumple y usa la Palabra de Dios al hablarte. La Escritura será tu fuente de autoridad para evaluar tu vida cristiana y tu relación con Dios. No puedes confiar en que alguna tradición humana, tu experiencia o la opinión de otros sean una autoridad exacta con respecto a la voluntad y los caminos de Dios. En tanto que tales recursos pueden ser útiles, siempre tienen que evaluarse a la luz de la enseñanza de la Escritura.

Todo asunto de importancia espiritual que suceda en tu vida será el resultado de la actividad de Dios en ti. Él está infinitamente más interesado en tu vida y tu relación con Él de lo que tú o yo podríamos estarlo. Deja que el Espíritu de Dios te guíe a una relación íntima con el Señor del universo «...que es poderoso para hacer todas las cosas mucho más abundantemente de lo que pedimos o entendemos, según el poder que actúa en nosotros...» (Ef. 3:20). *¿Orarás al comenzar la lectura de este libro y le entregarás tu vida a Dios para que Él te guíe y te instruya de la manera que desee?* Mientras te preparas para obedecerlo, confía en que Dios ya ha comenzado una buena obra en ti y la completará en Su tiempo (Fil. 1:6).

Te aliento a permitir que el Espíritu Santo guíe tu vida hacia un nivel nuevo, más elevado y dinámico en tu andar con Dios. Tal vez, en este momento estés disfrutando de una vida cristiana dinámica. Sin embargo, puedo asegurarte que Dios desea que experimentes aún mucho más de Él, porque es un ser infinito. Es posible que te hayas desilusionado en el pasado. Quizás intentaste realizar otros estudios o asumiste otros compromisos para crecer espiritualmente, pero con el tiempo perdiste el entusiasmo y se esfumó tu crecimiento. Déjame animarte: No permitas que ninguna experiencia anterior de fracaso o desilusión te impida progresar, con confianza, junto a Dios. Sea cual fuere nuestra situación, ¿por qué habríamos de quedar satisfechos con la relación que hoy tenemos con Dios, si hay tanto que Él desea hacer en nuestra vida y a través de ella?

En cada capítulo de este libro se incluye una sección con preguntas para reflexionar. Es una sección separada como la que se ve en la siguiente página. Te conviene mantener un cuaderno a mano cuando medites en estos asuntos y apliques el mensaje del libro a las circunstancias de tu vida.

PREGUNTAS PARA REFLEXIONAR

1. ¿Estás seguro de que eres hijo de Dios y que Él ha perdonado tus pecados? Si no es así, detente ya mismo y arregla tus cuentas con el Señor.
2. ¿Qué te gustaría que Dios haga en tu vida mientras estudias este libro? ¿Anhelas una relación más profunda con Él? ¿Necesitas la victoria sobre un pecado en particular en tu vida? ¿Deseas vivir tiempos de mayor profundidad en la oración y la lectura de la Palabra de Dios? ¿Anhelas experimentar un gozo más profundo en tu vida o comprender mejor la voluntad de Dios? Pídele que aborde esos temas específicos mientras lees.
3. ¿Tienes dudas acerca de la vida cristiana o de tu propia experiencia personal? En ese caso, escríbelas en el margen de este libro o en un diario de oración, y luego observa cómo Dios te guía hacia la verdad de tus circunstancias.

1

EL CONOCIMIENTO DE DIOS SE BASA EN LA EXPERIENCIA

Y esta es la vida eterna: que te conozcan a ti, el único Dios verdadero, y a Jesucristo, a quien has enviado. (Juan 17:3)

CÓMO EXPERIMENTAR LA PROTECCIÓN DE DIOS

Un día viajé en una furgoneta con mi esposa Marilynn y dos hombres, por una congestionada autopista cerca de la ciudad de Washington, D.C. Era la hora de mayor tránsito y la vía de carriles múltiples estaba saturada de vehículos, mientras los impacientes conductores se apresuraban por llegar a su destino. Repentinamente, la furgoneta dio un viraje brusco a la izquierda y casi choca con un enorme camión semirremolque que iba por el carril contiguo. Todos nos sujetamos fuerte, con la certeza de que nos aplastaría el descomunal vehículo. El camión hizo sonar su estridente bocina y nuestro conductor logró que la furgoneta volviera a su carril; sin embargo, nuevamente nuestro vehículo, poco a poco, volvió a desviarse hacia el congestionado carril contiguo. Le preguntamos al conductor si se sentía bien y nos aseguró que sí, pero su manera de conducir se volvió cada vez más errática. Por último, insistimos en que detuviera el vehículo y, más tarde, descubrimos que nuestro compañero estaba sufriendo un ataque cerebral. Apenas se daba cuenta de lo que hacía. Fue un milagro que no tuviéramos un grave accidente.

Desde la niñez supe que Dios era mi protector (Sal. 41:2; 121:7). Sin embargo, aquel día *experimenté* Su amparo divino. Hay un abismo de diferencia entre saber que algo es verdad y experimentar esa realidad en tu vida. Esa noche, cuando finalmente llegamos a nuestro destino, comprendí de una manera nueva, profunda y *por experiencia,* que Dios era mi protector.

La Escritura está llena de descripciones del carácter de Dios. Puedes leer esos relatos y creer que dicen la verdad en cuanto a Él. No obstante, no quiere que solo leas algo *sobre* Él, sino que también lo *conozcas.* Para los griegos, conocer algo implicaba comprender un concepto en la mente. Era un proceso académico. Por ejemplo, un huérfano griego podía crecer y conocer el concepto de un padre. Podía describir qué hacen los padres y cómo es la experiencia de relacionarse con ellos. Podía investigar y conocer todos los matices de la palabra griega que significa padre. Sin embargo, un pequeño que tuviera un padre amante sabría mucho más sobre la paternidad que un experto que hubiera estudiado el concepto de modo abstracto durante toda la vida.

En cambio, para un hebreo como Jesús, conocer algo implicaba experimentarlo. De hecho, en esa cultura no se podía decir, con certeza, que alguien conocía algo a menos que lo hubiera tratado en forma personal. Es posible que el pequeño que tenía padre no comprendiera los diversos usos gramaticales de la palabra «padre», pero sabía mucho de lo que significaba tener uno. De modo que es significativo que, cuando Jesús habló de conocer a Dios, hablaba como hebreo.

Cuando dijo que la vida eterna es conocer a Dios –incluyendo a Jesucristo, Dios Hijo– no quiso decir que es *saber sobre* Dios. No se refirió a alguien que haya leído muchos libros y concurrido a numerosos seminarios donde se enseña sobre Dios. Hablaba de un conocimiento de primera mano, basado en la experiencia. Llegamos a conocer a Dios, de verdad, cuando tenemos una experiencia con Él en nuestra vida. Muchas personas han concurrido a la iglesia desde la niñez y han escuchado hablar de Dios toda la vida, pero no tienen una relación personal, dinámica y creciente con Él. Nunca oyen Su voz. No tienen idea de cuál es Su voluntad. No han experimentado Su amor en forma directa. No sienten que haya un propósito divino en su vida. Tal vez sepan mucho sobre Dios, pero no lo conocen de verdad.

Si solo sabes sobre Dios, quedarás insatisfecho. Únicamente puedes llegar a conocerlo de verdad a través de la experiencia, a medida que te revela Su Palabra y te relacionas con Él. En toda la Biblia podemos ver que Dios tomó la iniciativa de revelarse a las personas a través de eventos en la vida de estas.

Los nombres de Dios permiten conocerlo

En los tiempos bíblicos el nombre de un hebreo representaba su carácter o describía su naturaleza. Los nombres de las personas revelaban sus características.

De igual manera, los nombres, los títulos y las descripciones de Dios en la Biblia identifican la manera en que las personas llegaron a conocerlo. La Escritura constituye el registro de la revelación de Dios a las personas. Cada uno de Sus numerosos nombres representa un aspecto diferente de su naturaleza.

Dios proveerá

El pasaje de Génesis 22:1-18 nos relata que Dios estaba desarrollando el carácter de Abraham para que pudiera ser el padre de una nueva nación. Puso a prueba su fe y su obediencia cuando le pidió que sacrificara a Isaac, su único hijo. Esto produjo una crisis de fe en Abraham. Tuvo que decidir qué creía, de verdad, sobre Dios. Hasta ese momento, solamente lo había conocido por experiencia como «Dios Todopoderoso», porque le había dado milagrosamente un hijo cuando él y Sara, su esposa, eran ya viejos y estaban fuera de los límites de la fertilidad humana. Fue maravilloso conocer a Dios como «Todopoderoso»; pero Él quería ampliar la comprensión de Abraham y su experiencia en cuanto a la identidad de Dios.

La orden de matar a Isaac contradice, aparentemente, todo lo que sabemos sobre Él. Sin embargo, a veces, en los días de Abraham se sacrificaban niños en altares dedicados a los ídolos. La gente creía que la demostración de tal devoción a sus dioses concedería gracia divina y, como recompensa, obtendrían cosechas abundantes. En ninguna otra parte de la Biblia se registra que Dios jamás le haya pedido a alguien el sacrificio de un niño. Es evidente que estaba probando a Abraham para ver si su consagración al verdadero Dios era como la de sus vecinos a sus dioses falsos.

Naturalmente, cualquier sacrificio de esa índole sería horrendo, pero matar a tu único hijo, al que esperaste durante 25 años, sería algo doloroso en extremo. Para obedecer esa orden, Abraham tuvo que confiar en Dios con un nivel de fe renovado y más profundo de lo que jamás había experimentado. Mientras iban hacia el lugar del sacrificio, Isaac le preguntó a su padre: «¿dónde está el cordero para el holocausto?» (Gén. 22:7). ¿Puedes imaginar ese momento? ¿Cuánto habrá reflexionado Abraham, al saber que Isaac, su hijo amado, sería la ofrenda para el sacrificio?

«Y respondió Abraham: Dios se proveerá de cordero para el holocausto, hijo mío» (Gén. 22:8). No sabemos todo lo que este hombre pensaba mientras ascendía con dificultad la montaña junto a su hijo, pero sin duda, confió en que Dios proveería todo lo necesario para el sacrificio inminente. Abraham actuó sobre la base de su confianza en Dios como proveedor. Hizo lo que Él le dijo que hiciera. Cuando Dios comprobó que Abraham no solo afirmaba tener fe en Él, sino que estaba dispuesto a demostrar su confianza en obediencia mediante ese acto atroz, lo detuvo, y en reemplazo del niño proveyó un carnero para el sacrificio. Abraham le puso a ese lugar un nombre conforme a la característica de Dios que había llegado a experimentar. Esta es la primera vez que vemos el nombre *Jehová-jireh* en la Escritura, que significa «Dios proveerá». Ese día, Abraham llegó a conocer íntimamente a Dios al experimentar que era su proveedor.

Esta es la manera en que nosotros también conocemos más a Dios. Al experimentarlo en forma práctica llegamos a conocerlo en dimensiones nuevas y cada vez más profundas. Podemos aprender que Dios provee cuando leemos este relato sobre Abraham, pero realmente llegamos a conocerlo como proveedor una vez que experimentamos Su provisión en algo específico.

LA PERFECTA PROVISIÓN DE DIOS

Durante doce años me desempeñé como pastor en Saskatoon, Saskatchewan, Canadá. Cuando comenzamos nuestra primera misión, llamamos a Jack Conner para que fuera nuestro pastor misionero. Aunque la congregación necesitaba un pastor a tiempo completo, no teníamos dinero para los gastos de mudanza ni provisión para su salario; pero sabíamos que Dios nos pedía que invitáramos a Jack a trabajar con nosotros. Tenía tres hijos en edad escolar, de modo que necesitábamos pagarle al menos un salario modesto con el cual pudiera sustentar a su familia. Comenzamos a orar para que Dios proveyera para los gastos de la mudanza y su salario, una vez que llegara.

Jack tenía empleo seguro como pastor principal de una iglesia en California; sin embargo, le estábamos pidiendo que mudara a su familia a otro país, sin garantía de que recibiera un salario en forma regular. Jack y su esposa Bonna oraron, y también ellos sintieron que la mano de Dios estaba en acción. Él comenzó a llevar a su familia por un camino de ascenso a una montaña, tal como lo había hecho Abraham, sin saber precisamente cómo sería satisfecha su necesidad al llegar. Yo no tenía una extensa lista de contactos entre los cuales recabar ayuda para su sustento financiero. Sentí toda la carga de lo que le estaba pidiendo y comencé a preguntarme de qué manera Dios podría proveer para esta empresa. Luego, caí en la cuenta de que, en tanto Dios supiera dónde estaba yo, podía motivar a cualquier persona en el mundo para ayudarme. Podía poner mi necesidad en el corazón de cualquier persona, en cualquier lugar.

El servicio de inmigración canadiense aprobó a Jack, y así comenzó su travesía de fe. Cuando se preparaba para la mudanza, recibí una carta de una iglesia en Fayetteville, Arkansas (EE.UU.). El pastor decía: «Dios ha puesto en nuestro corazón que enviemos el 1% de nuestra ofrenda misionera a las misiones de Saskatchewan. Adjuntamos un cheque para el propósito que ustedes prefieran». En ese momento, no tenía idea de cómo se habían relacionado con nosotros, pero habían incluido una ofrenda considerable en la carta. Al poco tiempo, alguien me llamó y se comprometió a enviar fondos todos los meses para el sustento financiero de Jack. Con ese compromiso, el paquete financiero mensual llegó a la cifra que habíamos deseado pagarle. Cuando llegó en automóvil a nuestra casa con su familia, le pregunté: «Jack, ¿cuánto te costó la mudanza?». La suma era casi exactamente igual a lo que la iglesia de Arkansas acababa de enviarnos. Así empezamos a dar ese paso de fe creyendo lo que enseña la Biblia: Dios puede usar a cualquier persona, en cualquier lugar, como instrumento de provisión a quienes confían en Él (Fil. 4:13-16). Le habíamos creído a Dios y lo habíamos demostrado en la obediencia. Desde el punto de vista *académico*, ya sabíamos que Dios es quien provee, pero después de aquel suceso, toda nuestra iglesia supo *por experiencia* que Dios es, sin dudas, el proveedor. Al actuar por fe e invitar a Jack al ministerio, pudimos ver cómo Dios proveyó para él, y esto nos permitió vivir una relación de amor más profunda con un Dios que todo lo suple.

Dios es mi estandarte

La Biblia está repleta de ejemplos sobre cómo Dios ayudó a Su pueblo a conocer, a través de Sus experiencias, la realidad de Su persona. Cuando Josué y los israelitas combatían a los amalecitas, sus implacables enemigos, Moisés observó la batalla desde un monte cercano. Mientras mantenía las manos extendidas hacia Dios, los israelitas prevalecían, pero cuando dejaba caer sus brazos cansados, comenzaban a perder terreno.

Ese día, Dios le otorgó a Israel la victoria sobre los amalecitas y Moisés construyó un altar para conmemorar la ocasión. Lo llamó «Jehová es mi estandarte». Un estandarte era una bandera o insignia que los ejércitos, las tribus o las naciones llevaban en sus primeras filas para identificarse cuando marchaban rumbo a la batalla. A veces, podía ser difícil reconocer a un ejército que marchaba por campos polvorientos, pero cuando se veía el estandarte bien alto en el aire, se podía saber de inmediato si el ejército era amigo o enemigo, y se podía percibir su fortaleza según el rey o la nación que representaba. El título de «Jehová es mi estandarte» indicaba que los israelitas pertenecían a Dios y que oponerse a ellos era como batallar contra Su poder.

Constantemente, las manos elevadas de Moisés dieron gloria a Dios, lo que indicaba que la batalla le pertenecía y que el pueblo de Israel también era suyo. Ese día, Israel llegó a comprender a Dios de una manera renovada y poderosa, ya que volvió a reconocer que era Su pueblo y que Él era su defensor (Ex. 14:8-15).

Yo soy el que soy

Cuando Moisés se encontró con Dios en una zarza ardiente, preguntó: «He aquí que llego yo a los hijos de Israel, y les digo: El Dios de vuestros padres me ha enviado a vosotros. Si ellos me preguntaren: ¿Cuál es Su nombre?, ¿Qué les responderé?» (Ex. 3:13).

«Y respondió Dios a Moisés: YO SOY EL QUE SOY. Y dijo: Así dirás a los hijos de Israel: YO SOY me envió a vosotros» (Ex. 3:14). Con esto, Dios declaraba «Yo soy el Eterno. Seré lo que seré». En esencia, dicha declaración presentaba una promesa: «Lo que necesites que sea en tu vida, eso seré. Soy todo lo que necesitarás». Durante los 40 años siguientes, Moisés llegó a experimentar a Dios como Jehová, el gran YO SOY. Dios era todo lo que Moisés e Israel necesitaban que fuera.

Una relación, no solo un nombre

Cada vez que Dios revela Su naturaleza de un nuevo modo, *siempre tiene un propósito.* Dios te creó para que tengas una relación de amor con Él. Cuando se encuentra contigo, te permite conocerlo por experiencia. Los encuentros con Dios siempre son una expresión de Su amor por ti. Jesús dijo: «El que tiene mis mandamientos, y los guarda, ése es el que me ama; y el que me ama, será amado por mi Padre, y yo le amaré, y me manifestaré a él» (Juan 14:21).

Si tienes una relación de amor con Dios, experimentarás cómo trabaja en forma activa en tu vida y a través de ella. Por ejemplo, no podrías conocer, verdaderamente, a Dios como el «Consuelo en el dolor», a menos que hayas experimentado Su compasión en tiempos de tristeza o duelo.

Los diversos nombres de Dios que encontramos en la Escritura pueden llamarte a adorarlo. El salmista dijo: «Bienaventurado el pueblo que sabe aclamarte; andará, oh Jehová, a la luz de tu rostro. En tu nombre se alegrará todo el día, y en tu justicia será enaltecido» (Sal. 89:15-16). Reconocer el nombre de Dios equivale a reconocer quién es Él. Cuando invocamos Su nombre, mostramos que estamos buscando Su presencia. La alabanza del nombre de Dios es la exaltación de Su persona. Su nombre es majestuoso y digno de alabanza.

Resumen

Los nombres de Dios en la Escritura revelan algo de Su naturaleza, Su actividad o Su carácter. Llegas a conocer a Dios por experiencia, cuando Él toma la iniciativa, a medida que te permite aprender algo nuevo sobre Él. Al tener una experiencia con Dios, llegas a conocerlo en forma más íntima y personal. A medida que crezca tu conocimiento de Él, desearás expresarle naturalmente tu alabanza, gratitud y adoración. Una manera de adorarlo es reconocer Sus nombres para darle alabanza y honra.

Cómo tener hoy una experiencia con Dios

Busca maneras en que Dios pueda permitirte conocerlo más profundamente mediante las experiencias de tu vida. Luego, dedica un tiempo para adorar a Dios tal como has llegado a conocerlo. Adorarlo es rendirle reverencia y honor, y es también reconocer que es digno de tu alabanza.

La lista que se incluye a continuación y en la página siguiente podría ayudarte a recordar ciertas maneras en que has llegado a conocer mejor a Dios. Al examinar las numerosas maneras en que la Biblia lo describe, procura recordar experiencias en tu vida que te hayan ayudado a conocerlo de un modo similar. Quizás descubras ciertas características del Señor que aún no has reconocido o experimentado, pero eso podría sorprenderte y estimularte a tomar conciencia de las numerosas facetas de la naturaleza de Dios que ya has experimentado.

Nombres que Dios me ha revelado:

- Mi testigo (Job 16:19)
- Pan de vida (Juan 6:35)
- Mi esperanza (Sal. 71:5)
- Admirable, consejero (Isa. 9:6)
- Defensor de viudas (Sal. 68:5)
- Potente salvador mío (Sal. 140:7)

- Fiel y Verdadero (Apoc. 19:11)
- Nuestro padre (Isa. 64:8)
- Cimiento estable (Isa. 28:16)
- Mi amigo (Juan 15:14)
- Dios Todopoderoso (Gén. 17:1)
- Dios de toda consolación (2 Cor. 1:3)
- El Dios que venga mis agravios (Sal. 18:47)
- Dios de mi salvación (Sal. 51:14)
- Nuestro guía (Sal. 48:14)
- Nuestro jefe (2 Crón. 13:12)
- Cabeza de la iglesia (Ef. 5:23)
- Nuestra ayuda (Sal. 33:20)
- Mi refugio (Sal. 32:7)
- Gran sumo sacerdote (Heb. 4:14)
- El Santo en medio de ti (Os. 11:9)
- Juez justo (2 Tim. 4:8)
- Rey de reyes (1 Tim. 6:15)
- Nuestra vida (Col. 3:4)
- Luz de la vida (Juan 8:12)
- Señor de señores (1 Tim. 6:15)
- Señor de la mies (Mat. 9:38)
- Mediador (1 Tim. 2:5)
- Nuestra paz (Ef. 2:14)
- Príncipe de paz (Is. 9:6)
- Redentor mío (Sal. 19:14)
- Nuestro amparo y fortaleza (Sal. 46:1)
- Mi salvación (Ex. 15:2)
- Mi ayuda (Sal. 42:5, LBD)
- El buen pastor (Juan 10:11)
- Señor (Luc. 2:29)
- Fortaleza mía (Sal. 18:2)
- Mi apoyo (2 Sam. 22:19)
- Maestro bueno (Mar. 10:17)

PREGUNTAS PARA REFLEXIONAR

1. ¿Cuáles son las características de Dios que has llegado a conocer por experiencia?
2. En este momento, ¿cuál de los nombres de Dios parece tener mayor importancia en tu vida? ¿Por qué?
3. ¿Qué aspecto específico de la naturaleza de Dios te gustaría experimentar más plenamente en los próximos días?

2

Dios obra conforme a Su naturaleza

Amados, amémonos unos a otros; porque el amor es de Dios.
Todo aquel que ama, es nacido de Dios, y conoce a Dios.
El que no ama, no ha conocido a Dios; porque Dios es amor.
(1 Jn. 4:7-8)

El cáncer de mi hija

Cuando uno de mis hijos no podía salirse con la suya, solía acusarme diciendo: «Tú no me amas». ¿Acaso era cierto? No, claro que no. Sin embargo, en ese momento, mi amor se expresaba de manera diferente a lo que el niño hubiera deseado. Es posible que, a veces, mis acciones les resultaran confusas a mis hijos, pero mi amor hacia ellos era constante e invariable.

Cuando Carrie, nuestra hija, tenía 16 años, los médicos nos dijeron que había contraído la enfermedad de Hodgkins. En un examen radiográfico anterior, el médico había pasado por alto un lugar en la cavidad torácica, y ahora el cáncer se esparcía de manera terrible y amenazaba su vida. Tuvimos que someterla a una quimioterapia agresiva y a tratamientos con radiación que le produjeron un terrible sufrimiento. Para Marilynn y para mí fue extremadamente difícil verla soportar los debilitantes efectos de las náuseas y los dolores que le producían los tratamientos. Algunas personas enfrentan experiencias dolorosas como esta, se enfadan con Dios y lo culpan por su sufrimiento al suponer que ha dejado de amarlas. Sin duda, los tratamientos para el cáncer de Carrie tuvieron efectos devastadores en nosotros. Jamás nos había tocado enfrentar algo tan difícil. ¿Dios nos seguía amando? Sí. Su amor por nosotros no había cambiado. Se habían modificado nuestras circunstancias, pero Dios era el mismo.

Es probable que cuando te enfrentas a estas situaciones, quieras pedirle a Dios que te explique lo que está sucediendo. Eso hicimos. Por todos los medios, deseábamos conocer el propósito de Dios al permitir que nuestra joven hija sufriera tan terriblemente. Le pedimos que nos ayudara a comprender por qué permitía que nuestra familia pasara por una prueba tan difícil, pero nunca llegamos a la conclusión de que Dios ya no nos amaba.

En ocasiones, cuando oraba por Carrie, podía ver la cruz de Jesucristo detrás de ella y su enfermedad. Yo decía: «Padre, nunca me dejes poner la mirada en mis circunstancias difíciles y cuestionar tu amor por mí. En la cruz afirmaste tu amor para siempre. Eso nunca cambió ni jamás cambiará para mí. Después de lo que hiciste por mí, nunca pondré en tela de juicio si me amas». Mi amor por Dios no dependía de si sanaba o no a mi hija. Creo con todo mi corazón que mi esposa y yo lo hubiéramos seguido amando, aún cuando en Su voluntad soberana Él hubiera decidido no curar a Carrie. Reconozco que, en la divina voluntad e infinita sabiduría, hay ocasiones en que Dios escoge no curar ni proteger a alguien del mal. Gracias a mi relación de amor con Dios, pude confiar en que Él me acompañaría en toda esa situación, independientemente del resultado final.[1]

Dios te creó para que tengas una relación de amor con Él. Añora que lo ames y respondas al amor ilimitado que siente por ti. Su naturaleza es un amor perfecto, santo y absoluto. Nunca se relacionará contigo de ninguna otra manera, aunque no siempre comprendas Sus acciones. Algunas veces, no comprenderás por qué permite que ocurran ciertas cosas, y es natural que reacciones así. Él es el Dios infinito, en tanto que nosotros somos criaturas humanas limitadas. Dios ve las consecuencias eternas de todo lo que sucede. Nosotros no.

Hay muchas cosas que Dios hace y que nunca comprenderemos en esta vida; pero nos invita a conocer Su naturaleza, Su esencia y cómo es Él. Al pensar en conocer y hacer la voluntad de Dios, primero tienes que conocer quién es Dios.

Consideremos tres aspectos de Su naturaleza que lo disponen a actuar de ciertas maneras. Cada una de estas características tiene repercusiones especiales en el modo en que te relacionas con Dios y en cómo comprendes y cumples Su voluntad.

La naturaleza de Dios

1. Dios es amor: Su voluntad siempre es perfecta.
2. Dios lo sabe todo: Sus instrucciones siempre son correctas.
3. Dios es todopoderoso: Él te puede facultar para cumplir Su voluntad.

Dios es amor: Su voluntad siempre es perfecta

Según 1 Juan 4:16: «Dios es amor». No dice que Dios ama, aunque en efecto lo hace en forma perfecta e incondicional. La Escritura señala que la naturaleza esencial de Dios es el amor. Él nunca actuará en contra de Su propia naturaleza. La única manera en que experimentarás la expresión de la voluntad de Dios es a través de una demostración de amor perfecto; nunca de otro modo. El amor de Dios siempre procura lo mejor de sí para cada persona. Si rechazamos lo mejor de Él, Dios nos disciplinará. Sin embargo, la disciplina vendrá de un Padre celestial que nos ama y que hará todo lo necesario para que recibamos lo que desea darnos (ver Heb. 12:5-11).

A quienes insisten en vivir en pecado y rebelión contra Él, Dios los hace objeto de Su disciplina, Su juicio y Su ira. Sin embargo, esa disciplina se basa en el amor. «Porque el Señor al que ama, disciplina, y azota a todo el que recibe por hijo» (Heb. 12:6). Como el amor es la naturaleza de Dios, estoy seguro de que cualquier manera en que se exprese ante mí será siempre la mejor. Muchos otros versículos describen su amor por nosotros. Por ejemplo: «Porque de tal manera amó Dios al mundo, que ha dado a su Hijo unigénito...» (Juan 3:16), y también «En esto hemos conocido el amor, en que él puso su vida por nosotros...» (1 Jn. 3:16).

La confianza que tengas en la naturaleza amorosa de Dios es de vital importancia. Esto ha tenido una poderosa influencia en mi vida. Siempre visualizo mis circunstancias en el contexto de la cruz, donde Dios demostró claramente de una vez y para siempre todo Su profundo amor por mí. Es posible que no siempre comprenda mi situación actual o cómo resultarán las cosas con el tiempo, pero puedo confiar en el amor que Cristo me demostró cuando dio Su vida por mí en la cruz. Mediante la muerte y la resurrección de Jesucristo, Dios me convenció para siempre de que me ama. Yo decido basar mi confianza en Dios por lo que conozco (es decir, Su amor por mí) y decido confiar en que, a Su tiempo, me ayudará a comprender las circunstancias confusas que puedan rodearme ahora.

¡Confía en Él!

¿Alguna vez oíste a alguien decir: «Tengo miedo de rendirle totalmente mi vida al Señor, porque podría enviarme a África como misionero»? ¿O alguna vez te advirtieron: «No digas lo que no quieres hacer, porque sin duda, eso mismo te pedirá Dios que hagas»? Tales conceptos indican falta de confianza y de comprensión del amor de Dios, porque Él no te llamaría a ser misionero en África a menos que supiera que ese llamamiento es lo mejor para ti. Conozco a muchas personas que sirven al Señor en países peligrosos o empobrecidos, y no desean estar en ningún otro lugar del mundo. Aman a su país adoptivo y a su gente, y saben que Dios les dio lo mejor cuando los invitó a servirlo allí.

Un matrimonio misionero regresó con sus dos hijos a su hogar en los Estados Unidos, para pasar un año allí antes de volver a Zimbabwe. Su agenda en los Estados Unidos estaba tan repleta y les exigía tanta prisa, que afirmaron: «No vemos la hora de regresar a África. ¡Nos encantan los tiempos de África!». En el lugar donde trabajan, no hay electricidad. Se acuestan cuando oscurece y se levantan cuando sale el sol. Cuando visitan una aldea para una reunión, no hay ningún horario que cumplir. Al llegar, envían a los niños para que anuncien su presencia por toda la aldea. Se concentra una multitud y celebran una reunión hasta que se termina. El ritmo es mucho menos estresante que la frenética agenda que cumplen en los Estados Unidos.

Cuando confíes en que Dios siempre te dará lo mejor, dedicarás tu corazón a cualquier misión que te dé, porque sabrás que al cumplirla, experimentarás todo lo que Él se ha propuesto para ti. Quienes nunca están contentos ni satisfechos con las misiones que Dios les da, demuestran su falta de fe en que Dios los ama y que les expresa Su amor al guiarlos por la vida.

Nunca permitas que tu corazón cuestione el amor de Dios. Cuando procures conocerlo y comiences a tener una experiencia con Él, debes tener esto resuelto: Él te ama. Cada aspecto de Su relación contigo es una expresión de Su amor por ti. ¡Dios no sería Dios si se expresara de otra manera que no fuera amor perfecto! Lo que crees sobre el amor de Dios por ti se reflejará en cómo te relacionas con Él. Si realmente crees que Dios es amor, también aceptarás que Su voluntad siempre es perfecta.

Los mandamientos de Dios son para tu propio bien

Cuando oyes palabras tales como mandamiento, juicio, estatuto o ley, es posible que tu primera impresión sea negativa. Sin embargo, los mandamientos de Dios son expresiones de Su amor, como lo demuestran los siguientes pasajes:

> ¿Qué pide Jehová tu Dios de ti, sino que temas a Jehová tu Dios, que andes en todos sus caminos, y que lo ames, y sirvas a Jehová tu Dios con todo tu corazón y con toda tu alma; que guardes los mandamientos de Jehová y sus estatutos, que yo te prescribo hoy, para que tengas prosperidad? (Deut. 10:12-13)
>
> Y les dijo: Aplicad vuestro corazón a todas las palabras que yo os testifico hoy, para que las mandéis a vuestros hijos, a fin de que cuiden de cumplir todas las palabras de esta ley. Porque no os es cosa vana; es vuestra vida, y por medio de esta ley haréis prolongar vuestros días sobre la tierra adonde vais, pasando el Jordán, para tomar posesión de ella (Deut. 32:46-47).

El fundamento de los mandamientos de Dios es Su relación de amor contigo. Cuando llegues a conocer a Dios por experiencia, te convencerás plenamente de Su amor. Sabrás que puedes creer y confiar en Él, y por esa confianza estarás dispuesto a obedecerlo. Quienes aman al Señor no tienen problema para cumplir lo que Él dice. «Pues este es el amor a Dios, que guardemos sus mandamientos; y sus mandamientos no son gravosos» (1 Jn. 5:3).

Dios te ama profundamente. Por lo tanto, te ha dado pautas para vivir; a menos que quieras perderte la plena dimensión de la relación de amor que Él desea tener contigo. La vida tiene algunas «minas ocultas» que podrían dañarte o destruirte. Dios no desea que te pierdas lo mejor de Él. Tampoco desea que tus malas decisiones te destruyan la vida.

Cómo evitar las minas ocultas

Imagina que estás en un país devastado por la guerra y que debes cruzar un campo minado. Si un soldado local supiera exactamente dónde está enterrada cada mina y te ofreciera guiarte por el campo, ¿acaso protestarías diciendo: «No quiero que me diga qué hacer. Quiero libertad para decidir por mí mismo»? No sé lo que harías tú, pero yo me mantendría lo más cerca posible de ese soldado. Estoy seguro de que no me desviaría del camino. Las instrucciones de esa persona no me impondrían límites, sino que me salvarían la vida. Mientras caminamos juntos, el soldado diría: «No vaya por allí, porque ese sendero lo matará. Camine por este y viva».

El propósito de los mandamientos de Dios

Dios quiere que tengas una vida abundante (Juan 10:10). Cuando te manda algo, es para protegerte y guiarte hacia Sus bendiciones. No quiere que te pierdas la vida plena que desea que experimentes. Las instrucciones de Dios no te imponen límites, sino que te liberan. El propósito de Dios es que prosperes y vivas:

«Mañana cuando te preguntare tu hijo, diciendo: ¿Qué significan los testimonios y estatutos y decretos que Jehová nuestro Dios os mandó? entonces dirás a tu hijo [...] nos mandó Jehová que cumplamos todos estos estatutos, y que temamos a Jehová nuestro Dios, para que nos vaya bien todos los días, y para que nos conserve la vida, como hasta hoy. Y tendremos justicia cuando cuidemos de poner por obra todos estos mandamientos delante de Jehová nuestro Dios, como él nos ha mandado» (Deut. 6:20-21,24-25).

Suponte que el Señor dice: «Tengo un regalo para ti; es una expresión bella y maravillosa de lo que es el amor. Te daré un cónyuge que te amará y valorará. Tu relación con esta persona hará que des lo mejor de ti. Te dará la oportunidad de experimentar algunas de las dimensiones más profundas y significativas posibles del amor humano. Esa persona te acompañará para animarte, desafiarte y fortalecerte cuando te desanimes. En esa relación, tu cónyuge te amará, creerá en ti y confiará en ti. Como resultado de esa relación, te bendeciré con hijos, quienes crecerán para amarte con todo el corazón».

Pero luego advierte: «No cometerás adulterio» (Mat. 5:27). ¿Acaso el propósito de ese mandamiento es limitar tu felicidad? ¡No! El propósito es protegerte para que tengas la mejor experiencia posible de amor humano. ¿Qué sucederá si comienzas a ver tus votos nupciales como límites impuestos y decides hacer caso omiso del mandamiento de Dios y ser infiel a tu cónyuge? Se quebrará la relación de amor en tu matrimonio. Se desintegrará la confianza. La culpa invadirá tu relación y se infectará con amargura. Tus hijos también sentirán el dolor. Las cicatrices emocionales pueden limitar gravemente las dimensiones del amor que tú y tu familia podrían experimentar juntos en el futuro. Dios conoce el espantoso resultado del pecado. Por eso advierte claramente que no te dejes vencer.

Los mandamientos de Dios están diseñados para guiarte hacia lo major que tiene para ofrecerte. Sin embargo, si no confías en Él, te será difícil obedecerlo. No confiarás en Dios si no lo amas. Y no amarás a Dios a menos que lo conozcas. Sin embargo, si llegas a conocerlo a medida que se revela ante ti, lo amarás, confiarás en Él y lo obedecerás. La Biblia es sumamente clara al respecto: ¡Si amas a Dios, debes obedecerlo! Si no obedeces a Dios, en realidad no lo amas, aunque afirmes lo contrario (ver Juan 14:24).

Dios lo sabe todo: Sus instrucciones siempre son correctas

Dios es omnisciente por naturaleza, es decir, lo sabe todo. No está limitado por la dimensión del tiempo. Conoce el pasado, el presente y el futuro. Él creó todas las cosas, de modo que nada queda fuera de Su conocimiento. Por lo tanto, sea cual fuere Su manera de expresarse ante ti, Sus instrucciones siempre son correctas. Cuando Dios te da una orden, puedes estar seguro de que ya examinó todo lo que implica. Cuando obedeces, no corres el riesgo de descubrir que cometió algún error. Puedes confiar plenamente en que si te dice que hagas algo, eso es precisamente lo correcto.

Cuando procures conocer y obedecer la voluntad de Dios, antes de decidirte, necesitarás aguardar hasta comprender claramente lo que Dios desea que hagas y cómo desea que lo hagas. La sabiduría y el conocimiento humano son inadecuados para determinar lo que debes hacer. Tienes que confiar en la sabiduría y el conocimiento de Dios para tomar las decisiones importantes de tu vida. En ocasiones, tal vez no comprendas por qué Dios te pide que hagas algo. No obstante, al obedecer, llegarás a comprender por qué Su orientación fue el mejor consejo posible para tu vida. Tal vez le hayas pedido a Dios que te dé varias alternativas para que puedas escoger la que consideres mejor. ¿Pero cuántas opciones necesita darte para que sepas cuál es la correcta? Dios siempre acierta la primera vez. A ti te basta con la opción que es mejor para Él. Cuando hayas oído hablar a Dios, no necesitarás seguir aguardando para encontrar otras alternativas. Necesitas proseguir con confianza en lo que Dios ha dicho.

Cómo confiar en la instrucción de Dios

Cuando me desempeñaba como líder denominacional en Vancouver, una de nuestras iglesias sintió que Dios la guiaba a fundar tres misiones nuevas para diferentes comunidades lingüísticas. En esa ocasión, la iglesia solamente tenía 17 miembros. El razonamiento humano habría desechado, de inmediato, un proyecto a tan gran escala para una iglesia pequeña. Esperaban recibir apoyo financiero de la junta de misiones domésticas de nuestra denominación a fin de pagar los salarios de los pastores de las misiones. Un pastor ya estaba por mudarse a Vancouver cuando recibimos, repentinamente, la noticia de que la junta misionera no podría financiar ninguna obra nueva en nuestra área durante los tres próximos años.

La iglesia no tenía los fondos para cumplir aquello a lo cual Dios la había llamado. Cuando pidieron mi consejo, les sugerí que volvieran a consultar al Señor para que les aclarara lo que les había dicho. Si eso era simplemente algo que deseaban hacer para el Señor, Dios no estaba obligado a proveer. Después de buscar la presencia del Señor, volvieron a verme y dijeron: «Todavía creemos que Dios nos llama a fundar las tres iglesias nuevas». A esa altura, tenían que caminar por fe y confiar en que Dios proveería para lo que les estaba indicando, claramente, que hicieran. Algunos meses después, la iglesia recibió noticias sorprendentes.

Seis años antes, yo había conducido una serie de reuniones en California. Una anciana se había acercado para decirme que deseaba legar parte de su patrimonio en herencia para la obra misionera de nuestra ciudad. La oficina de nuestra asociación de iglesias acababa de recibir una carta de un abogado en California, con el informe de que en breve, se recibiría un cheque por una suma considerable de la herencia de esa amada anciana. La asociación podía proporcionar entonces los fondos que necesitaba la iglesia misionera. La cantidad era suficiente para establecer, de modo firme, las tres iglesias que esa fiel congregación había iniciado.

¿Acaso sabía Dios lo que hacía cuando le dijo a una iglesia de 17 miembros que iniciara tres congregaciones nuevas? Sí. Él ya sabía que la agencia misionera no podría proporcionar los fondos, y también ya conocía la generosidad de aquella consagrada anciana en California. Ninguno de esos detalles lo tomó por sorpresa. Los hermanos de aquella pequeña iglesia de Vancouver habían tenido la certeza de que Dios proveería. Sin embargo, mediante esta experiencia, llegaron a confiar más profundamente en ese Dios que todo lo sabe. Sea lo que fuere que Dios te diga que hagas, nunca tendrás que poner Su voluntad en tela de juicio. Él ya sabe lo que va a hacer.

DIOS ES TODOPODEROSO: ÉL TE PUEDE CAPACITAR PARA CUMPLIR SU VOLUNTAD

Nuestro Dios todopoderoso creó el universo de la nada. Sopló aliento de vida en criaturas de polvo. Él puede hacer cualquier cosa que se proponga. En efecto, declaró: « Mi consejo permanecerá, y haré todo lo que quiero [...] Yo hablé, y lo haré venir; lo he pensado, y también lo haré» (Isa. 46:10-11). Si alguna vez te pide que hagas algo, Él mismo hará la obra por medio de ti para que Su pedido se cumpla. Piensa en estos ejemplos bíblicos:

- Dios capacitó a Noé y a sus hijos para construir una enorme embarcación que salvó la vida de toda especie animal durante el diluvio (ver Gén. 6–9).
- Dios se valió de Gedeón y de 300 hombres para derrotar a un ejército de 120 000 (ver Jue. 7 8).
- Jesucristo le dio poder a Sus doce discípulos para que curaran a las personas y echaran fuera a los demonios (ver Mat. 10).
- .Dios equipó a Pablo para que llevara el evangelio a los gentiles y estableciera iglesias en toda Asia Menor, hasta llegar a Roma (ver Hech. 9:13-28).

Cuando tu vida se centre en la actividad de Dios, Él reordenará tu manera de pensar. Los caminos y los pensamientos de Dios son tan diferentes a los nuestros que a menudo parecen equivocados, imposibles o faltos de amor. Con frecuencia, te darás cuenta de que la tarea que te asigna va mucho más allá de tu capacidad o tus recursos para cumplirla. En cuanto reconozcas que la misión parece humanamente imposible, tendrás que estar listo para creerle a Dios y confiar en Él por completo.

Tienes que creer que te capacitará y te equipará para hacer todo lo que te pida que hagas. No trates de anticiparte a Sus pensamientos. Simplemente cree exactamente en lo que Él dice. Recurre a Dios para que te dé el poder, la percepción, la destreza y los recursos que necesitas. A veces, oigo a algunos cristianos que dicen cosas como: «Mi pastor me pidió que diera el testimonio en la iglesia el próximo domingo, pero nunca podría hacerlo... Me han pedido que conduzca un estudio bíblico en mi trabajo durante la hora del almuerzo, pero nunca antes lo he hecho, y no creo que pueda... Siento que Dios quiere que vaya al viaje misionero de mi iglesia a Sudamérica el próximo verano, pero no tengo dinero para eso...». Cuando expresamos en palabras lo que nos parece que no podemos hacer en respuesta a la iniciativa de Dios, en realidad, esas palabras dicen más de nuestra fe en Dios que de nuestra propia capacidad. Lo que vale es: ¿creemos o no que Dios es todopoderoso? Cuando declaras que te resulta imposible hacer lo que Dios te ha mandado, manifiestas tus dudas sobre cuánto crees en el poder de Dios. Una cosa es creer en el poder de Dios; pero vivir la vida en obediencia a un Dios todopoderoso es algo muy distinto.

Al comenzar tu andar con Dios, Él se te dará a conocer de un modo muy sencillo. A medida que respondas con la confianza propia de un niño, se desplegará ante ti toda una nueva manera de ver la vida. Descubrirás que te satisface. Nunca tendrás que vivir con una sensación de vacío o falta de propósito. Dios siempre llenará tu vida con Su presencia. Cuando tienes al Señor, tienes todo lo que necesitas. Así como lo fue para Moisés, Dios sera tu «Yo soy el que soy».

RESUMEN

Conocer y hacer la voluntad de Dios depende de cuánto lo conoces a Él y a Su naturaleza. Dios es amor, y por eso Su voluntad siempre es perfecta. A medida que lo sigas y obedezcas, te dirigirá de maneras que serán lo mejor para ti y para la situación a la cual Él te llama. Dios lo sabe todo; por eso nunca tendrás que cuestionar la sabiduría de Sus instrucciones, ni siquiera cuando estas no tengan sentido para ti. Sus planes siempre son correctos. Él es todopoderoso; por eso no necesitas dudar de tu capacidad, tu fuerza o tus recursos para cumplir lo que te mande. Dios te equipará para cumplir aquello para lo cual te ha llamado.

CÓMO TENER HOY UNA EXPERIENCIA CON DIOS

Medita en las verdades de este capítulo y pídele a Dios que te revele Su naturaleza. Pídele que haga crecer en ti la disposición para confiar en Él cada vez que tenga una misión para darte.

PREGUNTAS PARA REFLEXIONAR

Cuando respondas las preguntas de más abajo, reflexiona en las siguientes tres características del Señor:

- Dios es amor. Su voluntad siempre es perfecta.
- Dios lo sabe todo. Sus instrucciones siempre son correctas.
- Dios es todopoderoso. Él te puede facultar para cumplir Su voluntad.

1. Describe la experiencia que resolvió de manera más permanente tu creencia en el amor de Dios por ti. ¿Qué preguntas hiciste durante esa experiencia? ¿Dios respondió tus preguntas? ¿Cómo? ¿O por qué no? ¿Alguna vez dudaste del amor de Dios durante esa experiencia? ¿Cómo puedes estar seguro de que Dios te ama hoy?
2. Cuando Dios te ha pedido que hagas algo, ¿cuál ha sido tu respuesta característica? Si te fue difícil obedecer, ¿cuál ha sido el impedimento? ¿Te faltó confianza en el amor de Dios? ¿En Su sabiduría? ¿En Su poder?
3. ¿Alguna vez Dios te pidió que hicieras algo que no tenía sentido para ti? En ese caso, ¿qué sucedió? ¿Qué aprendiste de Dios y de ti mismo a través de esa experiencia?

---

1. En el capítulo 14, titulado «Dios habla a través de las circunstancias», te diré cómo Dios usó la circunstancia del cáncer de Carrie para glorificarse y traer renovación a ministerios de oración alrededor del mundo. Desde entonces, Carrie se graduó de la universidad y el seminario, se casó, tuvo dos hijos hermosos, y sirve como misionera a tiempo completo en Alemania.

3

Cómo hacer la voluntad de Dios

«Jesús les dijo: Mi comida es que haga la voluntad del que me envió, y que acabe su obra». (Juan 4:34)

Cuando hacemos cosas para Dios

Después de graduarse del seminario en 1984, Claude King y su esposa se propusieron cumplir el sueño de plantar iglesias en el Condado de Gwinnett, Georgia (EE.UU.), a la vez que «fabricaban tiendas», es decir, que se ganaban el sustento por otros medios. Cuando estudiaba en el seminario, Claude había asistido a todas las clases que pudo sobre evangelización y sobre la tarea de plantar iglesias. Dedicó 18 meses a desarrollar planes para fundar iglesias en todo el condado, pero todo salió mal. Aunque en esos días solo se registraba un desempleo del 2 %, ni Claude ni su esposa pudieron encontrar empleo. Habían agotado sus escasos ahorros, sus deudas aumentaban a diario y ni siquiera habían reunido un núcleo de personas interesadas en fundar una iglesia. Sumamente frustrado, Claude mudó a su familia a la vivienda de sus padres. Quería ganar a otros para Cristo. Procuraba extender el reino de Dios. Estaba dispuesto a esforzarse; pero había fracasado. Durante un tiempo, se sintió desconcertado porque Dios no había bendecido sus esfuerzos.

Entonces, en 1986 Dios hizo que el camino de Claude se cruzara con el mío. Había aceptado un empleo como editor para una editorial cristiana, pero en su corazón seguía la carga de plantar iglesias. Cuando Claude y yo conversamos, el Señor reveló que sus esfuerzos habían sido admirables, pero equivocados. Había estado haciendo sus propios planes e intentando convencer a Dios para que los bendijera. Dios había estado esperando que él le rindiera su vida y se pusiera a Su disposición para que cumpliera Sus propósitos divinos. Cuando cambió su perspectiva, comenzó a ver, de inmediato, la diferencia entre la actividad centrada en el hombre y la centrada en Dios. Se ofreció, voluntariamente, para colaborar con su asociación de iglesias locales en la tarea de plantar iglesias. Sin embargo, esta vez, no desarrolló su propio plan. Lo único que hizo fue comunicar a las congregaciones de su asociación la necesidad de plantar iglesias nuevas, y luego aguardó para ver lo que Dios haría.

Durante los tres meses posteriores, Claude se enteró de que catorce comunidades solicitaban iglesias nuevas. Dos años después, había seis congregaciones nuevas con pastores de dedicación completa, y se estaba organizando una séptima congregación.

Claude comprobó que Dios podía hacer en una semana más de lo que él hubiera logrado con años de su propio esfuerzo. También llegó a reconocer que había estado tan ocupado tratando de hacer cosas *para* Dios, que no había dedicado tiempo para disfrutar de la comunión *con* Dios. Cuando colaboró conmigo en la autoría de *Experiencia con Dios,* comprobó que la manera en que el Señor usaba su vida crecía cada vez más. Cuanto más se disponía a vivir en una estrecha relación con Dios, Él más aumentaba los logros a través de la vida de Claude.

LA PREGUNTA EQUIVOCADA

Jesús consideraba que la voluntad de Dios era Su prioridad suprema (ver Juan 4:32-34). Cumplir la voluntad de Dios también es importante para ti. Con frecuencia, cuando las personas quieren conocer la voluntad de Dios, preguntan: «¿Cuál es la voluntad de Dios para mi vida?». Como solía decir, Gaines S. Dobbins, uno de mis profesores en el seminario: «Si haces la pregunta equivocada, obtendrás la respuesta equivocada».

«¿Cuál es la voluntad de Dios para mi vida?» no es la mejor pregunta que podemos hacer. Lo mejor que podemos preguntar es: «¿Cuál es la voluntad de Dios?». Como los seres humanos nos centramos en nosotros mismos por naturaleza, tendemos a ver todo el mundo (incluso la actividad de Dios) según las condiciones de nuestra propia vida. Claro que deseamos saber lo que debemos hacer y cómo nos afectarán los sucesos, pero, en realidad, esa es una perspectiva invertida de la vida. Una vez que conozco la voluntad de Dios, mi vida accederá a la perspectiva correcta, y así podré ajustarla a Dios y Sus propósitos. En otras palabras, ¿qué es lo que Dios se propone lograr donde yo estoy? Una vez que conozca lo que Dios está haciendo, veré lo que yo debo hacer. Es necesario que mi visión se enfoque hacia afuera, es decir, hacia Dios y Sus propósitos, y no hacia adentro, hacia mi vida.

Ahora bien, eso no significa que Dios no tenga planes para tu vida. Por cierto, los tiene. Él te creó y sabe que tu vida puede alcanzar su máximo potencial. La Biblia dice que Dios quiere que tengas una vida abundante y estés lleno de gozo divino; pero los planes que Dios tiene para ti se basan en lo que está haciendo en el mundo que te rodea. Él tiene en mente un propósito más alto para toda la humanidad. Desea que participes en lo que Él está haciendo para extender la salvación a otros. Cuando descubres el plan mayor de Dios, esto te ayuda a conocer lo que desea hacer a través de ti.

No te limites a «hacer algo»

Somos personas muy activas. Siempre queremos lograr algo. La idea de hacer la voluntad de Dios parece emocionante. De vez en cuando, alguien dice: «No te quedes ahí parado... *haz* algo». A veces, las personas o las iglesias están demasiado ocupadas en ejecutar planes que, a su parecer, cumplirán los propósitos de Dios. Por eso, no se molestan en averiguar lo que Él realmente quiere. A menudo, nos agotamos con el esfuerzo y logramos poco para el reino de Dios.

Creo que Dios nos está gritando: «No te limites a hacer algo. ¡Detente! Ven a vivir una relación de amor conmigo. Conóceme. Ajusta tu vida a mí. Deja que te ame y te enseñe sobre mí, a medida que trabajo por medio de tu vida». Llegará el momento de actuar, pero no debemos sabotear la relación (Sal. 37:7). Tu relación con Dios debe tener el primer lugar. A través de Su andar contigo, Dios cumple los planes que tiene para nuestro mundo.

Jesús dijo: «Yo soy la vid, vosotros los pámpanos; el que permanece en mí, y yo en él, éste lleva mucho fruto; porque separados de mí nada podéis hacer» (Juan 15:5). ¿Estás convencido de que separado de Él nada puedes hacer? Claro, puedes mantenerte muy ocupado. Puedes sumergirte en actividades, programas, reuniones y eventos, pero eso no tendrá ningún valor perdurable para el reino de Dios. El apóstol Pablo advirtió que un día, la obra de cada persona será probada por fuego para determinar si se hizo conforme a la voluntad y el poder de Dios (1 Cor. 3:13). En el juicio final Dios únicamente elogiará las actividades que Él inició. Si estás experimentando en tu vida un tiempo de sequedad espiritual, es posible que estés intentando hacer cosas que Dios no ha iniciado. Sin embargo, cuando permanezcas en Cristo, te maravillarás ante lo que Dios lleva a cabo a través de ti.

Dios quiere que lo conozcas mejor mediante la experiencia. Si permaneces en Él, lo conseguirás. Dios desea una relación de amor contigo, y desea hacerte participar en el trabajo de Su reino. Sólo Dios puede iniciar Sus propios planes. Desea tu participación, pero tú no puedes hacer Su trabajo. Cuando creas en Dios y hagas lo que te indica, entonces trabajará a través de ti.

Jesús tuvo un consejo para quienes se agotaban intentando hacer las cosas mediante su propia fuerza: «Venid a mí todos los que estáis trabajados y cargados, y yo os haré descansar. Llevad mi yugo sobre vosotros, y aprended de mí, que soy manso y humilde de corazón; y hallaréis descanso para vuestras almas; porque mi yugo es fácil, y ligera mi carga» (Mat. 11:28-30).

Un yugo era un instrumento hecho para que dos bueyes trabajaran juntos. Con frecuencia, los agricultores formaban una yunta entre un buey experimentado y otro más joven. De esa manera, el más joven podía aprender del más experimentado. Jesús te invita para que te unas a Él... para que camines a Su lado y sigas Su liderazgo. Cuando trabajas donde Él ya está trabajando, Él cumple Sus propósitos a través de ti. El propósito de la experiencia no es agotarte ni imponerte una carga, sino estimularte y satisfacerte en el aspecto espiritual. Es lamentable, pero hoy día hay una enfermedad crónica entre los cristianos, particularmente entre pastores y líderes de ministerios cristianos: la fatiga. Se agotan al hacer cosas para Dios con sus propias fuerzas. Sin embargo, Jesús prometió que quienes caminen con Él y trabajen con Él hallarán descanso para su alma. Dios tiene más que lo suficiente en conocimiento, poder y recursos para lograr cualquier cosa que desee. Nuestra participación, cuando Él nos invita, es un privilegio que debe renovar nuestra fuerza y mantenernos en comunión con Él. Si te sientes agotado o estresado por tus «deberes cristianos», tal vez no estés llevando correctamente el yugo de tu maestro.

Dios busca tener una relación de amor

Algunas personas han sugerido que Dios nos da indicaciones generales y luego nos abandona para que encaminemos los detalles de nuestra vida. *No estoy de acuerdo.* La intención de Dios es tener una relación de amor con cada uno de nosotros. Cuando intentamos discernir anticipadamente el plan para toda una vida, nos adelantamos a nuestro propio tiempo. Algunos quieren tener la seguridad de decidir si serán empresarios, maestros de escuela, predicadores o enfermeros. Quieren saber si se establecerán en su país de origen, si vivirán por décadas en Japón o si se mudarán a la Argentina. Sin embargo, Dios no siempre presenta las cosas de ese modo. Tal vez, te haga ocupar un empleo en un lugar por un tiempo prolongado, pero los proyectos de Dios se encomiendan en forma diaria. Tienes que estar siempre preparado para cualquier cosa que Dios te proponga, aún cuando sea algo que no hayas previsto.

Te llama a ser parte de una relación en la cual Él es Señor y tú estás dispuesto a hacer y ser todo lo que Él decida. Si te sometes a Su autoridad, es probable que Él te guíe a hacer cosas que nunca te habrías imaginado. Si no te sometes a Su autoridad, es probable que te congeles en un empleo o un proyecto y te pierdas lo que Dios desea hacer a través de ti. He oído a personas que dicen: «Dios me llamó a ser _____, de modo que no es posible que esta otra oportunidad sea Su voluntad». O bien: «Mi don espiritual es _____, de modo que este ministerio no puede ser la voluntad de Dios para mí». Tendemos a buscar cosas con las que estamos a gusto, pero nuestros temores no le imponen límites a Dios. Él puede ver más allá de nuestras limitaciones actuales, y permanentemente nos guía a crecer para ser la persona que sabe que podemos llegar a ser.

En ninguna parte de la Biblia dice que Dios nos da un plan para la vida y luego nos abandona para que lo llevemos a cabo. En cambio, el modelo que enfatiza la Escritura es un andar diario con Él, donde Dios asigna nuevos proyectos y luego trabaja a través de nosotros para lograrlos. Eso es, precisamente, un don espiritual: una habilitación sobrenatural para cumplir el proyecto que Dios te da.

No te limites a tus talentos, destrezas e intereses para determinar la voluntad de Dios. En cambio, busca Su voluntad y observa cómo te equipa para cualquier proyecto que te asigna. He oído a muchas personas decir: «Tengo capacidad para ____________; por lo tanto, eso debe ser la voluntad de Dios». Esta manera de pensar se centra en uno mismo. Por el contrario, como Cristo es el Señor, tu actitud debe ser: «Señor, serviré en cualquier lugar de tu reino donde sea necesario. Donde desees que vaya, iré. Cualesquiera fuesen las circunstancias, estoy dispuesto a seguirte. Si deseas satisfacer una necesidad con mi vida, soy tu siervo y haré lo que sea que me pidas».

EL AGRICULTOR FUE MI MAPA

Durante doce años, fui pastor de una iglesia en una ciudad rodeada por comunidades agrícolas. Un día, un agricultor me invitó a su casa. Sus indicaciones fueron más o menos así: «Vaya hasta unos 400 m después del límite de la ciudad y verá un granero rojo y grande a la izquierda. Siga hasta el siguiente camino y doble a la izquierda. Siga 1200 m por ese camino. Verá un álamo grande. Doble a la derecha y siga unos 6,5 km; y luego verá una roca grande...» ¡Escribí todo eso y solo por la gracia de Dios logré encontrar la granja!

La siguiente ocasión en que fui a la casa de este hombre, él me acompañó en mi vehículo. Había más de una manera de llegar a su casa, y él podría haberme hecho seguir el camino que quisiera. En esta oportunidad, no necesité instrucciones escritas. El hombre fue mi mapa. ¿Qué tuve que hacer? Sencillamente, escucharlo y hacer lo que me decía. Cada vez que dijo «doble aquí», eso fue lo que hice. Me llevó por otro camino que yo no habría descubierto por mis propios medios. No podría volver a seguir esa ruta por mí mismo, porque el agricultor fue mi mapa y él conocía el camino.

JESÚS ES TU CAMINO

A menudo, hay personas que, para conocer y hacer la voluntad de Dios, le preguntan al Señor: «¿Qué quieres que haga?». «¿Cuándo quieres que lo haga?». «¿Cómo debo hacerlo?». «¿Dónde debo hacerlo?». «¿Cuál sera el resultado?».

¿Acaso no nos caracterizamos por pedirle a Dios un mapa de carreteras antes de estar dispuestos a emprender una travesía? Decimos: «Señor, si sólo me dices adónde es necesario que llegue, entonces podré determinar mi rumbo y marchar». Tal vez decidas que no avanzarás hasta que Dios te anticipe los detalles de lo que tendrás que enfrentar; pero esa no fue la manera en que Dios condujo a las personas en la Escritura.

Dios no nos envía como si fuéramos un muchacho que hace mandados. Él quiere acompañarnos en la travesía. Desea que prestemos atención a Su voz todo el tiempo, y que lo acompañemos día por día. En tanto que caminemos a diario con Cristo, siempre sabremos dónde estar: precisamente a Su lado. Así llegaremos siempre adonde Él quiere que estemos. Jesús no dijo:

- «Te daré todo el plan».
- «Te daré un mapa de carreteras».
- «Te diré qué rumbo tomar y te enviaré».

Él dijo: «Yo soy el camino» (Juan 14:6). Jesús conoce el camino; Él es tu camino.

¿Puedes confiar en Dios para que te guíe y señale cada giro a lo largo de la ruta así como el agricultor me guió? Tal vez digas: «No, Jesús no dirige a las personas de esa manera específica». ¡Pero lo hace! La Biblia está llena de ejemplos donde Dios guió a Su pueblo en forma precisa. Tal vez te hayan enseñado o has llegado a la conclusión de que debes asumir el control de tu vida y hacer lo mejor posible. Pero tu vida vale demasiado para echarla a perder confiando en que harás lo mejor posible. Eres un ser humano y, por lo tanto, eres propenso a cometer errores. Solo Dios es perfecto e infinitamente sabio. Él conoce el futuro. Él es todopoderoso. Tu vida está en mejores manos cuando la rindes a Dios y a Su dirección.

Cuando llegues a confiar en que Jesús te guiará paso a paso, experimentarás una enorme libertad. Pero mientras confíes en tu propio criterio, cada vez que necesites tomar una decisión, te preocuparás ante la posibilidad de haber tomado el camino equivocado. Conozco varias personas a quienes la preocupación las inmovilizó de tal manera, que pasaron años en un limbo de indecisión, solamente porque no creyeron que Dios les daría una dirección precisa. Pero Dios no quiere que vivamos con ansiedad (ver Fil. 4:6; 1 Ped. 5:7).

Cuando me concentro en mi relación con Dios, mediante esa comunión divina, Dios comparte conmigo Su propio corazón. Cuando Dios habla, respondo a todo lo que me dice a diario, y me da bastante quehacer para que cada uno de mis días tenga sentido y propósito. Cuando cumplo lo que Él dice, estoy en el centro de Su voluntad, y Dios puede usar mi vida para cumplir Sus propósitos. Mi inquietud primordial no será «¿qué haré con mi vida mañana?», sino «¿qué quiere Dios que haga hoy?» *Cuando sigas a Jesús día por día, Él te mantendrá en el centro de la voluntad de Dios.*

Abraham siguió a Dios, día por día

Abraham anduvo por fe y no por lo que veía. En el siguiente pasaje, lee sobre el llamamiento a Abram para hacer la voluntad de Dios. Observa cuántos detalles recibió antes de que Dios le pidiera que obedezca.

> Pero Jehová había dicho a Abram: Vete de tu tierra y de tu parentela, y de la casa de tu padre, a la tierra que te mostraré. Y haré de ti una nación grande, y te bendeciré, y engrandeceré tu nombre, y

> serás bendición. Bendeciré a los que te bendijeren, y a los que te maldijeren maldeciré; y serán benditas en ti todas las familias de la tierra.
>
> Y se fue Abram, como Jehová le dijo; y Lot fue con él. Y era Abram de edad de setenta y cinco años cuando salió de Harán. Tomó, pues, Abram a Sarai su mujer, y a Lot hijo de su hermano, y todos sus bienes que habían ganado y las personas que habían adquirido en Harán, y salieron para ir a tierra de Canaán... (Gén. 12:1-5)

Dios dijo: «Vete de tu tierra». ¿Cuán específicas fueron las instrucciones? Los detalles que le dio a Abram fueron: «a la tierra que te mostraré». Eso es todo lo que le pidió que hiciera. Dios prometió hacer el resto. Abram tuvo que trasladar a su familia y todos sus bienes día por día, porque dependía de que Dios le dijera dónde debía ir. ¿Estarías dispuesto a seguir las instrucciones de Dios para tu vida con tan pocos detalles?

POCOS DETALLES AL PRINCIPIO

A menudo, Dios llama a las personas para que lo sigan, sin darles todos los detalles al principio. Ese es el verdadero modelo bíblico. Como sucedió con Abram, muchas veces Dios invita a las personas a seguirlo paso a paso. Si Dios te diera un plan específico para tu vida, lo más probable es que te concentrarías en el plan y no en Él. Dios no quiere que tu vida dependa de un plan, de un ingreso económico, de una persona, ni de ninguna otra cosa. Quiere que confíes en Él.

Si examinas toda la Escritura, verás que, rara vez, Dios les dio la misma cantidad de detalles a aquellos a quienes reveló Su voluntad. Dios le dijo a Moisés la mayor parte de Su plan antes de que este regresara a Egipto. Por otra parte, le dijo a Abraham que se pusiera en marcha y que le daría detalles adicionales en el camino. Le dio instrucciones extremadamente específicas a Ananías sobre dónde encontrar a Saulo y qué hacer para curarlo (ver Hech. 9:10-19). Sin embargo, Jesús no le dijo a Andrés siquiera dónde pasaría la noche (ver Juan 1:39). No obstante, en cada caso, las personas tuvieron que mantenerse en comunión con Dios para obtener orientación.

A Pedro, Andrés, Santiago, Juan y Pablo, Dios les dio un mínimo de detalles sobre la misión de cada uno (ver Mat. 4:18-22; 9:9; Hech. 9:1-20). Sencillamente dijo: «Sígueme». Jesús indicó: «Mas buscad primeramente el reino de Dios y su justicia, y todas estas cosas os serán añadidas. Así que, no os afanéis por el día de mañana, porque el día de mañana traerá su afán. Basta a cada día su propio mal» (Mat. 6:33-34). Dios quiere que al comenzar cada día lo busquemos a Él. Como resultado de esa relación, experimentaremos Su guía en nuestra vida.

Resumen

Dios tiene mucho más interés en una relación de amor contigo que en lo que puedas hacer por Él. Desea que lo ames. A medida que camines a Su lado, Dios te guiará hacia actividades específicas. Pero mientras hagas esas cosas, Dios será quien trabaje a través de ti para cumplir Sus propósitos. Él es todo lo que necesitas. El Cristo que vive en ti es tu camino. Él es tu mapa. Cuando sigas Su dirección un día a la vez siempre estarás en el centro de la voluntad de Dios.

Cómo tener hoy una experiencia con Dios

¿Te sientes ansioso con respecto al futuro o te satisface la idea de andar con Jesús día por día? Dedica hoy algún tiempo para estar a solas con Dios, y disfruta de tu comunión con Él sin pensar en lo que quizás debas hacer después.

PREGUNTAS PARA REFLEXIONAR

1. ¿Has tenido dificultad para conocer la voluntad de Dios? Si así fuera, ¿cuál ha sido tu mayor desafío?
2. ¿Estás satisfecho con tu relación con Cristo, o sientes constantemente la necesidad de hacer algo por Él?
3. Al permanecer en Cristo, ¿de qué manera has experimentado la obra de Dios a través de tu vida?
4. ¿Te satisface la idea de seguir a Dios día por día, o sientes ansiedad si no sabes adónde te dirigirá en el futuro? En ese caso, ¿por qué?

4

SER SIERVO DE DIOS

Si alguno me sirve, sígame; y donde yo estuviere, allí también estará mi servidor. Si alguno me sirviere, mi Padre le honrará. (Juan 12:26)

OTRA VEZ ENCAMINADO

Tiempo atrás, en una conferencia muy concurrida, se me acercó un hombre, me tomó la mano y dijo: «Yo era pastor». Luego, continuó explicándome que en la primera iglesia donde sirvió, algunos líderes irreverentes se le opusieron, de manera drástica, para presionarlo a dejar la iglesia. Con sus acciones y mentiras lastimaron profundamente a este hombre y su esposa. Con el tiempo, el pastor se enojó y renunció, y se propuso no volver a servir en el ministerio. Ocupó un empleo como vicepresidente ejecutivo en la nueva compañía de un amigo.

El negocio llegó a tener muchísimo éxito y el ex pastor disfrutó de una prosperidad financiera como jamás hubiera imaginado. Al tiempo, en la iglesia a la que concurría, comenzaron un estudio de *Experiencia con Dios.* Quienes participaban en el curso aprendieron que Dios siempre está obrando para redimir a un mundo perdido y que invita a las personas a participar con Él en Su obra. El ex pastor se sintió profundamente conmovido al recordar la ocasión en que Dios lo había invitado a participar en Su obra en la iglesia. El hombre se dio cuenta de que, al dejar el ministerio, había abandonado un llamamiento divino. Renunció a su puesto lucrativo en la compañía y aceptó el pastorada de una iglesia pequeña. «He vuelto a ser pastor», me dijo con lágrimas en los ojos. Este querido hermano había perdido la visión de ser siervo de Dios y que su Señor tenía el derecho de asignarle cualquier tarea que Él quisiera. Cuando recobró una clara visión de Dios, la importancia de sus sentimientos de amargura se volvió relativa. Una vez más se sintió satisfecho y realizado como pastor.

La idea no es que cada empresario renuncie a su empleo para dedicarse al ministerio, sino que para participar en la obra de Dios debes ser siervo. Muchos pasajes bíblicos describen a Jesús como siervo de Dios. Él vino a la tierra a cumplir la voluntad de Dios para redimir a la humanidad. Pablo describió la humildad de Jesús y nos la recomendó de esta manera:

> Haya, pues, en vosotros este sentir que hubo también en Cristo Jesús, el cual, siendo en forma de Dios, no estimó el ser igual a Dios como cosa a que aferrarse, sino que se despojó a sí mismo, tomando forma de siervo, hecho semejante a los hombres; y estando en la condición de hombre, se humilló a sí mismo, haciéndose obediente hasta la muerte, y muerte de cruz. (Fil. 2:5-8)

Debemos asumir la actitud de siervo que tuvo Cristo, la cual requiere humildad y obediencia. En las instrucciones a Sus discípulos sobre la servidumbre, Jesús describió Su propia función en el servicio: «...el que quiera ser el primero entre vosotros será vuestro siervo; como el Hijo del Hombre no vino para ser servido, sino para servir, y para dar su vida en rescate por muchos» (Mat. 20:27-28).

Asimismo, Jesús explicó nuestra relación con Él, al decir: «Como me envió el Padre, así también yo os envío» (Juan 20:21). Cuando respondes a la invitación de Dios para salvarte, comienzas a participar en Su misión para la redención del mundo. La salvación que Dios ofrece viene acompañada de un llamamiento para participar con Él en Su misión. En esa nueva relación, pasas a cumplir la función de siervo y Dios es tu amo y Señor.

Se entiende que un siervo es aquel que se acerca a su amo y dice: «Amo, ¿qué quiere que haga?». El amo le dice lo que debe hacer, y el siervo va y lo hace. Sin embargo, esa no es la imagen bíblica de un siervo de Dios. Ser siervo de Dios es muy diferente a trabajar para un amo aquí en la tierra. Un siervo común y corriente trabaja para su amo, pero Dios trabaja *a través* de Sus siervos.

El retrato bíblico de un siervo de Dios se parece más a la arcilla y el alfarero. Dios describió así la relación con Su pueblo:

> Palabra de Jehová que vino a Jeremías, diciendo: «Levántate y vete a casa del alfarero, y allí te haré oír mis palabras». Y descendí a casa del alfarero, y he aquí que él trabajaba sobre la rueda. Y la vasija de barro que él hacía se echó a perder en su mano; y volvió y la hizo otra vasija, según le pareció mejor hacerla.
>
> Entonces vino a mí palabra de Jehová, diciendo: «¿No podré yo hacer de vosotros como este alfarero, oh casa de Israel?» dice Jehová. «He aquí que como el barro en la mano del alfarero, así sois vosotros en mi mano, oh casa de Israel». (Jer. 18:1-6)

Para que la arcilla tenga utilidad, debe ser moldeable. Una vez que se le da la forma de un vaso, su utilidad sigue dependiendo del criterio del alfarero.

Amo divino y siervo humano

Ese retrato de nuestro servicio a Dios es muy diferente a la manera en que las personas se sirven entre sí. Cuando te ofreces a Dios para ser Su siervo Su primera expectativa es transformarte en el instrumento que desea tener. Dios siempre trabajará *en* ti antes de trabajar *a través* de ti. Cuando obedezcas, Él es quien cumplirá la obra. Abordaremos este tema en mayor detalle cuando estudiemos la vida de Jesús en el capítulo 6.

Como siervos de Dios, tenemos dos tareas: (1) ser moldeables, y (2) permanecer a disposición de nuestro Amo (el Alfarero) para que nos use. Entonces el Señor nos usará como Él prefiera. Con nuestro propio esfuerzo no podemos hacer nada de valor para el reino. Como Jesús dijo: «No puede el Hijo hacer nada por sí mismo» (Juan 5:19) y: «separados de mí nada podéis hacer» (Juan 15:5). Cuando Dios obra a través de Su siervo, esa persona puede hacer cualquier cosa que Dios decida realizar a través de su vida. El potencial es ilimitado; pero la servidumbre exige obediencia. Los siervos de Dios tienen que hacer lo que se les ordena, y deben recordar quién hace el trabajo: Dios.

Si has estado funcionando con un enfoque distorsionado de lo que es el servicio espiritual, este concepto debería cambiar tu perspectiva en cuanto a servir a Dios. No se trata de recibir órdenes y de salir a cumplirlas de la mejor manera que tu conocimiento y destreza lo permitan. Se trata de relacionarte con Dios, de obedecerle y ajustar tu vida a Él para que haga Su voluntad a través de ti.

LA EXPO '86

Cuando se planeaba celebrar la Feria Mundial en Vancouver, nuestra asociación de iglesias tenía la convicción de que Dios quería que alcanzáramos a los 22 millones de personas que visitarían nuestra ciudad. Sin embargo, todas nuestras iglesias en Vancouver sumaban solamente unos 2000 miembros. ¿Cómo era posible que un grupo tan pequeño causara un impacto en tal multitud de turistas de todo el mundo?

Dos años antes de la exposición, buscamos la dirección de Dios y comenzamos a hacer lo que sentíamos que Él nos decía. El ingreso total de nuestra asociación era de 9000 dólares estadounidenses. Al año siguiente aumentó a 16 000 dólares. Para el año de la Feria Mundial, fijamos un presupuesto de 202 000 dólares. Era evidente que intentábamos hacer algo que solo Dios podía hacer. Nuestras iglesias o denominaciones establecen un presupuesto práctico que representa lo que podrán hacer. Luego pueden establecer un segundo presupuesto «de esperanza» o «de fe». Sin embargo, las cifras en las que realmente confían y usan son las del presupuesto «práctico», es decir, los fondos que pueden producir por sí mismas. El resto consiste más en una lista de deseos a la que no echamos manos, a menos que los fondos se hagan realidad. Creo que esto no se parece en nada a la fe.

Como grupo de iglesias, sabíamos que Dios nos había dirigido, decididamente, a una obra que costaría 202 000 dólares. Así que esa cifra llegó a ser nuestro presupuesto operativo. Nuestros hermanos comenzaron a orar por todo lo que creíamos que Dios nos dirigía a hacer durante la Feria Mundial. Al finalizar el año, le pregunté a nuestro tesorero cuánto dinero habíamos recibido. Habíamos ingresado 264 000 dólares.

Nos ayudaron personas de todo el territorio de América del Norte. Naturalmente, el dinero no fue la meta. Fue un medio para cumplir lo que Dios nos dijo que hiciéramos. Durante la exposición, fuimos meros intermediarios ¡y vimos a casi 20 000 personas aceptar a Jesucristo como su Señor y Salvador! Solo Dios podría haber hecho algo así. Un pequeño grupo de personas había decidido servir a Dios y ponerse a Su disposición para que las usara. Y Dios lo logró por medio de ellas. Hoy día, nuestro mundo no necesita ver lo que somos capaces de hacer. Las personas necesitan desesperadamente presenciar lo que Dios desea cumplir a través de nosotros.

ELÍAS, EL SIERVO

Elías fue uno de los grandes profetas de Israel en el Antiguo Testamento y fue un siervo de Dios (ver 1 Rey. 17:1), durante el tiempo en que el rey Acab y su esposa Jezabel, mediante su infame liderazgo, alejaron de Dios al pueblo de Israel para adorar a Baal, un dios cananeo de la fertilidad. En 1 Reyes 18:16-39, leemos que Elías desafió a los profetas de Baal a un enfrentamiento público para demostrar, de una vez por todas, quién era el Dios verdadero. Fue una iniciativa extremadamente audaz, puesto que los sacerdotes superaban en número a Elías: 850 contra 1.

Elías propuso que los profetas de Baal prepararan un sacrificio y le pidieran a su dios que enviara fuego para consumirlo. Él invocaría de igual manera al Dios de Israel para que enviara fuego. Desde luego, Baal no era un dios ni respondió a los ruegos de los profetas, ni siquiera cuando gimieron y suplicaron. Cuando llegó el turno de Elías, reconstruyó el altar del Señor y ofreció su sacrificio. Dios respondió con fuego y consumió el sacrificio, e incluso el altar de piedra, tal como lo había propuesto Elías. Si Dios no hubiera exhibido su propia obra al enviar fuego, Elías habría fracasado rotundamente y eso le habría costado la vida. Es esencial comprender que esa prueba no fue idea de Elías, sino de Dios.

Durante el proceso, Elías tuvo que permanecer en comunión con Dios y hacer todo lo que el Señor le ordenara. Actuó en obediencia al mandamiento de Dios. El profeta fue adonde Dios le dijo, cuando Dios se lo dijo, e hizo lo que Dios le dijo que hiciera. En su oración, Elías exclamó: «... sea hoy manifiesto que tú eres Dios en Israel, y que yo soy tu siervo, y que por mandato tuyo he hecho todas estas cosas» (1 Rey. 18:36). Luego, Dios cumplió Sus propósitos a través de Elías quien atribuyó al Señor la obra cuando señaló: «tú vuelves a ti el corazón de ellos» (1 Rey. 18:37). Elías quería que el pueblo identificara al Señor como el Dios verdadero, y fue exactamente así como respondió la gente.

Así que resumamos: ¿Fue Elías quien hizo descender el fuego del cielo o fue Dios? Dios. ¿Cuál fue la función de Elías? La obediencia.

Él no tenía la capacidad de hacer descender fuego del cielo, pero Dios sí. No tenía la capacidad de vencer a 850 idólatras hostiles, pero Dios sí. Cuando Dios hizo algo que únicamente Él podía hacer, todo el pueblo supo que era el verdadero Dios. Él hizo esa maravilla, pero actuó por medio de Su siervo Elías. Como este puso su vida a disposición de Dios para que la usara, el Señor hizo una maravilla que impactó a la nación.

PERSONAS COMUNES

Cuando piensas en participar en la misión de Dios para redimir a un mundo perdido, tal vez te preguntes: «¿Acaso puede hacerlo una persona común?». Un maravilloso pasaje bíblico que me ha ayudado en tal sentido, describe a Elías de esta forma: «Elías era hombre sujeto a pasiones semejantes a las nuestras, y oró fervientemente para que no lloviese, y no llovió sobre la tierra por tres años y seis meses. Y otra vez oró, y el cielo dio lluvia, y la tierra produjo su fruto» (Sant. 5:17-18).

Ese poderoso hombre de Dios era una persona común como tú y yo; pero cuando oró, Dios le respondió de manera milagrosa. Elías no tenía ningún don ni poder inusual. Sencillamente, se humilló para ser siervo. Obedeció todas las instrucciones que Dios le dio, y Él obró a través de Elías para influir en toda una nación a fin de que se reconciliara con Dios.

Pedro y Juan

Pedro y Juan fueron dos de los primeros discípulos que Jesús llamó para que lo siguieran. Después de la resurrección de Jesús, Dios sanó a un pordiosero paralítico a través de Pedro. Él y Juan fueron convocados ante el Sanedrín, el tribunal supremo del país, para dar cuenta de sus acciones. Y Pedro, lleno del Espíritu Santo, habló con valentía a los líderes religiosos. Observa la reacción de las personas: «Entonces viendo el denuedo de Pedro y de Juan, y sabiendo que eran hombres sin letras y del vulgo, se maravillaban; y les reconocían que habían estado con Jesús» (Hech. 4:13).

La mayoría de las personas que describen la Escritura eran hombres y mujeres comunes y corrientes. Lo que los hizo extraordinarios fue la relación con Dios y la actividad de Dios en sus vidas. ¿Prestaste atención cuando el relato señala que los líderes reconocieron que Pedro y Juan «habían estado con Jesús»? Pedro y Juan eran pescadores comunes, pero su asociación con Jesús permitió que cambiaran el mundo. Toda persona que establece una relación íntima con Dios puede verlo hacer cosas excepcionales a través de su vida. El resultado no depende de que una persona tenga algo inusual en cuanto a dones, educación o riqueza. La clave es la presencia de Dios en su vida, la cual hace cosas inusuales a través de un siervo dispuesto.

D. L. Moody: Un vendedor de zapatos, común y corriente

Dwight L. Moody era un vendedor de zapatos de escasa educación cuando sintió el llamado de Dios a predicar el evangelio. Mientras visitaba Gran Bretaña, Moody concurrió con algunos amigos a una reunión de oración que duró toda la noche. A la mañana siguiente, su amigo Henry Varley le dijo: «El mundo aún no ha visto lo que Dios puede hacer con un hombre totalmente consagrado a Él».

Esas palabras lo conmovieron profundamente. Tiempo después, escuchó predicar al famoso pastor Charles H. Spurgeon ante una congregación numerosa en Londres. El biógrafo de Moody describió cuál fue su respuesta:

«¡El mundo aún no ha visto lo que Dios hará con un hombre, por un hombre, a través de un hombre y en un hombre! ¡Un hombre!». Varley se refirió a cualquier hombre. No dijo que tendría que ser educado, brillante ni ninguna otra cosa. ¡Solo un hombre! Y por la obra del Espíritu Santo en su vida [la de Moody], él sería uno de esos hombres. Entonces, de repente, en aquella galería de espectadores, vio algo que nunca antes había notado. Después de todo, no era el Sr. Spurgeon quien hacía esa obra: era Dios. Y si Dios podía usar al Sr. Spurgeon, por qué no habría de usarnos al resto de nosotros; por qué no podríamos rendirnos a los pies del Maestro para decirle: «¡Envíame a mí! ¡Úsame a mí!».

Poco después, Dios comenzó a usar a Moody de maneras poderosas. Este hombre había llegado a reconocer que su eficacia no dependía de su propia elocuencia, su carisma ni su inteligencia, sino de su vida entregada a Cristo. No podía aumentar sus talentos por sí mismo, pero podía elegir consagrarse más al Señor. Al entregar su vida a Dios, de inmediato comenzó a experimentar cómo lo usaba de maneras que nunca había imaginado. Moody llegó a ser uno de los más grandes evangelistas de los tiempos modernos. Durante gran parte del siglo xix, predicó en cultos de avivamiento en distintas partes de Gran Bretaña y los Estados Unidos, donde miles y miles de personas llegaron a conocer a Cristo por fe.

¿Dios podrá obrar de maneras extraordinarias a través de tu vida para lograr propósitos importantes para Su reino? Tal vez digas: «Bueno, yo no soy D. L. Moody». Tampoco tienes que serlo. Dios quiere que seas la persona que Él planeó que fueras al crearte, y que le permitas hacer todo lo que desee a través de ti. Cuando crees que nada trascendente puede ocurrir por medio de ti, has dicho más de lo que crees en Dios que de lo que has dicho de ti. La verdad es que Dios puede hacer todo lo que quiera a través de una persona común y corriente, totalmente consagrada a Él.

Juan el Bautista

Tal vez no te sorprenda que la norma de excelencia de Dios sea diferente a la nuestra. El ministerio público de Juan el Bautista duró apenas seis meses, ¿pero cuánto valió la vida de Juan para Jesús? «Os digo que entre los nacidos de mujeres, no hay mayor profeta que Juan el Bautista» (Luc. 7:28).

No midas la excelencia con las normas del mundo. Hay muchas denominaciones que lo hacen. Hay muchos pastores e iglesias que lo hacen. Hay muchos empresarios que lo hacen. Según el criterio del mundo, una persona o una iglesia pueden tener un aspecto bastante bueno, pero a los ojos de Dios, son totalmente inaceptables (ver Apoc. 3:17). De igual manera, una persona o una congregación puede consagrarse a Dios por completo y puede agradarle, y aún así verse insignificante a los ojos del mundo. ¿Acaso un pastor que sirve fielmente a Dios en una pequeña comunidad rural puede agradar al Señor? Claro que sí, si allí es donde Dios lo puso. ¿Un ama de casa o un vendedor de zapatos pueden glorificar grandemente a Dios a través de las tareas aparentemente triviales que cumplen? Sí. Dios buscará la fidelidad y la recompensará, sin importar cuánta sea la responsabilidad que se le ha dado a una persona (ver Mat. 25:14-30).

Dios se deleita en usar personas comunes y corrientes para cumplir Sus propósitos divinos. Pablo dijo que Dios elige deliberadamente a los débiles y los despreciables, porque de ellos recibe la mayor gloria (ver 1 Cor. 1:26-31.) Cuando Dios hace cosas excepcionales a través de personas comunes y corrientes, entonces los demás se dan cuenta de que solo Dios pudo haberlas hecho. Si te sientes débil, limitado y de poco valor, ¡ánimo! Eres el mejor candidato mediante el cual Dios puede obrar!

RESUMEN

La salvación viene acompañada de un llamamiento para participar con Dios en Su misión de reconciliar consigo al mundo perdido. Ese llamamiento requiere que seas un siervo de Dios. Jesús ofreció el mejor modelo de siervo, tanto en humildad como en obediencia. Como siervo tienes que ser moldeable y permanecer a disposición del Señor para que te use. Aunque te consideres una persona común y corriente, Dios va a prepararte. Luego hará su obra a través de ti, para revelarse a un mundo expectante.

Cómo tener hoy una experiencia con Dios

Considera qué clase de siervo eres para Dios. Haz un esfuerzo especial hoy mismo para servir al Señor en cualquier proyecto que te indique.

PREGUNTAS PARA REFLEXIONAR

1. ¿Prefieres verte como siervo o como gerente? ¿Qué clase de siervo eres para Dios?
2. ¿Alguna vez sentiste que vales demasiado poco o que has fallado demasiadas veces para que Dios te use? Si así fuera, ¿qué dice la Biblia al respecto?
3. ¿Has puesto condiciones sobre cómo, dónde o cuándo servir a Dios? ¿Qué crees que piensa Dios sobre tu obediencia con condiciones?
4. ¿Cómo has experimentado la obra poderosa de Dios a través de tu vida en maneras que solamente son posibles para Él?
5. ¿Necesitas volver a rendir tu vida a Cristo y a Su servicio? Si así fuera, dedica algunos momentos para rendirte a Dios. Entrégate a Él de una manera sincera, de todo corazón.

5

Las siete realidades de una experiencia con Dios

Porque no hará nada Jehová el Señor, sin que revele su secreto a sus siervos los profetas. (Amós 3:7)

¡Dios está obrando!

La prisión Angola en Louisiana es uno de los centros correccionales de máxima seguridad más asombrosos de los Estados Unidos. La numerosa población de reclusos que cumplen sentencias de prisión perpetua no tiene esperanza para el futuro. Hace varios años, la prisión empleó a un nuevo alcaide que era cristiano. Cuando se hizo cargo de su nuevo puesto, este hombre no tenía idea de los propósitos de Dios para ese lugar sombrío y falto de esperanza. Un día, ejecutaron a un prisionero por sus delitos. El Espíritu Santo le hizo tomar conciencia al alcaide de que había tenido parte en el acto de enviar a ese hombre a la eternidad, aunque no sabía si el condenado era cristiano.

Este hombre sintió que Dios quería usarlo para llevar esperanza y salvación a los reclusos. Su iglesia acababa de participar en el proceso de *Experiencia con Dios*, por lo cual decidió poner el estudio a disposición de todo recluso que quisiera hacerlo. También se ofreció el estudio a todos los que estaban en el pabellón de condenados a muerte.

Por medio del estudio, Dios comenzó a transformar vidas. Muchos de los que aguardaban su ejecución se entregaron a Cristo. En efecto, tantos prisioneros se entregaron a Cristo que se iniciaron siete congregaciones diferentes en toda la prisión, con reclusos que se desempeñaban como pastores. La violencia y el uso de drogas en la prisión se redujeron en forma notable. A medida que los reclusos finalizaban el estudio de *Experiencia con Dios,* comenzaban con otros estudios bíblicos. ¡Incluso algunos sintieron el llamado de Dios al ministerio cristiano!

Con el tiempo, un seminario teológico comenzó a dar clases a los reclusos e hizo de la prisión una rama académica oficial. Algunos de los residentes se sintieron llamados a las misiones. En consecuencia, dichos reclusos solicitaron ser transferidos a otras prisiones donde comenzaron a conducir estudios bíblicos y a guiar a otros prisioneros a la fe en Cristo. Estos reclusos estaban causando un impacto tan positivo en la población carcelaria ¡que alcaides de otras partes del país comenzaron a pedir a la prisión Angola que les transfiriera algunos de sus prisioneros transformados! Dios estaba obrando en medio de uno de los lugares más desalentadores del país, y había estado buscando a alguien que fuera parte de Su obra. Cuando Dios invitó al alcaide a participar, no era posible que ese hombre imaginara todo lo que Dios estaba dispuesto a hacer. Tal es el caso de cada ocasión en que Dios se acerca a uno de Sus hijos y lo invita a participar en Su misión.

La Escritura da testimonio de que cuando Dios se prepara para hacer algo en nuestro mundo, le revela a Su pueblo lo que está por hacer. Luego, cumple Sus propósitos a través de Su pueblo. Dios también obrará de este modo contigo. El propósito de la Biblia es ayudarte a comprender los caminos de Dios. Entonces, cuando Dios comienza a usar tu vida de la misma manera en que obró en la Escritura, te darás cuenta de que se trata de Él.

CUANDO DIOS HABLA

Al examinar la Biblia para identificar las maneras en que Dios hizo participar a hombres y mujeres en Su obra, pude reconocer las tres características que se enumeran a continuación. Cuando Dios habló:

1. Supieron que era Dios.
2. Supieron qué decía Dios.
3. Supieron qué debían hacer en respuesta.

Al seguir explorando la Escritura, también identifiqué experiencias en común a las que he llamado «Las siete realidades de una experiencia con Dios» No constituyen una fórmula para conocer la voluntad de Dios. No puedes dar esos pasos por tus propios medios. Sin embargo, tales experiencias identifican las maneras en que Dios obra con una persona o un grupo para que participen en Sus proyectos. El resto de este libro abarcará dichas realidades para ayudarte a comprender cómo obra Dios en la vida de una persona y a través de ella. En este capítulo, presentaré un resumen. Es posible que la lectura de las siete realidades dé lugar a varias preguntas.

Por ejemplo:

- ¿Qué implica una relación de amor con Dios?
- ¿Cómo puedo saber cuándo Dios habla?
- ¿Cómo puedo reconocer dónde obra Dios?
- ¿Qué clases de ajustes me pide Dios que haga?
- ¿Cuál es la diferencia entre un ajuste y la obediencia?

He trabajado con grupos y personas en diversos entornos que me han hecho preguntas como esas. Procuraré responderlas en los capítulos restantes de este libro.

El ejemplo de Moisés

La experiencia de Moisés describe de manera maravillosa cómo obra Dios en la vida de una persona. Los capítulos 2, 3 y 4 de Éxodo describen el comienzo de su vida y su llamamiento al ministerio. Te conviene leer esos capítulos como antecedente para lo que se expone a continuación. Otros pasajes muestran la manera en que Moisés llegó a conocer y obedecer la voluntad de Dios. La experiencia de Moisés ante la zarza ardiente ilustra, con claridad, cómo Dios invita a las personas a participar en Su obra. A modo de ilustración, podría haber escogido a cualquier otra persona, como Noé, Abraham, Ester, David, María, los discípulos o Pablo.

El diagrama de «Las siete realidades de una experiencia con Dios», que aparece en la página siguiente, describe la manera en que Dios obró con Moisés. Presta atención a las palabras clave para cada una de las siete realidades del diagrama. Observemos este proceso para ver cómo experimentó Moisés cada realidad.

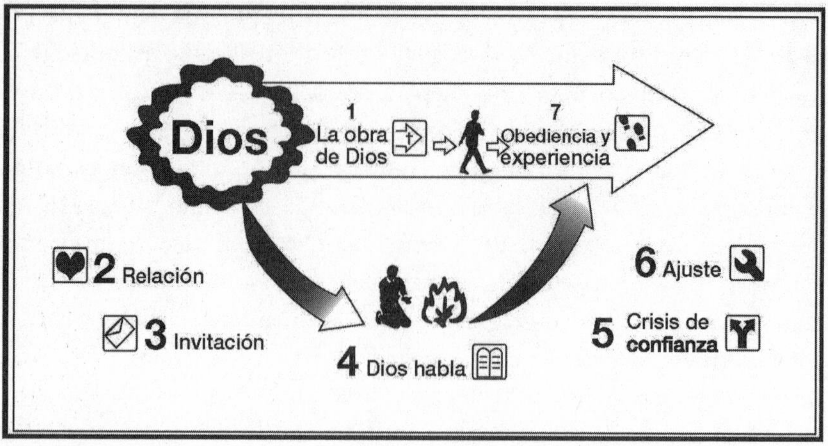

REALIDAD 1: DIOS SIEMPRE ESTÁ OBRANDO A TU ALREDEDOR.

Dios no creó el mundo y luego lo abandonó para que funcionara por sí mismo. A lo largo de toda la historia, ha participado activamente en los asuntos del ser humano. En efecto, Dios es quien orquesta la historia. A causa del pecado, la humanidad se ha apartado de la estrecha relación con Dios. Él está obrando en el mundo para llevar la redención a quienes se apartaron de Él y enfrentan la inminencia de juicio y destrucción. El Padre está obrando por medio de Cristo para reconciliar consigo al mundo. En Su soberanía, Dios ha decidido cumplir Su obra a través de Su pueblo. Al llevar adelante su misión, procura atraer a las personas hacia Sus propios planes.

Cuando se encontró con Moisés en la zarza ardiente, Dios ya estaba obrando en la vida de Moisés. Tenía un propósito que ya venía desarrollando en el mundo de Moisés de manera constante. Aunque era un refugiado en el desierto, sin duda, formaba parte del cronograma de Dios, estaba plenamente coordinado con los tiempos de Dios y alineado con Su voluntad para ese momento.

Años antes, Dios le había dicho a Abraham que a sus descendientes los harían esclavos, pero que Él los libraría y les entregaría la tierra prometida. Dios observaba y aguardaba el momento correcto para cumplir Sus propósitos con Israel. Cuando llegó el momento: «... los hijos de Israel gemían a causa de la servidumbre, y clamaron; y subió a Dios el clamor de ellos con motivo de su servidumbre. Y oyó Dios el gemido de ellos, y se acordó de su pacto con Abraham, Isaac y Jacob. Y miró Dios a los hijos de Israel, y los reconoció Dios» (Ex. 2:23-25).

Cuando Dios estaba por liberar a los israelitas, lo primordial era Su voluntad para Israel, no para Moisés. Dios había puesto manos a la obra con Israel y se estaba preparando para atraer a Moisés hacia la corriente dominante de Su actividad a fin de redimir a Su pueblo. Esta verdad también se aplica a tu vida. Dios obra activamente en la vida de las personas que te rodean. Aún cuando no lo reconozcas ni lo veas obrar, Él está actuando. No obstante, a menos que Dios te abra los ojos espirituales para reconocer lo que está haciendo, permanecerás ciego a Su presencia y Su obra.

Realidad 2: Dios desea tener contigo una continua relación de amor real y personal

Dios creó a la humanidad para que tuviera una relación de amor con Él. Más que cualquier otra cosa, desea que lo amemos con todo nuestro ser (ver Mar. 12:30). Él es quien busca tener la relación de amor con nosotros. No buscamos a Dios, de forma natural ni por iniciativa propia. Toda experiencia que tenemos con Él es una respuesta a Su invitación. En efecto, Él se acercó a nosotros, de manera notable, al enviar a Su Hijo Jesús (ver Juan 3:16). Con claridad, Dios demostró cuánto valora la relación de amor, al permitir que Jesús sufriera una muerte atroz en la cruz para hacer posible una relación con nosotros (ver Rom. 5:8).

Esta relación íntima de amor con Dios es, a la vez, sumamente personal y práctica. Es probable, que ese sea el factor más importante para conocer y hacer la voluntad de Dios. *Si tu relación de amor con Dios no es como debe ser, ninguna otra cosa de tu vida estará en orden.*

Dios tomó la iniciativa de invitar a Moisés para que tuviera una relación personal y dinámica con Él. Moisés había llevado las ovejas que estaba pastoreando a «Horeb, monte de Dios» (Ex. 3:1). Tal vez Moisés haya subido al monte para dedicar un tiempo a la adoración, pero Dios le interrumpió los planes al encontrarse con él en la zarza ardiente. Le dijo que iría con Él a Egipto. Numerosos pasajes de Éxodo, Levítico, Números y Deuteronomio ilustran la manera en que Dios buscó tener una permanente relación con Moisés. Aquí hay otro ejemplo:

> Entonces Jehová dijo a Moisés: Sube a mí al monte, y espera allá, y te daré tablas de piedra, y la ley, y mandamientos que he escrito para enseñarles. [...] Entonces Moisés subió al monte, y una

> nube cubrió el monte. Y la gloria de Jehová reposó sobre el monte Sinaí. [...] Y entró Moisés en medio de la nube, y subió al monte; y estuvo Moisés en el monte cuarenta días y cuarenta noches. (Ex. 24:12,15-16,18)

Una y otra vez, Dios invitó a Moisés para estar con Él y hablar con Él. Dios inició y mantuvo una creciente relación con Moisés. Dicho compañerismo se basó en el amor, y Dios cumplió a diario Sus propósitos a través de Moisés. La relación con Dios fue sumamente práctica, porque guió a Su pueblo y proveyó para ellos bajo el liderazgo de Moisés (Para consultar otros ejemplos de la relación de amor, puedes leer Éxodo 33:7–34:10 o Números 12:6-8).

REALIDAD 3: DIOS TE INVITA A PARTICIPAR CON ÉL EN SU OBRA

Dios es soberano en el universo. Durante toda la historia, ha estado en acción para cumplir Sus propósitos. No nos pide que soñemos en lugar de Él. No nos invita a que establezcamos metas magníficas y luego oremos para que nos ayude a alcanzarlas. Cuando se comunica con nosotros, ya tiene Sus propios planes. Su deseo es movernos desde donde estamos hasta donde Él está obrando. Nos guía desde una actitud centrada en nosotros mismos hacia otra centrada en Él. Cuando Dios te revela Su lugar de operaciones, esto se transforma en una invitación para que participes en Su actividad. Cuando Dios te revela Su obra, ese es el momento de responderle.

En la historia de Moisés el propósito de Dios era rescatar a los israelitas de la esclavitud en Egipto y establecerlos como nación en su propia tierra. Moisés era el hombre por medio de quien Dios se proponía cumplir Sus planes. Dios lo invitó a participar en Su obra: «Y he descendido para librarlos de mano de los egipcios, y sacarlos de aquella tierra a una tierra buena y ancha [...]. Ven, por tanto, ahora, y te enviaré a Faraón, para que saques de Egipto a mi pueblo, los hijos de Israel» (Ex. 3:8,10). Si Dios no lo hubiera invitado, a Moisés jamás se le habría ocurrido hacer algo así. Sin embargo, repentinamente, Moisés fue convocado para participar en una obra que Dios había estado preparando durante siglos.

Realidad 4: Dios habla por el Espíritu Santo mediante la Biblia, la oración, las circunstancias y la iglesia a fin de revelarse a sí mismo y revelar Sus propósitos y Sus caminos

Desde Génesis hasta Apocalipsis, la Biblia da testimonio de que Dios le habla a Su pueblo. En la actualidad, Dios se comunica con nosotros a través del Espíritu Santo. El Espíritu utiliza la Biblia, la oración, las circunstancias y la Iglesia (otros creyentes) para guiarnos. Cuando oyes que Dios te habla a través de un versículo bíblico, siempre conviene comprobarlo mediante la oración, otros creyentes y tus circunstancias. Si oyes que Dios dice lo mismo a través de cada una de esas fuentes, puedes seguir adelante con confianza.

Dios te guiará hacia una relación más profunda y estrecha con Él, para que puedas confiar y tener fe en Él. Dios te revelará Sus propósitos para que puedas participar en Su obra en lugar de procurar solo tus propias metas y tus propios sueños. Él revela Sus caminos para que puedas cumplir Sus propósitos de una manera que lo glorifique. Los caminos de Dios no son nuestros caminos (ver Isa. 55:8-9). No puedes descubrir esas verdades de Dios por tus propios medios. La verdad divina tiene que ser revelada.

Dios le habló a Moisés por medio de la singular experiencia de una zarza ardiente, para revelarse a sí mismo y revelar Sus propósitos y Sus caminos.

> Y se le apareció el Ángel de Jehová en una llama de fuego en medio de una zarza [...] lo llamó Dios de en medio de la zarza, y dijo: ¡Moisés, Moisés!
>
> Y él respondió: Heme aquí.
>
> Y dijo: No te acerques; quita tu calzado de tus pies, porque el lugar en que tú estás, tierra santa es. Y dijo: Yo soy el Dios de tu padre, Dios de Abraham, Dios de Isaac, y Dios de Jacob. [...]
>
> Dijo luego Jehová: Bien he visto la aflicción de mi pueblo que está en Egipto, y he oído su clamor a causa de sus exactores; pues he conocido sus angustias, y he descendido para librarlos de mano de los egipcios, y sacarlos de aquella tierra a una tierra buena y ancha (Ex. 3:2-8).
>
> Y él les dijo: Oíd ahora mis palabras. Cuando haya entre vosotros profeta de Jehová, le apareceré en visión, en sueños hablaré con él.

> No así a mi siervo Moisés, que es fiel en toda mi casa. Cara a cara hablaré con él, y claramente, y no por figuras; y verá la apariencia de Jehová. (Núm. 12:6-8)

Dios se acercó y habló con Moisés sobre Su voluntad. Quería que Moisés fuera a Egipto para liberar a los israelitas. Dios le reveló Su santidad, Su misericordia, Su poder, Su nombre y Su propósito para cumplir la promesa que le había hecho a Abraham y entregar a Israel la tierra prometida, como así también muchas otras cosas que no se describen en los pasajes bíblicos precedentes. Cuando Dios habló, Moisés supo que era Dios. Supo qué dijo Dios y supo qué debía hacer en respuesta a ello.

REALIDAD 5: LA INVITACIÓN DE DIOS PARA TRABAJAR CON ÉL SIEMPRE TE CONDUCE A UNA CRISIS DE CONFIANZA QUE REQUIERE FE Y ACCIÓN

Dios desea que un mundo expectante llegue a conocerlo tal como Él es. Dios no te llama a participar en Su actividad simplemente para que las personas vean lo que puedes hacer. Dios te llamará a una misión que no puedes cumplir sin Su intervención divina. Las misiones de Dios se miden con las dimensiones de Dios. Eso no significa que Dios no nos pida que realicemos tareas seculares y aparentemente triviales. Sin embargo, cuando Dios tiene parte en algo, las dimensiones, las implicancias y las posibilidades son siempre eternas y divinas.

Cuando Dios te pida que hagas algo imposible para ti, enfrentarás una crisis de confianza. Tendrás que decidir lo que realmente crees de Dios. ¿Puede hacer y acaso hará lo que ha dicho que desea hacer a través de ti? ¿Puede hacer por medio de tu vida, que es común y corriente, lo que parece imposible? La manera en que respondas a Su invitación revela lo que realmente crees de Dios, más allá de lo que digas.

Es aquí, en este momento decisivo tan importante, donde muchas personas se pierden la experiencia del poder de Dios que obra a través de ellas. Si no pueden comprender exactamente cómo sucederá cada cosa, no siguen adelante. Quieren andar con Dios por lo que ven y no por fe. Para seguir a Dios, tendrás que andar por fe, porque sin fe, es *imposible* agradarle (ver Heb. 11:6). La fe es mucho más que solamente creer. La fe bíblica siempre exige acción (ver Sant. 2:14). Dios no desea que simplemente creas lo que dice. Quiere que obedezcas lo que ordena (ver Luc. 6:4). Ninguna de las promesas ni las invitaciones de Dios tendrá sentido a menos que *creas* en Él y lo obedezcas.

La invitación de Dios para que Moisés participara en Su obra lo condujo a una crisis de confianza que exigía fe y acción. Moisés expresó dicha crisis de confianza en las siguientes palabras que le dijo a Dios:

- «¿Quién soy yo para que vaya a Faraón, y saque de Egipto a los hijos de Israel?» (Ex. 3:11).
- «He aquí que llego yo a los hijos de Israel, y les digo: El Dios de vuestros padres me ha enviado a vosotros. Si ellos me preguntaren: ¿Cuál es su nombre?, ¿qué les responderé?» (Ex. 3:13).
- «He aquí que ellos no me creerán, ni oirán mi voz; porque dirán: No te ha aparecido Jehová» (Ex. 4:1).
- «¡Ay, Señor! nunca he sido hombre de fácil palabra, ni antes, ni desde que tú hablas a tu siervo; porque soy tardo en el habla y torpe de lengua» (Ex. 4:10).
- «¡Ay, Señor! envía, te ruego, por medio del que debes enviar» (Ex. 4:13).

Moisés le puso numerosas objeciones a Dios. Puso en tela de juicio la posibilidad de que Dios cumpliera una tarea tan colosal a través de él (ver Ex. 3:11), que los israelitas creyeran que Dios le había aparecido (ver Ex. 4:1), y que pudiera hablar con suficiente elocuencia para convencer al faraón y al pueblo de lo que decía (ver Ex. 4:10).

En cada caso, dudó del poder de Dios más de lo que cuestionó su propia capacidad. Enfrentó una crisis de confianza: ¿Realmente puede Dios hacer lo que dice? Por último, Dios lo convenció para que participara en la liberación de los israelitas. No obstante, la fe de Moisés se describe en Hebreos como un modelo de sacrificio y confianza en el Dios Todopoderoso. Una vez que Dios le reveló a Moisés lo que estaba por hacer, dicha revelación constituyó la invitación para que participara en la obra de Dios. El autor de Hebreos describe la fe y la acción de Moisés:

> Por la fe Moisés, hecho ya grande, rehusó llamarse hijo de la hija de Faraón, escogiendo antes ser maltratado con el pueblo de Dios, que gozar de los deleites temporales del pecado. [...] Por la fe dejó a Egipto, no temiendo la ira del rey; porque se sostuvo

> como viendo al Invisible. Por la fe celebró la pascua y la aspersión de la sangre, para que el que destruía a los primogénitos no los tocase a ellos. Por la fe pasaron el Mar Rojo como por tierra seca; e intentando los egipcios hacer lo mismo, fueron ahogados (Heb. 11:24-29).

REALIDAD 6: TIENES QUE HACER GRANDES AJUSTES EN TU VIDA PARA UNIRTE A DIOS EN LO QUE ÉL ESTÁ HACIENDO

Este es un segundo momento decisivo en el que muchos se pierden una experiencia con Dios. Tienes que hacer ajustes considerables en tu vida para moverte desde donde estás hasta donde Dios está. Tal vez dichos ajustes tengan que ver con tu pensamiento, tus circunstancias, tus relaciones, tus compromisos, tus acciones y tus creencias. Me han preguntado si cada ajuste que Dios nos pide es importante. Y siempre respondo: Para poder salir de tu manera de pensar o actuar y trasladarte a la manera de pensar o actuar de Dios, harán falta ajustes fundamentales. No puedes quedarte donde estás y acompañar a Dios simultáneamente.

Moisés tuvo que hacer grandes ajustes en su vida para unirse a Dios en lo que Él estaba haciendo. No podía quedarse en el desierto y presentarse, al mismo tiempo, ante el faraón. Dios dijo: «Ve y vuélvete a Egipto, porque han muerto todos los que procuraban tu muerte. Entonces Moisés tomó su mujer y sus hijos, y los puso sobre un asno, y volvió a tierra de Egipto» (Ex. 4:19-20).

Moisés hizo los ajustes necesarios para alinear su vida con Dios. Tuvo que convencerse de que Dios podía hacer todo lo que dijo que haría. Luego tuvo que dejar su trabajo y su familia extendida y mudarse a Egipto. Cuarenta años antes, cuando Moisés huyó de Egipto, anduvo como fugitivo. Regresar a la corte del faraón habría equivalido a entregarse a las autoridades que deseaban castigarlo severamente. Moisés tuvo que creer que Dios podía hacer lo que dijo que haría, porque de lo contrario su vida corría un grave peligro. Antes de decidir seguir adelante, tuvo que decidir obedecer a Dios, lo cual no significaba hacer por su cuenta algo para Él. Significaba que iba a estar donde Dios obraba. Luego Dios haría lo que se había propuesto hacer a través de Moisés. Este hombre era un siervo dócil y se mantuvo a disposición de Dios para ser usado según Su voluntad. Así, Dios cumplió Sus propósitos extraordinarios por medio de Moisés, un pastor común y corriente.

Realidad 7: Llegas a conocer a Dios por experiencia cuando lo obedeces y Él realiza Su obra a través de ti

Una vez que decides seguir a Dios por fe y has hecho los ajustes necesarios, deberás obedecerlo. Cuando haces lo que Él te dice, sin importar cuán imposible o desconcertante pueda parecer, Dios cumple a través de ti lo que Él se ha propuesto. No solo tienes una experiencia con el poder y la presencia de Dios, sino que también la tienen quienes observan tu vida.

Moisés llegó a conocer a Dios por experiencia cuando obedeció, y Dios realizó Su obra a través de él. Muchos pasajes bíblicos de Éxodo, Levítico, Números y Deuteronomio ilustran la manera en que Dios le habló y le permitió comprender más profundamente quién es Él. Cuando Moisés obedeció, Dios hizo a través de él lo que Moisés no podría haber logrado por sí mismo. Aquí tenemos un ejemplo de cómo Moisés y el pueblo llegaron a conocer a Dios como su libertador: el pueblo estaba saliendo de Egipto cuando llegó al Mar Rojo. No podían avanzar, y el ejército egipcio les impedía retroceder. El pueblo no podía ver ninguna salida. Parecía que al seguir la dirección de Dios, Moisés los había conducido, sin querer, a una horrible masacre. Pero entonces, Dios habló:

> Entonces Jehová dijo a Moisés: ¿Por qué clamas a mí? Di a los hijos de Israel que marchen. Y tú alza tu vara, y extiende tu mano sobre el mar, y divídelo, y entren los hijos de Israel por en medio del mar, en seco. Y he aquí, yo endureceré el corazón de los egipcios para que los sigan; y yo me glorificaré en Faraón y en todo su ejército, en sus carros y en su caballería [...].
>
> Y extendió Moisés su mano sobre el mar, e hizo Jehová que el mar se retirase por recio viento oriental toda aquella noche; y volvió el mar en seco, y las aguas quedaron divididas. Entonces los hijos de Israel entraron por en medio del mar, en seco, teniendo las aguas como muro a su derecha y a su izquierda. Y siguiéndolos los egipcios, entraron tras ellos [...].
>
> Y Jehová dijo a Moisés: Extiende tu mano sobre el mar, para que las aguas vuelvan sobre los egipcios, sobre sus carros, y sobre

> su caballería. Entonces Moisés extendió su mano sobre el mar, y cuando amanecía, el mar se volvió en toda su fuerza. [...] Y los hijos de Israel fueron por en medio del mar, en seco, teniendo las aguas por muro a su derecha y a su izquierda. Así salvó Jehová aquel día a Israel de mano de los egipcios; e Israel vio a los egipcios muertos a la orilla del mar. Y vio Israel aquel grande hecho que Jehová ejecutó contra los egipcios; y el pueblo temió a Jehová, y creyeron a Jehová y a Moisés su siervo. (Ex. 14:15-17,21-23,26–27,29-31)

Que Dios lo haya utilizado de una manera tan extraordinaria fue también una lección de humildad para Moisés. Sin embargo, él obedeció e hizo todo lo que Dios le dijo. Luego, Dios cumplió por medio de Moisés todo lo que se había propuesto hacer. Cada paso de obediencia hizo posible que Moisés (y también Israel) conocieran mejor a Dios (ver Ex. 6:1-8).

RESUMEN

Dios está obrando para reconciliar consigo al mundo. Él te ama; por eso desea que participes en Su actividad. Su iniciativa es buscar una relación de amor contigo. Luego te invita a participar con Él en Su obra. A medida que se relaciona contigo, Dios se revela a sí mismo y revela Sus propósitos y Sus caminos. Si deseas tener una experiencia con el poder de Dios que obra en ti y a través de ti, debes andar por fe, hacer grandes ajustes y obedecer todo lo que Dios te diga que hagas.

CÓMO TENER HOY UNA EXPERIENCIA CON DIOS

Dedícale algún tiempo a tu Padre celestial. Ora por las «siete realidades de una experiencia con Dios» y pídele al Padre que te ayude a comprender cómo obra en Su pueblo.

PREGUNTAS PARA REFLEXIONAR

1. ¿Crees que en este mismo momento Dios está obrando a tu alrededor? Si así fuera, ¿qué sientes que hace en este momento?
2. En el último tiempo, ¿qué hizo Dios para darte oportunidad de conocerlo más íntimamente de lo que antes lo conocías?
3. ¿Dios te está invitando a participar en Su actividad? Si así fuera, ¿qué te está pidiendo que hagas?
4. ¿Has oído a Dios hablarte recientemente? Si así fuera, ¿qué dijo? ¿Qué hiciste como respuesta?
5. ¿En este momento tienes una crisis de confianza? Si así fuera, ¿por qué?
6. ¿Qué ajustes te está pidiendo Dios que hagas en tu vida?
7. ¿Cómo has llegado a conocer a Dios de manera más personal tras obedecer lo que te dijo que hicieras?

6

DIOS ESTÁ OBRANDO A TU ALREDEDOR

Mi Padre hasta ahora trabaja, y yo trabajo. [...]
De cierto, de cierto os digo: No puede el Hijo hacer nada por sí mismo,
sino lo que ve hacer al Padre; porque todo lo que el Padre hace,
también lo hace el Hijo igualmente. Porque el Padre ama al Hijo,
y le muestra todas las cosas que él hace. [...] (Juan 5:17,19-20)

UNA IGLESIA EN UN BARRIO URBANO MARGINAL

Una iglesia en un barrio urbano marginal de California había sufrido años de decadencia debido a que su vecindario había cambiado gradualmente y los miembros se habían mudado a los suburbios. Cuando solo quedó un remanente de ellos, tomaron la decisión de disolver la congregación. Pero como última actividad, los miembros decidieron estudiar *Experiencia con Dios*. Cuando terminara el curso, cerrarían sus puertas por última vez. Al estudiar las primeras unidades, las personas aprendieron que Dios siempre está obrando a su alrededor. El pensamiento les provocó alguna risa entre dientes, ya que durante muchos años nada inusual había sucedido en su iglesia. No obstante, durante la semana siguiente, decidieron estar atentos y orar para ver dónde podría estar obrando Dios.

Esa semana, el administrador de un edificio de apartamentos se acercó a una de las mujeres miembro de la iglesia y le preguntó si la congregación podría hacer algo por los niños de un complejo de apartamentos vecino. Casi todos eran niños que pasaban solos la mayor parte del tiempo, porque sus padres trabajaban, de modo que no tenían nada que hacer cuando salían de la escuela. El administrador del edificio les ofreció gratuitamente la sala de recreación para que la iglesia brindara algunas actividades a los niños. La iglesia, entonces, decidió ofrecer un programa para niños durante los últimos meses de su existencia como congregación. Pronto, se dieron cuenta de que había varias madres solteras. A través de la nueva relación con las familias de los niños, los miembros de la iglesia comenzaron a conocer drogadictos y pandilleros que vivían en la comunidad. Al poco tiempo, este pequeño grupo había lanzado varios ministerios nuevos y casi todas las semanas podían ver personas que se entregaban a Cristo por fe. Al cierre de las trece semanas de estudio, en lugar de disolverse, la iglesia se había revitalizado y comenzó a ministrar con poder en su comunidad. En lugar de permanecer desalentados, los miembros se dieron cuenta de que estaban inmersos en la actividad de Dios. Durante todo el tiempo, Él había estado en acción en su vecindario.

Cuando quieres aprender a conocer y hacer la voluntad de Dios, siempre debes mirar a Jesús. No podemos encontrar un mejor modelo que la manera en que Él condujo Su vida terrenal. Aunque Jesús era Dios, también era totalmente humano. Durante Su vida aquí, Jesús cumplió perfectamente cada misión que el Padre le encomendó. Nunca dejó de hacer la voluntad de Su Padre. Nunca pecó. Demostró lo que significaba una absoluta entrega y obediencia a Dios. Posiblemente la declaración más obvia que hizo Jesús sobre el cumplimiento de la voluntad de Su Padre es la que se encuentra en Juan 5 y se cita al comienzo de este capítulo. Observemos más estrechamente la relación entre Jesús y el Padre.

LA TRINIDAD

Aunque nos resulte difícil comprenderlo, Dios el Padre, Cristo el Hijo y Dios el Espíritu Santo son las tres personas de una sola deidad. No son tres dioses individuales. Todos son un Dios. Quizás nuestras mentes limitadas tengan dificultad para comprender una existencia tan majestuosa e infinita.

La Escritura revela que cada vez que Dios salió al encuentro de personas lo hizo en una de tres maneras: en la persona del Padre, del Hijo o del Espíritu. Cada vez que Dios está obrando, participan las tres personas de la Trinidad.

Esa es una verdad profunda que fue difícil de comprender para los doce discípulos de Jesús. Después de tres años con Él, Felipe le pidió: «Muéstranos el Padre», y Jesús le respondió: «¿Tanto tiempo hace que estoy con vosotros, y no me has conocido, Felipe? El que me ha visto a mí, ha visto al Padre [...]. ¿No crees que yo soy en el Padre, y el Padre en mí? Las palabras que yo os hablo, no las hablo por mi propia cuenta, sino que el Padre que mora en mí, él hace las obras» (Juan 14:9-10).

Dios nos da participación

Jesús reconocía que Su Padre siempre está obrando en la Tierra para cumplir Sus propósitos divinos. Dios no creó el mundo y luego lo abandonó para que funcionara por sí mismo. Dios no está sentado pasivamente en un trono celestial, observando la actividad del planeta. Él está orquestando la historia. Dios está presente en medio de la actividad humana. Dios está obrando activamente para redimir un mundo perdido, y Él decide dar participación a Sus siervos para cumplir Sus planes de redención.

Pablo reflexionó sobre esa verdad en una carta que escribió a la iglesia de Corinto:

> De modo que si alguno está en Cristo, nueva criatura es; las cosas viejas pasaron; he aquí todas son hechas nuevas. Y todo esto proviene de Dios, quien nos reconcilió consigo mismo por Cristo, y nos dio el ministerio de la reconciliación; que Dios estaba en Cristo reconciliando consigo al mundo, no tomándoles en cuenta a los hombres sus pecados, y nos encargó a nosotros la palabra de la reconciliación. Así que, somos embajadores en nombre de Cristo, como si Dios rogase por medio de nosotros [...]. (2 Cor. 5:17-20)

Por lo tanto, dado que el Padre está obrando para reconciliar consigo al mundo, y dado que ha decidido realizar esa reconciliación por medio de Su pueblo, ¿qué debemos hacer nosotros? ¿Cómo debemos responder a esa comisión? Si volvemos a examinar las palabras de Cristo en Juan 5 encontraremos un modelo claro de la manera en que Jesús conocía y hacía la voluntad del Padre. Podríamos resumir el ejemplo de Jesús de este modo:

- El Padre siempre ha estado en acción.
- Ahora el Padre me hace obrar a mí.
- Nada hago por iniciativa propia.
- Observo qué está haciendo el Padre.

- Hago lo que el Padre está haciendo.
- El Padre me ama.
- Me muestra todo lo que Él mismo está haciendo.

LA OBRA DEL PADRE POR MEDIO DE JESÚS

Con frecuencia, Jesús hablaba de Su relación con el Padre y de cómo dependía de lo que Dios le mostrara en cuanto a qué debía hacer. Explicó que el Padre había iniciado la relación y había invitado al Hijo a participar en Su actividad. El Padre le había revelado Su plan y el Hijo se había unido al Padre donde este estaba obrando. Jesús habló de esa relación en varias ocasiones:

- «Mi doctrina no es mía, sino de aquel que me envió». (Juan 7:16)
- «Cuando hayáis levantado al Hijo del Hombre, entonces conoceréis que yo soy, y que nada hago por mí mismo, sino que según me enseñó el Padre, así hablo». (Juan 8:28)
- «Si no hago las obras de mi Padre, no me creáis. Mas si las hago, aunque no me creáis a mí, creed a las obras, para que conozcáis y creáis que el Padre está en mí, y yo en el Padre». (Juan 10:37-38)
- «Porque yo no he hablado por mi propia cuenta; el Padre que me envió, él me dio mandamiento de lo que he de decir, y de lo que he de hablar». (Juan 12:49)
- «Las palabras que yo os hablo, no las hablo por mi propia cuenta, sino que el Padre que mora en mí, él hace las obras». (Juan 14:10)
- «Porque las palabras que me diste, les he dado [...]». (Juan 17:8)

Posteriormente, Pedro confirmó que el Padre celestial obraba a través del Hijo. Así describió al Hijo: «Jesús nazareno, varón aprobado por Dios entre vosotros con las maravillas, prodigios y señales que Dios hizo entre vosotros por medio de él [...]» (Hech. 2:22). Dios el Padre cumplía Su obra a través de Jesús, el Hijo.

Jesús se daba cuenta de que nada podía hacer por sí mismo. Sin embargo, si el Padre obraba en Él, podía hacer cualquier cosa. Esto tiene suma importancia para ti y para mí, porque Jesús era el Hijo de Dios. Nunca tomó la iniciativa de soñar con algo en especial o de lanzar algún ministerio nuevo. Vivió Su vida en dependencia absoluta de Su Padre. Si Jesús dependía tanto del Padre, entonces tú y yo debemos reconocer que es ridículo emprender cualquier iniciativa sin la dirección o la guía del Padre.

Cuando observé a Dios obrando en la universidad

Cuando servía como pastor, mi congregación comenzó a sentir que Dios nos dirigía a ministrar en el complejo universitario de la ciudad. Yo nunca había ministrado entre estudiantes; tampoco lo había hecho nuestra iglesia. Ciertos expertos nos aconsejaron que para ministrar en el complejo universitario teníamos que comenzar a hacer estudios bíblicos en las residencias de estudiantes. Así que durante dos años, intentamos realizar estudios bíblicos en las residencias del complejo universitario, pero tuvimos muy poco resultado. Sin embargo, estábamos convencidos de que el complejo universitario, con sus miles de jóvenes, era un campo «listo para la cosecha».

Un domingo, reuní a nuestros estudiantes y les dije: «Esta semana quiero que vayan al complejo universitario y observen dónde está obrando Dios. Si Dios se los muestra, iúnanse a Él de inmediato!» Entonces me pidieron que se los explicara. Dios me había puesto dos pasajes bíblicos en el corazón: «No hay justo, ni aun uno; no hay quien entienda, no hay quien busque a Dios» (Rom. 3:10-11), y «Ninguno puede venir a mí, si el Padre que me envió no le trajere» (Juan 6:44).

Entonces, expliqué: «Según estos pasajes, las personas no buscan a Dios por iniciativa propia. No formulan preguntas sobre asuntos espirituales a menos que Dios esté obrando en su vida. Cuando vean que alguien busca a Dios o hace preguntas sobre la fe cristiana, estarán contemplando la obra de Dios. Solo Él hace eso en la vida de las personas».

En el libro de Lucas hay un ejemplo claro de dicha verdad. Cuando Jesús atravesaba entre una multitud, siempre quería ver dónde estaba obrando el Padre. La multitud no era el campo de la cosecha. El campo de la cosecha estaba dentro de la multitud. Al atravesar las congestionadas calles de Jericó, Jesús tenía la intención de llegar a Jerusalén, donde sabía que lo esperaba la cruz. Aunque solo pasaba por allí, se fijó en Zaqueo quien estaba subido a un árbol. Para Jesús debe de haber resultado evidente que, para que un hombre lo buscara con tanto interés, el Padre debía estar obrando en su corazón. Entonces, Jesús se volvió hacia el hombre y le dijo: «Zaqueo, date prisa, desciende, porque hoy es necesario que pose yo en tu casa» (Luc. 19:5). Ese día, la salvación llegó a la casa de aquel hombre. Jesús siempre buscaba la actividad del Padre para unirse a Él. La salvación llegó como resultado del ajuste de la vida de Jesús a la obra de Su Padre. Jesús estaba tan alineado con la actividad de Su Padre que podía detectarla en las ciudades incluso en medio de calles repletas de gente.

Ese domingo, le dije a los estudiantes: «Si durante el día en que concurren a clase, alguien les hace preguntas espirituales, no hagan ninguna otra cosa que planeaban hacer. Cancelen lo que planeaban hacer y dediquen tiempo a esa persona para descubrir qué está haciendo Dios». Esa semana nuestros estudiantes se dirigieron al complejo universitario atentos a observar dónde estaba trabajando Dios para poder unirse a Él.

El miércoles, una de nuestras estudiantes informó entusiasmada: «Pastor, hoy se me acercó después de clase una chica que ha sido mi compañera durante dos años. Me dijo: "Pienso que puedes ser cristiana. Necesito hablar contigo". Y entonces recordé lo que usted había dicho. Faltaban minutos para otra clase, pero la pasé por alto. Fuimos a la cafetería a conversar. Me dijo: "En la residencia estudiantil, hay once chicas que hemos estado estudiando la Biblia, pero ninguna de nosotras es cristiana. ¿Conoces a alguien que pueda dirigirnos en el estudio bíblico?"».

Como resultado de ese contacto, comenzamos tres grupos de estudio bíblico en las residencias estudiantiles de mujeres y dos en las de varones. Durante casi dos años habíamos estado intentando hacer algo para Dios y habíamos fallado. Luego, durante tres días, observamos dónde estaba obrando Dios, ¡y las cosas cambiaron por completo! Durante los años siguientes, cientos de estudiantes confiaron en Cristo como su Señor y Salvador a través del ministerio estudiantil. Muchos de ellos decidieron dedicarse al ministerio a tiempo completo y ahora están sirviendo como pastores y misioneros en todo el mundo.

DIOS SIEMPRE ESTÁ ACTIVO

En este instante, Dios está obrando a tu alrededor. Una de las mayores tragedias entre los cristianos es que, aunque anhelan tener una experiencia con Dios, no saben cómo reconocer Su obra en medio de ellos. Si en tu experiencia como cristiano te ha ocurrido lo mismo, mi oración es que este libro te ayude a aprender a reconocer claramente la actividad de Dios en tu vida y alrededor de ella. ¡Estos son días verdaderamente sensacionales para andar con el Señor! No te conviene perderte lo que Él está haciendo. El Espíritu Santo te instruirá y te ayudará a reconocer dónde y cuándo está obrando Dios. Una vez que sepas dónde lo está haciendo, podrás ajustar tu vida y unirte a Él en Sus propósitos divinos.

He oído relatos de personas de todo el mundo que descubrieron, repentinamente, que Dios había estado presente y activo todo el tiempo, en su lugar de trabajo, su iglesia, su familia o su vecindario, pero ellos no lo habían reconocido. Cuando Dios les reveló dónde estaba obrando, súbitamente pudieron comenzar un estudio bíblico al mediodía en su lugar de trabajo, pudieron ver un avivamiento en su iglesia, ayudar a un cónyuge a reconciliarse con el Señor o llevar a un vecino a la fe en Cristo. Antes, esos cristianos suponían que Dios no estaba haciendo nada importante alrededor de ellos. Cuando Dios les reveló lo que estaba haciendo, se dieron cuenta de que habían pasado por alto la excelente obra de Dios.

Una relación de amor

Muchas personas anhelan que Dios haga alguna obra importante en sus vidas. Sin embargo, intentan pasar por alto la relación de amor. Dicha relación es la razón por la cual Dios te creó. Eso es muchísimo más importante para Él que lo que tú haces por Él. Tienes que prever que lo primero que Dios hará en tu vida será guiarte a una relación íntima de amor con Él. Cuando tu relación con Dios sea lo que debe ser, Él tomará la iniciativa de darte proyectos. Cada vez que parezca que Dios no está haciendo nada nuevo en tu vida, concéntrate en la relación de amor y permanece allí hasta que Dios te dé una nueva misión.

Concéntrate en el llamado, no en el don

Creo que hoy día muchas personas tratan con los dones espirituales de una manera que no es bíblica. Una enseñanza común es que las personas deben «descubrir» sus dones espirituales y luego encontrar un ministerio o una actividad que utilice específicamente esos dones. Pero con esto se supone que los cristianos siempre conservarán el mismo don, y que una vez que lo descubran, deberán aceptar oportunidades ministeriales que coincidan con él y rehusarse a todo ministerio que no tenga el apoyo de su don específico. Dicha enseñanza ha sido frustrante para ciertas personas que han intentado descubrir su don. En ocasiones, les pedirán que desarrollen un ministerio para el cual no se sienten dotados, o tal vez no encuentren un ministerio que haga uso de sus dones específicos.

Es importante comprender que un don espiritual es una manifestación del Espíritu Santo que obra en la vida de las personas a fin de facultarlas para obedecer lo que Dios les indica que hagan. Desde el punto de vista bíblico, Dios siempre da primero la misión. Luego, equipa a la persona mediante el Espíritu Santo a fin de cumplir lo que Él encomienda. Debemos reconocer que cuando nos entregamos a Cristo, Dios nos dio Su Espíritu Santo. No recibimos simplemente un don espiritual, sino que recibimos el Espíritu mismo. Cuando el Espíritu vive en nuestro interior, tenemos todo el poder de Dios y los recursos del cielo a nuestra disposición. Cuando Dios nos asigna una tarea y obedecemos, Él cumplirá por medio de nosotros lo que se propuso hacer. La evidencia de la actividad de Dios en nuestra vida es lo que, habitualmente, identificamos como un don espiritual. Pero una persona que nunca aceptó una misión de Dios, no necesita estar equipada espiritualmente, porque no está emprendiendo una tarea divina.

Nos concentramos en identificar los dones en lugar de determinar cuál es la misión que Dios nos encomienda. Eso puede imponer límites severos a los creyentes que basan su futura utilidad para Dios solamente en la eficacia que tuvieron en el pasado. La enseñanza que muchos dan sobre los dones espirituales dice que Dios siempre usará tu vida de formas similares, conforme al don que Él ha desarrollado en ti. Por ejemplo, si en algún tiempo, Dios equipó a alguien para enseñar Su Palabra, entonces esa persona supondrá que su don espiritual es la enseñanza y se rehusará a otras oportunidades posteriores que impliquen dones diferentes, tales como la administración o la misericordia. En consecuencia, algunas personas reciben una nueva invitación de Dios, pero piensan: «Esto no puede venir de Dios, porque no tiene que ver con mis dones». O bien: «¡Esto no puede venir de Dios, porque nunca antes en mi vida me pidió que lo hiciera!». No obstante, cuando reconozcas que Dios te invita a participar en Su obra y le respondas en obediencia, experimentarás que obra en tu vida y a través de ella, en una dimensión nueva que pensabas imposible, aun cuando se trate de algo que te parezca que está fuera del ámbito de tus dones espirituales.

Si tú eres quien toma la iniciativa de decidir con respecto a un ministerio que consideras adecuado para ti, el enfoque común a los dones espirituales puede llegar a centrarse fácilmente en ti mismo en lugar de centrarse en Dios. Dios no nos pide que encontremos ministerios que nos parezcan compatibles con nuestros dones. A menudo, cuando las personas se concentran exclusivamente en lo que perciben como sus dones espirituales, suponen que cualquier ministerio en su iglesia o en su vida que coincide con sus dones es algo que deben emprender. Sin embargo, únicamente Dios puede decirnos lo que Él desea hacer a través de nuestra vida. No podemos descubrir esto por nuestros propios medios. No podemos descubrir la actividad de Dios. Él tiene que revelárnosla. No podemos elegir qué haremos para Dios. Él nos invita a unirnos a Su obra donde quiere que participemos.

Debido a que esta perspectiva sobre los dones espirituales es contraria a mucho de lo que se enseña hoy día, si a esta altura tienes dudas al respecto, haz una pausa y ora ya mismo para que el Espíritu Santo sea tu maestro. Pídele a Dios que te ayude a comprender la relación entre una misión dada por Dios y un don espiritual. Te será útil considerar algunos ejemplos bíblicos en los cuales el Señor llamó a Sus siervos y luego los equipó para hacer lo que Él mandaba.

El modelo del Antiguo Testamento

El Antiguo Testamento establece el cimiento para comprender la obra del Espíritu Santo en el Nuevo Testamento. En el Antiguo Testamento, el Espíritu Santo no vivía continuamente en los creyentes. En cambio, el Espíritu descendía sobre ciertas personas para darles poder a fin de cumplir una misión específica que Dios les había asignado. Moisés recibió una misión como administrador y líder religioso de una nación. Sin embargo, estaba bastante seguro de que no tenía las calificaciones necesarias para dicha misión, de modo que discutió mucho con Dios (ver Ex. 3:11–4:17).

De todos modos, Dios sabía exactamente lo que se proponía cuando llamó a Moisés. El éxito de Moisés no dependía de sus destrezas, aptitudes, gustos, preferencias o éxitos pasados. En primer lugar, Dios le dio una misión, y luego lo equipó con Su Espíritu Santo para administrar y conducir. Cuando Moisés obedeció, Dios le dio poder para hacer lo que le había mandado. Los resultados revelaron que Dios estuvo haciendo a través de Moisés cosas que este nunca podría haber logrado por sí mismo.

Cuando David era un muchacho que pastoreaba ovejas, Dios lo llamó para ser rey. ¿Cómo podía llegar a gobernar a Israel en tiempos de agitación y peligro cuando solamente era un pastor adolescente e inexperto? Incluso el padre de David pensó que el muchacho era el menos calificado de sus hijos para asumir tan enorme responsabilidad. No obstante, el Espíritu Santo descendió sobre David y lo equipó para ser el rey más grandioso de su nación.

En el libro de Jueces, leemos que Dios le dio a cada juez una misión específica. Luego, el Espíritu de Dios descendió sobre cada juez y lo equipó para cumplir la misión divina. Débora nunca habría podido liberar a su pueblo de la severa opresión de sus enemigos; pero Dios habló a través de ella para darle ánimo a Barac y para que el ejército derrotara absolutamente a sus adversarios (ver Jue. 4–5). Ezequiel fue llamado a ser profeta. ¿Cómo le sería posible profetizar en tiempos de tanto desaliento y confusión? La Escritura dice que el Espíritu de Dios vino sobre él y le permitió hacer todo lo que Dios le había pedido que hiciera (ver Ezeq. 2–3).

Este es el modelo que vemos en el Antiguo Testamento:

- Dios le dio una misión a una persona.
- El Espíritu Santo la equipó para cumplir la tarea.
- La evidencia de la presencia del Espíritu era que la persona podría cumplir eficazmente la misión con el poder que le daba el Espíritu Santo.

Los trabajadores que construyeron el tabernáculo en el desierto son un claro ejemplo de cómo el Espíritu Santo equipaba a las personas. Dios le dio a Moisés detalles específicos sobre cómo construir el tabernáculo (ver Ex. 25–30), y quería que lo hicieran exactamente como Él lo había instruido. Luego Dios dijo: «Mira, yo he llamado por nombre a Bezaleel hijo de Uri, hijo de Hur, de la tribu de Judá; y lo he llenado del Espíritu de Dios, en sabiduría y en inteligencia, en ciencia y en todo arte [...] Y he aquí que yo he puesto con él a Aholiab hijo de Ahisamac, de la tribu de Dan; y he puesto sabiduría en el ánimo de todo sabio de corazón, para que hagan todo lo que te he mandado» (Ex. 31:2-3,6).

¿Cómo podría comprobar Moisés que el Espíritu de Dios estaba en esos hombres? Los observaría trabajar. Si evidenciaban poder divino para cumplir la misión de Dios, Moisés reconocería la presencia del Espíritu Santo en la vida y el trabajo de dichos hombres.

El Antiguo Testamento da testimonio de que el Espíritu de Dios siempre estaba presente para equipar a las personas a fin de cumplir las misiones de Él. Dios no otorgaba a una persona una aptitud permanente, como en la administración. En lugar de ello, hacía descender Su Espíritu Santo en las personas para que tuvieran acceso a la capacidad del Espíritu para administrar. El Espíritu Santo era el don. El Espíritu manifestó Su presencia al equipar a las personas para que funcionaran donde Dios las había asignado.

SINCERA PERO NO EQUIPADA

Cuando yo era pastor, había una mujer que era miembro de la iglesia. Era una persona sincera que anhelaba servir al Señor en la iglesia. Era compasiva con quienes sufrían alguna enfermedad, de modo que se ofreció voluntariamente a visitar a los enfermos en el hospital, y a hacerlo oficialmente de parte de la iglesia. Cada vez que alguien de nuestra congregación era hospitalizado, la secretaria de la iglesia llamaba a esta mujer, quien iba, de inmediato, a visitar a aquella persona. A menudo yo llegaba al hospital después de que esta mujer había estado allí. Pero una y otra vez me encontraba con pacientes angustiados e incluso sollozando por algo que había dicho ella. Aunque tenía buenas intenciones, inevitablemente, alteraba a la persona a quien había visitado para darle ánimo. Por ejemplo, mencionaba a alguien a quien había conocido con una condición similar y cómo aquella persona había sufrido y finalmente muerto. O también les advertía sobre los síntomas severos que sin duda les causaría su condición.

Finalmente, tuve una conversación con ella. Le agradecí por su disposición a animar a quienes estaban hospitalizados, pero agregué que no parecía que Dios la hubiera equipado para ser eficaz en ese ministerio. Luego, mencioné que lo que yo había visto en su vida era una eficacia inusual para orar. Parecía que Dios le había dado una pasión por interceder y que Él respondía las oraciones de ella con regularidad. Le dije que la iglesia estaba buscando a alguien que intercediera por las personas relacionadas con la congregación, quienes aún no eran creyentes en Cristo, y le pedí que orara para determinar si Dios la estaba guiando a servir en este nuevo puesto. Algunos días después, se comunicó conmigo y me dijo que sentía que, en efecto, eso era lo que Dios le pedía que hiciera. Le di una lista de 75 nombres de personas relacionadas con nuestra congregación, las cuales aún no eran creyentes. Comenzó a orar fervientemente y pronto comenzamos a ver que esas personas se entregaban a Cristo por fe.

Tiempo después, cuando su salud le impidió concurrir a los cultos de la iglesia, me llamaba y me preguntaba si ciertas personas habían profesado públicamente su fe en Cristo ese domingo pues al orar esa mañana, Dios le había dado paz con respecto a ciertas personas por las cuales había estado orando. Nunca fallaba; así había sido. Luego, yo siempre le informaba que tales personas se habían entregado a Cristo en ese día.

Aún después de que dejé aquella iglesia y comencé a dedicarme al trabajo misionero en Canadá, solía llamarla y pedirle que orara por necesidades serias que mi iglesia y yo estábamos enfrentando. Cuando mi esposa, Marilynn, casi muere a causa de complicaciones en un parto, llamé instintivamente a esa fiel intercesora de mi ex iglesia. Era una maravillosa mujer que deseaba servir al Señor. Había visto una necesidad e intentó satisfacerla por sus propios medios, ¡pero los resultados fueron desastrosos! No obstante, cuando reconoció cómo Dios la estaba equipando y dedicó su vida al ministerio pertinente, el Espíritu Santo la facultó para cumplir uno de los ministerios más importantes en la iglesia. Creo que una de las funciones más importantes del personal de la iglesia es ayudar a las personas a comprender dónde Dios les indica que sirvan en el cuerpo de Cristo. De esa manera pueden experimentar el gozo que viene al ver la obra poderosa de Dios a través de ellas, para cumplir lo que solo Él puede hacer.

Cómo equipa el Espíritu Santo a las personas

Primera Corintios 12:7 dice: «Pero a cada uno le es dada la manifestación del Espíritu para provecho». El Espíritu Santo no le da un don a los creyentes. ¡El Espíritu Santo *es* el don! (ver Hech. 2:38.). El Espíritu se revela a cada miembro para provecho común de todo el cuerpo.

La Iglesia es el cuerpo de Cristo. Cristo agrega miembros a las iglesias locales. Cada miembro tiene la presencia activa del Espíritu Santo en su vida. El Espíritu Santo no obra en la vida de los individuos simplemente para la edificación personal de cada uno, sino para que el cuerpo de Cristo pueda edificarse y fortalecerse. Esa es la razón por la cual nos necesitamos unos a otros. Si el cuerpo de la Iglesia no es saludable y funcional, se perderá mucho de lo que Dios planea hacer con ella. Cuando los miembros rehúsan servir o se alejan de la iglesia debido a conflictos de relación, los miembros sufren, porque comienza a faltar parte de la provisión de Dios para ellos.

Jesús dijo: «[...] El Padre que mora en mí, él hace las obras» (Juan 14:10). Durante todo el ministerio terrenal de Jesús, el Padre se manifestó a través de Su Hijo. El Padre estaba en Jesús y obraba a través de Él para cumplir Sus propósitos. Luego Jesús le dijo a Sus discípulos: «Separados de mí nada podéis hacer» (Juan 15:5).

Un don espiritual es una manifestación de la obra de Dios a través de ti. Dios obra en ti y a través de ti para dar fruto espiritual. Tu prioridad debe ser que Dios viva a través de ti para cumplir Sus propósitos. Por lo general, cuando te concentras en un don en particular que recibes para hacer algo para Dios, pones la atención en ti mismo y no en Él.

Muchos cristianos han echado mano de lo que se llama «cuestionario de dones espirituales». Responden una serie de preguntas y luego determinan cuál es su don espiritual. Quienes defienden tales recursos sugieren que los creyentes los usen para determinar cuáles son sus dones espirituales a fin de encontrar un ministerio que coincida con ellos.

Cuando una persona se somete a un cuestionario de dones espirituales e identifica un don en particular en su vida, bien podría ser que Dios la haya equipado antes en dicha área a fin de cumplir una misión divina. Sin embargo, no significa que sea la única forma de servicio que Dios espera de esa persona en el futuro. Si Dios le asigna una misión diferente, la equipará conforme a la nueva tarea. Eso explica que, con el paso de los años, ciertas personas hayan descubierto un cambio aparente en su «don espiritual». ¿Cuál es la razón? Cambió su misión; entonces el Espíritu Santo las equipó para cumplir Su nueva tarea.

Si Dios nos diera tan solo un don, nos inclinaríamos a confiar en el don y no en Dios. Pero como el Espíritu Santo hace la obra a través de nosotros, debemos confiar continuamente en nuestra relación con Él si deseamos cumplir con eficacia el ministerio que nos encomienda. En cambio, si rehusamos obedecer lo que Dios nos dice que hagamos, el Espíritu Santo no nos equipará. No necesitamos estar equipados para algo que rehusamos hacer. El poder divino siempre viene cuando obedecemos lo que Dios nos dice que hagamos, y nunca llega antes de que obedezcamos.

Concentra tu atención en oír el llamamiento de Dios a una misión, porque así te está invitando a que participes en Su obra. Cuando adaptes tu vida a Dios y le obedezcas, el Espíritu Santo obrará en ti y te facultará para cumplir lo que Dios desea.

Resumen

Dios siempre está obrando en el mundo. Dios procura atraer a cada persona hacia una íntima relación con Él por medio de Jesucristo. Jesús describió la manera en que conocía y hacía la voluntad de Su Padre. El Padre amaba a Su Hijo; por eso le mostraba lo que estaba haciendo. Jesús observaba para ver dónde estaba obrando el Padre y se unía a Él. Puedes seguir el mismo modelo si observas dónde está obrando Dios a tu alrededor. Cuando te lo muestre, únete a Él en Su obra. Mantén tu atención en el llamamiento de Dios a una misión, en lugar de mirar tus dones espirituales, deseos personales, destrezas, aptitudes o recursos. Una vez que comprendes el llamamiento de Dios para una misión, obedécele, y Dios obrará a través de ti para cumplir Sus propósitos divinos y eternos.

CÓMO TENER HOY UNA EXPERIENCIA CON DIOS

Dedica algún tiempo para reflexionar sobre las maneras en que Dios te ha capacitado para servirle en el pasado. ¿Fue siempre de la misma manera o te ha asignado diversas misiones? ¿Cómo llegaste a confiar en Él como resultado de la manera en que te condujo?

Confía en la primera realidad: Dios siempre está obrando a tu alrededor.

PREGUNTAS PARA REFLEXIONAR

1. Reflexiona en tus experiencias con Dios. ¿Puedes identificar ocasiones en que Dios estuvo obrando a tu alrededor... y tú lo sabías? ¿Hubo alguna ocasión en que Dios haya estado en acción a tu alrededor en situaciones pasadas, pero no reconociste Su actividad en ese momento?
2. ¿Te pidieron recientemente que participes en un ministerio para el cual te sientes inadecuado? ¿Acaso podrá ser que Dios te esté invitando a un nuevo nivel de ministerio con Él para el cual va a equiparte?
3. En el pasado, ¿tu servicio a Dios se centró más en ti mismo y en aquello con lo que te sentías a gusto, que en escuchar la voz de Dios y cumplir cualquier cosa que Él te pidiera? En el futuro, ¿cómo podría tu servicio a Dios centrarse más en Él?

7

Dios busca tener una relación de amor contigo

Jesús le dijo: «Amarás al Señor tu Dios con todo tu corazón, y con toda tu alma, y con toda tu mente. Este es el primero y grande mandamiento». (Mat. 22:37-38)

Una búsqueda por amor

Mientras me inscribía en una conferencia nacional que se realizaba en una gran ciudad, le di mi nombre a la mujer que atendía el mostrador de inscripciones, y ella exclamó: «¡Es usted! ¡Usted me salvó la vida!». Como es de suponer, me sentí intrigado.

Me contó que, cuando estudiaba en la universidad, tuvo que enfrentar una serie de sucesos catastróficos y cayó en tanta desesperación que, finalmente, resolvió ponerle fin a su sufrimiento. Mientras atravesaba el parque del complejo universitario rumbo al lugar donde se proponía quitarse la vida, oyó que alguien la llamó por su nombre. Procuró hacer caso omiso de la voz y apresuró sus pasos, pero a pesar de su actitud, la persona que la llamaba no dejó de insistir. Finalmente, la alcanzó una amiga y la asió del brazo. Le dijo que se dirigía a un nuevo estudio bíblico y que ella también *debía* concurrir. La mujer inventó una excusa y afirmó que tenía otro compromiso, pero la amiga no aceptó su respuesta negativa y, literalmente, la forzó a caminar con ella hacia la habitación donde se celebraría el estudio bíblico.

El grupo estaba estudiando *Experiencia con Dios*. Esa noche, analizaron cómo Dios busca a cada persona para tener con ella una relación de amor. De repente, esta mujer sintió que la bondadosa presencia de Dios le inundaba el corazón. Cayó en la cuenta de que Él había estado buscándola sin cesar, aun cuando el mundo se había estado derrumbando a su alrededor. Así le entregó la vida a Cristo y Dios la transformó y también transformó su situación. Con gran alegría, me dijo que Dios había usado este material bíblico para salvarle la vida. ¡Qué maravilloso sería que todas las personas se dieran cuenta de que Dios las está invitando a tener una relación caracterizada por amor, transformación, perdón y poder!

Dios te creó para que tuvieras comunión íntima con Él. Una vida dedicada a andar en estrecha comunión con el Señor es tan emocionante como gratificante. No desea que te pierdas nada de lo que ha planeado para ti desde la eternidad. El pecado nos hace seguir nuestros propios deseos mezquinos, pero al hacerlo, rechazamos lo mejor de Dios para nuestra vida. Así que Dios toma la iniciativa de guiarnos a una relación personal con Él.

Sin embargo, esta relación de amor requiere ser correspondida. Cuando aceptas Su amor y perdón, Dios quiere que lo conozcas y lo adores. Sobre todas las cosas, quiere que lo ames. «El que tiene mis mandamientos, y los guarda, ése es el que me ama; y el que me ama, será amado por mi Padre, y yo le amaré, y me manifestaré a él» (Juan 14:21).

OBEDIENCIA Y AMOR

Tu amor por Dios va de la mano de la obediencia a Sus mandamientos. Jesús dijo: «Si me amáis, guardad mis mandamientos» (Juan 14:15). Cuando obedeces a Jesús demuestras que confías en Él. La obediencia es la expresión exterior de tu amor por Dios.

Jesús dejó un ejemplo con Su vida. Dijo: «... para que el mundo conozca que amo al Padre, y como el Padre me mandó, así hago» (Juan 14:31). Mediante Su obediencia, demostró cuánto amaba al Padre. Obedecer a Dios por amor no solo significa cumplir la letra de la ley, sino también incluye la obediencia al espíritu de los mandamientos de Dios.

Si tienes un problema con la obediencia, tienes un problema con el amor. Fija tu atención en el amor de Dios. ¿Acaso podrías presentarte delante de Dios y describir tu relación con Él diciendo: «Te amo con todo mi corazón, con toda mi alma, con toda mi mente y con toda mi fuerza»? Jesús dijo que, a quienes respondieran a Su amor, los guiaría a una experiencia cada vez más profunda de amor y comunión con Él.

DIFICULTAD CON LA RELACIÓN

Uno de los miembros de nuestra iglesia estaba teniendo dificultades crónicas con su vida personal, su familia, su trabajo y la iglesia. Una noche, durante una reunión administrativa, se puso tan furioso por las decisiones que se tomaron que, airado, declaró su renuncia a todos los puestos que ocupaba en la iglesia. Luego, salió furioso del edificio, en medio de la reunión. En el transcurso de la semana, fui a visitarlo y le pregunté si podía describir su relación con Dios diciéndole sinceramente «te amo con todo mi corazón».

Su rostro adquirió un aspecto sumamente extraño. Respondió: «Nunca nadie me hizo esa pregunta. No, no podría describir mi relación con Dios de esa manera. Podría decir que lo obedezco, lo sirvo, lo adoro y le temo, pero no puedo decir que lo amo».

Mientras conversábamos, me enteré de que nunca se había sentido amado por su padre. Su papá lo había criticado constantemente. Por más que se esforzara, nunca podía alcanzar las elevadísimas normas de su padre. Y así, como sucede con frecuencia, la imagen de Dios que este hombre desarrolló a lo largo de su vida, era similar a la de su padre terrenal. Al mismo tiempo que seguía furioso y lastimado por el rechazo de su padre terrenal, también sentía enojo y confusión en su vida a causa de su distanciamiento de Dios. En su vida, todo estaba desordenado, porque le faltaba el propósito básico de Dios.

Lamentablemente, ese hombre se parece a muchas personas que han concurrido a la iglesia, con regularidad, toda la vida. Son miembros respetados de su congregación y ocupan puestos de liderazgo. Sin embargo, si se los presionara, admitirían que no aman a Dios. Lo sirven, lo adoran, creen en Él y le temen, pero su relación con Dios no se caracteriza por un amor genuino y sincero.

Dios nos creó para tener una relación de amor con Él. Si el amor de Dios y tu amor por Él no desbordan tu ser, no puedes vivir la vida cristiana conforme a Su propósito. Si no puedes describir tu relación con Dios diciendo que lo amas con todo tu ser, entonces, antes de hacer cualquier otra cosa, necesitas suplicar al Espíritu Santo que te guíe, hoy mismo, a esa clase de relación.

Si tuviera que resumir todo el Antiguo Testamento, lo expresaría en este versículo: «Oye, Israel: Jehová nuestro Dios, Jehová uno es. *Y amarás a Jehová tu Dios de todo tu corazón, y de toda tu alma, y con todas tus fuerzas*» (Deut. 6:4-5).

EL GRAN MANDAMIENTO

Este anhelante llamamiento de Dios se expresa en todo el Antiguo Testamento, y la esencia del Nuevo Testamento es la misma. Jesús tomó la cita de Deuteronomio y dijo que el primer mandamiento en la ley del Antiguo Testamento era: «[...] Amarás al Señor tu Dios con todo tu corazón, y con toda tu alma, y con toda tu mente y con todas tus fuerzas» (Mar. 12:30). Todo lo que hay en tu vida cristiana, todo lo relativo a conocer a Dios y a tener una experiencia con Él, y todo lo relativo a conocer Su voluntad depende de la calidad de tu relación de amor con Dios. Si dicha relación no es correcta, nada estará en orden en tu vida. Observa lo que Dios dice sobre una relación de amor:

> A los cielos y a la tierra llamo por testigos hoy contra vosotros, que os he puesto delante la vida y la muerte, la bendición y la maldición; escoge, pues, la vida, para que vivas tú y tu descendencia; amando a Jehová tu Dios, atendiendo a su voz, y siguiéndole a él; porque él es vida para ti [...]. (Deut. 30:19-20)
>
> Porque de tal manera amó Dios al mundo, que ha dado a su Hijo unigénito, para que todo aquel que en él cree, no se pierda, mas tenga vida eterna. (Juan 3:16)
>
> El que tiene mis mandamientos, y los guarda, ése es el que me ama; y el que me ama, será amado por mi Padre, y yo le amaré, y me manifestaré a él. (Juan 14:21)
>
> ¿Quién nos separará del amor de Cristo? ¿Tribulación, o angustia, o persecución, o hambre, o desnudez, o peligro, o espada? [...] Antes, en todas estas cosas somos más que vencedores por medio de aquel que nos amó [...] [Nada] nos podrá separar del amor de Dios, que es en Cristo Jesús Señor nuestro. (Rom. 8:35,37,39)
>
> En esto hemos conocido el amor, en que él puso su vida por nosotros; también nosotros debemos poner nuestras vidas por los hermanos. (1 Jn. 3:16)
>
> En esto se mostró el amor de Dios para con nosotros, en que Dios envió a su Hijo unigénito al mundo, para que vivamos por él. En esto consiste el amor: no en que nosotros hayamos amado a Dios, sino en que él nos amó a nosotros, y envió a su Hijo en propiciación por nuestros pecados [...]. Nosotros le amamos a él, porque él nos amó primero. (1 Jn. 4:9-10,19)

¿Te has dado cuenta de que el Señor no solamente te da vida... sino que Él es tu vida? El Señor no te otorga cosas y te fortalece para que tengas una «buena» vida. Dios te guía hacia una relación con Él para que puedas satisfacer absolutamente todas tus necesidades por medio de esa relación. No eres tú quien inició una relación de amor con Dios, sino Él. Mucho antes de que comiences tu vida en la Tierra, Dios demostró Su amor por ti en la cruz de Cristo.

Dios te ama, por eso desea que tú también lo ames. Los pasajes bíblicos anteriores indican algunas de las maneras en que puedes expresarle tu devoción: puedes escoger la vida, escuchar Su voz, sujetarte a Él, creer en Su único Hijo, obedecer Sus mandamientos y enseñanzas, y estar dispuesto a dar la vida por tus hermanos en Cristo.

Cuando amas a Dios, Él promete responder con Sus bendiciones. Tú y tus hijos vivirán bajo el favor de Dios. Tienes la vida eterna por haber confiado en Jesús. El Espíritu de Dios vivirá dentro de ti. Él te hará más que vencedor sobre cualquier dificultad que enfrentes. Nada te separará del amor de Dios.

¿Qué es lo más importante que Dios desea de ti? Desea que lo ames con todo tu ser. Tu experiencia con Dios depende de tu amor por Él.

Amada en el pabellón de condenados a muerte

El 13 de junio de 1983, a las 3 de la mañana, Karla Faye Tucker y su novio, Danny Garret, ambos bajo el efecto de drogas, cometieron un brutal homicidio doble mientras intentaban hurtar una motocicleta. Treinta y cinco días después fueron arrestados y, al tiempo, sentenciados a muerte por su crimen atroz. En muchos sentidos, este suceso trágico para Tucker fue el punto más bajo en la triste historia de su vida. Creció en un hogar donde los padres se peleaban constantemente y, con el tiempo, se divorciaron. Consumió drogas por primera vez a los siete años. Cuando llegó al séptimo grado, ya consumía drogas en exceso y abandonó la escuela. A los catorce años, había seguido a su madre en la práctica de la prostitución. Se casó y se divorció, y continuó «cayendo en picada» hasta aquella fatídica noche de junio.

Por fin, mientras aguardaba el juicio, Karla Faye se entregó a Cristo y reconoció que Dios la amaba a pesar de su espantoso crimen, su inmoralidad y su corazón endurecido. Así comenzó una odisea de catorce años en el pabellón de condenados a muerte en la Prisión Mountain View de Gatesville, Texas. Durante el tiempo de su encarcelamiento, comenzó a estudiar la Biblia e hizo el curso *Experiencia con Dios*. Ciertos funcionarios de la prisión admitieron que salvó a dos reclusas del suicidio y brindó aliento a muchas otras personas.

El caso de Tucker adquirió atención a nivel nacional y la entrevistó el locutor y periodista Larry King de la televisión estadounidense. Al finalizar su entrevista, King dijo: «Y por fin, usted está de buen ánimo». Tucker respondió: «Sí». Luego, King le preguntó: «¿Me puede explicar un poquito más? Dios no puede ser toda la respuesta». Ella respondió con una sonrisa: «Claro que sí. Esto se conoce como el gozo del Señor. Cuando alguien ha hecho algo como lo que yo hice y recibe perdón y amor... ¡vaya si puede cambiarle la vida! He experimentado verdadero amor. Sé lo que es el perdón, aún cuando haya hecho algo tan horrible. Lo sé, porque Jesús me perdonó cuando acepté lo que Él hizo en la cruz. Cuando me vaya de aquí, iré a estar con Él».

Con el tiempo, se agotaron los recursos de apelación de Tucker y fue ejecutada el 3 de febrero de 1998. Fue la primera mujer ejecutada en Texas en más de 100 años. Hasta el último momento, se mantuvo fiel al Dios que la había perdonado. Sus últimas palabras fueron: «Los amo mucho a todos. Los veré allá cuando lleguen. Los estaré esperando».

Tucker se dio cuenta de que, aun cuando pierdas todo lo demás, si tienes a Cristo, tienes todo lo necesario. Aunque te encuentres en las situaciones de mayor oscuridad y desesperanza, el amor de Dios es más que suficiente para darte esperanza y vida. Felizmente, Tucker vio que lo más importante de su vida era su relación con Cristo. Incluso mientras su ejecutor le inyectaba drogas mortales en las venas, se oyó a Tucker tararear suavemente canciones de alabanza a Dios. Lamentablemente, muchas personas pasan toda la vida sin darse cuenta jamás de la profunda verdad de que Dios las ama.

TU PRIMER AMOR

Imagina una larga escalera de mano apoyada contra una pared. Ahora hazte la idea de que tu vida es como subir por esa escalera de mano. ¿No sería trágico llegar hasta arriba y descubrir que, sin darte cuenta, la habías apoyado contra la pared equivocada? Solo una vida para vivir... ¡y tomaste el camino equivocado!

Tu relación con Dios es, por excelencia, el aspecto más importante de tu vida. Si no está en orden, lo demás tampoco lo estará. Si supieras que todo lo que tienes en la vida es una relación con Dios, ¿estarías totalmente satisfecho con ella? Si te quitaran todo lo demás, ¿te conformarías únicamente con tu relación con Dios? Muchas personas dirían: «Me gustaría tener esa relación, pero también me gustaría hacer algo». O bien: «Me gustaría una relación con Dios, pero también desearía tener un cónyuge e hijos, una buena profesión, una linda vivienda y amigos».

Aunque todas esas cosas son buenas, no te pueden brindar lo que Dios se propone darte: Su misma persona. Si en tu relación con Dios llegas al nivel más profundo que Él espera, tu andar con Él te dará enorme satisfacción y gozo. Solo Dios puede llenar el profundo anhelo de tu alma, ese anhelo que intentamos satisfacer con cosas, actividades y relaciones humanas. Aunque Karla Faye Tucker había sido recluida en una prisión y se enfrentaba a su ejecución, pudo experimentar un grado divino de gozo y paz porque nadie podía privarla de su relación con Dios.

En nuestra cultura actual, casi todos nos sentimos despreciables e inútiles si no estamos ocupados tratando de lograr algo. La Escritura indica que Dios dice: «Quiero que me ames por sobre todo lo demás. Cuando tienes una relación de amor conmigo, ya tienes todo lo que necesitas (ver Sal. 37:4; Mat. 6:33.) La relación suprema es aquella en la que recibimos el amor de Dios. Esa relación es el logro más alto y la posición más noble de la vida.

Eso no significa que nunca harás nada por expresar tu amor por Dios. Él te llamará a obedecerlo y a hacer todo lo que te pida. No obstante, no necesitas hacer algo para sentirte realizado o para ser una persona valiosa ante Sus ojos. Tu plena realización la alcanzas cuando te relacionas con Dios.

Sin competencia

¿Quieres realmente amar al Señor tu Dios con todo tu corazón? Él no admitirá ninguna competencia. Al respecto, declara:

> Ninguno puede servir a dos señores; porque o aborrecerá al uno y amará al otro, o estimará al uno y menospreciará al otro. No podéis servir a Dios y a las riquezas. (Mat. 6:24)
>
> Cuando Jehová tu Dios te haya introducido en la tierra que juró a tus padres Abraham, Isaac y Jacob que te daría, en ciudades grandes y buenas que tú no edificaste, y casas llenas de todo bien, que tú no llenaste, y cisternas cavadas que tú no cavaste, viñas y olivares que no plantaste, y luego que comas y te sacies, cuídate de no olvidarte de Jehová, que te sacó de la tierra de Egipto, de casa de servidumbre. A Jehová tu Dios temerás, y a él solo servirás, y por su nombre jurarás.

> No andaréis en pos de dioses ajenos, de los dioses de los pueblos que están en vuestros contornos; porque el Dios celoso, Jehová tu Dios, en medio de ti está. (Deut. 6:10-15)
>
> No os afanéis, pues, diciendo: ¿Qué comeremos, o qué beberemos, o qué vestiremos? Porque los gentiles buscan todas estas cosas; pero vuestro Padre celestial sabe que tenéis necesidad de todas estas cosas. Mas buscad primeramente el reino de Dios y su justicia, y todas estas cosas os serán añadidas. (Mat. 6:31-33)

Como resultado de Su amor por ti, Dios te dará todo lo que necesitas, pero te hará comprender que quiere ocupar el primer lugar en tu corazón.

LA BÚSQUEDA

Dios siempre toma la iniciativa en esta relación de amor. Toda la Biblia da testimonio de ello. Dios se acercó a Adán y Eva en el huerto del Edén. Por Su amor, tuvo comunión con ellos. Luego se acercó a Noé, Abraham, Moisés y también a los profetas. Dios tomó la iniciativa para que cada persona del Antiguo Testamento pudiera tener la experiencia de una comunión personal y de amor con Él. Eso también se cumple en el Nuevo Testamento. Jesús escogió a los discípulos para que estuvieran con Él y experimentaran Su amor. También se acercó a María, Marta y Lázaro. Se encontró con Pablo en el camino a Damasco.

El pecado nos ha estropeado tan profundamente que no buscamos a Dios por iniciativa propia. La Escritura lo explica: «No hay justo, ni aun uno; no hay quien entienda, no hay quien busque a Dios. Todos se desviaron, a una se hicieron inútiles; No hay quien haga lo bueno, no hay ni siquiera uno» (Rom. 3:10-12). Si Dios no se acercara a nosotros, nunca lo encontraríamos.

> Ninguno puede venir a mí, si el Padre que me envió no le trajere. [...] Así que, todo aquel que oyó al Padre, y aprendió de él, viene a mí. [...] Por eso, os he dicho que ninguno puede venir a mí, si no le fuere dado del Padre. (Juan 6:44-45,65)
>
> Jehová se manifestó a mí hace ya mucho tiempo, diciendo: «Con amor eterno te he amado; por tanto, te prolongué mi misericordia». (Jer. 31:3)

> Con cuerdas humanas los atraje, con cuerdas de amor; y fui para ellos como los que alzan el yugo de sobre su cerviz, y puse delante de ellos la comida. (Os. 11:4).

Dios inunda tu vida con amor eterno. Debido a la compasión que te ha tenido, te atrajo hacia sí mismo en amor, cuando no eras Su amigo sino Su enemigo (Ef. 2:1-5). Para consolidar firmemente tu relación con Dios y conocer Su voluntad, tienes que estar convencido de Su amor por ti sin ninguna duda.

Saulo

Saulo, quien posteriormente llegó a ser conocido como el apóstol Pablo (ver Hechos 9:1-19), se oponía violentamente a Dios al perseguir a los seguidores de Jesús. Luego, el Cristo resucitado tuvo un encuentro con él y reveló el propósito de amor que el Padre tenía para él. Esa increíble realidad también se cumple en nuestra vida. Aunque rechacemos a Dios, o incluso aunque nos opongamos a Él, nos ha elegido, nos ha amado y nos ha revelado Sus propósitos eternos para nuestra vida.

Los discípulos

Jesús dijo a Sus discípulos: «No me elegisteis vosotros a mí, sino que yo os elegí a vosotros [...] no sois del mundo, antes yo os elegí del mundo» (Juan 15:16,19). ¿No fue Pedro el que decidió seguir a Jesús? No. Jesús lo eligió. La decisión de Pedro de seguir a Jesús fue una respuesta a la invitación que Él le hizo. Dios tomó la iniciativa.

> Viniendo Jesús a la región de Cesarea de Filipo, preguntó a sus discípulos, diciendo: ¿Quién dicen los hombres que es el Hijo del Hombre?
>
> Ellos dijeron: Unos, Juan el Bautista; otros, Elías; y otros, Jeremías, o alguno de los profetas.
>
> El les dijo: Y vosotros, ¿quién decís que soy yo?
>
> Respondiendo Simón Pedro, dijo: Tú eres el Cristo, el Hijo del Dios viviente.

> Entonces le respondió Jesús: Bienaventurado eres, Simón, hijo de Jonás, porque no te lo reveló carne ni sangre, sino mi Padre que está en los cielos. (Mat. 16:13-17)

Cuando Pedro respondió la pregunta del Maestro, confesando la verdad de que Jesús era el Cristo, Jesús reconoció la actividad del Padre en él. Pero aclaró que Pedro no lo había descifrado por sus propios medios. La revelación de la identidad de Jesús había provenido directamente del Padre.

¿Te das cuenta de que Dios se propuso amarte? Si así no fuera, jamás habrías llegado a ser cristiano. Cuando te llamó, Dios tenía un propósito. Comenzó a obrar en tu vida y, cuando tomó la iniciativa, comenzaste a experimentar una relación de amor con Él. Dios te iluminó para que comenzaras a comprender asuntos espirituales y te atrajo hacia sí mismo.

Cuando respondiste a Su invitación, Dios te guió hacia una relación de amor. Pero si Él no hubiera tomado la iniciativa, nunca habrías conocido y experimentado ese amor ni hubieras disfrutado de sus beneficios. Los siguientes pasajes bíblicos describen algunas maneras en que Dios inicia una relación de amor:

> Y circuncidará Jehová tu Dios tu corazón, y el corazón de tu descendencia, para que ames a Jehová tu Dios con todo tu corazón y con toda tu alma, a fin de que vivas. (Deut. 30:6)
>
> Todas las cosas me fueron entregadas por mi Padre; y nadie conoce quién es el Hijo sino el Padre; ni quién es el Padre, sino el Hijo, y aquel a quien el Hijo lo quiera revelar. (Luc. 10:22)
>
> No me elegisteis vosotros a mí, sino que yo os elegí a vosotros, y os he puesto para que vayáis y llevéis fruto, y vuestro fruto permanezca; para que todo lo que pidiereis al Padre en mi nombre, él os lo dé. (Juan 15:16)
>
> Porque Dios es el que en vosotros produce así el querer como el hacer, por su buena voluntad. (Fil. 2:13)
>
> He aquí, yo estoy a la puerta y llamo; si alguno oye mi voz y abre la puerta, entraré a él, y cenaré con él, y él conmigo. (Apoc. 3:20)

Creado para la eternidad, no para el tiempo

Dios no te creó para el tiempo, sino para la eternidad. Tu vida en la Tierra te brinda la oportunidad de familiarizarte con Dios y decidirte a tener una relación con Él. El tiempo es un período durante el cual Dios desea desarrollar tu carácter conforme a Su semejanza. Luego, la eternidad te brindará Su plena dimensión.

Si vives solamente para el tiempo te perderás el propósito supremo de la creación. Si vives para el tiempo, dejarás que tu pasado controle y limite tu vida en el presente. Tu vida como hijo de Dios tiene que ser moldeada por el futuro (lo que en definitiva llegarás a ser). Dios utiliza tu presente para moldear y conformar tu futuro aquí en la Tierra y para toda la eternidad.

Es posible que en el pasado hayas experimentado ciertas cosas que tengan una fuerte influencia restrictiva en tu vida. Por ejemplo, desventajas, antecedentes conflictivos en la familia, fracasos, vergüenza, pobreza, orgullo, éxito, fama, exceso de riqueza, etc. Tal vez te des cuenta de que tu pasado te moldea mucho más que tu futuro. También es probable que temas que, debido a la experiencia negativa del pasado, tengas poca esperanza para el futuro.

Un corazón endurecido

Una noche, al concluir una conferencia, se me acercó un hombre de aspecto serio y dijo que necesitaba de mi ayuda con desesperación. Había prestado servicios en el ejército durante la guerra de Vietnam. Las experiencias que tuvo allá (como así también las que tuvo a su regreso) lo habían herido y amargado emocionalmente. Aún después de haber consultado a diversos especialistas y de haber estado en terapia durante un largo tiempo, no podía superar lo que había vivido durante la guerra. Como consecuencia, su matrimonio se derrumbaba. Tenía tan endurecido el corazón que no podía dar los pasos necesarios para preservar a su familia. Entonces, se dio cuenta de que si no recibía ayuda pronto, su vida terminaría en un desastre.

Abrí mi Biblia y le leí Ezequiel 36:26: «Os daré corazón nuevo, y pondré espíritu nuevo dentro de vosotros; y quitaré de vuestra carne el corazón de piedra, y os daré un corazón de carne». Le dije que por más dolorosas y devastadoras que hubieran sido sus experiencias, Dios lo había estado buscando con amor y podía liberarlo del endurecimiento y la amargura de su corazón. Repentinamente, el hombre exclamó: «¡Mi corazón ya no está endurecido! ¡Dios me ha dado uno nuevo!».

Dios lo había liberado. Desde entonces nos hicimos buenos amigos, y continuó experimentando el gozo del Señor en su vida y su familia. Lo que no había podido lograr por su propio esfuerzo y sabiduría, Dios lo hizo sin inconveniente alguno.

EL PASADO DE PABLO

Pablo tuvo que ocuparse del problema de su pasado. Su criterio fue el siguiente:

> Aunque yo tengo también de qué confiar en la carne. Si alguno piensa que tiene de qué confiar en la carne, yo más: circuncidado al octavo día, del linaje de Israel, de la tribu de Benjamín, hebreo de hebreos; en cuanto a la ley, fariseo; en cuanto a celo, perseguidor de la iglesia; en cuanto a la justicia que es en la ley, irreprensible. Pero cuantas cosas eran para mí ganancia, las he estimado como pérdida por amor de Cristo. Y ciertamente, aun estimo todas las cosas como pérdida por la excelencia del conocimiento de Cristo Jesús, mi Señor, por amor del cual lo he perdido todo, y lo tengo por basura, para ganar a Cristo, y ser hallado en él, no teniendo mi propia justicia, que es por la ley, sino la que es por la fe de Cristo, la justicia que es de Dios por la fe; a fin de conocerle, y el poder de su resurrección, y la participación de sus padecimientos, llegando a ser semejante a él en su muerte, si en alguna manera llegase a la resurrección de entre los muertos.
>
> No que lo haya alcanzado ya, ni que ya sea perfecto; sino que prosigo, por ver si logro asir aquello para lo cual fui también asido por Cristo Jesús. Hermanos, yo mismo no pretendo haberlo ya alcanzado; pero una cosa hago: olvidando ciertamente lo que queda atrás, y extendiéndome a lo que está delante, prosigo a la meta, al premio del supremo llamamiento de Dios en Cristo Jesús. (Fil. 3:4-14)

Pablo era un fiel judío de la tribu de Benjamín e irreprochable en el cumplimiento de las leyes de los fariseos. Se distinguía por su educación y prestigio. Era celoso de Dios. Sin embargo, cuando conoció a Cristo, llegó a considerar como basura los éxitos de su pasado. Por sobre todas las cosas, deseaba conocer a Cristo, llegar a ser semejante a Él y alcanzar la vida eterna.

A fin de poder concentrarse en el futuro, se distanció de su pasado. Prosiguió su marcha hacia la meta de un premio celestial. No podía hacer nada para mejorar su pasado, pero ahora que andaba con el Cristo resucitado, no había límites para lo que Dios podía hacer en Pablo y a través de él en el futuro.

Su deseo imperioso era conocer a Cristo y llegar a ser semejante a Él. Bajo la dirección de Dios, tú también puedes ordenar tu vida de tal manera que puedas llegar a conocerlo, amarlo y ser semejante a Cristo. Deja que tu presente sea moldeado por aquello que llegarás a ser en Cristo, y no por lo que el pecado te hizo en el pasado. ¡Fuiste creado para la eternidad!

Puedes comenzar ya mismo si orientas tu vida hacia los propósitos de Dios. Los planes de Dios se proyectan más allá del tiempo, hacia la eternidad; por eso Él valora las cosas eternas. No olvides invertir tu vida, tu tiempo y tus recursos en lo que es duradero y no en las cosas que pronto dejarán de ser. Si no reconoces que Dios te creó para la eternidad, invertirás la vida en lo que no debes. Jesús dijo:

> No os hagáis tesoros en la tierra, donde la polilla y el orín corrompen, y donde ladrones minan y hurtan; porque donde esté vuestro tesoro, allí estará también vuestro corazón. [...] Mas buscad primeramente el reino de Dios y su justicia, y todas estas cosas os serán añadidas. (Mat. 6:19–21,23)

Dios te ama con devoción insondable, por eso solamente Él conoce lo que es mejor para ti. Solo Dios puede guiarte a invertir tu vida en aquello que realmente vale. Esa orientación llegará a medida que andes con Él y lo escuches.

Un alcohólico santificado

Con los años, he tenido el constante privilegio de escuchar el relato de muchas, muchas personas que dieron testimonio de una relación de amor con Cristo, que las transformó a ellas y a sus familias. Sé de un hombre, en Brasil, que había crecido con un padre y un abuelo alcohólicos. Como es lógico, él mismo llegó a ser adicto al alcohol y lo único que le importaba era beber con sus amigos. Descuidó totalmente a su esposa e hijos, y debido a que gastaba todo lo que tenía en bebidas alcohólicas, su esposa tuvo que trabajar y ahorrar para proveerle a sus hijos comidas insuficientes. Vivían en una choza diminuta, hecha con poco más que cartón. La esposa y los hijos de este hombre le tenían temor, pero no lo respetaban.

Entonces, alguien invitó a la esposa a un estudio bíblico que se realizaba en una vivienda cercana a la suya. La mujer tenía una necesidad apremiante de esperanza y amistad, por lo que comenzó a concurrir. Allí oyó hablar de Dios y de Su amor por ella. Como anhelaba experimentar el amor de Dios, entregó su vida a Cristo. Todos los días, sus nuevas amigas se unieron en oración, para que aquel esposo de vida desordenada se entregara a Cristo, pero el hombre no tenía interés en Dios ni en la religión. Se negó, constantemente, a concurrir a cualquier estudio bíblico o culto de la iglesia. Pero ella siguió orando, y Dios continuó buscando a aquel hombre con Su amor.

Un día, cuando tocó fondo, descubrió que Dios estaba allí, aguardándolo. Se entregó a Cristo y comenzó a concurrir al estudio bíblico con su esposa. Dejó de beber. Comenzó a testificar de su nueva fe ante sus amigos y ellos también, uno por uno, llegaron a experimentar la fe en Cristo. Trajo consigo a tantos otros al estudio bíblico que, con el tiempo, la iglesia que impulsó el proyecto inició un nuevo grupo de estudio bíblico y lo nombró líder. Este grupo creció con tanta rapidez, que lo dividieron en dos y le encomendaron la supervisión de ambos grupos pequeños. El hombre comenzó a cuidar de su esposa y sus hijos como debe hacerlo alguien consagrado a Dios.

Con el tiempo, la pareja ahorró suficiente dinero como para comprar una vivienda modesta de ladrillos en otro vecindario. Un año después, había llevado a la fe en Cristo a todos sus vecinos, excepto uno, y todos concurrían a la iglesia. Luego, esa iglesia lo empleó como miembro del personal pastoral y, actualmente, más de 12 000 personas se congregan, cada semana, en ese lugar. Todos los años, este hombre y su esposa conducen seminarios de enriquecimiento para matrimonios. Sus hijos son adultos jóvenes y sanos que cantan en el conjunto de adoración de la iglesia y manifiestan un evidente amor y respeto por su padre.

Mientras este hombre relataba su historia, se le iluminaba el rostro cuando hablaba de cómo Dios no se había dado por vencido con él. A pesar de que su vida se encaminaba velozmente hacia la destrucción, Dios siguió buscándolo y acercándose a él. Desde aquel glorioso día en que comenzó una relación personal con Cristo, ha dedicado su vida a ayudar a otros a experimentar el perdón y la libertad que él recibió.

ANDAR CON DIOS

Dios creó el primer hombre y la primera mujer, Adán y Eva, para que tuvieran una relación de amor con Él. Después de pecar, Adán y Eva oyeron que Dios recorría el huerto, pero se escondieron de Él por temor y vergüenza. Trata de percibir el corazón de un Padre amoroso en aquella pregunta penetrante que formuló: «¿Dónde estás tú?» (Gén. 3:9). Dios sabía lo que había ocurrido con la relación de amor.

Cuando tu relación con Dios es lo que debe ser, siempre tendrás comunión con el Padre. Disfrutarás de Su presencia y de tener una estrecha comunión con Él. Cuando Adán y Eva dejaron de salir al encuentro con Dios, era porque algo andaba mal.

Tiempos devocionales

Cuando Dios buscó reunirse con Su pueblo durante los días del profeta Jeremías, les dijo: «Ahora, pues, por cuanto vosotros habéis hecho todas estas obras, dice Jehová, y aunque os hablé desde temprano y sin cesar, no oísteis, y os llamé, y no respondisteis» (Jer. 7:13). Siempre he tratado de encontrarme con mi Señor cada mañana. No guardo este tiempo a solas con Dios *para tener* una relación, sino *porque tengo* una relación con Él. Debido a mi amor por Dios, deseo encontrarme con Él. Disfruto del tiempo con Dios. Ese tiempo que paso a Su lado enriquece y profundiza la relación que ya tenemos.

He oído decir: «Realmente tengo dificultad para dedicar ese tiempo a solas con Dios». Si eso es un problema para ti, déjame sugerirte algo. No te disciplines para leer la Biblia y orar solo como si fuera una sentencia que debes cumplir de por vida. En cambio, considera el tiempo que pasas con Dios como una oportunidad para conocer mejor a alguien que te ama con amor infinito. El mero hecho de obligarte a leer un capítulo de la Biblia cada día y luego recitar una oración no te conducirá a una relación más profunda con Dios.

Haz que la prioridad de tu vida y de tus tiempos devocionales sea amarlo con todo tu corazón. Eso resolverá casi todo el problema de tu momento devocional. Lee en la Escritura sobre el abundante amor de Dios por ti. Evoca lo que ha hecho para demostrarte Su amor. Cuéntale lo que hay en tu corazón, tus inquietudes y tus cargas. Permanece en silencio delante de Él y permite que te dé Su amor. Cuanto más conozcas a Dios, más lo amarás. Cuanto más lo ames, más fácil te será dedicarle tiempo. Nunca es tarea pesada dedicarle tiempo a alguien que te ama, ¡pero dedicárselo a un extraño puede volverse tedioso!

Supón que estuvieras comprometido para casarte con una persona a quien amas. ¿Cuál es la razón principal por la que le dedicarías tiempo? ¿Será porque deseas saber lo que le gusta y lo que no, o porque deseas conocer el trasfondo de su familia? ¿Será porque deseas determinar cuáles son sus conocimientos y educación? Cuando dos personas se aman, lo natural es que se interesen en conocerse mutuamente. Sin embargo, esa no es la razón principal porque la que pasan tiempo juntas. Es porque se aman y, cada vez que están juntas, es como un refrigerio.

De igual manera, aprenderás mucho sobre Dios, Su Palabra, Sus propósitos y Sus caminos cuando le dediques tiempo. No obstante, esa no es la razón para desear dedicarle tiempo. Desearás tener comunión con Dios por lo que ya sabes de Él; además, al relacionarte con Él, aprenderás aún más de Dios y eso, inevitablemente, profundizará tu devoción. Todo lo que hagamos con Dios y por Dios debe surgir de nuestra relación con Él.

Una relación real, personal y práctica

La relación que Dios desea tener contigo será dinámica y personal. Algunos preguntan: «¿Es verdad que una persona puede tener una relación real, personal y práctica con Dios?». Les parece que Dios es alguien distante y que no se inmuta ante nuestra vida cotidiana. ¡Pero ese no es el Dios que describe la Escritura! Desde Génesis hasta Apocalipsis vemos que se relaciona con las personas de manera íntima, personal y práctica. Toma tu Biblia y lee los relatos que se describen a continuación. Observa cómo la relación de cada persona con el Señor se describe de manera sumamente íntima y práctica.

Adán y Eva. Dios tuvo una comunión íntima con Adán y Eva al caminar por el huerto con ellos. Cuando pecaron, Él vino a buscarlos para restaurar la relación de amor. Satisfizo su necesidad práctica al proveerles de ropa para cubrir su desnudez (ver Gén. 3:20-21).

Agar. Sarai había sometido a Agar; la había maltratado y había abusado de ella. Finalmente, Agar huyó para salvar su vida. Cuando se le agotaron los recursos y ya no tenía a quién recurrir, oyó a Dios. En su relación con Él, aprendió que la había visto, que conocía sus necesidades y que, por amor, proveería para ella (ver Gén. 16:1-13).

Salomón. David, el padre de Salomón, había buscado al Señor de todo corazón, de modo que él tenía un legado de fe y obediencia para seguir. Cuando Dios le dio la oportunidad de pedir y recibir cualquier cosa que deseara, Salomón demostró su amor por el pueblo de Dios al pedir un corazón entendido. Él no solo le otorgó su pedido, sino que también le dio riqueza y fama. Salomón descubrió que su relación con Dios era sumamente práctica (Ver 1 Rey. 3:5-13).

Los doce discípulos. Los discípulos tenían una relación real, personal y práctica con Jesús, el Hijo de Dios. ¡Qué dicha habrá sido poder caminar tan cerca de Él! Cuando les dio una misión difícil, no los envió a enfrentar los desafíos con la fuerza limitada que tenían. Les dio una autoridad que jamás antes habían conocido para superar cualquier cosa que enfrentaran (ver Mar. 6:7-13).

Pedro preso, a la espera de su ejecución. En ciertos lugares del mundo, obedecer al Señor tiene como consecuencia la cárcel e incluso la muerte. Esa fue la experiencia de Pedro (ver Hech. 12:1-17). En respuesta a la oración, el Señor lo libró, de manera milagrosa, de cautiverio y muerte inminente. Su liberación fue tan espectacular que, al principio, Pedro creyó que era un sueño. Cuando fue a dar la buena noticia a los demás cristianos, creyeron que era un ángel, pero no tardaron en descubrir que el milagro era real. La intervención práctica de Dios salvó la vida de Pedro.

Juan exiliado en la isla de Patmos. Juan aguardaba el día del Señor en comunión con Dios (ver Apoc. 1:9-20). Durante ese tiempo de comunión en el Espíritu, el Cristo resucitado vino a Juan para «manifestar a sus siervos las cosas que deben suceder pronto» (Apoc. 1:1). Desde el tiempo de Juan hasta nuestros días, dicho mensaje ha sido un desafío y también un estímulo para los cristianos.

Al leer la Escritura, ¿sientes que las personas tuvieron una experiencia con Dios de manera real y personal? ¿Notaste qué práctica era su relación con Dios? Tanto el Antiguo como el Nuevo Testamento rebosa de ejemplos de la participación personal de Dios en la vida de hombres y mujeres de toda clase. ¡Y Dios no ha cambiado! Tú también puedes experimentar una relación real, personal y práctica con el Padre si respondes a Su obra en tu vida.

Hacía falta volver a caminar por fe

En el verano de 1992, le pedí a Claude King que colaborara conmigo en un nuevo curso titulado *Refrescante experiencia con Dios: El esquema de Dios para el avivamiento y el despertar espiritual.* Cuando comenzamos a trabajar con el mensaje que Dios estaba dando sobre el avivamiento, nos dimos cuenta de la urgencia con que se necesitaba un material como ese, y que debíamos terminar el proyecto tan pronto como fuera posible. Claude ya tenía mucho trabajo como editor, y no veía la manera de poder trabajar en el material sobre avivamiento y seguir cumpliendo con los requisitos de su empleo regular.

Dos años antes, Dios le había hablado por medio de Su Palabra para decirle que llegaría un tiempo en que debería entregar, por completo, su vida y sus horarios a Dios. Claude comenzó a orar y a preguntarle a Dios si esta era la ocasión en que debía renunciar a su empleo y caminar por fe. Repasó su experiencia para ver cómo Dios lo había guiado hasta ese punto y procuró el consejo de amigos consagrados. Cuando llegó el fin de semana del día del trabajo (el primer lunes de septiembre), Claude se convenció de que debía renunciar a su empleo y dedicarse a terminar el nuevo proyecto. Sin una fuente segura de ingresos a la vista, la familia de Claude lo acompañó en esta aventura con Dios.

Después de que Claude anunció su renuncia y comenzó a concluir los proyectos de su empleo, recibió una llamada de un grupo de personas que habían formado una organización sin fines de lucro en Texas. Habían estado participando en esfuerzos de avivamiento para las iglesias. Cada uno de los directores de ese ministerio había estudiado el curso *Experiencia con Dios* y había sido testigo del avivamiento que Dios estaba trayendo a su pueblo a través de ese material. Le dijeron: «Nos enteramos de su decisión de renunciar a su empleo para escribir *Refrescante experiencia con Dios.* Oramos, y creemos que Dios quiere que lo apoyemos en el aspecto financiero».

Así emplearon a Claude para que fuese el director ejecutivo de la organización y sirviera como catalizador del avivamiento espiritual. Convinieron en pagarle el salario de un empleo a tiempo completo y le dijeron: «Nosotros nos ocuparemos de recaudar los fondos. Usted haga todo lo que Dios le diga». Esto permitió que Claude trabajara a tiempo completo en *Refrescante experiencia con Dios.* Cuando el Señor le pidió que diera un paso de fe, él obedeció. Dios respondió de inmediato para satisfacer sus necesidades.

Regularmente, nuestra editorial le hubiera asignado un ciclo de planificación de cinco años a todo el proceso de desarrollo de los materiales sobre avivamiento titulados *Refrescante experiencia con Dios.* Sin embargo, Dios hizo que Claude y yo reconociéramos la urgencia con que se necesitaban los materiales y, en consecuencia, los elaboramos en solamente ocho meses.

Claude oyó la voz de Dios con claridad, ¡pero lo que Dios le pedía que hiciera no parecía sensato! ¿Cómo es posible que alguien que tiene una familia que mantener y una hipoteca que pagar renuncie a un empleo a mitad de su carrera profesional para trabajar en un proyecto sin saber si existirá una fuente de ingresos? Si Dios no hubiera estado de por medio, hacer una cosa así habría sido algo insensato e irresponsable. Sin embargo, cuando se trata de la consecuencia de tu relación de amor con Dios, ¡nada podría ser más sensato! Podría relatar una tras otra, las historias de personas que confiaron en Dios en cuanto a los aspectos más prácticos de su vida, y de cómo Dios satisfizo cada necesidad en el tiempo preciso.

Cuando se ama a Dios

El amor debe expresarse de maneras palpables. No se puede amar si no se tiene a «otra persona» a quien amar. La relación de amor con Dios se produce entre dos personas. La relación con Él es personal e interactiva. Dios es una persona que desea llenar tu vida con Su presencia.

Si no puedes recordar un tiempo en que tu relación con Dios fue real, personal y práctica, necesitas evaluar tu andar con Él. Acude al Señor en oración y pídele que te revele la verdadera naturaleza de tu relación. Pídele que te guíe hacia una genuina intimidad con Él. Si te das cuenta de que nunca tuviste una relación salvadora con Dios, vuelve a la introducción de este libro para obtener ayuda sobre cómo resolver, ya mismo, ese asunto tan importante.

Algunas personas me dicen: «Henry, lo que usted sugiere sobre hacer la voluntad de Dios no es juicioso hoy día». No estoy de acuerdo. Dios es sumamente práctico. Así lo fue en los tiempos bíblicos y así lo es hoy. Cuando proveyó a los israelitas de maná, codornices y agua, Su conducta fue práctica. Cuando Jesús alimentó a 5000 personas hambrientas, Su conducta fue práctica. El Dios que se reveló en los tiempos bíblicos es real, personal y práctico. Yo confío en Dios para que también se relacione conmigo de esa manera.

La presencia diaria de Dios tiene que ser el aspecto más práctico de la vida de un creyente. El plan de Dios para el progreso de Su reino en la Tierra incluye trabajar de maneras reales y palpables por medio de la relación con Su pueblo.

Conocer a Dios y tener una experiencia con Él mediante una relación real y personal, fue algo sumamente práctico para los protagonistas de la Escritura, y creo que tú también descubrirás que ese andar con Dios es algo sumamente eficaz para tu vida. Dios puede influir de manera espectacular en tus relaciones, tu familia, tu iglesia y tu lugar de trabajo. Su participación en tu vida debe ser algo visible y evidente, tanto para ti como para quienes te rodean, tal como fue en la vida de numerosas personas que revela la Escritura.

Resumen

Las personas no toman la iniciativa de buscar a Dios. Él siempre toma la iniciativa de buscar una relación de amor contigo. Esa relación de amor es real, personal y sumamente práctica. Dios quiere que lo ames con todo tu ser, por encima de todo lo que puedas realizar. Él te creó con ese propósito. Si tu relación de amor con Dios no es íntima, todo lo demás que tenga que ver con conocer y hacer Su voluntad estará fuera de foco. Cuando descubras que

Dios no está obrando a través de tu vida para cumplir Sus propósitos, concéntrate en tu relación con Él. Tal vez, Dios esté esperando que respondas a Su invitación de amor para tener una relación con Él antes de poder obrar por medio de tu vida para bendecir a otros.

CÓMO TENER HOY UNA EXPERIENCIA CON DIOS

Adán y Eva anduvieron con Dios durante las horas del día. Dedica un tiempo para andar con Dios y cultivar una relación más íntima con Él esta semana. Si fuera posible, busca un lugar al aire libre para ir a caminar. Dedica este tiempo para salir de la rutina. Incluso, te conviene planear una salida especial que ocupe parte del día, a fin de estar a solas con Dios. Dedica este tiempo para hablar con Él. Si el lugar te lo permite, hasta puedes hablar con Él en voz alta, si así lo deseas. Alábalo por Su amor y misericordia. Dale gracias por Sus expresiones de amor hacia ti. Sé específico. Exprésale tu amor. Dedica tiempo a adorarle. Luego, sencillamente, quédate con Él. Habla sobre tus inquietudes y escucha lo que quiere decirte.

PREGUNTAS PARA REFLEXIONAR

Después de dedicar un tiempo a solas con Dios, reflexiona sobre lo que sientes. Puedes hacerte alguna de estas preguntas:

1. ¿Cómo te sentiste al andar y conversar con Dios?
2. ¿Qué aspectos de tu relación con Él pudiste ver con claridad?
3. Si fue un tiempo difícil o tuvo sus desafíos emocionales, ¿a qué crees que se debió?
4. ¿Qué sucedió que haya sido motivo de especial importancia o alegría?
5. ¿Es esta la clase de experiencia que desearías repetir regularmente?

8

La invitación de Dios para participar en Su obra

Porque Dios es el que en vosotros produce así el querer como el hacer, por su buena voluntad. (Fil. 2:13)

Invitación a Canadá

Hacía casi una década que era pastor en California cuando, mediante una serie de sucesos, Dios nos indicó a Marilynn y a mí que nos llamaba para mudarnos a Saskatoon, Canadá. ¿Cuál era nuestra misión? Participar en la fundación de misiones en toda la región occidental de Canadá. La iglesia a la cual Dios nos llamaba había sufrido una gran decadencia y en ese momento solo concurrían diez miembros. Aquellos desanimados cristianos habían considerado, seriamente, disolver la congregación y vender la propiedad antes de que yo aceptara ser su pastor.

Cuando llegamos a la iglesia después del largo viaje por carretera desde Los Ángeles, nos dimos cuenta de que había mucho por hacer. El edificio de la iglesia necesitaba reparación sin demora, pero los miembros que allí quedaban estaban demasiado desanimados y cansados como para enfrentar esa tarea. Luego de un almuerzo frugal en la iglesia, nos encaminamos hacia la humilde casa pastoral y comenzamos a desempacar.

A mi mente acudieron mil pensamientos sobre lo que se debía hacer para volver a encaminar aquella iglesia. De repente, un automóvil se estacionó frente a la casa y bajaron seis hombres. Acababan de llegar desde la localidad de Prince Albert, que quedaba a 145 km de distancia. Vinieron a decirme que habían estado orando por un pastor para que fundara una nueva iglesia en su ciudad. Cuando oyeron que yo venía a Saskatoon, sintieron que era la provisión de Dios para ellos también. Desde el punto de vista humano, parecía ridículo. Mi iglesia no podía pagar mi salario, y menos aun financiar una misión a 145 km de distancia. Había tanto por hacer en mi propia iglesia, que me parecía imposible viajar tres horas de ida y de vuelta, dos veces a la semana, a una misión. ¡Pero descubrí que lo imposible para las personas es posible para Dios!

Cuando busqué la dirección de Dios, tuve plena certeza de que había recibido una invitación divina. Dios me había llamado a fundar iglesias en Canadá, ¡y no perdía tiempo! Durante el primer día en aquel país, Dios me invitó a fundar mi primera misión.

Durante dos años, viajé en automóvil dos veces por semana a Prince Albert para ministrar a aquel maravilloso grupo de personas. Con el tiempo, Dios nos guió a que llamáramos a Jack Conner, mi compañero de oración del seminario, para que fuera pastor de la misión. Se valió de esa iglesia para fundar muchas otras misiones en toda aquella región con tanta necesidad espiritual, que se extendía hacia el norte de Canadá. Siempre he agradecido profundamente que, cuando ese automóvil lleno de hombres llegó a mi casa desde Prince Albert en aquel día de primavera, no me limité a ver el trabajo, el gasto, el esfuerzo y las dificultades. También vi a Dios. Él me invitaba a participar en una obra excelente que estaba por cumplir. Mi vida y la vida de muchos otros nunca volverían a ser iguales.

Parte del libro de Génesis registra el cumplimiento de los propósitos de Dios a través de la vida de Abraham. Aunque lo vemos crecer durante la narración, lo principal no es el relato de su andar con Dios. ¿Puedes ver en qué se diferencia el enfoque? La Biblia siempre pone la atención en Dios.

En tanto que la esencia del pecado es cambiar de una vida centrada en Dios a una vida centrada en uno mismo, la esencia de la salvación es negarse a uno mismo y regresar a una actitud centrada en Dios. Debemos llegar a un punto en que renunciemos al enfoque de la vida centrado en uno mismo, y volvamos la atención y el control a Dios. Cuando esto sucede, Él nos orienta hacia sí y hacia los propósitos que está cumpliendo a nuestro alrededor.

La vida centrada en Dios

La vida centrada en Dios se caracteriza por:

- confianza en Dios;
- dependencia de Dios, de Su capacidad para proveer;
- búsqueda de la actividad de Dios;
- humildad delante de Dios;
- negación de uno mismo;
- búsqueda del reino de Dios y Su justicia en primer lugar;
- búsqueda de perspectiva divina en las circunstancias;
- búsqueda de santidad y consagración.

Considera los siguientes ejemplos bíblicos de una vida centrada en Dios.

José. La esposa de Potifar intentó diariamente seducir a José. Él se resistió a los avances audaces y persistentes de la mujer, y se rehusó así a pecar contra Dios. Cuando intentó forzarlo a acostarse con ella, él huyó de la casa. Finalmente, terminó preso con tal de no ceder a la tentación (ver Gén. 39). José se mantuvo centrado en Dios en lugar de centrarse en sus apetitos carnales.

Josué y Caleb. Cuando Dios dispuso que los israelitas entraran en la Tierra Prometida, Moisés envió espías para examinar la tierra. A diferencia de los otros diez espías, Josué y Caleb dijeron: «Si Jehová se agradare de nosotros, él nos llevará a esta tierra [...] no los temáis» (Núm. 14:8-9). Estaban dispuestos a confiar en la palabra de Dios y seguir adelante con confianza, en lugar de confiar en su propia fortaleza y sus propios recursos.

El rey Asa. En los primeros años de su reinado, Asa vivió una vida centrada en Dios. Al enfrentar en batalla al ejército de Zera, el cusita, dijo: «¡Oh Jehová, para ti no hay diferencia alguna en dar ayuda al poderoso o al que no tiene fuerzas! Ayúdanos, oh Jehová Dios nuestro, porque en ti nos apoyamos, y en tu nombre venimos contra este ejército. Oh Jehová, tú eres nuestro Dios; no prevalezca contra ti el hombre» (2 Crón. 14:11). Dios entregó al enemigo en manos de Asa y la nación vivió en paz.

La vida centrada en uno mismo

A diferencia de la vida centrada en Dios, la vida centrada en uno mismo se caracteriza por:

- decisiones enfocadas en la persona;
- el orgullo por los logros propios;
- la confianza en uno mismo;
- la dependencia de uno y sus propias aptitudes;
- la afirmación del yo;
- el interés en ser aceptable para el mundo y sus caminos;
- mirar las circunstancias desde una perspectiva humana;
- ser egoísta y materialista.

A continuación he resumido algunos ejemplos bíblicos de la vida centrada en uno mismo.

Adán y Eva. Dios puso a Adán y Eva en un huerto exuberante. Puso a su disposición todo el huerto y su contenido, para su comodidad y placer. Sin embargo, Dios les advirtió que no comieran del árbol del conocimiento del bien y el mal; pero Eva no pudo resistir la tentación de obtener la sabiduría que le hicieron creer que Dios le estaba negando, y así comió del fruto. (Ver Gén. 2:16-17; 3:1-7.) Eva compartió el fruto prohibido con Adán y él también comió. La decisión de ellos se centró en sí mismos, violó el mandamiento de Dios y arruinó la relación de amor con su Creador.

Los diez espías. Moisés envió a doce hombres a Canaán para que exploraran la tierra que Dios había prometido a Israel y volvieran con su informe. La tierra era fértil, tal como Dios dijo que sería, pero los exploradores vieron que los habitantes del lugar parecían gigantes (ver Núm. 13-14.) Aunque Josué y Caleb estuvieron dispuestos a confiar en Dios, los otros diez espías protestaron afirmando: «No podremos subir contra aquel pueblo, porque es más fuerte que nosotros» (Núm. 13:31). En lugar de recurrir a Dios y Su poder, se concentraron en sí mismos y en sus debilidades. No podían imaginar cómo sería posible vencer al enemigo. No tenían idea del camino que Dios había preparado. Cuarenta años después, Rahab, una habitante de Jericó, describió lo que Dios había hecho. Explicó que cuando su pueblo se enteró de cómo Dios había librado a Israel de Egipto, le sucedió lo siguiente: «Oyendo esto, ha desmayado nuestro corazón; ni ha quedado más aliento en hombre alguno por causa de vosotros, porque Jehová vuestro Dios es Dios arriba en los cielos y abajo en la tierra» (Jos. 2:11). La conclusión egocéntrica de los diez espías le costó a Israel 40 años de espera innecesaria en el desierto.

El rey Asa. El rey Asa y el reino de Judá se encontraban bajo la amenaza de Baasa, rey de Israel. En una oportunidad anterior, al enfrentar a un ejército enemigo, el rey Asa había conducido a su pueblo a confiar en el Señor. Sin embargo, en esta otra ocasión, en lugar de pedirle ayuda a Dios, Asa envió oro y plata del templo y de su propio palacio a Ben-Adad, rey de Siria, para solicitar su ayuda en el conflicto (ver 2 Crón. 16:1-3). Aunque alguna vez había centrado su vida en Dios y había confiado en Él, este rey llegó a centrase en sí mismo y depender de sus propios recursos. Dios lo reprendió y le dijo: «Locamente has hecho en esto; porque de aquí en adelante habrá más guerra contra ti» (2 Crón. 16:9). Debido a su egocentrismo, Asa se vio perseguido el resto de su vida, precisamente por aquello que había intentado impedir con sus propios planes: la guerra.

Centrarse en uno mismo es una trampa sutil, aunque común. El mundo elogia la confianza en uno mismo, porque es posible que confiar en Dios no tenga sentido desde el punto de vista humano. Por otra parte, es algo que tiene perfecto sentido para el Dios Todopoderoso. Así que ten cuidado. Como sucedió con el rey Asa, tal vez confíes en Dios en una ocasión y luego, vuelvas a caer en la confianza en ti mismo.

Para vivir centrado en Dios es necesario negarse a uno mismo, todos los días, y someterse a Él. Jesús dijo: «De cierto, de cierto os digo, que si el grano de trigo no cae en la tierra y muere, queda solo; pero si muere, lleva mucho fruto. El que ama su vida, la perderá; y el que aborrece su vida en este mundo, para vida eterna la guardará» (Juan 12:24-25).

Un médico que se negó a sí mismo

En cierta ocasión, insté a quienes habían asistido a una conferencia a negarse a sí mismos y obedecer cualquier cosa que Dios les dijera que hicieran. Durante un receso, un hombre me relató su historia. Cuando estudiaba en la universidad, sintió que Dios lo llamaba a ser médico misionero. Así, en obediencia al llamamiento de Dios, ingresó a la facultad de medicina. Como fue un estudiante sobresaliente, sus profesores lo animaron a dedicarse a la investigación avanzada. Finalmente, llegó a especializarse en el estudio de enfermedades autoinmunes y lo invitaron a incorporarse al personal de un hospital prestigioso.

Sus amigos y familiares lo elogiaron por sus logros y le dijeron que al aceptar ese puesto podría ser de gran beneficio para los necesitados. Durante varios años, trabajó en el hospital y llegó a desempeñarse como profesional líder especializado en enfermedades autoinmunes. Sin embargo, durante la conferencia en la que nos conocimos, Dios lo estorbó al recordarle que no había obedecido Su llamamiento a las misiones. En esa ocasión, ya bien establecido en su carrera y con una familia que mantener, este hombre se preguntaba si sería demasiado tarde. Le advertí que el mundo nos incentiva a protegernos, a darnos ciertos gustos, a procurar comodidad y prosperar; pero Dios nos dice que debemos negarnos a nosotros mismos. Nuestros familiares y amigos tienen buenas intenciones y desean que vivamos cerca de ellos. Esperan que ganemos un salario generoso y que desarrollemos nuestro prestigio; pero todo esto es probable que, en lugar de ayudarnos a negarnos a nosotros mismos como Cristo nos mandó, no hagan más que estimular ese ser interior. Le recomendé al médico que dedicara tiempo a Dios y le pidiera que le aclarara, exactamente, lo que quería que hiciera en esta etapa de su vida.

Más adelante, supe que este médico había renunciado a su distinguido empleo y se había ido como misionero a África, en una región asolada por el SIDA. Su experiencia en inmunología, ahora la dedicaría a extender el Reino de Dios. Se había negado a sí mismo y andaba en comunión con Dios, experimentaba la obra de Él en su vida tal como el Señor siempre se lo había propuesto.

Los propósitos de Dios, no nuestros planes

Para vivir una vida centrada en Dios, tienes que concentrarte en Sus propósitos y no en tus propios planes. Procura ver las cosas desde Su perspectiva en lugar de tu distorsionada visión humana. Cuando Dios comienza a hacer algo en el mundo, toma la iniciativa de informar a alguien sobre lo que está haciendo. En Su gracia, Dios le da participación a Su pueblo para cumplir Sus propósitos.

Cuando estaba por traer el juicio divino a la Tierra mediante un diluvio catastrófico, Dios advirtió a Noé (ver Gén. 6:5-14.) Cuando se aprestaba a destruir las corruptas ciudades de Sodoma y Gomorra, Dios reveló Su plan a Abraham (ver Gén. 18:16-21; 19:13). De manera similar, cuando Dios quiso librar a los israelitas de la opresión del pueblo madianita, Dios se acercó a Gedeón (ver Jue. 6:11-16). Cuando Dios se preparaba para enviar a la Tierra al Salvador que por tanto tiempo habían aguardado, se lo dijo a María, una adolescente (ver Luc. 1:26-38). Cuando Dios planeaba enviar el mensaje del evangelio a los gentiles alrededor del mundo conocido, se apareció a Saulo en el camino a Damasco (ver Hech. 9:1-16). En cada situación, el factor más importante no fue lo que el individuo quería hacer para Dios, sino lo que Dios estaba por hacer.

Observemos más estrechamente el ejemplo de Noé. ¿Qué decir de todos los planes que Noé había hecho para servir a Dios? ¿Y si hubiera planeado realizar una encuesta evangelizadora de puerta en puerta en su vecindario o fundar un ministerio para personas sin hogar? Habrían sido nobles intenciones, pero también habrían sido absolutamente insignificantes ante los inminentes planes de Dios. Noé no invocó a Dios para que lo ayudara a cumplir lo que soñaba hacer para Él. En la Escritura, nunca vemos que Dios le pide a las personas que sueñen lo que deseen hacer para Él. Nunca incentiva a Su pueblo a fijarse metas impresionantes y generar visiones grandiosas para Dios y Su reino.

En la Biblia, Dios reprende a quienes proponen sus mejores ideas por encima de lo que Él manda. Aquellos a quienes la Biblia elogia, no fueron brillantes en su planificación. Solo fueron humildes «héroes de la fe» (Heb. 11). Dios los elogió por su obediencia, no por su desempeño.

¿Quién libró a los israelitas de Egipto? ¿Moisés o Dios? Dios. Él decidió invitar a Moisés a tener una relación personal con Dios. Así, pudo librar a Su pueblo a través de este hombre. ¿Alguna vez Moisés intentó resolver las cosas a su propio modo? Sí, lo hizo. Lee este relato sobre el intento de Moisés de asumir una función de liderazgo en el pueblo de Dios:

> En aquellos días sucedió que crecido ya Moisés, salió a sus hermanos, y los vio en sus duras tareas, y observó a un egipcio que golpeaba a uno de los hebreos, sus hermanos. Entonces miró a todas partes, y viendo que no parecía nadie, mató al egipcio y lo escondió en la arena. Al día siguiente salió y vio a dos hebreos que reñían; entonces dijo al que maltrataba al otro: ¿Por qué golpeas a tu prójimo?
>
> Y él respondió: ¿Quién te ha puesto a ti por príncipe y juez sobre nosotros? ¿Piensas matarme como mataste al egipcio? Entonces Moisés tuvo miedo, y dijo: Ciertamente esto ha sido descubierto.
>
> Oyendo Faraón acerca de este hecho, procuró matar a Moisés; pero Moisés huyó de delante de Faraón, y habitó en la tierra de Madián. (Ex. 2:11-15)

¿Por qué se impuso Moisés a favor de su propio pueblo? Es probable que al verlos sufrir le haya remordido la conciencia porque estaba viviendo en la comodidad y el lujo de los egipcios. Se había capacitado en las mejores escuelas de Egipto por eso usó su ingenio y fuerza para ayudar a un hermano israelita. No hay dudas de que sus intenciones fueron valiosas, pero fracasó rotundamente y, en consecuencia, pasó 40 años como fugitivo. ¿Qué podría haber pasado si Moisés hubiera intentado liberar a los israelitas con ese mismo criterio humano? Si hubiera utilizado su propia sabiduría para movilizar a los israelitas a librarse de la esclavitud por medio de la fuerza militar, miles de sus hermanos habrían sido asesinados. Los egipcios eran una potencia mundial y tenían un poderoso ejército. Los esclavos sin armas ni entrenamiento habrían sido diezmados por el temible ejército egipcio con sus carros aparentemente invencibles. Dios envió a Moisés al exilio en Madián para trabajar como pastor de ovejas y así aprender a centrar su pensamiento y su vida en Dios.

Cuando Dios libró a los israelitas de la esclavitud, no hubo ninguna baja. Ninguna. Incluso, motivó a los egipcios para dar a los israelitas su oro, su plata y sus ropas durante el proceso de liberación. Egipto fue saqueado, el ejército egipcio fue destruido y los israelitas no perdieron ni una vida.

¿Por qué no podemos darnos cuenta que hacer las cosas a la manera de Dios siempre es lo mejor? Causamos mucho dolor en nuestras relaciones y división en nuestras iglesias, porque actuamos de la manera en que Moisés lo hizo con el celo de su juventud. *Nosotros* decidimos lo que nos parece mejor para nuestra familia, nuestro negocio o nuestra iglesia. *Nosotros* desarrollamos *nuestros* planes. *Nosotros* implementamos nuestras estrategias. A veces, se las imponemos a los demás. Y así cosechamos los resultados escasos, o incluso destructivos, de nuestras limitaciones en conocimiento, razonamiento y poder. ¡Si descubriéramos lo distintas que son las cosas cuando reconocemos a Cristo como cabeza de Su cuerpo, la Iglesia! Dios puede lograr más en 6 meses, a través de un pueblo rendido a Él, de lo que nosotros podríamos lograr en 60 años, con nuestra propia fuerza y sabiduría.

LOS CAMINOS DE DIOS

Dios quiere que conozcamos más que Su persona. También quiere que conozcamos Sus caminos. Ya sabes que los caminos de Dios no son nuestros caminos (ver Isa. 55:8-9). No podemos saber cómo actúa Dios a menos que Él nos enseñe. Dios es infinitamente sabio. Él ve el futuro. Comprende nuestro mundo y todo lo que ocurre en él. Dios conoce las consecuencias eternas de cada acción, cada acto de obediencia o cada desobediencia a Su Palabra. Los caminos de Dios conducen a la vida; producen gozo; son santos y perfectos.

Siempre es mejor hacer las cosas a la manera de Dios. Cuando el pueblo de Dios no sigue los caminos de Dios, las consecuencias pueden ser sumamente dolorosas y desalentadoras. Dios le prometió gozo y satisfacción a los israelitas si vivían conforme a Sus caminos; pero ellos no le obedecieron y, en definitiva, eso les costó todo. Dios le dijo a Israel: «Yo soy Jehová tu Dios, que te hice subir de la tierra de Egipto; abre tu boca, y yo la llenaré. Pero mi pueblo no oyó mi voz, e Israel no me quiso a mí. Los dejé, por tanto, a la dureza de su corazón; caminaron en sus propios consejos» (Sal. 81:10-12). Uno de los actos de disciplina más severos de Dios es cuando nos deja experimentar las consecuencias naturales de hacer las cosas a nuestra manera en lugar de obedecerle a Él.

Los caminos de Dios podrían haber sido infinitamente mejores que la vida que escogieron para sí los israelitas. Dios dijo: «¡Oh, si me hubiera oído mi pueblo, si en mis caminos hubiera andado Israel! En un momento habría yo derribado a sus enemigos, y vuelto mi mano contra sus adversarios» (Sal. 81:1314).

Dios desea que alineemos nuestra vida con Él para cumplir Sus propósitos divinos en nosotros y a través de nosotros. Dios no está a nuestro servicio para bendecir nuestros planes y deseos. Él es nuestro Señor; por eso debemos ajustar nuestra vida a lo que está haciendo y a los caminos que escoge para cumplir Su obra. Si no nos sometemos a Dios y a Sus caminos, Él nos permitirá seguir adelante con nuestros planes; pero no te quepa duda de que nos perderemos la actividad de Dios y no experimentaremos lo que desea hacer por medio de nosotros para bendecir a otros. Como cristianos, no solo es importante *qué* hacemos sino también *cómo* lo hacemos.

Cuando los programas se construyen de manera equivocada

Esto lo he visto muchas veces, cuando las iglesias tratan de servir a Dios. Una congregación cree que Dios la dirige a construir un nuevo auditorio. No obstante, una vez que saben lo que hay que hacer (construir un nuevo auditorio), no buscan a Dios para determinar *cómo* quiere que recauden el dinero y construyan el edificio *o cuándo* desea que comiencen. En consecuencia, se lastima el sentimiento de muchos líderes de la iglesia, numerosas familias de alejan de la congregación, los costos del proyecto se disparan y la congregación, ahora reducida, queda con agobiantes deudas a largo plazo. Las personas se desconciertan y se preguntan cómo es posible que hayan salido mal las cosas si creyeron que Dios deseaba que emprendieran ese proyecto. Lo que no comprendieron es que, con Dios, *la manera* en que uno hace las cosas es tan importante como las cosas que hace. Es posible hacer lo correcto de *la manera* equivocada o en *el tiempo* equivocado. Es posible realizar una tarea que Dios encomienda, pero hacerla de una manera tan irreverente que en realidad perjudica la causa de Cristo en lugar de respaldarla. Es esencial hacer las cosas a la manera de Dios.

Los israelitas fueron librados de la esclavitud en Egipto con muchas señales milagrosas y prodigios. Atravesaron el mar caminando sobre tierra seca y vieron la destrucción del aparentemente invencible ejército egipcio en el Mar Rojo. Vieron que Dios les proveía pan desde el cielo, bandadas de codornices para comer cuando necesitaron carne y agua dulce que brotó de una roca. ¿Acaso no piensas que podrían haber confiado en que Dios haría cualquier cosa después de todo aquello? Sin embargo, cuando llegaron a Canaán, no confiaron en que les entregaría la tierra prometida. En consecuencia, pasaron los 40 años siguientes vagando por el desierto. El Salmo 81 nos muestra cómo Dios le recuerda a Israel que Él habría vencido rápidamente a sus enemigos si sólo hubieran seguido los planes de Dios en lugar de confiar en sus propios planes. Los caminos de Dios eran más que suficientes para conquistar la tierra de Canaán, pero el pueblo confió en su propio pensamiento y decidió intentar sólo lo que sabía que podía lograr por sí mismo. Por esa razón se perdieron la bendición de Dios.

NUESTROS PLANES Y LA ACTIVIDAD DE DIOS

En una ocasión, un grupo de líderes de misiones de nuestra denominación visitó nuestra ciudad para ayudar a las iglesias a hacer planes de gran alcance para el área metropolitana. Dichos líderes iban a trabajar con nosotros para desarrollar y financiar muchos ministerios nuevos. Estudiamos varios gráficos y tablas, y hablamos de nuestros planes, cuando de repente, pensé: «¿Y si Dios llama a nuestra nación para juzgarla antes de ese plazo?» Me di cuenta de que el futuro podría presentarse de una manera muy diferente a lo que anticipábamos. La economía podía caer a pique o una catástrofe de gran proporción podía atacar la ciudad. Por supuesto, necesitábamos conocer lo que Dios planeaba para nuestra ciudad. Si Dios ya estaba planeando hacer algo, nuestros planes para hacer cualquier otra cosa serían totalmente insignificantes. Con claridad, pude ver que el paso más importante que debíamos dar en la planificación, era averiguar lo que Dios deseaba que hiciéramos.

Cuando Dios comisionaba a los profetas del Antiguo Testamento, con frecuencia, les daba un mensaje por partida doble. El primer deseo de Dios era: «Llamen al pueblo para que vuelva a mí». Si el pueblo decidía no obedecer, recibía un segundo mensaje: «Díganle que el juicio es inminente». Piénsalo.

Cuando Dios estaba por traer un juicio catastrófico sobre Jerusalén y destruir la ciudad, ¿era importante conocer lo que Él planeaba? ¡Claro que sí! Comprender los planes de Dios para el mundo que te rodea es mucho más importante que decirle a Dios lo que estás planeando hacer por Él.

¿De qué le habría servido a Abraham decirle a Dios que estaba planeando realizar una serie de cultos evangelizadores en Sodoma y Gomorra el día siguiente a la manifestación de Dios para destruir las ciudades? ¿De qué te serviría hacer planes de gran alcance para tu iglesia si, antes de tener la oportunidad de implementarlos, Dios hace algo totalmente diferente? La única manera que tenemos de hacer planes útiles es comprender primero cuáles son los propósitos de Dios.

Dios procura atraer a las personas de tu comunidad y tu nación a una relación con Él. Quiere usar tu vida y tu iglesia en ese proceso. Aunque sabemos que Cristo nos ha dado la Gran Comisión (ver Mateo 28:18-20), no conocemos automáticamente los caminos específicos que Él desea que sigamos para cumplir Su propósito. Por ejemplo, sabemos que Dios desea que testifiquemos en todo lugar al que vayamos (ver Hech. 1:8), pero ¿quiere que iniciemos un ministerio carcelario para que podamos compartir el evangelio con los reclusos? ¿O debemos fundar una liga de baloncesto para testificar de Cristo a niños de edad escolar? Debemos conocer la manera en que Dios se propone usarnos y usar nuestras iglesias en Su obra redentora. Luego podemos ajustar nuestra vida a Dios, para que nos guíe hacia Sus propios planes. Aunque es probable que Dios no nos dé un calendario detallado de todo lo que está planeando, nos revelará cuáles deben ser nuestros próximos pasos para que podamos responder a lo que está haciendo.

Si estudias los grandes movimientos de Dios en la historia de la Iglesia, notarás que invitó reiteradamente a Su pueblo a rendirse a Él. A medida que las personas hicieron ajustes en sus vidas, Dios cumplió Sus propósitos a través de ellas.

John y Charles Wesley, George Whitefield

Cuando Dios comenzó a hablarles a John y Charles Wesley estaba preparando un avivamiento de enormes proporciones para toda Inglaterra que salvaría a la nación de una sangrienta revolución como la que había ocurrido en Francia. Por medio de los hermanos Wesley, juntamente con George

Whitefield y otros, Dios renovó a Inglaterra en lo moral y lo espiritual. Los hermanos Wesley y Whitefield no tenían manera de darse cuenta de la magnitud de lo que Dios se proponía cumplir a través de sus vidas. Sin embargo, al evocar aquellos tiempos, vemos que, en razón de su obediencia a lo que Dios les dijo, Él cumplió una vasta obra en el país de estos hombres y en diversas partes del mundo, de modo tal que sigue alcanzando a personas hoy en día.

Dios sabe lo que va a suceder en tu comunidad. Las personas experimentarán tentación, crisis, desilusiones y dificultades. Dios quiere salir al encuentro de esas personas y traerles salvación y bendiciones. Supón que Dios decidiera hacerlo a través de tu vida. ¿Qué sucedería si, cuando viene a ti y te invita a participar en Su actividad redentora, tu respuesta está centrada en ti mismo? Supón que dijeras: «No creo que pueda hacerlo. No tengo suficiente educación formal. Tengo miedo de hablar en público. No creo tener la experiencia».

¿Ves lo que sucede? Te estás centrando en ti mismo. En el momento que sientes que Dios desea hacer algo en ti y a través de tu vida, le respondes con una extensa lista de razones por las que ha escogido a la persona equivocada, o bien, que el momento que ha escogido no es conveniente. Esto mismo hizo Moisés; pero necesitamos buscar la visión de Dios. ¡Él sabe que no podemos hacerlo! De todos modos, desea cumplir Sus propósitos por medio de nosotros. Todo lo que Dios cumpla en nuestra vida, depende de Su presencia y Su actividad en nosotros.

LOS PROPÓSITOS DE DIOS

En toda la Escritura vemos que Dios tiene la iniciativa en la vida de las personas. Se encuentra con alguien y le revela lo que desea de él. La revelación de Dios siempre ha sido una invitación para que las personas adapten su vida a Él. Nadie a quien Dios haya hablado siguió igual después de esa experiencia. Todos tuvieron que hacer grandes ajustes para andar con Dios. Al responder en obediencia, experimentaron el carácter de Dios en diversas dimensiones, tales como Consejero, Proveedor o Redentor.

Con frecuencia, cuando Dios comienza a obrar alrededor de nosotros, nos volvemos centrados en nosotros mismos. Comenzamos a controlar lo que está sucediendo o a ampliarlo y administrarlo. A fin de ver la vida desde la perspectiva de Dios, tenemos que reorientar nuestra vida. Debemos permitirle que desarrolle Su carácter en nosotros y que nos revele Sus pensamientos.

Solo entonces podremos lograr una perspectiva adecuada de la vida. Cuando te centras en Dios, hasta el deseo de hacer cosas que agradan a Dios proviene de la motivación que Él pone en tu corazón. La Biblia dice: «Dios es el que en vosotros produce así el querer como el hacer, por su buena voluntad» (Fil. 2:13).

Si mantienes tu vida centrada en Dios, de inmediato, desearás participar en Su actividad cuando te revele Sus planes. Cuando veas a Dios en acción a tu alrededor, te emocionarás y dirás: «Gracias, Padre. Gracias por dejarme participar donde tú estás». Cuando la actividad de Dios me rodea y Él me abre los ojos para reconocer Su obra, siempre supongo que me invita a participar.

Tienes que identificar la iniciativa de Dios con cuidado y distinguirla de tus propios deseos. Una persona centrada en sí misma tiende a confundir sus propios planes con la voluntad de Dios.

Además, las circunstancias no siempre indican claramente la dirección de Dios. Con frecuencia, los cristianos hablan de puertas «abiertas» y «cerradas», y le piden a Dios que les cierre una puerta si no se encaminan correctamente. Aunque procurar la indicación de lo que Dios desea es algo admirable, esa manera de pensar conlleva el peligro de suponer que la voluntad de Dios siempre es el camino de menor resistencia (es decir, la puerta abierta).

Por ejemplo, muchas personas me han dicho que Dios las dirigió a dejar su empleo o puesto ministerial tras haber estado allí por poco tiempo. A menudo, cuando les pido que expliquen el proceso por el cual pasaron, me dicen que sintieron que Dios los guiaba a ese empleo o puesto ministerial, pero surgieron problemas y dificultades después de que comenzaron. Supusieron que Dios no quería que permanecieran allí bajo tales circunstancias difíciles. De modo que, cuando «se abrió» otra puerta, la tomaron como la liberación de Dios.

A veces, he desafiado a esas personas preguntándoles: «¿Qué tienen que ver sus circunstancias difíciles con obedecer la voluntad de Dios?». Si estás centrado en ti mismo, siempre desearás protegerte, y procurar lo más cómodo y lo que te edifique. Cuando los tiempos se vuelven difíciles, tu «yo» te ruega, de inmediato, que renuncies, que huyas o que encuentres otro puesto. A los israelitas, el mar Rojo les pareció una verdadera «puerta cerrada»; pero si te centras en Dios, solo Él seguirá siendo lo más importante para ti. Tal vez rujan las tormentas a tu alrededor, pero mientras tengas a Dios a la vista, mantendrás el rumbo correcto.

Con frecuencia, las cosas se vuelven más difíciles después de que obedecemos a Dios. No puedes determinar si cumples Su voluntad basándote en los sucesos buenos o malos de tus circunstancias actuales. Las puertas «abiertas» y «cerradas» no siempre indican la dirección de Dios. Al procurar Su orientación, comprueba que tanto la oración, como la Escritura y las circunstancias confirmen lo que sientes que Dios te indica.

UN PASTOR QUE ORABA

Tal vez estés pensando: «Todo suena bien, ¿pero cómo aplico estos conceptos a la realidad?» En cada situación, Dios exige que dependas de Él, no de un método. La clave no es una fórmula, sino una relación con Dios.

Quizás pueda ayudarte a comprender cómo aplicar esta forma de pensar. Para ello, te contaré la historia de un hombre que aprendió a andar con Dios por medio de la oración y la fe. George Müller fue pastor en Inglaterra durante el siglo XIX. Observó que el pueblo de Dios estaba desalentado y que la mayoría de los creyentes ya no esperaban que Dios hiciera nada inusual en sus vida o sus iglesias. Ya no esperaban que Dios respondiera las oraciones. En resumen, los cristianos no vivían por fe.

Dios comenzó a dirigir a Müller para que orara pidiéndole un ministerio que solo pudiera explicarse como una obra de Dios. George quería que la gente aprendiera que Dios es fiel y responde la oración.

Müller encontró el versículo de Salmos 81:10 que leíste anteriormente: «Abre tu boca, y yo la llenaré». Así comenzó a procurar la provisión de Dios para su obra de una manera que el Señor se complacería en hacer. Entonces Dios lo guió hacia una travesía de fe que llegó a ser de gran testimonio para todos los que oyeron su historia.

Cuando Müller sentía que Dios lo guiaba a emprender un proyecto, oraba por los recursos que necesitaba, pero no le mencionaba a nadie la necesidad. Quería que todos supieran que Dios había provisto para la necesidad en respuesta a la oración y la fe, y no en respuesta a la recaudación de fondos. Durante su ministerio en Bristol, fundó el Scriptural Knowledge Institute [Instituto de conocimientos bíblicos] para la distribución de la Escritura y la educación religiosa. También estableció un orfanato.

Cuando George Müller murió, Dios ya lo había usado para construir cuatro orfanatos que alojaban a 2000 niños a la vez. En total, más de 10 000 niños habían sido atendidos por los orfanatos que él fundó. Asimismo, había distribuido más de 8 millones de dólares que le habían sido donados en respuesta directa a sus oraciones. Sin embargo, cuando murió a los 93 años de edad, sus bienes personales solo valían 800 dólares.

¿Cómo conocía y hacía la voluntad de Dios? Esta es la explicación del mismo George Müller:

> No recuerdo un período de tiempo en que haya procurado conocer, con sinceridad y paciencia, la voluntad de Dios mediante la revelación del Espíritu Santo, por medio de la ayuda de la Palabra de Dios, pero siempre recibí la dirección correcta. Sin embargo, si me faltaba sinceridad y rectitud delante de Dios, o si no aguardaba con paciencia la instrucción, o si prefería el consejo de otros hombres en lugar de las declaraciones de la Palabra del Dios viviente, cometía grandes errores.

¿Qué ayudó finalmente a George Müller a conocer la voluntad de Dios una y otra vez?

- Procuró sinceramente la dirección de Dios.
- Aguardó con paciencia hasta obtener palabra de Dios en la Escritura.
- Procuró que el Espíritu Santo le diera revelación a través de la Palabra de Dios.

¿Qué lo llevó a cometer errores al querer conocer la voluntad de Dios?

- La falta de sinceridad.
- La falta de rectitud delante de Dios.
- La impaciencia al aguardar una respuesta de Dios.
- Preferir el consejo de hombres en lugar de las declaraciones de la Escritura.

Así es como Müller resumió la manera de establecer una relación íntima con Dios:

1. Al comienzo, procuro que mi corazón asuma tal actitud que no forme prejuicio alguno con respecto a un asunto en particular. Por lo general, el 90 % de los problemas de las personas se deben a esto. El 90% de las dificultades se superan cuando nuestro corazón está listo para conocer la voluntad de Dios.
2. Cuando lo logro, no dejo el resultado librado a sentimientos o meras impresiones. Si así lo hiciera, corro el riesgo de cometer grandes errores.

3. Procuro conocer la voluntad del Espíritu de Dios a través de Su Palabra o en relación con ella. El Espíritu y la Palabra deben combinarse. Si solo busco al Espíritu, sin la Palabra, también corro el riesgo de cometer grandes errores. Si el Espíritu Santo realmente nos guía, lo hará conforme a la Escritura y nunca en contra de ellas.
4. A continuación, tomo en consideración las circunstancias providenciales. A menudo, tales circunstancias indican la voluntad de Dios en relación con Su Palabra y Su Espíritu.
5. En oración le pido a Dios que me revele Su voluntad.
6. Por lo tanto, a través de la oración a Dios, el estudio de la Palabra y la reflexión, arribo a una decisión firme conforme a mi capacidad y conocimiento, y si me siento en paz al respecto y sigo estándolo después de dos o tres oraciones adicionales, sigo adelante como corresponde.

RESUMEN

Tu relación de amor con Dios te prepara para participar en Su obra al desarrollar en ti una vida centrada en Él. Es esencial que prestes atención a los planes, los propósitos y los caminos de Dios, en lugar de los tuyos. Si le prestas atención a cualquier otra cosa, errarás en tu participación en la obra de Dios. Como hacía George Müller, tienes que llegar a un punto en el que no tengas voluntad propia. Luego, el Espíritu Santo te guiará a desear la voluntad de Dios por encima de todo lo demás.

Dios mismo es el que inicia tu participación en Su obra. Dios no te pide que sueñes lo que podrías hacer para Él. Necesitas conocer lo que Él está haciendo, o está por hacer, donde tú estás. En el capítulo siguiente, conversaremos sobre cómo Dios te muestra lo que está haciendo.

CÓMO TENER HOY UNA EXPERIENCIA CON DIOS

Haz un inventario sobre cómo se invierten los esfuerzos de tu vida. ¿Cómo inviertes tu tiempo? ¿Cuáles son tus prioridades? Luego, pregúntate: «¿Algo de lo que estoy haciendo actualmente solo se explica a través de la actividad de Dios en mi vida?». Si no se te ocurre nada, dedica tiempo al Señor y pregúntale por qué.

PREGUNTAS PARA REFLEXIONAR

1. Dedica algunos minutos para repasar el criterio de George Müller para conocer y hacer la voluntad de Dios. Luego ora a Dios y pídele que te ayude a llegar a un punto en que no tengas voluntad propia. Si tienes planes que tú mismo hayas hecho sobre lo que deseas hacer para Dios, entrégaselos y deja que, en cambio, Él te revele Sus planes.
2. ¿Deseas más que nada conocer y hacer la voluntad de Dios? Si respondes francamente que «no», ¿qué debe suceder antes de alcanzar el punto en que tu voluntad sea reemplazada por la de Dios?
3. ¿Tienes algunos planes que Dios no ha bendecido últimamente? En ese caso, ¿por qué será?
4. ¿Has tenido dificultades en este último tiempo? ¿Eso te ha desalentado para hacer lo que Dios te dijo que hicieras? ¿Cómo podría Dios interpretar tus circunstancias actuales? ¿Acaso tus dificultades te indican que Dios desea que dejes de hacer lo que estás haciendo?
5. ¿Has estado aguardando fielmente una respuesta del Señor? ¿Te resulta fácil aguardar una respuesta de Dios? ¿Por qué sí o por qué no?

9

Dios te invita a participar en Su obra

[...] Dios estaba en Cristo reconciliando consigo al mundo [...] y nos encargó a nosotros la palabra de la reconciliación. Así que, somos embajadores en nombre de Cristo, como si Dios rogase por medio de nosotros [...] (2 Cor. 5:19-20)

Invitación a África

He tenido el privilegio de ministrar en África en diversas ocasiones, pero un viaje fue de especial importancia. Mientras estaba en este continente, conocí a un maravilloso misionero afroamericano quien me habló, sumamente emocionado, de los millones de niños que quedan huérfanos a causa del SIDA en toda África, y del sufrimiento desgarrador que atraviesan. Cuando me preparaba para regresar, este misionero me dijo que sentía una carga por las congregaciones afroamericanas de Norteamérica. Anhelaba que respondieran al desafío de ayudar a quienes sufrían y pasaban necesidad en África.

Me sentí muy conmovido por lo que dijo y le prometí que si encontraba formas de ayudar, lo haría. No obstante, agregué que no había hablado ante muchas congregaciones afroamericanas y que no tenía los contactos suficientes como para instarlas a participar en la obra en África. Me pareció un poquito extraño que Dios me pusiera una carga como esa, que escapaba a mi experiencia o campo de influencia. De modo que decidí orar al respecto y aguardar para ver qué haría Dios después.

No pasaron dos días de mi regreso a casa cuando sonó el teléfono. Me llamaba el pastor de una de las iglesias afroamericanas más grandes de los Estados Unidos. Me explicó que la iglesia sería la anfitriona de una convención nacional de líderes de iglesias afroamericanas y quería que les hablara allí. ¡Reconocí de inmediato que acababa de recibir mi nuevo paquete de instrucciones divinas!

Al poco tiempo, recibí otra invitación inusual. En esta ocasión, era para dirigirme a un grupo de embajadores africanos en las Naciones Unidas. Después de hablarles de ser líderes espirituales en su patria, muchos me dieron su tarjeta de presentación y me pidieron que fuera a visitar a sus países y sus respectivos presidentes. Desde entonces, Dios me ha revelado continuamente Su gran amor hacia el pueblo de África y, en especial, hacia los millones que allí sufren a diario. Cuando respondí a la invitación de Dios a través de aquel misionero, no tenía idea de que Él planeaba hacer tanto por medio de mí. Las posibilidades de cada invitación de Dios son ilimitadas, porque Él «[...] es poderoso para hacer todas las cosas mucho más abundantemente de lo que pedimos o entendemos, según el poder que actúa en nosotros» (Ef. 3:20).

LAS INVITACIONES DE DIOS

La Biblia revela que Dios siempre ha estado activo en el mundo para reconciliar consigo a las personas. Está en el centro de todo lo que ocurre. Cuando leemos la Biblia, vemos cómo Dios ha cumplido Su obra divina en nuestro mundo. Vemos que siempre toma la iniciativa de invitar a Su pueblo a participar en Su actividad.

Cuando Dios quiso salvar a la gente de una severa hambruna, ayudó al joven José a comprender que venía una sequía. Cuando quiso salvar a Su pueblo de una masacre a gran escala, hizo que una joven, Ester, llegara al trono real. Cuando Dios se preparaba para enviar al Mesías al mundo, primero le encomendó a Juan el Bautista la tarea de preparar el camino. Cuando Jesús dio Su vida por los pecados de la humanidad, el Padre movió a José de Arimatea, un hombre de negocios, a donar su tumba para el cuerpo de Jesús. Cada vez que Dios estaba por realizar una nueva obra, invitaba a personas a participar en Su actividad.

El tiempo de Dios

Si eres un hijo de Dios obediente, tienes una relación de amor con Él. Cuando Él lo disponga te mostrará dónde está obrando para que puedas unirte a Su obra. No tengas prisa por participar constantemente en actividades para Dios. Es posible que pase años preparando tu carácter o desarrollando tu relación de amor con Él antes de darte una misión importante. No te desalientes si la tarea o «el llamamiento» no llega de inmediato. Mantente fiel en lo que *te ha* dicho que hagas, sin importar lo pequeño o insignificante que parezca. Dios sabe lo que está haciendo. Concéntrate en profundizar tu comunión con Dios, porque de allí fluirá, inevitablemente, el servicio para Él.

Jesús tenía 12 años cuando fue a ocuparse de los negocios de Su Padre en el templo. No obstante, cuando comenzó el ministerio público que Dios le había preparado, tenía 30 años. El Hijo de Dios pasó varios años trabajando como carpintero, esperando que el Padre estuviera listo para que comenzara Su ministerio público.

Tal vez, en este proceso de conocer y hacer la voluntad de Dios, te preguntes: «¿Por qué no me da una misión importante?». Ten paciencia y aprende a confiar en Él. Dios edificará primero algunos cimientos básicos en tu vida antes de asignarte una mayor función de servicio para Él.

El siguiente nivel

¿Dijiste alguna vez: «Señor, si solo me dices lo que deseas que haga, te serviré de la mejor manera posible»? Si Dios, *realmente,* te diera una misión de esa clase, ¿podría confiar en que la cumplirías bien? ¿Estás listo para avanzar al siguiente nivel de fe en Dios?

Una noche antes de la crucifixión de Jesús, Pedro le dijo: «Señor, dispuesto estoy a ir contigo no solo a la cárcel, sino también a la muerte». Y al responder, Jesús le advirtió: «Pedro, te digo que el gallo no cantará hoy antes que tú niegues tres veces que me conoces» (Luc. 22:33-34). Dios conoce también los límites exactos de *tu* fe. Él sabe cuánto puedes soportar.

Nuestro propio corazón puede engañarnos (ver Jer. 17:9). Con frecuencia, exageramos el nivel de nuestra fidelidad y confianza en Dios. Él nunca se deja engañar. Las misiones que nos asigna siempre están acordes con nuestro carácter y fe en Él. Así que confía en Él. No insistas en que Dios te ponga donde piensas que debes estar. No te esfuerces por ganar una posición que piensas que mereces o puedes controlar, podría llevarte a la ruina. Sin darte cuenta, podrías maniobrar hacia una posición y responsabilidad que escape a los límites de tu carácter. En cambio, confía en Dios y obedécele de todo corazón donde te haya puesto y observa hacia dónde te guía después.

Recuerda: Dios tiene mucho más interés que tú en cumplir los propósitos de Su reino. Él te guiará hacia cada misión para la cual considere que estás listo. Deja que Él te guíe. El siervo no le dice al amo qué clase de trabajo desea hacer. Los siervos están dispuestos a que el amo les dé cualquier clase de instrucción. De modo que ten paciencia y espera.

El tiempo que pases esperando instrucciones del Señor no tiene que ser improductivo. Permite que Dios use el tiempo de espera para moldear tu carácter. Deja que purifique tu vida y te transforme en un vaso limpio para Su servicio.

Cuando le obedezcas, Dios te preparará para la misión más adecuada para ti. Toda responsabilidad que nos asigne el Creador del universo es importante. No midas la importancia o el valor de tu misión con normas humanas. Cualquiera que sea la misión que Dios te dé, hazla de todo corazón.

REPASEMOS EL EJEMPLO DE JESÚS

Para aclarar la manera en que Dios nos invita a participar en Su obra, examinemos el ejemplo de Jesús en Juan 5:17,19-20 (ver el capítulo 6 de este libro): «Mi Padre hasta ahora trabaja, y yo trabajo. [...] De cierto, de cierto os digo: *No puede el Hijo hacer nada por sí mismo, sino lo que ve hacer al Padre; porque todo lo que el Padre hace, también lo hace el Hijo igualmente.* Porque el Padre ama al Hijo, y le muestra todas las cosas que él hace; y mayores obras que estas le mostrará, de modo que vosotros os maravilléis».

Presta atención a estos principios de los cuales Jesús dio el ejemplo:

- El Padre ha estado en acción hasta este momento.
- Ahora Dios me hace obrar a mí.
- Yo no hago nada por iniciativa propia.
- Observo para ver qué está haciendo el Padre.
- Hago lo que Él ya está haciendo.
- El Padre me ama.
- Me muestra todo lo que Él mismo está haciendo.

Desde el principio, Dios ha estado activo en nuestro mundo y aún sigue obrando. Jesús anunció que había venido a cumplir la voluntad del Padre que lo había enviado, no la propia (ver Juan 4:34; 5:30; 6:38; 8:29; 17:4). Para conocer Su voluntad, Jesús observaba lo que el Padre estaba haciendo. Luego, se unía a Él y hacía la misma obra.

Dios amaba al Hijo y tomaba la iniciativa de revelar a Jesús lo que el Padre estaba haciendo o estaba por hacer. El Hijo observaba, de continuo, la actividad del Padre a Su alrededor, para poder unir Su vida a la del Padre y a Su obra.

La revelación de Dios es tu invitación

Jesús tomaba la revelación de dónde estaba obrando el Padre como la invitación para participar en dicha actividad. Cuando veas que el Padre cumple Sus propósitos a tu alrededor, esa es la invitación para ajustar tu vida a Él y participar en esa obra.

El criado de Eliseo. ¿Acaso es posible que Dios esté activo a tu alrededor y que tú no te des cuenta? Sí. Eliseo y su criado estaban en la ciudad de Dotán, la cual había sido rodeada por un ejército enemigo que se proponía tomarla. El criado estaba aterrado, pero Eliseo permanecía tranquilo. «Y oró Eliseo, y dijo: Te ruego, oh Jehová, que abras sus ojos para que vea. Entonces Jehová abrió los ojos del criado, y miró; y he aquí que el monte estaba lleno de gente de a caballo, y de carros de fuego alrededor de Eliseo» (2 Rey. 6:17). Solo cuando el Señor le abrió los ojos al criado, este pudo ver la actividad de Dios a su alrededor. Había reunido un gran ejército de ángeles en aquel lugar, pero el criado no se daba cuenta de la actividad divina que se desarrollaba de manera espectacular a su alrededor.

Los líderes de Jerusalén. Jesús lloró por la ciudad de Jerusalén y sus líderes al profetizar la horrenda destrucción que ocurriría en el año 70 d.C. Jesús dijo: «¡Oh, si también tú conocieses, a lo menos en este tu día, lo que es para tu paz! Mas ahora está encubierto de tus ojos» (Luc. 19:42). Dios se encontraba en medio de ellos realizando prodigios y milagros, pero Su propio pueblo hizo caso omiso de la obra del Padre. Aunque habían estudiado la Escritura con suma dedicación, no habían desarrollado su relación de amor con el Padre. Y cuando el mismo Hijo de Dios anduvo entre ellos, no pudieron ver que Dios los había visitado. En efecto, estaban tan distanciados de Él que dieron muerte a aquel Mesías que habían estado esperando toda la vida.

Jesús condenó a muchos líderes religiosos de Su tiempo por carecer de lo más importante de la vida: una relación de amor con Dios. Les dijo: «Escudriñad la Escritura; porque a vosotros os parece que en ellas tenéis la vida eterna; y ellas son las que dan testimonio de mí; y no queréis venir a mí para que tengáis vida» (Juan 5:39-40).

Para reconocer la actividad de Dios a tu alrededor, debes considerar dos factores importantes:

1. Desarrollar una íntima relación de amor con Él.
2. Dios tiene que abrirte los ojos espirituales para que puedas ver lo que hace. A menos que te permita ver Su actividad, no reconocerás lo que está haciendo aunque esté obrando con poder a tu alrededor.

TRABAJAR DONDE DIOS ESTÁ OBRANDO

Cuando algunas personas desean fundar una nueva iglesia, comienzan a estudiar las características demográficas de la comunidad donde planean establecerla. Luego, aplican la lógica humana para decidir cuáles serían los lugares más promisorios y productivos. A esta altura, ya sabrás que mi criterio es diferente. Reiteradas veces he visto que lo que tiene sentido para las personas no es, necesariamente, lo que Dios ha planeado.

La iglesia de la cual fui pastor en Saskatoon, Canadá, sintió que Dios quería que fundáramos iglesias nuevas en la región occidental de aquel país. Había cientos de comunidades que carecían de una iglesia evangélica. Por eso procuramos averiguar primero lo que Dios ya estaba haciendo en los pueblos y las ciudades cerca de nosotros. Creímos que nos mostraría dónde estaba obrando y que esa revelación sería nuestra invitación para participar en Su obra. Comenzamos a orar y a observar cómo nos respondería Dios.

A 64 km de Saskatoon había un pueblo llamado Allan, y uno de los miembros de nuestra iglesia sintió que debíamos realizar una escuela bíblica de vacaciones para los niños de esa localidad. Entonces dijimos: «Averigüemos si Dios está obrando allí». Realizamos la escuela bíblica de vacaciones, y al concluir la semana, tuvimos una noche especial para los padres. Le dijimos al grupo: «Creemos que tal vez Dios quiera establecer una iglesia en este pueblo. Si alguno de ustedes deseara comenzar con un grupo regular de estudio bíblico y formar una nueva iglesia, lo invitamos a acercarse para conversar con uno de nosotros».

Desde el fondo del salón vino una anciana. Estaba sollozando. Dijo: «Durante 30 años he orado para que haya una iglesia en este pueblo, y ustedes son los primeros en responder».

Detrás de ella llegó un anciano conocido como «T.V. George» (porque se dedicaba a reparar televisores). Él también se había conmovido mucho. Con lágrimas explicó: «Durante años fui miembro activo en una iglesia. Después me volví adicto al alcohol. Hace cuatro años y medio me reconcilié con el Señor. Le prometí que oraría cada día hasta que trajera una iglesia a nuestro pueblo. Ustedes son la respuesta a mis oraciones».

No necesitábamos hacer una encuesta. ¡Dios acababa de mostrarnos dónde estaba obrando! Y esa fue nuestra invitación para participar en Su obra. Regresamos a nuestra ciudad y con alegría informamos a nuestra iglesia sobre lo que Dios estaba haciendo. La congregación resolvió, de inmediato, fundar una nueva iglesia en Allan. Esa congregación ahora ha patrocinado el establecimiento de varias misiones propias.

Tal vez hubo ocasiones anteriores en que Dios te haya revelado dónde está obrando para darte la oportunidad de participar. Sin embargo, quizás no hayas identificado la obra de Dios al ver la evidencia de Su actividad. Entonces, te dijiste: «Bueno, no sé si Dios quiere que participe en esto o no. Me conviene orar al respecto». Para cuando oraste, puede haber pasado la oportunidad de unirte a Dios en Su obra. Por otra parte, un corazón sensible y preparado por una relación de amor con el Padre estará listo para responderle a Dios a la más leve indicación.

Cosas que sólo Dios puede hacer

Si vas a unirte a Dios en Su obra, es obvio que necesitas saber dónde está obrando. La Escritura nos dice que hay ciertas cosas que solo Dios puede hacer. De modo que, cuando aprendas a identificarlas y cuando veas que suceden a tu alrededor, reconocerás de inmediato la actividad de Dios.

La Biblia declara que nadie puede venir a Cristo a menos que el Padre lo traiga (ver Juan 6:44). Las personas no buscarán a Dios ni se interesarán en asuntos espirituales a menos que Su Espíritu esté obrando en su vida. Supón que un vecino, un compañero de trabajo o uno de tus hijos comienza a hacer preguntas sobre asuntos espirituales. No tendrás que preguntarte si Dios está motivando a esa persona. Él es el único que puede hacerlo. Si alguien pregunta, Dios está obrando.

Muchas personas que aplicaron esa percepción al testificar de Cristo han descubierto una libertad grandiosa. Oran y observan cómo Dios está obrando en la vida de los demás. Cuando ven u oyen que alguien busca a Dios, reconocen que esta es una invitación para testificar del Dios a quien conocen y sirven. No necesitamos presionar ni manipular a las personas para tener una conversación sobre Cristo o para que tomen la decisión de seguirlo. No podemos cumplir la función del Espíritu Santo. Sin embargo, cuando discernimos que el Espíritu está obrando en alguien, podemos testificar confiadamente de nuestra fe porque sabemos que el Espíritu nos ha preparado el camino.

UN CÓNYUGE INCRÉDULO

He conocido muchos cristianos que tienen una profunda preocupación por un esposo o una esposa que no cree. En consecuencia, el creyente le habla siempre a su cónyuge sobre la necesidad de Dios. No obstante, hay veces en que dicha persistencia ha frustrado al incrédulo y lo ha alejado aún más de Dios. Cuando se me acercan cristianos para decirme con lágrimas que han hecho todo lo que saben hacer, pero su cónyuge parece oponerse cada vez más, les respondo que tal vez estén intentando hacer lo que solo el Espíritu Santo puede hacer. Les digo que en lugar de intentar convencer de pecado a su cónyuge, oren por él, a diario, y estén atentos para ver cuando el Espíritu Santo lo haya preparado para una conversación espiritual.

Una vez que los cristianos dejan de tratar de intimidar al cónyuge para que tome una decisión a favor de Cristo, y en lugar de ello, comienzan a observar cómo Dios lo atrae hacia sí, todo cambia. Repentinamente, el cónyuge incrédulo afirma un día que desea ir a la iglesia, o comienza a leer la Biblia o un libro cristiano. Cuando los cristianos observan dónde está obrando el Espíritu Santo (¡incluso en un cónyuge incrédulo!), con frecuencia, se sorprenden al ver cómo Dios ha estado en acción para salvar a esa persona, de una manera tan gentil como persistente.

Los siguientes pasajes bíblicos describen cómo obra en nuestra vida el Espíritu Santo:

- «Si me amáis, guardad mis mandamientos. Y yo rogaré al Padre, y os dará otro Consolador, para que esté con vosotros para siempre: el Espíritu de verdad, al cual el mundo no puede recibir, porque no le ve, ni le conoce; pero vosotros le conocéis, porque mora con vosotros, y estará en vosotros». (Juan 14:15-17)
- «Mas el Consolador, el Espíritu Santo, a quien el Padre enviará en mi nombre, él os enseñará todas las cosas, y os recordará todo lo que yo os he dicho». (Juan 14:26)

- «Y cuando él venga, convencerá al mundo de pecado, de justicia y de juicio». (Juan 16:8)

Cuando renaces espiritualmente, inicias una relación de amor con Jesucristo, es decir, con Dios mismo. En esa ocasión, el Consolador, que es el Espíritu de verdad, viene a vivir en tu vida. Siempre está presente para enseñarte. El Espíritu Santo también te convence de la culpa del pecado. También convence al mundo de justicia y de juicio.

Este es un resumen de las cosas que solo Dios puede hacer:

- Dios atrae a las personas a sí mismo.
- Dios hace que las personas lo busquen.
- Dios revela la verdad espiritual.
- Dios convence al mundo de la culpa del pecado.
- Dios convence al mundo de justicia.
- Dios convence al mundo de juicio.

Cómo identificar la actividad de Dios

Dios está obrando donde puedes ver que alguien se entrega a Cristo, pregunta sobre asuntos espirituales, comienza a comprender la verdad espiritual, reconoce su pecado, comienza a convencerse de la justicia de Cristo o del juicio de Dios. En una ocasión en que estuve hablando en una serie de reuniones, Bill, el gerente de una planta dijo: «No he prestado atención a la actividad de Dios en mi lugar de trabajo». Mencionó que allí había cristianos que ocupaban puestos clave en la planta, y se preguntaba si Dios los había puesto allí con un propósito. Así que decidió reunir a sus colegas creyentes y sugerirles que observaran si Dios quería alcanzar a los compañeros no creyentes de la planta a través de ellos.

¿Te parece que es algo que Dios podría querer hacer? ¡Sí! Tu empleo no es simplemente un lugar para ganar un sueldo. Es un ambiente en el que Dios desea usarte para impulsar a otros a entrar al reino. Supón que estuvieras en el lugar de Bill y planearas reunir a esos creyentes. ¿Cómo procederías?

1. *Comienza orando.* Únicamente el Padre conoce lo que se ha propuesto para las personas en tu lugar de trabajo, y conoce la mejor manera de cumplir Su voluntad allí. Él sabe por qué reunió a esos cristianos en particular y los hizo ocupar sus puestos actuales. Si Dios pone en esos

creyentes la carga de alcanzar a sus compañeros, es una clara evidencia de que Dios está obrando. Luego de orar, aguarda para ver lo que Dios hace después. Presta atención a lo que dicen las personas cuando se acercan a ti.

2. *Establece la relación.* Supón que alguien de la planta se acerca a un empleado cristiano y dice: «Mi familia está pasando muchas dificultades financieras». O bien: «Mi hijo adolescente me está dando muchos problemas». Has orado para que Dios te muestre dónde está obrando. Establece la relación entre tu oración y lo que acontece después. Si no prestas atención a lo que sucede después de orar, tal vez pases por alto la respuesta de Dios.

3. *Haz preguntas.* Haz la clase de preguntas indagatorias que revelan lo que sucede en la vida de las personas. No te limites a charlar de cuestiones insignificantes con tus amigos y compañeros. A las personas que se relacionan contigo, hazles preguntas para averiguar lo que Dios está haciendo en su vida. Sin ser entrometido ni agresivo, puedes hacer preguntas tales como:

- ¿Qué ha estado sucediendo en tu vida últimamente?
- ¿Cuál es el mayor desafío de tu vida en este tiempo?
- ¿Qué es lo más importante que te ocurre en este momento?
- Por lo que me dices, estás llevando una carga pesada. ¿Hay alguna manera en que pueda ayudarte?
- ¿Cómo puedo ayudarte en oración?

4. *Escucha con atención.* Supón que la persona responda: «No voy mucho a la iglesia, pero en este tiempo, debido a los problemas que he tenido con mi hijo adolescente, he estado pensando bastante en Dios». O bien: «Cuando era niño, solía ir a la escuela dominical. Mis padres me obligaban. Después me alejé, pero últimamente, mis problemas financieros me han hecho pensar en Dios». Esas expresiones revelan que Dios está obrando en la vida de la persona. Es probable que la esté atrayendo; puede motivarla para buscarlo a Él o para reconocer su propio pecado.

5. *Prepárate para responder.* Si alguien te confía una necesidad personal, ora por esa persona y pide a Dios que te muestre cómo atender a sus necesidades en forma práctica, en respuesta a dicha necesidad. Prepárate para explicar, claramente, cómo la presencia de Cristo ha cambiado tu

vida por completo y cómo Él está dispuesto a entrar en su vida para cambiarla también.

Para resumir: Cuando desees conocer lo que Dios está haciendo a tu alrededor, ora. Observa lo que sucede a continuación. Establece la relación entre tu oración y los sucesos subsiguientes. Haz preguntas y escucha con atención cuando las personas expresan sus inquietudes. Prepárate para hacer todo ajuste necesario para unirte a Dios en lo que Él está haciendo.

Un visitante llegó «por accidente»

Un domingo, un visitante llamado Ben leyó en el boletín de nuestra iglesia una nota que figuraba al pie: «Ore por nuestra misión en Kyle; ore por nuestra misión en Prince Albert; ore por nuestra misión en Love; ore por nuestra misión en Regina; ore por nuestra misión en Blaine Lake» y otros pedidos. Quedó intrigado.

Le expliqué que nuestra iglesia había asumido un compromiso: Si Dios alguna vez nos muestra dónde alguien desea organizar un estudio bíblico o una iglesia, responderemos. Entonces Ben preguntó: «¿Quiere decir que si les pido que vengan a ayudarnos a fundar una iglesia en mi pueblo, ustedes vendrían?». Le dije que sí, y se puso a llorar. Ben tenía una empresa de construcción en Leroy, un pueblo pequeño a 120 km al este de nuestra ciudad. Dijo que hacía 24 años que le rogaba a algunas personas que iniciaran una iglesia en su comunidad, pero nadie había estado dispuesto a ayudar. Entonces nos pidió que fuéramos.

Compramos dos lotes de terreno sobre la calle principal y establecimos una iglesia en Leroy. Ben se entusiasmó tanto que compró un edificio escolar portátil y lo trajo al terreno. Pocos años después, comenzó a servir como pastor a medio tiempo en una misión. Sus dos hijos respondieron al llamamiento al ministerio del evangelio.

Como congregación, ya estábamos preparados para ver las cosas que solo Dios puede hacer. Cuando reveló que estaba obrando en Leroy a través de Ben, de inmediato, lo vimos como una invitación para participar en la obra del Señor. El hecho de adoptar ese criterio significó que no teníamos que pensar, continuamente, en nuevos planes ministeriales o programas maestros para nuestra iglesia. En lugar de ello, le pedíamos a Dios que nos guiara a conocer cada iglesia o misión nueva que quería que emprendiéramos. A menudo, la razón por la cual el pueblo de Dios pasa por alto su actividad, es que los cristianos no están comprometidos a unirse a Dios en Su obra. Quieren que Él bendiga los planes de ellos; no quieren tener que ajustarse a Su voluntad.

Ya deja de pedirle a Dios que bendiga tus planes y metas, o los de tu iglesia. En cambio, busca la invitación de Dios para unirte a Él en Su obra. Su presencia y Su actividad en tu vida traerán bendición como resultado de tu obediencia. Cuando identifiques dónde está obrando Dios y respondas en amor a Su invitación, experimentarás cómo obra en tu vida y a través de ella. No hay experiencia más maravillosa que estar en el centro de la actividad de Dios.

¿Quién puede conocer el posible significado de la visita de un extraño solitario a tu iglesia? Haz algunas preguntas sobre lo que Dios está haciendo actualmente en la vida de esa persona. Luego, sabrás cómo ajustar tu vida para que sea un instrumento de Dios a fin de que cumpla Sus propósitos. Asimismo, los dos factores siguientes son importantes para responder a la invitación de Dios.

Cuando Dios habla

Cuando Dios te revele lo que está haciendo, será el momento de responder. Dios te habla cuando está por cumplir Sus propósitos. Eso se cumple en toda la Escritura. Pero ten presente que el cumplimiento final de la obra de Dios podría llevar mucho tiempo. El hijo de Abram nació 25 años después de la promesa de Dios. Sin embargo, Dios comenzó a realizar ajustes en la vida de Abram en cuanto le habló.

La ocasión en que Dios te hable será el momento para que le respondas. Necesitarás comenzar a ajustar, de inmediato, tu vida a Él. Tal vez necesites prepararte para lo que está por hacer a través de ti.

Lo que Dios inicia

Por medio de Isaías, Dios dijo: «Yo hablé, y lo haré venir; lo he pensado, y también lo haré» (Isa. 46:11). Lo que Dios inicia, lo termina. Antes, Isaías había advertido así al pueblo de Dios: «Jehová de los ejércitos juró diciendo: Ciertamente se hará de la manera que lo he pensado, y será confirmado como lo he determinado. [...] Porque Jehová de los ejércitos lo ha determinado, ¿y quién lo impedirá? Y su mano extendida, ¿quién la hará retroceder?» (Isa. 14:24, 27). Dios dice que, si alguna vez, le revela a Su pueblo lo que está por hacer, lo pueden dar por hecho, porque él mismo lo cumplirá (ver también 1 Rey. 8:56.) De manera similar, en el Nuevo Testamento, leemos que «... el que comenzó en vosotros la buena obra, la perfeccionará hasta el día de Jesucristo» (Fil. 1:6). Tenemos que reconocer cuando Dios es quien habla. Cuando dice algo, podemos estar seguros de que así se hará.

Las promesas de Dios tienen consecuencias enormes. Una vez que reconocemos que nos ha hablado, podemos seguir adelante con absoluta confianza, aun cuando no podamos ver cómo se encaminarán finalmente las cosas. Dios siempre garantiza Su palabra. Nunca dejó de cumplir Sus promesas, ni tiene intenciones de dejar de cumplir en tu vida. Entonces, cuando Dios te muestra lo que está por hacer a tu alrededor, puedes obedecer y seguir adelante, con la certeza de que el Señor cumplirá Sus propósitos.

En cuanto a tu interpretación de la voluntad de Dios, no olvides basarla siempre en la Escritura y no solamente en la opinión personal o la experiencia. Durante toda la historia, hubo personas que afirmaron tener palabra del Señor, y luego no se cumplió. El solo hecho de que una persona afirme que ha oído de Dios no significa que, en efecto, haya recibido un mensaje divino. La comprobación del mensaje de Dios es el cumplimiento de lo que una persona ha oído.

Resumen

Dios tiene la iniciativa de invitar a Su pueblo a participar en Su obra. Él lo hace según Su agenda, no la nuestra. Dios es quien ya está obrando en nuestro mundo. Cuando te abre los ojos espirituales para ver dónde lo está haciendo, esa revelación es tu invitación para participar en Su obra. Sabrás dónde está obrando cuando lo veas hacer cosas que únicamente Él puede hacer. En el momento en que te revela Su obra quiere que comiences a adaptar tu vida a Él y a Su actividad. Dios garantiza que Él mismo terminará lo que se propuso hacer.

La tercera realidad sobre la invitación de Dios se relaciona estrechamente con la cuarta: Dios habla. En efecto, las dos ocurren al mismo tiempo. Los siguientes capítulos describirán en mayor detalle cómo saber cuando Dios te está hablando. Lee lentamente y dale tiempo a Dios para enseñarte a reconocer Su voz.

Cómo tener hoy una experiencia con Dios

Reflexiona en lo que está sucediendo a tu alrededor. Trata de identificar las cosas que Dios está iniciando en este momento en tu vida. Ora por cada una de ellas y permite que el Espíritu Santo te aclare lo que se propone hacer en tu vida y a través de ella.

PREGUNTAS PARA REFLEXIONAR

1. ¿Hubo ocasiones en que Dios te mostró Su actividad y tú te la perdiste? Si así fuera, ¿por qué crees que sucedió?
2. ¿Puedes ver actualmente que Dios obra a tu alrededor? ¿Estás dispuesto a responder a Su invitación para ajustar tu vida y unirte a Él en Su obra? Si así no fuera, ¿qué te lo impide?

10

Dios le habla a Su pueblo

El que es de Dios, las palabras de Dios oye; por esto no las oís vosotros, porque no sois de Dios. (Juan 8:47)

Dios habla

Al leer la Escritura nos queda claro que Dios le habla a Su pueblo. En el principio de la Biblia, vemos que Dios le habla a Adán y Eva en el huerto del Edén. Él conversó con Abraham y los demás patriarcas. Habló con jueces, reyes y profetas. Les habló a los discípulos por medio de Jesucristo. Se comunicó con la Iglesia primitiva, y al cierre del registro bíblico, le habló a Juan en la isla de Patmos. Dios le habla a Su pueblo, y puedes estar seguro de que también se comunicará contigo.

Años atrás, cuando me dirigía a un grupo de pastores, uno de ellos me llevó aparte y dijo: «Prometo que nunca jamás volveré a escuchar a un hombre como usted. Se refiere a Dios como si se relacionara con la gente en forma personal y hablara con usted. Detesto estos conceptos». Le pregunté: «¿Tiene dificultad para oír la voz de Dios?». Ambos nos dispusimos a conversar y, al poco tiempo, estábamos de rodillas. Él sollozaba y estaba agradecido, porque Dios le había hablado.

Hay personas que afirman que Dios ya no le habla a la gente, pero no te dejes intimidar con estos conceptos. En el fondo del corazón de cada creyente hay un deseo y una necesidad de tener comunión con su Dios.

Lo más importante para comprender a Dios y tener una experiencia con Él depende de reconocer, con claridad, el momento en que está hablando. Si un cristiano no reconoce cuándo Dios habla, ¡no funciona lo fundamental de su vida cristiana! Lee algo de lo que dice la Biblia de cuando Dios le habla a Su pueblo:

- Dios, habiendo hablado muchas veces y de muchas maneras en otro tiempo a los padres por los profetas, en estos postreros días nos ha hablado por el Hijo [...]. (Heb. 1:1-2)
- El que es de Dios, las palabras de Dios oye; por esto no las oís vosotros, porque no sois de Dios. (Juan 8:47)

EL ANTIGUO TESTAMENTO

La Biblia revela que Dios habló en muchas ocasiones y de diversas maneras. En el Antiguo Testamento, algunas de las formas en que las personas lo oyeron hablar fue por medio de:

- ángeles (ver Gén. 16)
- visiones (ver Gén. 15)
- sueños (ver Gén. 28:10-19)
- Urim y Tumim (ver Ex. 28:30)
- acciones simbólicas (ver Jer. 18:1-10; Isa. 20)
- un silbo apacible (ver 1 Rey. 19:12)
- señales milagrosas (ver Ex. 8:20-25)
- profetas (ver Deut. 18:18-22)
- la zarza ardiente (ver Ex. 3:1-4)

Que Dios les *haya hablado* a las personas es mucho más importante que *la manera* en que lo hizo. Cuando habló, las personas supieron que era Dios y entendieron lo que dijo. Al estudiar pasajes del Antiguo Testamento, veo presentes cuatro factores importantes en cada ocasión en que Dios habló. La experiencia de Moisés y la zarza ardiente, que se registra en Éxodo 3, brinda un buen ejemplo.

1. *Casi siempre, cuando Dios habló, se comunicó con el oyente de un modo único.* Por ejemplo, Moisés no había tenido ninguna experiencia anterior con una zarza ardiente. Cuando se encontró con una mientras pastoreaba ovejas

en el desierto, no pudo decir: «¡Por fin! Esta es mi experiencia con una zarza ardiente. Mis antepasados, Abraham, Isaac y Jacob, tuvieron sus encuentros con zarzas ardientes, y creo que ahora me toca a mí». No hay ninguna otra ocasión en que Dios haya hablado de esa manera. Fue un acontecimiento único en su tipo. No hay ninguna referencia en la Escritura de que Dios, alguna vez, se haya vuelto a encontrar con alguien de esa manera. Sin embargo, ese suceso en la vida de Moisés, el pastor de ovejas, se adecuaba perfectamente a la ocasión en que Dios revelaba la obra maravillosa que estaba por cumplir.

Dios hace que nuestra experiencia con Él y Su voz sean algo personal para nosotros. Quiere que nos concentremos en nuestra relación con Él y no en el método mediante el cual habla. Por ejemplo, si Dios siempre escogiera comunicar Su voluntad mediante un par de dados que nosotros arrojamos, entonces, cada vez que enfrentáramos una situación confusa, recurriríamos de inmediato a los dados en lugar de a Dios.

Según oigo de algunos, Dios les habla mediante ciertos predicadores, conferencias o actividades, así que siempre recurren a lo mismo cuando necesitan recibir la dirección de Dios. No obstante, es imposible confiar más en una conferencia cristiana o un predicador que en Dios. Él no tolerará ningún sustituto en nuestra relación con Él. Como sucedió con los protagonistas de la Escritura, la clave en tu vida no es *la manera* en que Dios habla, sino que Él *lo hace.*

2. *Cuando Dios habló, la persona supo que era Dios.* Moisés no tenía ningún punto de referencia para oír a Dios hablar desde una zarza ardiente. Sin embargo, la Escritura da testimonio de que no tuvo duda de que su encuentro era con Dios, identificado como «YO SOY EL QUE SOY» (Ex. 3:14). Moisés confió en Dios, obedeció lo que le dijo que hiciera y tuvo la experiencia de verlo actuar tal como había prometido que lo haría. ¿Moisés le podría haber demostrado a otro, de manera lógica, que había oído a Dios hablar desde una zarza ardiente? No; todo lo que pudo hacer fue testificar de su encuentro con Dios. Solo Él podía hacer que Su pueblo supiera que la palabra que le había dado a Moisés era un mensaje del Dios de sus antepasados, y la misma verdad se aplica hoy día. Solo Dios puede demostrar una palabra que Él te da.

Cuando le faltó confianza a alguien como Gedeón, Dios, en Su gracia, le brindó mayor garantía. Cuando Gedeón pidió inicialmente una señal, preparó un sacrificio. «Y extendiendo el ángel de Jehová el báculo que tenía en su mano, tocó con la punta la carne y los panes sin levadura; y subió fuego de la peña, el cual consumió la carne y los panes sin levadura. Y el ángel de Jehová desapareció de su vista. Viendo entonces Gedeón que era el ángel de Jehová, dijo: Ah, Señor Jehová, que he visto al ángel de Jehová cara a cara» (Jue. 6:21-22). Gedeón estaba seguro de que Dios había hablado. No obstante, pidió una señal adicional, porque se había atemorizado a causa de lo que Dios le había dicho.

3. *Cuando Dios habló, la persona entendió lo que Dios dijo.* Moisés entendió lo que Dios le dijo que hiciera. Supo cómo deseaba obrar a través de él. Por esto, hizo tantas objeciones. Sabía que las expectativas de Dios eran altas. Así fue para Moisés, como también lo fue para Noé, Abraham, Sara, José, David, Daniel y otros. Dios no se valió de acertijos, sino que transmitió Su mensaje con claridad.

4. *Cuando Dios habló, ese momento fue el encuentro con Dios.* Habría sido una tontería que Moisés afirmara: «Esto de la zarza ardiente ha sido una experiencia maravillosa. ¡Espero que me guíe a un encuentro con Dios!». ¡La zarza fue el encuentro con Dios! Cuando Él te revela la verdad, sea cual fuere el medio que utilice, esa revelación es un encuentro con Él, y es una experiencia de Su presencia y Su obra en tu vida. Dios es el único que puede hacerte experimentar Su presencia u oír Su voz.

A veces, alguien me cuenta de un culto de adoración muy conmovedor, o menciona alguna experiencia asombrosa al escalar una montaña o al leer la Biblia. A menudo, queda claro que esa persona ha pasado por alto el aspecto más importante de lo que sucedió. No experimentó un mero culto de adoración conmovedor, un paisaje impresionante o un profundo pasaje bíblico. ¡Simplemente, encontró a Dios! Si miramos los medios por los que Dios habla, es muy fácil que nos distraigamos y no le prestemos atención.

La realidad de un Dios que habla se evidencia en todo el Antiguo Testamento. Los métodos que usó para comunicarse variaban de una a otra persona. Lo importante es que:

- Dios habló en forma exclusiva a Su pueblo.
- Cada persona supo que era Dios.
- Cada persona entendió lo que Él dijo.

LOS EVANGELIOS

Los Evangelios cuentan cómo Dios habló a través de Jesús, Su Hijo. El Evangelio de Juan se introduce de esta manera: «En el principio era el Verbo, y el Verbo era con Dios, y el Verbo era Dios. [...] Y aquel Verbo fue hecho carne, y habitó entre nosotros...» (Juan 1:1,14). Dios se encarnó en la persona de Jesucristo (ver también 1 Jn. 1:1-4).

A pesar de que los doce discípulos conocieron a Jesús en forma personal, no comprendieron de inmediato quién era Jesús. En cierta ocasión, Felipe le dijo: «Señor, muéstranos el Padre, y nos basta» (Juan 14:8). Jesús le contestó: «¿Tanto tiempo hace que estoy con vosotros, y no me has conocido, Felipe? El que me ha visto a mí, ha visto al Padre; ¿cómo, pues, dices tú: Muéstranos el Padre? ¿No crees que yo soy en el Padre, y el Padre en mí? Las palabras que yo os hablo, no las hablo por mi propia cuenta, sino que el Padre que mora en mí, él hace las obras» (Juan 14:9-10).

Cuando Jesús hablaba, el Padre se comunicaba a través de Él. Cuando hacía un milagro, el Padre obraba a través de Él.

Los Evangelios dan testimonio de que Dios habló a través de Jesucristo. Cuando los discípulos oían a Jesús, oían a Dios. Así como Moisés tuvo una experiencia cara a cara con Dios en la zarza ardiente, los discípulos estuvieron cara a cara con Dios mediante una relación personal con Jesús. Cuando María Magdalena, el joven rico o Zaqueo hablaron con Jesús, tuvieron un encuentro con Dios.

Del libro de Hechos al presente

Cuando pasamos de los Evangelios a Hechos (que narra cuando Dios envió a Su Espíritu Santo) y luego pasamos al presente, a menudo cambiamos totalmente de actitud. Vivimos como si Dios hubiera dejado de hablar con Su pueblo en forma personal. En consecuencia, no nos damos cuenta de que un encuentro con el Espíritu Santo es un encuentro con Dios. Él habló con Su pueblo durante la historia de la Iglesia, y nos habla a nosotros hoy día. Desde el tiempo de Pentecostés hasta el presente, Dios ha estado hablando a Su pueblo por medio del Espíritu Santo.

Cuando una persona se convierte, el Espíritu Santo viene a vivir en el creyente. «¿No sabéis que sois templo de Dios, y que el Espíritu de Dios mora en vosotros? (1 Cor. 3:16). «¿O ignoráis que vuestro cuerpo es templo del Espíritu Santo, el cual está en vosotros, el cual tenéis de Dios, y que no sois vuestros? (1 Cor. 6:19). El Espíritu Santo siempre está presente en cada cristiano. Por eso puede hablarte con claridad en cualquier momento y de cualquier manera que Él decida.

Jesús le prometió a Sus discípulos que el Espíritu los ayudaría de la misma manera en que Él lo había hecho (ver Juan 14:16). Les dijo que el Espíritu Santo los guiaría a toda verdad (ver Juan 16:13); los convencería de pecado, de justicia y de juicio (ver Juan 16:7); los prepararía para las cosas que vendrían (ver Juan 16:13); glorificaría a Cristo; tomaría lo que Jesús oyó del Padre celestial y se los haría saber (ver Juan 16:14-15); les recordaría lo que Jesús había dicho (ver Juan 14:26). El Espíritu Santo también ayudaría a los creyentes a orar (ver Rom. 8:26). Dios se propuso que el Espíritu Santo esté muy activo en la vida de los creyentes para comunicarles Su voluntad y Sus propósitos.

RECIBIÓ PALABRA EN LA IGLESIA

Mi esposa, Marilynn, y yo concurrimos a una iglesia numerosa. Cerca del principio de cada culto de adoración, la iglesia celebra un tiempo de oración en que el pastor ora e invita a las personas a pasar al frente del auditorio para encontrarse con Dios. Un domingo, cuando todos inclinaban la cabeza, en lugar de hacer lo mismo, miré a mi alrededor. Había varias personas arrodilladas al frente del auditorio. Me llamó la atención un joven que parecía estar orando fervientemente. De inmediato, sentí que el Espíritu Santo me movía a acompañarlo. Me arrodillé a su lado y, después de unos momentos, oré en voz alta para que se rindiera ante todo lo que Dios le decía. Repentinamente, exclamó: «¡Usted es el enviado! ¡Usted es el enviado!». El joven me dijo que acababa de terminar sus estudios de abogacía en la universidad, pero que Dios había estado en acción con poder en su vida, y le dirigió a concurrir a un seminario para dedicarse al ministerio. Tenía temor de decírselo a sus padres, sabía que se desilusionarían ya que lo habían mantenido para estudiar abogacía. De modo que esa mañana había venido a orar. Le pidió a Dios que enviara a alguien para ayudarlo a tener la certeza de que debía dedicarse al ministerio. Me dijo: «Dr. Blackaby, usted escribió un libro sobre hacer la voluntad de Dios. Él lo envió a ayudarme».

¿Cómo supe en esa ocasión que la vida de un joven pasaba por un momento de decisión? No lo sabía; pero el Espíritu Santo sí. ¿Cómo podía saber que, de todos los que estaban orando en el frente aquella mañana, ese joven sería quien se beneficiaría más con mi compañía? No lo sabía; pero el Espíritu Santo sí. Ese domingo por la mañana, en mi iglesia, el Espíritu Santo conocía la verdad de esa situación, y me guió a hacer algo al respecto.

¿Cómo sé cuando Dios habla?

El pecado nos ha afectado tan profundamente (ver Rom. 3:10-11) que ni tú ni yo comprendemos la verdad de Dios a menos que el Espíritu Santo nos la revele. Él es nuestro maestro. Cuando leas la Biblia, sé sensible al Espíritu para que te enseñe la Palabra de Dios. Al orar, observa cómo el Espíritu Santo usa la Escritura para confirmar en tu corazón lo que Dios dice. Observa lo que Él hace a tu alrededor, en las circunstancias de la vida. El Dios que te habla cuando oras y el Dios que te habla en la Escritura es el mismo que, a diario, obra a tu alrededor.

La evidencia de la Escritura puede estimularte al respecto. La Biblia ilustra que cuando Dios decidía hablarle a un individuo, dicha persona no tenía duda de que Dios era quien hablaba, y entendía muy bien lo que le decía. Cuando Dios te habla, puedes saber que Él es quien está hablando, y tú también puedes entender muy bien lo que te dice. Jesús lo explicó así: «Mas el que entra por la puerta, el pastor de las ovejas es [...] y las ovejas oyen su voz [...] y a sus ovejas llama por nombre, y las saca. Yo soy el buen pastor; y conozco mis ovejas, y las mías me conocen» (Juan 10:2-4,14).

Reconocer la voz de Dios no depende de perfeccionar un método ni de descubrir una fórmula. Depende de una íntima relación de amor con Él. Quienes no tienen esa relación, no oyen lo que Dios está diciendo (ver Juan 8:47). Él se comunicará en forma singular en la intimidad de tu andar con Él; por eso, tu relación con Él es de suma importancia.

La clave para reconocer la voz de Dios: Una relación de amor

Te familiarizarás con la voz de Dios a medida que tengas una experiencia con Él. Cuando te hable y tú le respondas, reconocerás Su voz cada vez con mayor claridad. Algunas personas intentan pasar por alto la relación de amor. Buscan una señal milagrosa, proponen la prueba del «vellón» (ver Jue. 6), o intentan usar una fórmula para descubrir la voluntad de Dios. Pero nada sustituye una relación íntima con Él.

A continuación, he resumido algunas de las maneras en que ciertas personas bien intencionadas procuran discernir la voz de Dios. Sin embargo, aunque estos criterios pueden citar pasajes bíblicos en particular, interpretan la enseñanza de la Biblia de manera errónea.

1. *Pedir una señal milagrosa.* Cuando los escribas y fariseos le pidieron una señal milagrosa a Jesús, los condenó por ser una «generación mala y adúltera»

(Mat. 12:38-39). Eran tan pecadores y estaban tan centrados en sí mismos que no podían reconocer que Dios estaba presente en medio de ellos (Ver Luc. 19:41-44). No seas como ellos al procurar ver señales milagrosas para validar una palabra de Dios. Aprende a reconocer Su voz para que entonces no necesites someter todo lo que Dios te diga a una serie de pruebas.

2. *Buscar un método.* Una fórmula tampoco es la manera de oír la voz de Dios. Moisés oyó a Dios hablar a través de una zarza ardiente. Balaam oyó a Dios hablar a través de un asno, aunque nunca antes lo había oído hablar de ese modo. Si Balaam viviera en nuestro tiempo, tan orientado a las fórmulas, tal vez habría escrito un libro titulado *Asnos para principiantes*, ¡para que las personas también pudieran discernir cuando Dios les habla por medio de un asno!

¿Cuántas otras experiencias hubo con zarzas ardientes? Ninguna, como ya lo dije. Dios no quiere que nos volvamos expertos en el uso de una fórmula para oírlo hablar. Quiere una íntima relación de amor con nosotros, para que solo dependamos de Él.

3. *El método de «nombrarlo y reclamarlo».* A algunas personas les gusta abrir la Biblia, escoger un versículo que deseen usar y reclamarlo como palabra de Dios para su situación. Ese es un criterio equivocado y egocentrico para determinar la voluntad de Dios. Tal vez te preguntes: «¿Acaso no puedo obtener una palabra de Dios de la Biblia?». ¡Claro que puedes! Sin embargo, únicamente el Espíritu Santo puede revelarte cuál verdad de la Escritura es la Palabra de Dios para tu circunstancia en particular. No puedes forzarlo para que te hable, mediante la elección de un versículo y la declaración de que es la palabra que quiere darte. Dios siempre toma la iniciativa para hablarnos y revelarnos Su voluntad. Lo hace a Su manera y en Su tiempo.

También debes tener cuidado con eso de afirmar, públicamente, que has recibido una palabra de Dios. Anunciar que Dios te habló con respecto a un asunto específico es algo serio. Si en verdad, Dios te habló, tienes que continuar el rumbo en que te dirigía hasta que se cumpla lo que ha prometido (aunque se trate de 25 años, como en el caso de Abram). Si no recibiste una palabra de Dios, y afirmas que sí la recibiste, te arriesgas a pasar por falso profeta. La Escritura advierte: «Y si dijeres en tu corazón: ¿Cómo conoceremos la palabra que Jehová no ha hablado?; si el profeta hablare en nombre de Jehová, y no se cumpliere lo que dijo, ni aconteciere, es palabra que Jehová no ha hablado; con presunción la habló el tal profeta; no tengas temor de él» (Deut. 18:21-22). La lección es sencilla. Si Dios ha hablado, lo que dijo se cumplirá. Dios siempre confirma Su Palabra.

En la Ley del Antiguo Testamento, un falso profeta era condenado a muerte. (Deut. 18:20.) No te tomes a la ligera una palabra de Dios. De manera similar, las personas en la iglesia deben rendir cuentas si no se cumple lo que afirman que Dios les dijo.

4. *Puertas abiertas y cerradas.* Algunas personas procuran oír la voz de Dios y conocer Su voluntad solo a través de las circunstancias. Oigo a algunos que dicen: «Señor, necesito saber si debo tomar este empleo en particular. Voy a decirles que lo acepto, pero te ruego que detengas el proceso si no quieres que lo tome». En cada situación, la oración de esas personas es: «Detenme si me equivoco y bendíceme si acierto». Otra versión sería: «Señor, voy a seguir este rumbo. Cierra la puerta si no es tu voluntad». El único problema es que la Escritura no describe ese modelo para conocer la voluntad de Dios.

Dios se vale de las circunstancias para hablarnos; pero si ese es nuestro único medio para determinar la dirección de Dios, a menudo vamos a descarriarnos. ¡En ningún lugar de la Biblia Dios promete impedirnos que cometamos errores! Él no nos garantiza que intervendrá si tomamos un empleo que nos causará angustia y frustración. Dios nos llama a buscarlo a Él y buscar Su voluntad desde el principio. Es insensato pasar, descuidadamente, por puertas de oportunidad sin procurar la orientación de Dios, con la irresponsable esperanza de que Él haga que todo funcione para bien.

La Palabra es nuestra guía

El modelo que veo en la Escritura es que Dios siempre nos da una indicación al comienzo de Sus misiones. Tal vez no te diga todo lo que desees saber al principio, pero te revelará lo que *necesites* saber para hacer los ajustes necesarios y dar el primer paso de obediencia. Mientras estés haciendo todo lo que Dios ya te instruyó, no debes preocuparte por cómo funcionará cada detalle.

No puedes permitirte que únicamente sea la experiencia la que te guíe, ni tampoco debes depender, exclusivamente, de una tradición, un método o una fórmula. Con frecuencia, las personas confían en esos recursos, porque esto parece más fácil que cultivar una relación íntima con Dios. Hacen lo que les parece y le endosan a Dios la responsabilidad de rescatarlas de las consecuencias indeseables de sus acciones. Si cometen un error por la prisa con que se ponen en marcha, suponen que Dios intervendrá para detenerlas. Si llegan al lugar equivocado, culpan a Dios por dejarlas avanzar con ese rumbo.

Si quieres conocer la voluntad de Dios y reconocer Su voz, tienes que invertir tiempo y esfuerzo para desarrollar una relación de amor con Él.

Dios desea que reconozcas Su voz y conozcas Su voluntad. Tu relación con Él es la clave para oír cuando te habla. Si aún no tienes esa clase de relación con Dios, ora ya mismo para comenzar. Pídele a Dios que te guíe a esa relación y comprométete a dedicar tiempo y esfuerzo para conocerlo mejor.

La misión del Espíritu Santo

«Cosas que ojo no vio, ni oído oyó, ni han subido en corazón de hombre, son las que Dios ha preparado para los que le aman. Pero Dios nos las reveló a nosotros por el Espíritu; porque el Espíritu todo lo escudriña, aun lo profundo de Dios. [...] Así tampoco nadie conoció las cosas de Dios, sino el Espíritu de Dios. Y nosotros no hemos recibido el espíritu del mundo, sino el Espíritu que proviene de Dios, para que sepamos lo que Dios nos ha concedido» (1 Cor. 2:9-12). El Espíritu Santo conoce los pensamientos y el consejo del Padre celestial. Comprende los propósitos del Padre para tu vida. Además, cumple una función emocionante: ayudarte a comprender y recibir todo lo que Dios quiere darte.

Cuando Dios le habló a Abraham, a Moisés, a María y a otros, tales acontecimientos fueron encuentros con Dios. Para los discípulos, un encuentro con Jesús era un encuentro con Dios. De igual manera, cuando tú te encuentras con el Espíritu Santo, para ti eso es un encuentro con Dios.

Ahora, el Espíritu Santo ha sido dado a los creyentes, por eso Él es quien te guía a toda verdad y te enseña todas las cosas. Tú comprendes la verdad espiritual, porque el Espíritu Santo está obrando en tu vida. Podrías estudiar la Biblia en una prestigiosa universidad y doctorarte en estudios bíblicos, pero a menos que el Espíritu Santo te abra los ojos espirituales para entender, siquiera, las verdades espirituales más sencillas que contienen las páginas de la Biblia, no las reconocerás ni las comprenderás. Cuando recurres a la Palabra de Dios, el autor mismo está presente para instruirte. No se puede *descubrir* la verdad, porque solamente viene por *revelación*. Cuando el Espíritu Santo te la revela, no te está conduciendo a un encuentro con Dios. ¡Eso es un encuentro con Dios!

La voz de Dios en un tornado

En una ocasión, me encontraba como orador en una conferencia, cuando un matrimonio de jubilados se me acercó durante un receso. Me dijeron que varios años antes, Dios los había convencido de que debían jubilarse temprano en su empleo y dedicar los siguientes años de su vida a trabajar en las misiones internacionales. Le respondieron a Dios que lo harían, pero que estaban por construir una nueva casa y aún tenían un hijo al que mantenían mientras estudiaba en la universidad. Le aseguraron a Dios que, tan pronto como todos sus hijos hubieran terminado la universidad y ellos hubiesen construido su casa, irían.

Con el tiempo, el hijo terminó sus estudios y ellos terminaron de construir la casa de sus sueños, pero no fueron a las misiones. Disfrutaron de su cómoda casa y del tiempo libre que ahora tenían para visitar a la familia y jugar al golf en el club. En eso, un tornado violento atravesó su casa, la hizo añicos y solo dejó escombros.

«¿Qué cree que deberíamos hacer?", preguntaron. «¡Obedecer de inmediato!», les respondí. Cuando se recibe una palabra de Dios siempre es un asunto serio. Nunca lo trates con indiferencia o a la ligera. El Espíritu Santo tiene varias maneras de hablarnos. Algunas son más fuertes que otras.

Responde de inmediato

Cuando Dios le habló a Moisés, su acción inmediata fue esencial. Después de que Jesús le habló a los discípulos, lo que hicieron a continuación fue decisivo. Lo que tú hagas después de que hable el Espíritu Santo tendrá enormes consecuencias para ti y para quienes te rodean. Cuando el Espíritu de Dios nos habla, son demasiadas las veces en que entablamos con Él una prolongada conversación para poner en tela de juicio la exactitud de Sus instrucciones. Moisés intentó hacerlo ante la zarza ardiente (ver Ex. 3:11–4:13), y eso lo limitó por el resto de su vida. A causa de sus objeciones, Dios nombró a su hermano, Aarón, como vocero de Moisés, y tuvo que hablar al pueblo por medio de él (ver Ex. 4:14-16). Tiempo después, Aarón le causó bastante angustia cuando hizo un becerro de oro para los hebreos rebeldes (ver Ex. 32:1-6), y junto con María, condujo una rebelión contra el liderazgo de su hermano. Moisés pagó un alto precio por cuestionar a Dios (ver Núm. 12:1-8).

Te recomiendo que regularmente examines lo que sientas que Dios te ha estado diciendo. Si Dios habla, y tú oyes pero no le respondes, llegará un tiempo en que no podrás oír Su voz. La desobediencia puede producir «hambre [...] de oír la palabra de Jehová» (Amós 8:11). Cuando Samuel era niño, Dios comenzó a hablarle. La Escritura dice: «Y Samuel creció, y Jehová estaba con él, y no dejó caer a tierra ninguna de sus palabras» (1 Sam. 3:19).

Sé como Samuel. No dejes que ni una palabra del Señor deje de dar fruto en tu vida. Entonces Dios hará en ti y a través de ti todo lo que promete.

En Lucas 8:5-15 se cuenta la palabra de Jesús sobre el sembrador y las semillas. La semilla que cayó en buena tierra representa a quienes oyen la Palabra de Dios, responden positivamente y producen fruto. Jesús dijo: «Mirad, pues, cómo oís; porque a todo el que tiene, se le dará; y a todo el que no tiene, aun lo que piensa tener se le quitará» (Luc. 8:18). Si oyes la Palabra de Dios y no la aplicas en tu vida para que produzca fruto, tu desobediencia tendrá un costo. Decide en este mismo instante que, cuando el Espíritu de Dios te hable, vas a obedecer lo que te diga.

UNA DESOBEDIENCIA ESTÉRIL

Cuando servía como pastor, hubo en la iglesia un hombre que parecía tener dificultades en todo aspecto de su vida. De tanto en tanto, se quedaba sin empleo. Había problemas en su matrimonio. Sus hijos eran rebeldes, y a menudo, se enemistaba con otros miembros de la iglesia. Parecía que en la esencia de su andar con Dios había una seria falla. Un día le pedí que me hablara de su vida y su peregrinaje espiritual. Me dijo que cuando era joven, había tenido un profundo encuentro con Dios y había sido llamado a prepararse para servir en el ministerio cristiano. El hombre se inscribió en un instituto bíblico con intenciones de concurrir a clase en el siguiente año escolar; pero, al mismo tiempo, conoció a una joven y entablaron una relación que, aparentemente, conducía al matrimonio. De modo que postergó su ingreso al instituto bíblico.

Se casaron y procuraron comprar una casa. Pronto llegaron los hijos y las deudas comenzaron a acumularse. Al principio, siguió planeando la manera de costear sus estudios en el instituto bíblico para capacitarse como ministro. Sin embargo, con el paso de los años, dejó de lado aquellas intenciones. Precisamente, la seguridad financiera, lo que ese hombre había estado tratando de conseguir en vano, fue lo que Dios nunca le concedió. Cada vez que aparecía alguna oportunidad de progreso laboral para ganar un salario generoso, iba a la quiebra la empresa donde trabajaba, o era adquirida por la competencia y lo despedían. Ahora que había llegado a su mediana edad, se sentía infeliz y frustrado. Se puso de manifiesto que había desobedecido a una clara palabra de Dios y, desde entonces, su vida se había sumido en esterilidad espiritual. Nuestra manera de responder a la Palabra de Dios tiene consecuencias profundas y duraderas para nosotros y nuestra familia.

DIOS HABLA CON UN PROPÓSITO

Con frecuencia, las personas quieren que Dios les dé algún pensamiento agradable en el cual meditar, de modo que puedan sentirse bien durante el día. Pero si quieres que el Dios del universo se comunique contigo, tienes que estar listo para que revele lo que Él quiere hacer donde tú estás. En la Escritura, no es común ver que Dios habla con las personas por el simple hecho de conversar. Siempre se está preparando para hacer algo. Cuando te habla, tiene en mente un propósito para tu vida.

Cuando le habló a Abram (ver Gén. 12), ¿qué planeaba hacer? Comenzar a construir una nación por medio de la cual bendeciría a todas las naciones de la tierra. Observa el momento en que se encuadra esta revelación. ¿Por qué le habló Dios a Abram en ese momento? Porque era entonces cuando Dios quería comenzar a construir una nación. En el momento en que Abram se enteró de lo que Dios estaba por hacer, tuvo que ajustar su vida. Para poder serle útil tuvo que comenzar, de inmediato, a vivir conforme a lo que Dios había dicho.

DIOS HABLA EN EL MOMENTO PRECISO

Algunos de nosotros suponemos que contamos con los próximos meses para pensar en lo que Dios dijo y así considerar si este es el momento oportuno, a fin de determinar si podemos dar lugar a Sus instrucciones en nuestra agitada agenda. Sin embargo, Dios habla en Su momento oportuno. Cuando Dios está listo para ponerse en marcha, se comunica con Su siervo. En el momento que Dios te incluye en Sus propios planes, es esencial que le respondas de inmediato. En cuanto Dios te habla, esa es la ocasión para responderle.

Él lo hace cuando tiene en mente un propósito para tu vida. Cuando le respondes, debes considerar dos cuestiones: en primer lugar, tienes que comenzar de inmediato a ajustar tu vida a lo que Él dice; en segundo lugar, tienes que prepararte para seguir obedeciendo durante todo el tiempo que sea necesario para que Dios cumpla Sus propósitos. Veinticinco años tuvieron que pasar para que Abraham llegara a ser un hombre adecuado para criar a Isaac, el hijo que Dios le había prometido. Dios no solo se interesaba en Abram, sino también en una nación. Las cualidades de Abraham como padre afectarían a su hijo y a las generaciones venideras. Tuvo que comenzar, de inmediato, a ajustar su vida a los caminos de Dios. No podía esperar a que naciera su hijo para intentar convertirse en el hombre que Dios quería como padre para Isaac.

DIOS DESARROLLA EL CARÁCTER CONFORME A LA MISIÓN

Cuando Dios te habla para revelarte una misión, tienes que confiar en lo que Él dice. Dios sabe exactamente lo que está haciendo en tu vida y a través de ella. No consideres imposible lo que pueda decir solo porque no coincida con lo que deseas oír o lo que te parece posible.

Cuando Dios llamó a Abram, dijo: «... te bendeciré, y engrandeceré tu nombre...» (Gén. 12:2). Eso significa: «Desarrollaré tu character conforme a tu misión». Nada es más digno de lástima que la combinación de un carácter débil con una misión grandiosa. Muchos de nosotros no queremos prestar atención a nuestro carácter, solamente queremos que Dios nos dé una misión grandiosa.

SERVIR DONDE DIOS TE PONE

Supón que un estudiante graduado en un seminario está aguardando que una iglesia grande lo llame para ser su pastor. Luego, una pequeña congregación se comunica con él y le dice: «¿Está dispuesto a trabajar como ministro a medio tiempo y ayudarnos en esta región montañosa de población escasa?».

«No puedo», responde el futuro pastor, y piensa: «Aguardaré a que Dios me dé un puesto conforme a todos mis dones y mi capacitación. Me he sometido a una extensa educación y no puedo malgastar mi vida pastoreando una comunidad pequeña que no aproveche bien mi experiencia y mis calificaciones. No tiene sentido».

O supón que quieres servir como maestro de estudio bíblico para adultos en tu iglesia. Sin embargo, la directora de educación cristiana te informa que la única vacante es para enseñar a los adolescentes. También te menciona la dificultad que ha tenido para encontrar personas dispuestas a dedicar su vida a los adolescentes; pero eso no es lo que estabas buscando. En tu iglesia anterior, enseñaste a jóvenes casados y lo disfrutaste tanto, que quieres hacer lo mismo en tu nueva iglesia. Así que le respondes que aguardarás el momento oportuno hasta que surja el puesto adecuado.

¿Te das cuenta de cuán centrada en ti mismo es esa actitud? El razonamiento humano no te mostrará la perspectiva de Dios. Si no puedes ser fiel en lo poco, Dios no te dará una misión más grande. Tal vez quiera ajustar tu carácter mediante misiones de menor importancia para prepararte para las de mayor importancia. Quizás quiera conducirte a una experiencia totalmente nueva, a fin de poder desarrollar una dimensión en particular de tu carácter. Además, Dios conoce las necesidades de una congregación más pequeña o de los adolescentes de tu iglesia, y tales necesidades son más importantes que mantenerte dentro de lo que es habitual para ti, y más importante que confiar en tu experiencia y las destrezas que piensas que tienes. Dios comienza a obrar cuando le respondes en obediencia a lo que Él quiere, aun cuando no sea lo que buscabas o preveías. Cuando haces los ajustes y obedeces, llegas a conocer a Dios por experiencia. Esa es la meta de la actividad de Dios en tu vida: que llegues a conocerlo.

¿Deseas experimentar la obra poderosa de Dios en ti y a través de ti? Entonces, ajusta tu vida a Dios en una relación en que lo sigas a todo lugar donde te dirija, aun cuando la misión parezca insignificante o modesta. Seguramente te encantaría oír: «Bien, buen siervo y fiel; sobre poco has sido fiel, sobre mucho te pondré; entra en el gozo de tu señor» (Mat. 25:21).

No malinterpretes la idea central de esta oración. No supongas que una misión proviene de Dios solo porque es de poca importancia o inesperada. Ya sea de mucha o poca importancia ante tus ojos, tendrás que determinar, de igual modo, si la misión proviene de Dios. Él es quien te lo puede confirmar. Lo importante no es desechar una misión sobre la base de tus prejuicios. Es muy probable que Dios te dé una que sea ajena a tu experiencia o a lo que te resulta habitual. Recuerda que reconocerás cuál es la voluntad de Dios por medio de tu relación con Él. *No pases por alto la relación.*

He conocido personas que no interrumpirían una excursión de pesca o un partido de fútbol por nada en el mundo. Dicen que quieren servir a Dios, pero siempre eliminan de su vida todo lo que pueda interferir con sus planes. Están tan centrados en sí mismos, que no reconocen a Dios cuando viene a ellos. Hay cristianos que dedican mucho tiempo y energía a hacer que su vida resulte tan cómoda como sea posible. De inmediato, rechazan toda iniciativa que Dios les traiga a su vida y que pueda producir alguna incomodidad.

Dios tiene derecho a interrumpirte la vida. Él es Señor. Cuando te entregaste a Él, le reconociste el derecho a usar tu vida cuando lo quisiera. Si estás centrado en Dios, ajustarás tus planes a lo que Él quiera que hagas.

SIERVOS DISPUESTOS

Supón que, de cada diez veces que el amo tiene algo para que el siervo haga, cinco veces el siervo dijera: «Lo siento; eso no está en mis planes». ¿Qué crees que haría el amo? Desde luego, lo disciplinaría. Si el siervo no responde a la disciplina, tarde o temprano dejará de encomendarle tareas, y el siervo quedará fuera de la actividad y el propósito del amo. Eso podría sucederle a un siervo secular, pero el cristiano tendría que entristecerse mucho al descubrir que Dios ya no obra en su vida ni a través de ella.

Tal vez digas: «Anhelo experimentar la obra de Dios en mí como la experimenta Juan (o Marta)»; pero cada vez que Dios viene a Juan, él ajusta su vida a Dios y es obediente con respecto al costo de la obediencia. Marta fue fiel en misiones de poca importancia, por eso después, Dios le dio otras más importantes. Con el paso de los años, Marta desarrolló el carácter necesario para que Dios le confiara misiones de mayor importancia.

ESTAR DISPUESTOS A IR

A menudo, me he preguntado cómo habría sido después mi vida y la de Marilynn si no hubiéramos estado dispuestos a aceptar la invitación de Dios de mudarnos a Saskatoon, Canadá, para servirle en ese lugar frío y distante. Esa misión nos llamó a fundar nuevas iglesias, a desarrollar un ministerio para estudiantes universitarios y a establecer un instituto teológico... todo por fe. Yo no tenía experiencia ni tampoco sentía que tuviera los dones para estas tareas. Sin embargo, hoy día, casi 40 años después, me doy cuenta de que cuando Dios nos llamó a dejar lo que nos era conocido para ir con Él a Saskatoon, planeaba mucho más de lo que jamás habríamos imaginado. Me alegro tanto de que no basé las decisiones de mi vida en lo que consideraba mis puntos fuertes y mis intereses. ¡No hay manera más gratificante o emocionante que vivir en obediencia a lo que Dios te pide que hagas!

Una vez que Dios te dé un sentido del rumbo al que te dirige, y respondas «sí», dale todo el tiempo que desee para desarrollarte como la clase de persona a la cual pueda confiarle la misión. No supongas que estás listo para desempeñar tu papel en el momento en que Dios te llama. Hay dos personajes bíblicos que demuestran cuán necesario es un tiempo para crecer:

1. *David.* ¿Cuánto tiempo pasó desde que Dios ungió a David como rey hasta que ocupó el trono? Tal vez diez o doce años. ¿Qué estuvo haciendo Dios durante ese tiempo? Se dedicó a desarrollar la relación de David con Él para que este pudiera conducir la nación conforme a los propósitos de Dios.
2. *Pablo.* ¿Cuánto tiempo pasó desde que el Señor llamó a Pablo en el camino a Damasco hasta que salió en su primer viaje misionero? Tal vez diez u once años. Dios quería redimir al mundo perdido, y quería

llegar a los gentiles a través de Pablo. Dios se tomó tiempo para prepararlo para esa misión esencial.

Dios se toma tiempo para prepararte. ¿Acaso lo hace solo por ti? No, también lo hace por aquellos a quienes desea alcanzar a través de tu vida. Por el bien de ellos, procura tener con Dios la clase de relación que estoy describiendo. Luego, cuando Dios escoja obrar con poder a través de ti, logrará lo que desee en la vida de aquellos a quienes tú toques.

Dios da instrucciones específicas

Hace varios años, concurrí a una conferencia en donde el disertante desafió a los asistentes a obedecer cualquier asunto que Dios nos estuviera pidiendo. Luego, nos dijo que pasáramos un momento en oración y pensáramos en aquellas cosas que Dios nos hubiera pedido hacer y que aún no habíamos terminado. Sentí que había una sola cosa a la que no había respondido, y era escribir. No me veía como escritor, y pensé que había estado demasiado ocupado como para dedicar tiempo a escribir. Sentí que Dios me pedía que considerara escribir, pero yo no había estado del todo dispuesto. De modo que, durante la conferencia, le entregué al Señor esa área de mi vida y le dije que si quería que escribiera algo, yo lo haría.

Francamente, no me pareció una decisión muy importante. Hasta entonces, nadie me había pedido antes que escribiera un libro, de modo que no me sentí intimidado por ese nuevo compromiso. Sin embargo, poco después, un hombre me preguntó si podría escribir un libro pequeño sobre cómo Dios había dirigido a nuestra iglesia a participar con Él en Su misión. De inmediato, el Espíritu Santo me recordó el compromiso que había hecho hacía poco, y supe que debía dar lugar a ese pedido. En ese momento, no tenía idea de que Dios me daría oportunidades para escribir docenas de libros. Lo que parecía una tarea fuera de mi capacidad, era algo que Dios se proponía transformar en parte importante de mi vida y ministerio.

Dios guía en forma específica

Una enseñanza popular afirma que Dios no le da instrucciones específicas a las personas. Proclama que Dios nos dio el cerebro y la Biblia, y que esos dos elementos son suficientes para guiarnos en la toma de toda decisión. Esa postura implica que un cristiano siempre piensa correctamente, conforme a la voluntad de Dios. No considera que la vieja naturaleza siempre lucha contra la naturaleza espiritual (ver Rom. 7), y también niega la considerable realidad de que nuestros caminos no son los caminos de Dios (ver Isaías 55:8).

Después de que Dios le habló a Noé sobre la construcción de un arca, este hombre supo el tamaño, el tipo de materiales y cómo armarla. Cuando Dios le habló a Moisés sobre la construcción del tabernáculo, fue muy específico en cuanto a los detalles. Cuando Dios se hizo carne, le dio instrucciones específicas a Sus discípulos en cuanto a dónde ir, qué hacer, cómo responder a las personas que aceptaran o rechazaran Su mensaje, y qué predicar.

Dios llamó a Abraham y le dijo: «Vete de tu tierra y de tu parentela, y de la casa de tu padre, a la tierra que te mostraré» (Gén. 12:1). Las instrucciones de Dios no fueron muy específicas al comienzo, por eso exigieron fe por parte de Abraham; pero Dios le prometió revelarle Sus planes a medida que Abraham le obedeciera. Dios siempre da suficientes instrucciones específicas para que puedas hacer en ese momento lo que Él quiere que hagas. Cuando necesites saber más, Él te guiará. Tras pasar un tiempo, Dios le reveló a Abraham que le nacería un hijo. También le habló acerca de la cantidad de sus descendientes, el territorio que habitaría su pueblo, y le reveló que sus descendientes serían esclavizados y con el tiempo liberados.

El Espíritu Santo sigue dando instrucciones claras hoy día. Él te dará una orientación inequívoca para tu vida. Tal vez digas: «Esa no ha sido mi experiencia»; pero ten cuidado de no permitir que tu experiencia personal sea la medida de lo que se supone que debe ser la vida cristiana. En lugar de desechar aquello que leas en la Biblia y que no coincida con lo que hayas experimentado, pídele al Señor que aumente el nivel de tu experiencia a la medida que presenta la Escritura.

Si no has recibido instrucciones de Dios sobre algún asunto, ora y espera. Aprende a ser paciente. Confía en el tiempo de Dios porque Su plan siempre es perfecto. No te apresures. No intentes pasar por alto la relación para proseguir con la actividad.

¿UN ENGAÑO SATÁNICO?

Frecuentemente, me preguntan: «¿Cómo puedo saber si una palabra que recibo es de Dios, o proviene de mis propios deseos egoístas, o incluso de Satanás?». A veces, las personas se paralizan cuando sienten que deben hacer algo, porque temen que Satanás esté tratando de engañarlas. Algunos cristianos se complican la vida estudiando los métodos de Satanás para poder identificar sus engaños, pero yo no lo hago. He decidido no poner mi atención en él, porque ha sido derrotado. Cristo me guía y cumple Su voluntad a través de mí, y Él tiene la victoria. La única manera en que Satanás puede afectar la obra de Dios a través de mí es cuando le creo a él y dudo de Dios. Satanás intentará engañarte, pero en definitiva, no podrá frustrar los propósitos de Dios.

FALSIFICACIONES

Cuando la Real Policía Montada del Canadá capacita a su personal en operaciones contra la falsificación de dinero, los estudiantes no ponen su atención en billetes falsificados. Es imposible conocer todas las maneras de falsificar dinero. Sin embargo, solo hay un tipo genuino de billete de diez dólares. De modo que estudian, exhaustivamente, el billete legítimo. De esa manera, cualquier billete que no coincida exactamente con el genuino puede identificarse, de inmediato, como falso. Cuanto mejor conozcas un artículo genuino, más fácil te será reconocer uno falso.

Cuando sientas en tu espíritu la dirección para hacer algo, puedes preguntarte: «¿Este impulso proviene de Dios, de mis propios deseos o de Satanás?». ¿Cómo puedes prepararte para saber si Dios es quien te está guiando? Necesitas comprender bien los caminos de Dios, y si algo no coincide exactamente con Sus caminos, aléjate de eso de inmediato. Eso mismo hizo Jesús cuando fue tentado en el desierto (ver Mat. 4; Luc. 4).

Satanás lo tentó para que tomara atajos: «¿Quieres que las personas te sigan? Entonces convierte estas piedras en pan, y te seguirán las multitudes. O salta del punto más alto de la ciudad. Cuando la muchedumbre contemple que los ángeles te salvan milagrosamente, no hay dudas de que te seguirán. O bien, inclínate y adórame. Haz eso y no tendrás que sufrir la agonía de la crucifixión. Te daré todas las naciones para que te sirvan». En cada oportunidad, parecía que Satanás estaba tratando de ayudar a Jesús a cumplir Su obra.

Satanás fue demasiado sutil para tratar de convencer a Jesús que abandonara su misión. Lo único que hacía era intentar que hiciera la obra de Dios a la manera del mundo; pero Jesús se negó a su propuesta (ver Mat. 4:1-11). Nunca conversó sobre las opciones con Satanás. Nunca discutió. Lo midió todo con la Escritura y desechó todo lo que no se alineaba con lo que Dios había dicho y hecho.

Tal como sucedió en el encuentro de Jesús con Satanás, es probable que en tu guerra espiritual también te veas tentado a hacer algo que suena bien, pero no es como Dios lo hace. Jesús conocía claramente Su misión y la manera en que el Padre deseaba que la cumpliera. Cuando Satanás intentó que siguiera otro camino en pro del «éxito instantáneo», Él recordó la misión que Su Padre le había dado y rechazó el falso consejo.

RESUMEN

Dios siempre ha hablado a Su pueblo. Hoy día se comunica por medio del Espíritu Santo que utiliza la Biblia, la oración, las circunstancias y a otros creyentes para hablarte. Sin embargo, el método no es la clave para reconocer la voz de Dios. Por medio de una íntima relación de amor con Él, aprendes a reconocer Su voz. Es posible que escoja hablarte de una manera exclusiva; pero no dudes de que podrá convencerte de que has oído una palabra de Él.

Cuando Dios te hable, lo hará con un propósito. El momento en que Dios habla es la ocasión para que comiences a ajustar tu vida y orientar tu pensamiento a Él. Dios obrará a fin de desarrollar tu carácter para la misión que está planeando. Deja que se tome todo el tiempo que desee para prepararte.

CÓMO TENER HOY UNA EXPERIENCIA CON DIOS

Dedícale a Dios algún tiempo en oración y piensa en las experiencias en que supiste, con claridad, que te estaba hablando. Pídele a Dios que te ayude a reconocer Su voz. Si aún no llevas un diario espiritual, te conviene comenzar a escribir las cosas que Dios te ha dicho en el pasado y lo que te está diciendo en el presente. ¡Cualquier cosa que te diga el Dios Todopoderoso es suficientemente importante como para escribirla!

PREGUNTAS PARA REFLEXIONAR

1. ¿De qué maneras te ha hablado Dios? ¿Cómo supiste que era Él?
2. ¿Cómo podría estar desarrollando tu carácter y confianza en este momento a fin de prepararte para una nueva misión?
3. ¿Has estado dispuesto a aceptar de Dios misiones de poca importancia? ¿Cómo crees que evaluaría tu disposición a ser fiel en lo poco?
4. ¿Necesitas que Dios te guíe específicamente en alguna situación de tu vida? Si así fuera, ¿cómo podrías prepararte para recibir la siguiente orientación que te dé?

11

Dios se revela a Sí mismo y revela Sus propósitos y Sus caminos

Porque mis pensamientos no son vuestros pensamientos, ni vuestros caminos mis caminos, dijo Jehová. (Isa. 55:8)

Venid, y subamos al monte de Jehová [...] y nos enseñará en sus caminos, y andaremos por sus veredas... (Miq. 4:2)

La revelación de Dios

Cierta ocasión, en una conferencia expliqué cómo la Escritura revela a Dios como un Padre amante. Esa tarde, en un momento de testimonios compartidos, una mujer se puso de pie y, con lágrimas en los ojos, relató al grupo su historia. Cuando era niña, su padre nunca parecía satisfecho con ella. Sus calificaciones escolares nunca eran tan altas como para complacerlo. No podía tocar el piano suficientemente bien ni lograr nada que le agradara a él. Más adelante, cuando era adolescente, su padre abandonó a la familia y se fue a vivir con otra mujer. Nunca volvió a verlo. Con desconsuelo, esa mujer siempre se preguntaba si, tal vez, su padre no la habría abandonado si hubiera sido una mejor hija y si lo hubiera hecho más feliz en su hogar.

Y ahora, ya casada y con hijos adolescentes, vivía constantemente atemorizada de perder también a su esposo y sus hijos. Pensaba que, sin duda, cuando descubrieran cómo era en realidad (es decir, alguien a quien su propio padre no había podido amar), también la rechazarían como lo había hecho él. Toda la vida había vivido con ese temor. Mantenía a su familia y amigos a cierta distancia para que no pudieran conocerla demasiado. El doloroso recuerdo de su crianza había contaminado su idea de Dios. De modo que llegó a la conclusión de que Él era tan acusador, hostil y difícil de complacer como lo había sido su padre terrenal. Sin embargo, a medida que en esa conferencia di a conocer los atributos de Dios basándome en la Escritura, el Espíritu Santo le abrió los ojos para comprender que su Padre celestial la amaba de verdad. En los años de su niñez y adolescencia, esa mujer había concurrido a la iglesia cada domingo y había oído innumerables sermones sobre el amor de Dios, pero recién aquel día en la conferencia, comprendió todo lo que se había perdido. Necesitaba que el Espíritu la ayudara a comprender cómo es Dios en realidad.

Esa es una de las funciones del Espíritu Santo: ayudarnos a comprender la naturaleza de Dios. El Espíritu nos ayuda a entender Sus caminos, porque Él no actúa de la misma manera que las personas. Por último, el Espíritu ayuda a los creyentes a comprender los propósitos de Dios. Por nuestros propios medios, nunca descubriremos Sus intenciones. Él nos las revelará a través de Su Espíritu Santo.

DIOS REVELA SU CARÁCTER

Cuando Dios te habla por medio del Espíritu Santo, a menudo revela algo de sí mismo. Observa cómo Dios se revela en los siguientes pasajes bíblicos:

- Era Abram de edad de noventa y nueve años, cuando le apareció Jehová y le dijo: Yo soy el Dios Todopoderoso; anda delante de mí y sé perfecto. (Gén. 17:1)
- Habló Jehová a Moisés, diciendo: Habla a toda la congregación de los hijos de Israel, y diles: Santos seréis, porque santo soy yo Jehová vuestro Dios. (Lev. 19:1-2)
- Porque yo Jehová no cambio [...]. Desde los días de vuestros padres os habéis apartado de mis leyes, y no las guardasteis. Volveos a mí, y yo me volveré a vosotros, ha dicho Jehová de los ejércitos. (Mal. 3:6-7)
- [Jesús le dijo a los judíos] Yo soy el pan vivo que descendió del cielo; si alguno comiere de este pan, vivirá para siempre. (Juan 6:51)

Dios habla cuando desea que las personas participen en Su obra. Dios revela Su carácter para ayudarlas a responder por fe. Podemos responder mejor a las instrucciones de Dios cuando creemos que Él es quien dice ser y que puede hacer lo que dice que hará.

El Señor se identificó ante Abram con el nombre de Dios Todopoderoso. Abram tenía 99 años de edad y necesitaba saber que Dios era Todopoderoso para creer que podría darle un hijo en su ancianidad.

Dios le reveló a Moisés Su naturaleza santa. Posteriormente, a través de él, le dijo a Su pueblo que Él es santo. El pueblo de Dios tuvo que creer que Él es santo. De esa manera, le responderían con su propia santidad. La vida de ellos dependía de eso.

Dios habló a Israel por medio de Malaquías para reiterar que Él perdona y no cambia. Reveló Su naturaleza perdonadora para que las personas pudieran creer que recibirían perdón si se volvían a Dios.

Jesús se llamó a sí mismo el «pan de vida» y la fuente de vida eterna. Declaró que era el camino a la vida eterna para que las personas pudieran creer en Él y responderle a fin de recibir esa vida.

Dios se hace conocer para aumentar nuestra fe a fin de que lo obedezcamos. Debemos prestar mucha atención a lo que revela de sí mismo. Cuando lo hace:

- Tendrás que creer que Dios es quien dice ser.
- Tendrás que creer que Dios puede hacer lo que dice que hará.
- Tendrás que ajustar tu manera de pensar de acuerdo a esa confianza.
- Serás llamado a obedecer a Dios para demostrar tu confianza en Él.
- Cuando obedezcas, Dios hará Su obra a través de ti y demostrará que es quien dice ser.
- Conocerás a Dios por experiencia.
- Sabrás que Dios es quien dice ser.

Por ejemplo, ¿cuándo conoció Abram a Dios como Todopoderoso?, tal vez lo supo en su mente tan pronto como Dios lo dijo. Pero llegó a conocer al Señor por experiencia como Dios Todopoderoso, cuando hizo algo en su vida que solo Él podía hacer. Cuando Dios les dio un hijo a Abraham (de 100 años) y a Sara (de 90 años), él supo que Dios era Todopoderoso.

DIOS REVELA SUS PROPÓSITOS

Un centro de estrategia misionera mundial

Gary Hillyard era el pastor de la iglesia de Beverly Park en Seattle, Washington (EE.UU.), cuando la asistencia al culto del domingo por la mañana promediaba 100 personas. En aquel tiempo, 40 miembros de la iglesia se capacitaron para el ministerio de la oración y, posteriormente, 8 de ellos se comprometieron a orar todos los días para que Dios les mostrara cómo quería que creciera la iglesia. Diecinueve miembros comenzaron un estudio de *Experiencia con Dios.*

Cuando comenzaron a concurrir a esa iglesia algunos inmigrantes de Ucrania, los miembros prestaron atención y le pidieron a Dios que revelara por qué estaba trayendo a esos extranjeros a la congregación. Un día, una de las nuevas familias ucranianas le preguntó al pastor si la iglesia desearía quedarse con la casa de su padre en Lugansk, una ciudad de 650 000 habitantes en Ucrania. Gary me llamó para preguntarme mi opinión sobre cómo debería responder la iglesia a ese ofrecimiento inusual. Le respondí que me parecía que era la invitación de Dios para que la iglesia participara en misiones internacionales.

Aunque esto estaba fuera de su presupuesto, la iglesia de Beverly Park decidió aceptar la casa y los miembros continuaron orando. Algunas semanas después, llamó Don English, un amigo del pastor Gary. Le dijo: «¿Recuerdas que hace siete años [antes de la caída del comunismo] en nuestra reunión de oración sentí que Dios me llamaría un día como misionero a la ex Unión Soviética? Bueno, Dios me ha dicho que este es el momento para ir».

Gary le respondió: «Te tengo buenas noticias. Tenemos tu casa; está en Lugansk, Ucrania». La congregación de Beverly Park decidió patrocinar a Don y su familia como misioneros de la iglesia. Gary volvió a llamarme y me dijo que la iglesia solo tenía 21 dólares en el banco. «¿Y ahora qué hacemos?», preguntó.

Le sugerí que se aseguraran de que esto era, en efecto, lo que el Señor les indicaba. Luego, tendrían que confiar en que el Señor proveería para aquello a lo cual los había llamado. Dedicaron el culto del domingo en la noche para orar por la provisión de Dios. Hacia el fin de la semana, tenían 4000 dólares para enviarle a Don y su familia en Lugansk.

Una vez que se establecieron allá, Don recibió invitaciones para conducir estudios bíblicos en hogares, en escuelas primarias y secundarias, en universidades al personal docente, inclusive a 500 personas en un centro médico.

Cuando el gobierno se enteró de la presencia de Don, lo invitaron a participar en una ceremonia para agradecer a los Estados Unidos por la biblioteca de su ciudad, la cual había sido financiada parcialmente por el Plan Marshall, después de la Segunda Guerra Mundial. Don aceptó la invitación. El canal nacional de televisión, que difundió la ceremonia, le pidió que dijera algunas palabras. Y a menos de dos meses de haber comenzado su obra misionera, ¡Don había hablado de Cristo a Ucrania por la televisión nacional! Posteriormente, lo invitaron también para hablar ante la legislatura.

Colaboró con las iglesias locales para celebrar reuniones evangelizadoras y casi 500 personas se entregaron a Cristo en una semana. Querían distribuir Biblias en la región de Lugansk, de modo que Don llamó a la iglesia de Beverly Park para pedir apoyo en oración. Una hora después de la reunión de oración de esta iglesia, alguien de una congregación en Texas llamó para decirles que deseaban comprar Biblias para Ucrania. Luego, el gobierno de Ucrania pidió alimentos y suministros médicos para ancianos, discapacitados y niños de la ciudad. Don volvió a llamar a la iglesia de Beverly Park. Al día siguiente, llamó un tal Bob Dixon de una organización de hombres cristianos de Texas. El Departamento de Estado (de EE.UU.) les había pedido que supervisaran la distribución de alimentos en las ex repúblicas soviéticas. Tenía tres contenedores de embarque de 12 metros de largo llenos de alimentos para enviar de inmediato.

Los obreros también fundaron un instituto bíblico, proporcionaron equipos médicos, plantaron iglesias y atendieron a huérfanos. El pastor Gary me relató con lágrimas cómo su iglesia, que alguna vez había tenido dificultad para pagar la factura del servicio eléctrico, ahora era usada por Dios para ser una influencia en el mundo.

Dios siempre planea hacer a través de nuestra vida y nuestras iglesias mucho más de lo que podríamos imaginar. Es trágico que nos preocupemos tanto por nuestros planes y nuestras estrategias que ni siquiera dediquemos tiempo a oír lo que Dios se propone hacer.

La Biblia está repleta de ejemplos de personas que, voluntariamente, dejaron de lado sus planes para seguir los de Dios. María y Pablo son dos de los casos más fascinantes.

Cuando Dios vino a María, no le preguntó cuáles eran las metas de su vida ni cómo planeaba glorificar a Dios. El ángel del Señor exclamó: «¡Salve, muy favorecida! El Señor es contigo...» (Luc. 1:28). Luego, le dio la increíble noticia de cómo Dios se valdría de ella para que naciera el Salvador del mundo. Sin duda, los planes de Dios habrán hecho parecer pequeño todo lo que María hubiera planeado para sí.

Saulo de Tarso tenía planes específicos que se proponía cumplir para Dios. Iba a perseguir y apresar a todo judío que siguiera el cristianismo. Sin embargo, el Cristo resucitado le salió al encuentro y le reveló los planes de Dios. Él usaría su vida para difundir la buena noticia del evangelio a los gentiles alrededor del mundo conocido. Saulo anunciaría el mensaje de salvación ante las personas más poderosas del Imperio Romano. Hoy día, el mundo siente el impacto de lo que Dios hizo a través de él. Los planes de Dios superaban por lejos cualquier cosa que Saulo hubiera emprendido.

Esta secuencia se observa en toda la Biblia y abarca a los patriarcas, los jueces, David, los profetas y los discípulos. Cuando Dios estaba por hacer algo tenía la iniciativa de dar participación a Sus siervos: «Porque no hará nada Jehová el Señor, sin que revele su secreto a sus siervos los profetas» (Amós 3:7). Dios habló para revelar Sus propósitos y Sus planes. Luego, invitó a esas personas a participar, a fin de poder cumplir Sus propósitos eternos a través de ellas.

LOS PROPÓSITOS DE DIOS FRENTE A NUESTROS PLANES

A menudo, tenemos nuestros propios sueños de lo que deseamos hacer para Dios. Formulamos planes sobre la base de nuestros principios. Después oramos y le pedimos a Dios que bendiga nuestros esfuerzos y nos ayude a cumplir nuestras metas (al fin y al cabo, ¡lo estamos haciendo por Él!). Movilizamos a nuestros hermanos en la fe para facilitar el éxito de nuestras ideas. Sin embargo, lo que realmente importa es lo que Dios planea hacer donde estamos y cómo desea cumplir Sus propósitos a través de nosotros. Esto es lo que dice la Escritura sobre nuestros planes y propósitos: «Jehová hace nulo el consejo de las naciones, y frustra las maquinaciones de los pueblos. El consejo de Jehová permanecerá para siempre; los pensamientos de su corazón por todas las generaciones» (Sal. 33:10-11). «Muchos pensamientos hay en el corazón del hombre; mas el consejo de Jehová permanecerá» (Prov. 19:21).

Si tus planes no coinciden con los de Dios, no experimentarás Su obra a través de ti. Dios revela Sus propósitos para que sepas lo que planea hacer. Luego, puedes unirte a Él. Sus planes y propósitos no serán frustrados. Tendrán éxito. El Señor malogra los planes mundanos de las naciones, pero los suyos se cumplen.

Planificar es un ejercicio valioso, pero nunca podrá ser un sustituto de oír la voz de Dios. Tus planes solo tienen vigencia cuando se basan en lo que Dios te ha dicho que se propone hacer. Para Dios, tu relación con Él es mucho más importante que cualquiera de tus planes. El problema de la planificación es que procuramos realizar con nuestra propia sabiduría lo que solo Dios tiene derecho a determinar. No podemos saber el cuándo, el dónde ni el cómo de la voluntad de Dios hasta que Él nos lo dice.

Dios se propone que nosotros lo sigamos. Espera que obtengamos Sus directivas y desea equiparnos para cumplir la misión que nos da. Si intentamos puntualizar todos los detalles de Su voluntad en una sesión de planificación, tendremos la tendencia a olvidar la necesidad de una relación íntima y cotidiana con Dios. Podríamos cumplir nuestros objetivos, pero nos privaríamos de la relación. Es posible alcanzar todas nuestras metas y aún así estar fuera de la voluntad de Dios. Él nos creó para tener una relación de amor eterna con nosotros. La vida es una oportunidad para experimentar a Dios obrando en nosotros y en nuestro mundo.

No es incorrecto planificar, solamente ten cuidado de no planificar más de lo que Dios espera que hagas. Permite que Dios interrumpa o reoriente tus planes en cualquier momento que lo desee. Mantente en una estrecha relación con Dios para que siempre lo oigas cuando te hable. He descubierto que las mejores reuniones de planificación son reuniones de oración donde le dedicamos tiempo a nuestro Padre para averiguar lo que Él planea. Si las iglesias realmente se toman en serio hacer la voluntad de Dios, dedicarán más tiempo a buscarla y menos tiempo a discutir lo que cada miembro piensa que la iglesia debería hacer.

¿Cuál es el método?

Mi hijo, Richard, y yo estábamos hablando en una conferencia basada en nuestro libro titulado *Spiritual Leadership* [Liderazgo espiritual]. Me referí a la manera en que las personas y las iglesias deben procurar alinearse con los planes de Dios en todo lo que hacen. Durante un receso, un pastor se me acercó, apresuradamente, para decir que estaba procurando que su iglesia progresara, y que había examinado dos modelos diferentes para el crecimiento de esta. Mencionó ambos modelos y luego, me preguntó cuál pensaba yo que debería usar. Le dije que creía que debía orar y pedirle a Dios que le dijera cómo hacer crecer su iglesia. El hombre hizo una pausa y luego, como si ni siquiera me hubiera oído, continuó explicando las ventajas y desventajas de cada modelo, para volver a preguntarme cuál de los dos pensaba yo que debería seguir. Una vez más, le dije que condujera a toda su congregación a clamar al Señor y a preguntarle cómo deseaba hacer crecer su iglesia en aquella comunidad.

El pastor nunca comprendió lo que le estaba diciendo. Había sido capacitado para que el crecimiento de la iglesia dependiera de su liderazgo, a través de la visión que proyectaba y los principios que practicaba. No obstante, una y otra vez, la Escritura nos dice que Dios siempre está obrando para cumplir Sus propósitos en su pueblo. Cristo dijo que Él edificaría Su Iglesia (ver Mat. 16:18). Hoy día hay tantas iglesias divididas y fracturadas, porque los líderes han procurado imponer sus planes al pueblo de Dios, en lugar de buscar lo que Él se propone hacer con Su maravilloso poder a través de ellos.

Dios revela Sus caminos

Hasta quien lee la Biblia en forma ocasional o desinformada puede ver que los caminos y los planes de Dios son diferentes a los de las personas. Dios aplica los principios del reino para cumplir los propósitos del reino.

Los caminos de Dios se caracterizan por redención, amor y compasión; purifican, perdonan y edifican a las personas. Los caminos de Dios producen humildad. El camino de Dios es el camino del servicio y el amor. Dios no aguarda tan solo una ocasión para ayudarnos a cumplir nuestras metas con respecto a Él, desea cumplir Sus propósitos a través de nosotros y a Su propia manera.

Dios dijo: «... Mis pensamientos no son vuestros pensamientos, ni vuestros caminos mis caminos» (Isa. 55:8). No podremos cumplir su plan con nuestros métodos. Este es uno de los problemas básicos que enfrentan las personas con respecto al pecado: «Todos nosotros nos descarriamos como ovejas, cada cual se apartó por su camino; mas Jehová cargó en él el pecado de todos nosotros» (Isa. 53:6). Es insensato pensar que podemos realizar la obra de Dios mediante la metodología y los valores del mundo.

Tal vez nuestros caminos nos parezcan buenos. Tal vez disfrutemos, incluso, de algunos éxitos moderados. Si medimos nuestro éxito estrictamente por el crecimiento numérico o por haber construido un edificio impresionante, podemos suponer con facilidad que nuestra tarea ha sido exitosa. Sin embargo, muchas organizaciones seculares y religiones no cristianas tienen crecimiento en número, edificios y riqueza, a pesar de que no agradan a Dios.

El mundo dice que nunca debemos comprometernos con nada que no podremos pagar; pero Dios dice que sin fe es imposible agradarlo (Heb. 11:6). El mundo valora la jerarquía y la cadena de mando. Dios procura dar a su pueblo un mismo corazón y una misma mente. El mundo favorece a los poderosos; pero Dios dijo: «Bienaventurados los mansos». El mundo afirma que los resultados son importantes; pero Dios valora a las personas.

Si hacemos la obra de Dios con nuestra propia fortaleza y sabiduría, nunca veremos Su poder en lo que hacemos. Solo veremos lo que podemos hacer con nuestra propia creatividad y nuestro propio esfuerzo. Dios nos revela su camino, porque es el único medio para cumplir Sus propósitos. Cuando cumple Sus propósitos a su manera, a través de nosotros, las personas llegan a conocerlo y Él es glorificado. La gente reconocerá que lo que ha sucedido solamente puede explicarse como obra de Dios. ¡Él es el único que recibirá la gloria!

Jesús le pidió a Sus discípulos que dieran de comer a la multitud, y ellos le respondieron: «Despide a la gente» (Luc. 9:10-17). Sin embargo, Jesús aplicó los principios del reino. Hizo que las personas se sentaran, las alimentó y llenaron doce canastas con lo que sobró. Las personas contemplaron que el Padre obró un milagro. ¡Qué contraste! Los discípulos las habrían despedido cuando tenían hambre, mientras que Dios demostró su amor, su naturaleza y su poder a un mundo expectante.

Mientras anduvieron con Jesús, los discípulos contemplaron esa clase de maravillas muchas veces. Tuvieron que aprender a funcionar conforme a los principios del reino para cumplir los propósitos del reino. Si los discípulos hubieran ministrado a la multitud a su manera y conforme a sus planes, la gente se habría alejado insatisfecha. Cada vez que ministramos a las personas con nuestro poder en lugar del poder de Dios, la gente pierde.

Cuando empecé a aprender a andar con Dios, dependía demasiado de los demás. Cada vez que Dios comenzaba a dirigirme con cierto rumbo me apresuraba a preguntarle a otros: «¿Les parece que esto es realmente de Dios? A mí me parece tal cosa... ¿Qué piensas tú?» Dependía de otros, consciente o inconscientemente, en lugar de depender de mi relación con Dios.

Por último, me tocaba admitir: «Buscaré al Señor para aclarar lo que creo que me está diciendo; después proseguiré y observaré si Dios me confirma la palabra dada». Después de cierto tiempo, comencé a aplicar ese proceso en muchas áreas de mi vida. Mi relación de amor con Dios llegó a ser lo más importante. Comencé a descubrir una manera clara y personal en que Dios me revelaba Sus caminos.

En el siguiente capítulo hablaremos de cómo habla Dios a través de Su Palabra. En otros capítulos subsiguientes, veremos cómo habla Dios a través de la oración, las circunstancias y la iglesia para confirmarnos Su voluntad.

RESUMEN

Dios quiere que lo conozcamos y obedezcamos. Cuando Dios nos habla está revelando su naturaleza para que tengamos fe y confiemos en Él con respecto a la misión a la que nos llama. Dios revela Sus propósitos para que participemos en su obra y no solo soñemos con planes de lo que haremos para Él. Revela Sus caminos para poder cumplir Su obra a través de nosotros de una manera que lo glorifique y demuestre que Él es Dios.

CÓMO TENER HOY UNA EXPERIENCIA CON DIOS

En actitud de oración, lee la lista de nombres que hay al final del capítulo 1, con los cuales Dios ya se ha identificado en la Escritura. Marca los nombres que hayas llegado a conocer por experiencia personal.

PREGUNTAS PARA REFLEXIONAR

1. ¿Qué aspecto del carácter de Dios has experimentado recientemente y que haya sido de especial importancia para ti?
2. ¿Qué te ha mostrado Dios sobre lo que procura lograr en este momento en tu vida, en la vida de otra persona o en tu iglesia? ¿Cómo evidenció Dios su actividad? ¿Cómo le has respondido?
3. ¿Cuál de los caminos de Dios has aprendido recientemente? (Por ejemplo, Sus caminos determinan que el primero es el último, que el más pequeño es el más grande, que quien quiera salvar su vida la perderá, etc.). ¿Has estado aplicando lo que has aprendido?
4. ¿Lo que Dios te ha revelado ha aumentado tu fe para confiarle también a Él otras áreas de tu vida?

12

Dios habla a través la Biblia

Toda la Escritura es inspirada por Dios, y útil para enseñar, para redargüir, para corregir, para instruir en justicia, a fin de que el hombre de Dios sea perfecto, enteramente preparado para toda buena obra. (2 Tim. 3:16-17)

La crítica y la Palabra de Dios

Cuando me desempeñaba como pastor en Canadá, hubo un tiempo en que enfrenté una inusual avalancha de crítica de otros pastores y líderes denominacionales. Algunos que criticaban la manera en que procurábamos andar por fe y plantar iglesias nuevas, hasta se tomaron la molestia de escribir cartas a quienes estaban apoyando financieramente nuestra obra misionera. Distorsionaron lo que hacíamos y la manera en que usábamos los fondos. En consecuencia, algunos que habían estado sustentando nuestra obra dejaron de enviar su apoyo.

Yo me di cuenta de que no era un pastor perfecto, sin embargo, mi corazón sabía que procuraba honrar al Señor en todo lo que hacía. Algunos amigos que me alertaron sobre lo que estaba sucediendo me instaron a rebatir la crítica y reprender a quienes difamaban mi iglesia y a mí. Pero en ese tiempo yo había estado leyendo 1 y 2 Samuel. Encontré el pasaje de 1 Samuel 2:30: «... Yo honraré a los que me honran, y los que me desprecian serán tenidos en poco». Al leer este versículo el Señor confirmó que esa era la manera en que quería que yo le sirviera. Básicamente, Dios dijo: «Henry, cuando comenzaste a servirme, me confiaste tu prestigio. Ahora me pertenece a mí, y puedo hacer con eso lo que desee. Si deseas dedicar todo tu tiempo a defender tu prestigio y procurar la honra para ti, puedes hacerlo por tus propios medios; pero si lo que procuras es honrarme con todo tu corazón y tu vida, entonces yo te honraré a mi manera y en mi propio tiempo».

Entonces, decidí que nunca me molestaría en defenderme ante mis acusadores... ¡y he tenido muchos! En cambio, decidí invertir mi esfuerzo en honrar a mi Señor y dejar mi prestigio en Sus manos. ¡Esa decisión me trajo una inmensa libertad! Hasta el día de hoy, no pierdo tiempo en discutir con quienes me critican. A través de Su Palabra, Dios me dio un consejo sumamente práctico en una etapa de mi vida en que yo era muy vulnerable. Una y otra vez, Dios me ha dado instrucciones claras al leer la Biblia. Al obedecerlo, ha honrado mil veces Su Palabra en mi vida.

Como hemos visto, Dios nos habla por el Espíritu Santo para revelarse a sí mismo y revelar Sus propósitos y Sus caminos. Dios habla, y quizás las preguntas que más se hacen las personas al respecto son:

- ¿Cómo me habla Dios?
- ¿Cómo puedo saber cuándo Dios habla?
- ¿Cómo puede Dios ser más real y personal para mí?

Conocer la voz de Dios

Jesús comparó la relación con Sus seguidores a la relación de un pastor con sus ovejas. Dijo: «El que entra por la puerta, el pastor de las ovejas es [...] y las ovejas oyen su voz [...] y las ovejas le siguen, porque conocen su voz» (Juan 10:2-4). Cuando Dios hable reconocerás Su voz y lo seguirás.

Él es soberano; hará cualquier cosa que quiera hacer. Por lo tanto, con la Escritura como nuestra guía, Dios habla a las personas de maneras exclusivas para que el pueblo oiga y reconozca Su voz.

La Biblia: la Palabra de Dios

«Porque la palabra de Dios es viva y eficaz, y más cortante que toda espada de dos filos; y penetra hasta partir el alma y el espíritu, las coyunturas y los tuétanos, y discierne los pensamientos y las intenciones del corazón» (Heb. 4:12). La Biblia relata cómo Dios se reveló a sí mismo a la humanidad.

No se trata de un libro de historia, aunque en realidad contiene historia. Tampoco es un libro de enseñanzas morales, aunque proporciona pautas útiles para una vida consagrada a Dios. No se trata meramente de un registro de los encuentros de Dios con personas en tiempos pasados, aunque al estudiar dichos encuentros podemos aprender mucho sobre cómo Dios se relaciona con las personas. La Biblia es mucho más que eso. A través de los pasajes de tu Biblia, puedes oír la misma voz de Dios de un modo dinámico, convincente y viviente.

¿Alguna vez estuviste leyendo la Biblia y, de repente, te invadió una manera fresca y renovada de entender a Dios? ¡Sin duda, Dios te habló! Una persona no puede comprender una verdad espiritual a menos que el Espíritu de Dios se la revele. En efecto, el Espíritu Santo es «el Espíritu de verdad» (Juan 14:17). Cuando comprendes el significado espiritual y la aplicación de un pasaje bíblico, el Espíritu Santo de Dios ha estado en acción. Recuerda: esa comprensión no te *conduce* a un encuentro con Dios, sino que es el encuentro con Dios. Cuando Dios te habla a través de la Biblia, se relaciona contigo de una manera personal y real.

Cuando el Espíritu Santo revela una verdad de la Palabra de Dios, se relaciona contigo de un modo personal. Esta es la secuencia:

1. Lees la Palabra de Dios.
2. El Espíritu de verdad toma la Palabra y te revela la verdad.
3. Ajustas tu vida a Dios por medio de Su verdad.
4. Lo obedeces.
5. Dios obra en ti y a través de ti para cumplir sus propósitos.
6. Llegas a conocer a Dios de una manera más personal y real como resultado de esa experiencia.

El Espíritu usa la Palabra de Dios (la espada del Espíritu, según Efesios 6:17) para revelar a Dios y Sus propósitos, y para instruirnos en Sus caminos. No podemos comprender las verdades de Dios por nuestros propios medios: «Pero el hombre natural no percibe las cosas que son del Espíritu de Dios, porque para él son locura, y no las puede entender, porque se han de discernir espiritualmente. En cambio el espiritual juzga todas las cosas; pero él no es juzgado de nadie» (1 Cor. 2:14-15).

Sin la ayuda del Espíritu Santo, los caminos de Dios nos parecerán una locura. Con la ayuda del Espíritu, podemos comprender todas las cosas.

Cuando Dios te revela la verdad espiritual por medio de un pasaje bíblico, ¡estás experimentando la obra de Dios mismo en tu vida!

RESPONDER A LA VERDAD

El momento en que abro mi Biblia es emocionante y pleno de entusiasmo. El Espíritu de Dios conoce la mente de Dios (ver 1 Cor. 2:9-12) y también conoce lo que Él está preparando para hacer en mi vida. Luego, el Espíritu de Dios me abre el entendimiento con respecto a Sus propósitos y caminos. Me tomo ese proceso con suma seriedad. Cuando Dios me revela una verdad en Su Palabra así es como respondo:

> Tomo nota del pasaje bíblico. Luego medito en él. Procuro sumergirme en el significado de ese versículo o pasaje. Ajusto mi vida a la verdad, y por lo tanto, también a Dios. Eso significa que me pongo de acuerdo con Él y me comprometo a tomar las medidas necesarias para que Él obre de la manera que acaba de revelarme. Cuando me retiro del lugar donde estudio la Biblia, comienzo a buscar las maneras en que Dios usará esa verdad en mi vida durante ese día.

Tal vez quieras seguir ese mismo proceso cuando Dios te revele la verdad. Cuando te dirija a comprenderlo o a comprender Sus caminos de una manera renovada a través de la Escritura, haz lo siguiente:

- Toma nota del versículo o los versículos específicos en un cuaderno, un diario espiritual o un diario común.
- Medita en el pasaje.
- Estudia el pasaje para sumergirte en su significado. ¿Qué te revela Dios de sí mismo, de Sus propósitos o Sus caminos?
- Identifica los ajustes que necesites hacer en tu vida personal, tu familia, tu iglesia y tu vida laboral en respuesta a la revelación de Dios.
- Escribe una oración de respuesta a Dios.
- Comienza de inmediato a hacer los ajustes necesarios en tu vida para Dios.
- Observa cómo usa Dios esa verdad en tu vida durante los días siguientes.
- ¡Actúa! Obedece lo que Dios te dijo que hicieras. Disfruta de una nueva experiencia a medida que Dios obra en ti y a través de ti.

La Palabra de Dios y el tomar prestado

Claude King tuvo una experiencia práctica con Dios en Su Palabra. Una mañana, mientras leía el Salmo 37, el Espíritu Santo llevó su atención al versículo 21: «El impío toma prestado, y no paga». El Espíritu volvió a mostrarle el versículo y él lo leyó otra vez. En ese momento, recordó haber tomado prestado dinero de sus padres con una promesa de devolvérselo cuando cobrara su próximo sueldo. Ahora, ya meses después, se había olvidado de ese préstamo. Dios usó el Salmo 37:21 para recordarle una deuda sin pagar. Sin embargo, lo más importante es que el Espíritu lo alertó sobre el hecho de que Dios considera impíos a quienes toman prestado y no pagan. Claude dijo: «Oré y le pedí al Señor que me perdonara. Luego escribí un cheque e inmediatamente se lo envié a mis padres».

Aunque Claude había leído muchas veces el Salmo 37, en aquella ocasión, el Espíritu Santo le habló de una manera especial. Así, encontró la verdad. De repente, comprendió que quienes toman prestado y no pagan son pecadores. El Espíritu Santo le llamó la atención a una instancia específica en que dicho versículo se aplicaba a él. Fue una experiencia en que el Espíritu Santo lo convenció de pecado (ver Juan 16:8), a lo cual respondió con una oración de confesión. Luego, ajustó su vida a esa verdad, pagó la deuda y se reconcilió con sus padres y con el Señor. La relación de Claude con Dios demostró ser real, personal, específica y generadora de cambios en su vida, tal como Dios quiere que sea.

Ajustarse, obedecer y experimentar

Dios no desea ningún obstáculo en su relación de amor contigo. Una vez que habla a través de Su Palabra, la manera en que le respondes es de vital importancia. Tienes que ajustar tu vida a la verdad. En el caso de Claude, el ajuste fue algo así:

- Aceptó la verdad: quienes toman prestado y no pagan son pecadores ante Dios.
- Aceptó que la verdad se aplicaba a él en esa instancia en particular evocada en su memoria.

Ponerse de acuerdo con Dios así es confesar el pecado. Pero ponerse de acuerdo con Dios no es suficiente. Claude supo que seguiría en pecado hasta que hiciera algo al respecto. Para obedecer lo que Dios le dijo a través de la Biblia, tuvo que pagar la deuda.

Ajustar tus creencias a la verdad que Dios te ha revelado es el primer paso, pero también debes responder a esa verdad en obediencia. Al obrar así experimentarás una relación más estrecha con Dios. Siempre debes asociar una verdad revelada con lo que comprendes de Dios y tu relación con Él.

DIOS LLAMA A LAS MISIONES

Robert era un dentista en Rusk, Texas, cuando sintió que Dios lo llamaba a cierto servicio misionero, quizás como pastor. Durante más de un año, se volvió más sensible al llamamiento de Dios. No obstante, Gail, su esposa, no sentía el llamado de Dios para ser esposa de pastor, de modo que continuaron orando y buscando la dirección de Dios.

Durante aquel tiempo, James Goforth, su pastor, anunció que renunciaba a su iglesia y se mudaba al estado de Nueva York para trabajar como director de misiones. Antes de mudarse, Goforth le pidió a Robert y a otros dos hombres que condujeran un retiro de oración para hombres en Nueva York. Durante el retiro, varias personas se le acercaron para decirle, por ejemplo: «No tenemos dentista en nuestro pueblo. ¿Por qué no se muda para ser nuestro dentista?». O también: «No tenemos pastor. ¿Por qué no se muda para ser nuestro pastor?». Robert supuso que también le decían cosas similares a los otros dos líderes del retiro.

Antes de que Goforth dejara su iglesia para hacerse cargo de su nuevo emprendimiento misionero, la iglesia celebró, en Rusk, un «fin de semana de experiencia con Dios», en el cual, la congregación estudió «las siete realidades de una experiencia con Dios». Un sábado, Gail despertó a las 2:30 de la mañana. Su mente evocaba constantemente el pasaje bíblico de Lucas 4. No sabía de qué hablaba, pero le prometió al Señor que lo leería al levantarse esa mañana. Sin embargo, como no podía dormir, decidió que le convenía leer Lucas 4 en ese momento, en lugar de seguir esperando.

El Señor le habló con poder a través del pasaje. Gail se dio cuenta de que incluso Jesús tuvo que irse de su pueblo para anunciar el evangelio del reino de Dios a otras ciudades (Luc. 4:43). Sintió que el Espíritu Santo le decía que debía dejar las comodidades y la seguridad de su hogar para ir con su esposo a fin de servir juntos al Señor. Posteriormente, esa mañana en el seminario de *Experiencia con Dios,* dio testimonio de lo que Dios le había dicho.

El líder le preguntó: «¿Por qué te habló Dios hoy en lugar de hace seis meses o dentro de seis meses? Dios habla cuando considera que es el momento apropiado. Por eso, ¿acaso será posible que desea que los dos participen en las misiones en Nueva York?».

Durante el receso de la mañana, Robert le preguntó a los otros dos hombres que habían conducido el retiro de oración con él: «Cuando estuvimos en Nueva York, ¿alguien les pidió que se mudaran allá para trabajar o ser pastor de una iglesia?» Los dos le respondieron que no, y Robert y Gail sintieron más intensamente que Dios los estaba dirigiendo. Más adelante, alguien de una iglesia pequeña de Chataguay, Nueva York, llamó a Robert para invitarlo a ser pastor a tiempo parcial.

Robert y Gail vendieron su casa nueva, y perdieron dinero en la operación; además, se mudaron a gran distancia de su ciudad en Texas. Cuando Robert llegó a Nueva York, la asociación de iglesias estaba orando por el inicio de un ministerio entre miles de aborígenes americanos en una reserva cercana. Adivina quién llegó a ser dentista de la reserva. Desde entonces, Dios ha seguido revelando Sus planes y propósitos a fin de alcanzar para sí a los pobladores de la cordillera Adirondack, en el estado de Nueva York.

¿Puedes ver cómo Robert y Gail aprendieron de primera mano «las siete realidades de una experiencia con Dios»? Tenían una relación de amor con el Señor. Dios los invitó a participar en Su obra. Les habló claramente a través de la Biblia, la oración, las circunstancias y otros creyentes. (En los próximos capítulos explicaré los tres últimos en mayor detalle). Robert y Gail tuvieron que hacer grandes ajustes para unirse al Señor, pero cuando obedecieron, experimentaron la obra de Dios a través de ellos para alcanzar a otras personas con el evangelio de Jesucristo. La manera en que Dios le habló a Gail por medio de la Biblia constituyó un momento decisivo para que ellos conocieran y cumplieran su voluntad.

Resumen

A medida que le dediques tiempo a una relación de amor con Dios, llegarás a conocer Su voz. Él ya ha entregado muchos mensajes y muchos mandamientos en la Biblia. A medida que leas la Escritura, el Espíritu Santo obrará para revelar la verdad sobre Dios, sobre Sus propósitos y Sus caminos. Cuando Él habla tienes que ajustarte a la verdad revelada y obedecer a Dios. Cuando obedezcas experimentarás cómo obra en ti y a través de ti para cumplir Sus propósitos.

CÓMO TENER HOY UNA EXPERIENCIA CON DIOS

Dedícale a Dios un tiempo en oración. Pídele que traiga a tu memoria las ocasiones y las maneras en que ya te ha hablado a través de la Biblia. Si tienes un diario espiritual, tal vez quieras repasar algunas maneras en que Dios te haya hablado anteriormente por medio de Su Palabra. A medida que te traiga experiencias a la mente, escríbelas y describe lo que Dios te dijo a través de ellas.

PREGUNTAS PARA REFLEXIONAR

1. ¿Qué te ha estado diciendo Dios por medio de Su Palabra? ¿Cómo le has respondido?
2. ¿Dedicas tiempo con regularidad a leer la Biblia para poder oír cuando Dios habla?
3. Si escribes un diario mientras lees la Escritura, dedica tiempo a repasarlo para ver si hay algún modelo en lo que Dios te haya estado diciendo últimamente.
4. Si no has oído que Dios te habla a través de Su Palabra, ¿a qué crees que se debe? ¿Qué deberías hacer para que esto cambie?

13

Dios habla a través de la oración

Y de igual manera el Espíritu nos ayuda en nuestra debilidad;
pues qué hemos de pedir como conviene, no lo sabemos,
pero el Espíritu mismo intercede por nosotros con gemidos indecibles.
Mas el que escudriña los corazones sabe cuál es la intención del Espíritu,
porque conforme a la voluntad de Dios intercede por los santos.
(Rom. 8:26-27)

La respuesta estaba en el garaje

Cuando Richard (nuestro hijo mayor) cumplió seis años, le regalamos una bicicleta.

Estuve buscando la bicicleta perfecta y encontré una hermosa, de la marca *Schwinn* y de color azul. La compré y la escondí en el garaje. ¡Luego emprendí la tarea de convencer a Richard de que necesitaba una bicicleta *Schwinn* de color azul!

Él estaba obsesionado con algunos juguetes populares que no habrían tardado en romperse o en ser desechados. Yo sabía que la bicicleta era de primera calidad y le brindaría incontables horas de diversión en los años venideros. De modo que quería motivarlo a desear algo mejor. Después de que su madre y yo lo hicimos pensar, Richard llegó a decidir lo que realmente quería para su cumpleaños: una bicicleta *Schwinn* de color azul. ¿Y qué regalo recibió? La bicicleta, que por supuesto ya estaba en el garaje. Solo tuve que convencerlo de que la pidiera. Con el tiempo, la pidió ¡y la recibió!

¿Qué sucede cuando oras? El Espíritu Santo conoce lo que Dios ya te está preparando. Su tarea es motivarte para desearlo... y pedirlo. ¿Y qué sucede cuando pides algo que Dios ya desea darte? Siempre lo recibirás, porque has pedido conforme a la voluntad de Dios.

Cuando Dios responde tu oración, Él es glorificado, tu fe aumenta y experimentas Su amor de una manera renovada. Tal como sucedió con la bicicleta de Richard, lo que recibes supera muchísimo lo que habrías pedido originalmente (Ef. 3:20).

CUANDO OÍMOS A DIOS AL ORAR

Como ya lo he explicado, es esencial que reconozcamos al Espíritu Santo cuando habla, ¿pero cómo sabes lo que está diciendo? A pesar de que no puedo darte una fórmula, puedo decir que reconocerás Su voz cuando Él hable (ver Juan 10:4). Tienes que decidir que solo deseas Su voluntad. Tienes que desechar todo deseo egoísta o carnal de tu parte. Luego, cuando comiences a orar, el Espíritu de Dios te tocará el corazón y hará que pidas según la voluntad de Dios. «Porque Dios es el que en vosotros produce así el querer como el hacer, por Su buena voluntad» (Fil. 2:13). En nuestras oraciones, nos inclinamos a pedir mucho menos de lo que Dios desea darnos, de modo que, con frecuencia, el Espíritu Santo eleva nuestros pensamientos y deseos a un nivel superior. Nos obsesionamos, fácilmente, con las cosas de este mundo y los valores y las corrientes de pensamiento que nos rodean; pero Dios desea relacionarse con nosotros a un nivel mucho mayor.

Si aún no tienes un diario espiritual o un diario común, te recomiendo que comiences uno. Cuando el Dios del universo te diga algo, será suficientemente importante como para escribirlo. Cuando te hable en tu tiempo devocional con Él, escribe de inmediato lo que te dice antes de que lo olvides. Luego, agrega una oración como respuesta.

Yo escribo el versículo bíblico que Dios usa y lo que me dice mediante ese pasaje, como así también mi oración de respuesta para conservar un registro de mi encuentro con Dios. También escribo la manera en que necesito ajustar mi vida para experimentar la relación de Dios conmigo en la forma que me ha mostrado.

Este es un resumen de cómo he procurado vivir mi relación con Dios:

- Dios crea en mí el deseo de participar en Su misión para reconciliar consigo al mundo.
- Yo le respondo, y procuro conocer Su voluntad.
- Cuando Él me revela una verdad, sé que me está señalando lo que sucede a mi alrededor.
- Sé que la revelación es su invitación para que ajuste mi vida y le responda en obediencia a lo que me ha mostrado.

La oración es una relación

La oración no es una conversación a modo de discurso, en la cual uno recita, sencillamente, todo lo que desea que Dios haga. Es una comunión y una comunicación a modo de diálogo. Tú le hablas a Dios, y Él te habla a ti. Escuchar también es parte de la oración. En efecto, lo que Dios te dice en la oración es mucho más importante que lo que tú le dices a Él. Después de todo, Dios ya sabe lo que le dirás, pero tiene cosas maravillosas para mostrarte que tú no conoces (ver Jer. 33:3).

La oración es una relación, no una actividad religiosa. A través de la oración, te ajustas a Dios, y no a la inversa. Él *quiere* que ores, pero no necesita que lo hagas. No obstante, durante tu tiempo de oración, *necesitas* orar en razón de lo que Dios desea hacer en tu vida.

Cuando el Espíritu Santo te revela una verdad en oración, Él está presente y en acción en tu vida de un modo dinámico. Esa clase de oración es un encuentro divino. Esto es lo que sucede cuando buscas la voluntad de Dios en oración:

1. Él toma la iniciativa de motivarte para que desees orar.
2. Por medio de la Palabra de Dios, el Espíritu Santo te revela Su voluntad.
3. Tú oras conforme a esa voluntad.
4. Ajustas tu pensamiento y tus actitudes a la verdad de Dios.
5. Prestas atención para ver y escuchar la confirmación o para obtener una dirección adicional de la Biblia, las circunstancias y la iglesia (otros creyentes).
6. Obedeces.
7. Dios obra en ti y a través de ti para cumplir Sus propósitos.
8. Tienes una experiencia con Él como te lo reveló el Espíritu cuando oraste.

La oración y la lectura de tu Biblia se relacionan de modo muy complejo. A menudo, el Espíritu usa la Palabra de Dios cuando oras. Muchas veces, cuando oro por algo, me viene a la mente un pasaje bíblico y, de inmediato, busco en la Biblia ese pasaje que creo que el Espíritu de Dios me está mostrando. Considero que así es como Dios me guía con Su Palabra. Cuando oro por un asunto en particular, el Espíritu Santo toma la Palabra de Dios y la aplica a mi corazón y mi mente para revelar la verdad de la situación por la cual estoy orando.

La oración en el Espíritu

La Palabra de Dios nos dice que tenemos un intercesor divino, el Espíritu Santo (Rom. 8:26-27). El Espíritu nos lleva ventaja, porque ya conoce la voluntad de Dios. Cuando intercede por nosotros, está en absoluto acuerdo con esa voluntad y nos ayuda a conocerla cuando oramos.

El Espíritu Santo «no hablará por su propia cuenta, sino que hablará todo lo que oyere, y os hará saber las cosas que habrán de venir» (Juan 16:13). Cuando ores, ten presente que el Espíritu Santo ya sabe lo que Dios ha preparado para ti. El Espíritu no te guía por Su propia iniciativa, sino que te dice lo que oye del Padre y te guía a orar según lo que Él desea hacer en tu vida.

Cuando repaso lo que he escrito de lo que Dios me ha dicho al orar y leer en Su Palabra, comienzo a ver lo que me dice de sí mismo como así también de Sus propósitos y Sus caminos. Con frecuencia veo que se desarrolla un modelo. Cuando presto atención a la guía del Espíritu al orar, obtengo una indicación de lo que Dios me está diciendo.

Tal vez te preguntes: ¿Cómo sé que los motivos por los que estoy orando siguen la dirección del Espíritu y no mis propios deseos egoístas? ¿Recuerdas lo que dijo George Müller que hacía primero al buscar la dirección de Dios? Dijo que procuraba llegar a un punto en que no tuviera voluntad propia. Naturalmente, es más fácil decirlo que hacerlo. Sin embargo, es posible, y el Espíritu anhela ayudarte.

Negarse a uno mismo

Lo primero que debes hacer al buscar la voluntad de Dios es negarte a ti mismo. Examina tu corazón para identificar todo motivo egoísta o mundano. Necesitas estar seguro de que tu único deseo es conocer y hacer la voluntad de Dios. Procúralo con total franqueza contigo mismo y con Dios. Luego pregúntate:

- ¿Qué me dice el Espíritu Santo a través de la Palabra de Dios?
- ¿Qué me dice al orar?
- ¿Confirma lo que dijo con las circunstancias?
- ¿Ratifica lo que dijo con el consejo de otros creyentes?

Dios nunca te guiará a hacer algo que contradice Su Palabra escrita. Si lo que sientes al orar contradice la Escritura, es incorrecto. Por ejemplo, Dios nunca te guiará a cometer adulterio, a robar, ni a cualquier otra cosa que contradiga Sus preceptos bíblicos. Observa si Dios se vale de la Palabra escrita para confirmar lo que has oído al orar. No trates de confundir a Dios. No busques un pasaje bíblico que parezca decir lo que se te antoje hacer y después afirmes que es la voluntad de Dios. Eso es peligroso; no lo hagas.

Cuando se ora por una cosa y se obtiene otra

¿Alguna vez oraste por una cosa y recibiste otra? Me ha pasado. Y no ha faltado el bienintencionado que diga: «Dios quiere que insistas con tu pedido. ¡Sigue orando hasta que obtengas lo que pides!».

En una ocasión en que le pedía a Dios una cosa, pero recibía otra, comencé a leer el segundo capítulo de Marcos. Ese pasaje relata la historia de cuatro hombres que llevaron a un amigo paralítico a Jesús para que lo sanara. Como no podían acercarse a causa del gentío, abrieron un agujero en el techo de la casa donde estaba Jesús, y luego hicieron descender por allí al enfermo para presentarlo al Señor. Esos cuatro hombres audaces estaban empeñados en que su amigo llegara a Jesús para ser sanado. Pero cuando Jesús miró al paralítico, afirmó: «Hijo, tus pecados te son perdonados» (Mar. 2:5).

Cuando leí ese versículo, sentí que el Espíritu Santo me decía: «¿Viste, Henry?» Entonces, seguí meditando en aquel pasaje. Con la orientación y la enseñanza del Espíritu Santo, comencé a comprender una verdad maravillosa. Los cuatro hombres le pidieron a Jesús que sanara al paralítico, pero Él le perdonó los pecados. Le pidieron una cosa, pero Jesús les dio otra. Aunque este hombre y sus amigos pidieron una gracia en particular, ¡Jesús quería que el hombre llegara a ser hijo del Rey para heredarlo todo!

Y así me encontré sollozando delante de Dios y diciendo: «¡Oh, Dios, si alguna vez te pido algo y tienes más que eso para darme, te ruego que canceles mi pedido!».

¿QUÉ SUCEDE CUANDO ORAS?

Si le pido algo a Dios y sucede algo diferente, le pido que me ayude a comprender lo que está haciendo en mi vida. Tal vez Dios se esté negando a concederme un pedido pequeño y, en lugar de ello, desee darme algo mucho más grande. He descubierto que Dios siempre tiene mucho más para darme de lo que yo jamás pueda pedir o pensar. Pablo dijo: «Y a Aquel que es poderoso para hacer todas las cosas mucho más abundantemente de lo que pedimos o entendemos, según el poder que actúa en nosotros, a él sea gloria en la iglesia en Cristo Jesús por todas las edades, por los siglos de los siglos» (Ef. 3:20-21).

Esta es la realidad: Ni siquiera puedes imaginarte una oración que se asemeje a lo que Dios quiere darte. Si Dios quiere concederte más de lo que le estás pidiendo, ¿acaso prefieres recibir lo que le pides o lo que Él quiere darte? Solo el Espíritu de Dios conoce los propósitos de Dios en tu vida. Entonces, permite que te dé todo lo que desea darte. «... porque el Espíritu todo lo escudriña, aun lo profundo de Dios. Porque ¿quién de los hombres sabe las cosas del hombre, sino el espíritu del hombre que está en él? Así tampoco nadie conoció las cosas de Dios, sino el Espíritu de Dios. Y nosotros no hemos recibido el espíritu del mundo, sino el Espíritu que proviene de Dios, para que sepamos lo que Dios nos ha concedido...» (1 Cor. 2:10-12). Sencillamente: reconoce que lo que Dios se propone darte tal vez no se parezca a nada de lo que hayas imaginado o deseado al respecto; sin embargo, Él siempre sabe qué es lo mejor. De manera similar, si Dios desea que insistas con tu motivo de oración actual, también te lo confirmará.

UNA MISIÓN

Supongamos que tu congregación quiere fundar una misión en un vecindario específico de tu ciudad. Han hecho una encuesta para identificar las necesidades de dicha comunidad. Han desarrollado planes a largo plazo con sumo cuidado. Han pedido a Dios que bendiga y guíe el trabajo de la congregación. Luego, Dios comienza a traer a tu iglesia a algunas personas pertenecientes a un grupo étnico minoritario, las cuales no viven cerca del área planeada para la misión. ¿Qué harías? Tienes las siguientes opciones:

- Seguir «perseverando» en la oración hasta que Dios te ayude a fundar la misión que han planeado.
- Frustrarte a causa de la demora y suspender el proceso hasta que surja una mejor oportunidad.

- Comenzar a formular preguntas para determinar si podemos fundar una misión étnica en lugar de la misión original, o además de ella.

Desde luego, deberías dirigirte a Dios, de inmediato, para aclarar lo que está diciendo. Si has tenido algo específico en mente al obrar y al orar, y ves que Dios se mueve de otra manera, ajusta tu vida a lo que Él está haciendo. En esta clase de situación, tienes que decidir si harás lo que deseas y le pedirás a Dios que lo bendiga, o si trabajarás donde Dios está obrando.

Mientras me desempeñaba como líder denominacional en Vancouver, pusimos en marcha un programa especial para alcanzar a estudiantes universitarios. Comenzamos con 30 estudiantes en el otoño; y al finalizar la primavera, teníamos una concurrencia aproximada de 250 estudiantes, de los cuales las dos terceras partes correspondían a extranjeros. Podríamos haberles dicho: «No planeábamos un ministerio para estudiantes extranjeros, así que vayan a algún otro ministerio que esté preparado para atender sus necesidades y que Dios los bendiga». Por supuesto, no lo hicimos. En su lugar, ajustamos nuestros planes a lo que Dios estaba haciendo y así se desarrolló un ministerio totalmente nuevo y emocionante que no habíamos previsto.

Concentración espiritual

Muchos de nosotros tenemos el problema que oramos y, después, nunca relacionamos lo que sucede a continuación con nuestras oraciones. Después de orar, lo más importante que debes hacer es prestar mucha atención a la respuesta de Dios. Cuando ores, prepárate para la actividad de Dios en respuesta a tu oración. En toda la Escritura veo reflejada esta verdad. Cuando el pueblo de Dios ora, Él responde.

Si oras y luego te olvidas de lo que pediste, sucede lo siguiente: tal vez ocurran sucesos inusuales durante el día, pero los considerarás distracciones y tal vez procures no hacerles caso o librarte de ellos. No los relacionarás con aquello por lo que ya has orado.

Cuando oro, observo atentamente lo que sucede después. Me preparo para hacer ajustes de acuerdo a lo que Dios hace. No dudes que Dios responderá tus oraciones, pero no te distraigas para recibir la respuesta. El tiempo de Dios siempre es acertado y siempre es el mejor. Por eso, ¡quizás Su respuesta llegue antes de lo que esperabas!

Los silencios de Dios

Una vez me tocó pasar mucho tiempo en que Dios guardó silencio. Quizás, también hayas tenido esa experiencia. Había estado orando durante muchos días, y Dios parecía guardar absoluto silencio. Sentí que el cielo estaba cerrado y no comprendí lo que sucedía. Algunas personas me dijeron que si Dios no respondía a mis oraciones, se debía a algún pecado inconfeso en mi vida. Alguien me dio, incluso, una «lista de pecados» para examinarme. Como quería cerciorarme de estar en buena comunión con Dios, recorrí la lista en oración. Pero el silencio perduró.

Mi problema se parecía mucho al de Job. Recordarás que sus consejeros le dijeron que sus problemas se debían al pecado; pero Job sentía que tenía una buena relación con Dios. No sabía todo lo que Dios estaba haciendo durante ese tiempo, pero no hay dudas de que sus consejeros se habían equivocado. El motivo de lo que sucedía era otro.

Lo único que yo sabía hacer era volver a consultar a Dios. Creo que Dios me ama y, por eso, me hará saber lo que sucede en mi vida cuando Él considere que necesito saberlo y si es que necesito saberlo. Así que oré: «Padre celestial, no comprendo este silencio. Vas a tener que explicarme lo que estás haciendo en mí». Y a Su tiempo, ¡Dios lo hizo a través de Su Palabra! Esta llegó a ser una de las experiencias más significativas de mi vida.

No me puse a buscar, frenéticamente, una respuesta por toda la Biblia, sino que continué con mi lectura diaria de la Palabra. Creía que, al leer la Biblia, el Espíritu de Dios me ayudaría a comprender lo que Dios estaba haciendo en mi vida.

En el tiempo de Dios

Una mañana, estaba leyendo el relato de la muerte de Lázaro (ver Juan 11:1-45). Ten presente que Juan dice que Jesús amaba a Lázaro, a María y a Marta; pero cuando Jesús se enteró de que Lázaro estaba mortalmente enfermo, se demoró en visitarlo. Mientras tanto, Lázaro murió. María y Marta le habían pedido a Jesús que viniera a ayudar a su hermano, pero Él no llegó en la etapa final de la enfermedad ni en el momento en que murió. ¡No recibieron respuesta de aquel que afirmaba amar a Lázaro!

María y Marta pasaron por todo el proceso del funeral de su amado hermano. Prepararon el cuerpo y lo sepultaron en una tumba de piedra. Y siguieron experimentando el silencio de Dios. Recién entonces, Jesús dijo a Sus discípulos que era hora de visitar a Lázaro.

Cuando llegó, ya hacía cuatro días que este había muerto. María le dijo a Jesús: «Señor, si hubieses estado aquí, no habría muerto mi hermano» (Juan 11:32). Cuando leí las palabras de María durante mi «periodo de silencio», el Espíritu de Dios comenzó a ayudarme a comprender algo. Parecía como si Jesús les hubiera dicho a María y Marta:

> Tienen toda la razón. Si yo hubiera venido cuando me lo pidieron, su hermano no habría muerto. Saben que podría haberlo sanado porque muchas veces me han visto sanar a otros. Si hubiera venido cuando me lo pidieron, lo habría sanado; pero nunca hubieran experimentado de mí nada más de lo que ya han experimentado. Yo sabía que estaban listas para recibir una revelación mayor de mí de lo que ya han conocido. Quería que vieran que soy la resurrección y la vida. Mi negativa y mi silencio no fueron un rechazo, sino una oportunidad para que les revelara más de mí de lo que nunca antes conocieron.

Cuando comencé a caer en la cuenta, casi salté de mi silla. Dije: «¡Eso es lo que me está sucediendo! ¡Esto es lo que sucede! El silencio de Dios significa que está listo para revelarme más de sí mismo de lo que nunca antes conocí». De inmediato, cambié de actitud. Con sumo entusiasmo, comencé a observar lo que una nueva revelación de Dios me enseñaría sobre Él. Luego, se presentaron oportunidades increíbles en mi vida, las cuales podría haber pasado por alto sin esa clase de preparación y entusiasmo.

Ahora, cuando Dios hace silencio, sigo recorriendo en oración la lista de pecados. Si encuentro alguno inconfeso, lo confieso para eliminarlo. Si, después de eso, el silencio continúa, me preparo para vivir una nueva experiencia con Dios. A veces, Dios guarda silencio al prepararte para que lo conozcas más profundamente. Cada vez que Dios guarde silencio en tu vida, sigue haciendo lo último que Dios te dijo que hicieras y prepárate para un nuevo encuentro con Él.

Cuando no oyes a Dios, puedes tener dos clases de reacciones, puedes desalentarte, sentirte culpable y condenarte a ti mismo, o bien, puedes tener la expectativa de que Dios te permitirá conocerlo con mayor profundidad. La respuesta que escojas será decisiva en cuanto a cómo sera tu experiencia con Dios.

RESUMEN

La oración no es una actividad religiosa. Es una relación con una persona; es un diálogo con el Dios santo y todopoderoso. Cuando oras, ingresas al salón del trono celestial, que es el centro de control del universo. Al orar, no tienes que ingresar allí solo: Cristo y el Espíritu Santo son tus intercesores. El Espíritu Santo te ayuda a conocer *por qué asunto* orar y *cómo* orar. Él guía tu oración conforme a la voluntad de Dios porque ya conoce lo que desea darte o lo que quiere hacer en tu vida. La tarea del Espíritu consiste en guiarte a orar en ese sentido.

A menudo, el Espíritu Santo usa la Escritura para revelar la verdad, pero esta no es un concepto, sino una persona. Cuando el Espíritu Santo revela la verdad, ajustas tu vida a Dios y le obedeces. Tu vida de oración es uno de los mejores indicadores de la salud de tu relación de amor con el Padre.

CÓMO TENER HOY UNA EXPERIENCIA CON DIOS

Dedica algún tiempo a la oración para pedir que el Espíritu Santo te guíe a orar conforme a la voluntad del Padre. Prepara tu cuaderno para anotar lo que te diga.

PREGUNTAS PARA REFLEXIONAR

1. ¿Qué te ha dicho Dios cuando le has dedicado tiempo a orar?
2. ¿Será probable que quiera elevar el nivel de tu oración a algo que Él se complazca en responder? ¿Cuál puede ser la guía de Dios en cuanto a tu oración?
3. ¿Has experimentado algún periodo de silencio de parte de Dios? ¿Cuál puede ser la razón por la que demore Su Palabra?

14

DIOS HABLA A TRAVÉS DE LAS CIRCUNSTANCIAS

Fíate de Jehová de todo tu corazón, y no te apoyes en tu propia prudencia. Reconócelo en todos tus caminos, y él enderezará tus veredas. (Prov. 3:5-6)

LAS CIRCUNSTANCIAS LO IMPIDIERON

Cuando Marilynn y yo servíamos en nuestra segunda iglesia, concurrimos a una conferencia misionera. Ambos sentimos que Dios nos llamaba a dedicar nuestra vida a las misiones internacionales. Regresamos a casa y nos inscribimos como candidatos ante la junta misionera de nuestra denominación. Cuando terminamos con el extenso proceso de inscripción, nuestro hijo mayor tuvo ciertos problemas de salud desconcertantes. La junta misionera nos advirtió que no siguiéramos adelante con los planes hasta que mejorara su salud. Habíamos sentido que Dios nos llamaba a prepararnos para las misiones, sin embargo, cuando intentamos seguir adelante, se presentó la enfermedad de Richard.

Esto se podría haber convertido en una circunstancia confusa en nuestra vida, de modo que seguimos orando y observando por qué Dios nos había dicho que nos preparáramos para un proyecto misionero. Al poco tiempo, nos contactó alguien de una iglesia pequeña de Saskatoon, Canadá. Esa congregación había pasado por tiempos de tristeza y desaliento, y se había reducido a un remanente de sólo diez abatidos miembros. Aunque era mucho más pequeña que la otra donde servíamos, sentimos que la necesidad espiritual era enorme en Canadá y que Dios quería usarnos para fundar iglesias en todo el territorio occidental del país. Esta iglesia pequeña no podía pagar el salario completo que habría pagado la agencia misionera, pero nos entusiasmó la oportunidad de servir en mi país de origen, el cual necesitaba con desesperación más ministros y más iglesias. Dios nos había preparado para servir en el campo misionero, y por eso estuvimos dispuestos a aceptar el llamado a Canadá.

Es interesante notar que, después de mudarnos a Canadá, llevamos a nuestro hijo a un médico local para continuar el tratamiento de su misterioso problema de salud. Después de realizar varios análisis, los médicos canadienses anunciaron que nuestro hijo no tenía ningún problema de salud y que tampoco lo había tenido anteriormente; pero ya nos habíamos mudado a Canadá. ¿Por qué había permitido Dios que ese estado de salud inusual afectara a nuestro hijo en el preciso momento en que nos preparábamos para las misiones? Comenzamos a servir al Señor con tanta fidelidad como pudimos. Si hubiéramos ido a África, hacia donde nuestro corazón se inclinaba, la junta misionera de nuestra denominación nos habría proporcionado un salario completo, con beneficios médicos y de jubilación. Aunque el cambio de modo de vida habría sido drástico, hubiéramos contado con una extensa red de misiones para ayudarnos en nuestros esfuerzos. En contraposición, en Canadá no había suficientes fondos para pagar buena parte de un salario, como tampoco había previsión jubilatoria, ni fondos denominacionales para ayudarnos. Dios y su provisión era todo lo que teníamos. Sin embargo, para deleite nuestro, con frecuencia experimentamos que eso era más que suficiente. Dios proveyó regularmente para todas nuestras necesidades.

A la larga, dirigió a nuestra pequeña iglesia y sus misiones para fundar 38 iglesias nuevas. Experimentamos la obra de Dios de manera tan poderosa que, con el tiempo, me pidieron que escribiera un estudio para describir cómo había aprendido a andar con Dios de un modo tan práctico y poderoso. Naturalmente, este estudio es *Experiencia con Dios*.

Tanto se usó *Experiencia con Dios* en iglesias alrededor del mundo y entre misioneros de nuestra agencia internacional, que me preguntaron si viajaría a otros países para enseñar a los misioneros las verdades que aprendimos en Canadá. A la fecha, he tenido el privilegio de ministrar en 114 países. Hace poco, estuve en la India y, para mi sorpresa, descubrí que en todo ese gran país hay iglesias que han estado estudiando *Experiencia con Dios*. Un pastor había usado el material para conducir a su congregación en el establecimiento de más de 100 iglesias.

Pudo parecer que la enfermedad de nuestro hijo cerró la puerta a nuestra participación en el mundo de las misiones. No obstante, desde la perspectiva de Dios, fue solo otro paso en Su dirección a fin de permitirnos producir el máximo impacto para Su reino. Nunca conocemos la verdad con respecto a nuestras circunstancias hasta que oímos a Dios.

La experiencia sola no es digna de confianza

En ocasiones, cuando dirijo un seminario, alguien se molesta conmigo y dice: «Diga lo que diga, mi experiencia ha sido tal o cual». Yo le respondo con la mayor amabilidad posible: «No niego su experiencia, pero sí cuestiono su interpretación de lo que experimentó, porque contradice lo que leo en la Palabra de Dios».

No puedes guiarte sólo por la experiencia, sino que cada una de ellas debe evaluarse a la luz de la Escritura. Durante toda tu vida, habrá ocasiones en que desearás responder sobre la base de tu experiencia o sabiduría. Sin embargo, no podemos ver todo lo que Dios ve en nuestra situación. No conocemos los resultados a largo plazo de nuestras circunstancias actuales. No sabemos cómo planea usar acontecimientos buenos o difíciles de la vida para edificar nuestro carácter, influir en otras personas o extender Su reino. Si procuras descubrir la voluntad de Dios solo sobre la base de tu interpretación de las circunstancias, puedes caer en un error. Confía siempre en que el Espíritu Santo te revele la verdad de tu situación a través de la Palabra de Dios.

Asimismo, examina toda la Biblia para observar cómo obra Dios. No confíes en uno o dos pasajes aislados. Cuando veas cómo Dios ha obrado en el curso de la historia, podrás reconocer mejor Su obra en tu vida. Tu experiencia es válida solo cuando la confirma la Escritura.

La Biblia es nuestra guía

La Palabra de Dios es la guía infalible para lo que debemos hacer (ver 2 Tim. 3:16). Algunas personas sostienen que no es práctico. No desean limitarse a la Biblia y quieren confiar en los caminos del mundo, la experiencia personal o el pensamiento popular. Como discípulo de Cristo, no puedo dejar de lado la orientación que encuentro en la Escritura. La Biblia es mi guía de fe y práctica, y es extraordinariamente práctica.

JESÚS OBSERVABA LA ACTIVIDAD DEL PADRE

Jesús observaba la actividad del Padre y así conocía a diario la voluntad divina para Su vida. Describe este proceso en Juan 5:17,19-20: «Mi Padre hasta ahora trabaja, y yo trabajo [...] De cierto, de cierto os digo: No puede el Hijo hacer nada por sí mismo, sino lo que ve hacer al Padre; porque todo lo que el Padre hace, también lo hace el Hijo igualmente. Porque el Padre ama al Hijo, y le muestra todas las cosas que él hace».

Jesús no tomaba la iniciativa en lo que hacía para el Padre (ver Juan 5:19). Sólo el Padre es quien toma la iniciativa. Durante toda la historia, estuvo en acción y cumplió Sus propósitos durante el tiempo de Jesús en la Tierra (ver Juan 5:17). El Padre le revelaba al Hijo lo que estaba haciendo (ver Juan 5:20). Cuando Jesús veía la actividad del Padre, esa era la invitación para unirse a Su obra.

Jesús nunca tuvo que adivinar lo que debía hacer. Tampoco tuvo que soñar lo que podría hacer por el Padre. En cambio, sencillamente observaba lo que hacía el Padre a Su alrededor y, de inmediato, alineaba Su vida de manera acorde. Luego, el Padre cumplía Sus propósitos a través de Jesús.

Jesús desea que respondamos de ese modo a Su señorío en nuestra vida. Él revela lo que está haciendo, y luego nosotros ajustamos nuestra vida, nuestros planes y nuestras metas al Señor. Debemos poner nuestra vida a Su disposición, donde Él esté obrando, para que pueda cumplir Sus propósitos a través de nosotros.

A veces, las circunstancias pueden parecer «malas». Tal vez estés en medio de una situación difícil y le preguntes a Dios: «¿Por qué me sucede esto?». Si te sientes así, no eres el único.

LA PERSPECTIVA DE DIOS ES VITAL

José necesitaba de la perspectiva de Dios para comprender sus circunstancias. Cuando era adolescente tenía visiones de grandeza (ver Gén. 37:1-11). Sin embargo, sus hermanos mayores tramaron con malicia en su contra y lo vendieron como esclavo.

Fue llevado a otro país, donde tal vez pasaría el resto de su vida como esclavo, sin poder volver a ver, jamás, a su familia. Luego, las cosas empeoraron. Lo acusaron, falsamente, de un delito atroz y lo metieron en la cárcel. Al tiempo, cuando liberaron a otro prisionero a quien él había ayudado, José esperó que el hombre lo ayudara a cambio. Lejos de ser así, el hombre se olvidó de él. José no había cometido ningún delito, por lo tanto, le habrá parecido que no merecía una vida tan severa e injusta.

Más adelante, el faraón tuvo un sueño, y todo lo que José había experimentado en su vida comenzó a encajar en el sitio correcto. (Ver Gén. 41:1-8.) El hombre que había estado en prisión con él recordó a José y se lo mencionó al faraón. José interpretó el sueño del faraón, que consistía en una advertencia de Dios con respecto a un desastre inminente. Lo nombraron segundo gobernante de todo Egipto y, con el tiempo, salvó a su padre, a sus hermanos y a sus familias de una hambruna catastrófica.

Al examinar todo lo que Dios había permitido en su vida, José afirmó ante sus hermanos: «Vosotros pensasteis mal contra mí, mas Dios lo encaminó a bien» (Gén. 50:20). Al considerar la vida de José en el contexto de los propósitos eternos de Dios, se puede ver que cada experiencia importante de su vida, tanto buena como mala, tuvo un propósito y un buen resultado.

Cuando enfrentas circunstancias difíciles o confusas, puedes sentirte abrumado. Si te dejas sepultar por las circunstancias, tu comprensión de la voluntad de Dios siempre será distorsionada. Por ejemplo, podrías decir «Dios no me ama» o «Dios no es justo», pero ninguna de esas afirmaciones es cierta. ¿Alguna vez estuviste en medio de una situación trágica o aterradora donde, en tus oraciones, comenzaste a acusar a Dios de ciertas cosas que sabes que no son verdad? Quizás hayas comenzado a poner en tela de juicio el amor o la sabiduría de Dios. Tal vez no te animaste a decir que Dios se equivocó, pero dijiste algo así: «Dios, me hiciste creer que hacer esto era lo correcto. ¿Por qué no me detuviste?». Si intentas observar a Dios desde el centro de una situación dolorosa, puedes llegar a innumerables conclusiones equivocadas.

¿Qué deberías hacer en cambio? En primer lugar, pídele a Dios que te muestre Su perspectiva de lo que está sucediendo. Vuelve a considerar tu situación desde lo que ya conoces de Dios. Cuando enfrentes tiempos de dificultad, el Espíritu Santo tomará la Palabra de Dios y te ayudará a comprender lo que acontece desde la perspectiva divina. Te revelará la verdad de tus circunstancias. Luego, podrás ajustar tu vida y tu pensamiento a lo que Dios hace.

El cáncer de nuestra hija

Al comienzo de este libro te conté la experiencia de nuestra hija Carrie con el cáncer. Fue una circunstancia extraordinariamente difícil para nuestra familia. Durante dos años, no se detectó que la enfermedad avanzaba. Eso significó que estaba en una fase avanzada de la enfermedad de Hodgkin. Los médicos nos prepararon para una quimioterapia que duraría de seis a ocho meses, seguida de tratamientos agresivos de radiación. Sabíamos que Dios nos amaba, pero todo se veía sombrío. Entonces, oramos: «¿Qué estás haciendo en esta experiencia y qué ajustes necesitamos hacer?».

Cuando orábamos, recordamos una promesa bíblica y creímos que provenía de Dios. La promesa vino acompañada de cartas y llamadas de muchas personas que citaban el mismo pasaje. El versículo dice: «Esta enfermedad no es para muerte, sino para la gloria de Dios, para que el Hijo de Dios sea glorificado por ella» (Juan 11:4). Aunque lo más lógico era que nosotros nos aferráramos a ese alentador versículo, muchísimas otras personas también sintieron que era la palabra de Dios para nuestra situación en particular y nos lo hicieron saber.

Nos volvimos más sensibles a la voz de Dios a medida que la Biblia, la oración y el testimonio de otros creyentes comenzaron a coincidir y a decir lo mismo. Ajustamos nuestra vida a esa verdad y observamos las maneras en que Dios se valdría de la situación para Su gloria.

Durante ese tiempo, en muchos lugares de Canadá, Europa y los Estados Unidos había personas que oraban por Carrie. Nos llamaban individuos, grupos de estudiantes universitarios e iglesias para hacernos saber de sus oraciones. Muchos decían: «Nuestra vida de oración se había resecado y enfriado. No hemos visto ninguna respuesta especial a la oración en largo tiempo; pero cuando supimos de Carrie, la pusimos en nuestra lista de oración y sentimos una carga inusual para orar por ella», o cosas por el estilo.

Después de solo tres meses de tratamiento, los médicos realizaron análisis adicionales y, para sorpresa de ellos, todos dieron resultado negativo. No pudieron encontrar ningún vestigio de cáncer. De inmediato, comencé a comunicarme con quienes habían orado por Carrie y les di testimonio de esta respuesta a su intercesión. Entonces, una persona tras otra indicó que ver esa respuesta de Dios había renovado su vida de oración por completo. Se habían revitalizado los ministerios de oración de las iglesias. Los grupos de oración de estudiantes habían descubierto nueva vida.

PARA LA GLORIA DE DIOS

Fue así que comencé a ver lo que Dios había planeado en esta circunstancia. A través de esta experiencia, Él había sido glorificado ante Su pueblo. Muchas personas sintieron un renovado llamamiento a la oración. De manera personal y renovada, experimentaron la presencia de la verdad en forma de persona. Los amigos más íntimos de Carrie comenzaron a orar, fervientemente, y algunos estudiantes llegaron a entregarse al Señor tras observar lo que había hecho en Carrie. Dios fue glorificado a través de esa enfermedad y la vida de muchas personas cambió para siempre. Tuvimos que enfrentar una prueba y podríamos haber mirado a Dios desde el centro de nuestra situación, pero en ese caso, hubiéramos tenido una visión distorsionada de Su voluntad. En cambio, procuramos verlo desde la perspectiva de Dios.

Él estuvo a nuestro lado, con mucho amor, a través de esa experiencia, incluso nos habló por medio de Su Palabra de un modo tan claro, directo y poderoso, que llegamos a experimentar una dimensión renovada de Su amor por nosotros y nuestra hija. Aún cuando el Señor hubiera decidido no sanar a Carrie, creo que habríamos tenido la certeza de Su amor por nosotros. También creo que, a través de Su Palabra y de circunstancias posteriores, Dios nos habría mostrado que tenía un propósito para lo que hizo. La clave no fue que Dios sanó a nuestra hija, sino que nos acompañó en esa experiencia y nos permitió verla desde Su perspectiva.

He conocido otros cristianos que perdieron un hijo a causa de una enfermedad terminal. Muchas de esas personas experimentaron que el Señor los acompañó de la misma manera, y llegaron a ver que Dios podía tomar las circunstancias más catastróficas para hacer algo bueno con todo lo que sucedió.

En nuestro caso, el Espíritu Santo tomó la Palabra de Dios y nos reveló la perspectiva de Dios en cuanto al resultado final de esa circunstancia. Creímos en Dios y ajustamos nuestra vida a Él y a lo que estaba haciendo. Luego, atravesamos la circunstancia procurando ver cómo se cumplirían los propósitos de Dios de modo que lo glorificaran. Cuando recibimos la respuesta a nuestra oración, supe de inmediato que mi tarea consistía en declarar las maravillas del Señor a Su pueblo. Durante ese proceso, llegamos a conocer a Dios de una manera renovada a causa de la compasión que nos demostró.

Permíteme resumir el modo en que puedes responder cuando las circunstancias parecen desconcertantes.

1. Acepta, sin titubeos, que Dios demostró para siempre Su amor absoluto por ti en la cruz. Su amor nunca cambiará.
2. No intentes comprender cómo es Dios desde el centro de tus circunstancias.
3. Ve a Dios en oración y pídele que te ayude a ver tu situación desde Su perspectiva.

4. Aguarda la intervención del Espíritu Santo. Él tomará la Palabra de Dios y te ayudará a comprender tus circunstancias.
5. Ajusta tu vida a Dios y a lo que le ves hacer en tu situación.
6. Haz todo lo que te diga que hagas.
7. Experimenta Su obra en ti y a través de ti para cumplir Sus propósitos.

Dios es soberano. Tal vez enfrentes una situación como la de José, en la cual Dios no te diga, desde un principio, lo que está haciendo. En ese caso, reconoce el amor y la soberanía de Dios, y confía en que Su gracia te sostendrá hasta el final de esa circunstancia. Hay cosas que ocurren en nuestra vida que, tal vez, nunca comprendamos hasta que se nos revelen en el cielo. Entonces, celebraremos junto a personas como José y Job la fidelidad y el amor de Dios que, en efecto, nos acompañaron aun cuando no comprendíamos lo que estaba haciendo o permitiendo en nuestra vida.

LA VERDAD Y TU CIRCUNSTANCIA

No podrás comprender la verdad de tu circunstancia hasta que Dios te la haya revelado. Los capítulos 5 y 6 de Éxodo narran que Moisés hizo lo que Dios le dijo, y le pidió al faraón que liberara a los israelitas. El faraón se rehusó y, en cambio, hizo aún más severo el trato hacia los israelitas. Estos se revelaron contra Moisés y lo criticaron por causarles tanta dificultad. ¿Qué habrías hecho si hubieras estado en el lugar de Moisés?

La tendencia humana sería suponer que te equivocaste con respecto a la voluntad de Dios. Podrías haberte enojado con los israelitas por tratar de modo tan ingrato tus buenas intenciones, o podrías haberte enfadado con Dios por pedirte que hicieras algo que solo contribuyó a multiplicar tus problemas.

Moisés culpó a Dios y lo acusó de no cumplir lo que había prometido. Supongo que casi todos nosotros habríamos respondido de la misma manera. Dijo: «Señor, ¿por qué afliges a este pueblo? ¿Para qué me enviaste? Porque desde que yo vine a Faraón para hablarle en tu nombre, ha afligido a este pueblo; y tú no has librado a tu pueblo» (Ex. 5:22-23). Moisés se sintió desalentado y a punto de darse por vencido (ver Ex. 6:12).

¡Me alegra que Dios nos tenga paciencia! Él se tomó tiempo para explicarle Su perspectiva a Moisés. Dios quería que el faraón se resistiera para que el pueblo pudiera contemplar la mano poderosa del Señor liberándolos. Quería que Su pueblo llegara a conocerlo por experiencia como el gran «YO SOY». ¡Dios permitía que aumentaran los problemas de Su pueblo para que este pudiera contemplar una mayor medida del poder de Dios al liberarlo!

Aprende del ejemplo de Moisés. Cuando enfrentes circunstancias confusas no comiences a culpar a Dios. No dejes de seguirlo. Pídele que te revele la verdad de tus circunstancias, y te muestre esa verdad desde Su perspectiva. Luego espera en el Señor (ver Sal. 25:3-5).

Necesitas que tu vida se consolide firmemente en Dios. Lo que más te costará será negarte a ti mismo, someterte a la voluntad de Dios y seguirlo (ver Mat. 16:24). La parte más difícil de tu relación con Dios es mantener tu vida centrada en Él. Si registraras un día completo de tu vida, tal vez descubrirías que tus oraciones, tus actitudes, tus pensamientos (es decir, todo lo que has hecho ese día) se centraron, por completo, en ti mismo. Tal vez no estés viendo las cosas desde la perspectiva de Dios. Quizás intentes explicarle cuál es tu perspectiva, pero la clave está en Su voluntad. Dios es tu Padre, y tiene todo derecho a ser:

- el iniciador en tu vida;
- el centro de tu vida;
- el director de tu vida.

Eso es lo que significa que sea el Señor.

Cuando te pones en contacto con la verdad

Cuando el Espíritu Santo te hable, te revelará la verdad. Te hablará de una persona, Jesucristo. ¡Así es! ¡La verdad es una persona! Jesús dijo: «Yo soy [...] la verdad» (Juan 14:6).

La verdad en una tormenta

Los discípulos navegaban en un bote, cuando se desató una tormenta aterradora (ver Mar. 4:35-41), pero Jesús dormía en la parte posterior de la embarcación. Si les hubieras preguntado a esos discípulos, en medio de la tormenta: «¿Qué pasará aquí?», habrían respondido: «¡Vamos a morir!». ¿Pero era la verdad? No. La verdad dormía en la parte posterior de la embarcación. Un momento después, el que es la Verdad se pondría de pie y calmaría la tormenta. Una vez que sucedió esto, pudieron conocer la verdad de sus circunstancias. Aquel que es la Verdad siempre está presente en tu vida. No podrás conocer la verdad de tu circunstancia hasta que Dios te la haya revelado.

La verdad en un funeral

Observa el cambio que produjo la verdad en esta circunstancia:

> Aconteció después, que él [Jesús] iba a la ciudad que se llama Naín, e iban con él muchos de sus discípulos, y una gran multitud. Cuando llegó cerca de la puerta de la ciudad, he aquí que llevaban a enterrar a un difunto, hijo único de su madre, la cual era viuda; y había con ella mucha gente de la ciudad. Y cuando el Señor la vio, se compadeció de ella, y le dijo: No llores. Y acercándose, tocó el féretro; y los que lo llevaban se detuvieron. Y dijo: Joven, a ti te digo, levántate. Entonces se incorporó el que había muerto, y comenzó a hablar. Y lo dio a su madre. Y todos tuvieron miedo, y glorificaban a Dios, diciendo: Un gran profeta se ha levantado entre nosotros; y: Dios ha visitado a su pueblo. Y se extendió la fama de él por toda Judea, y por toda la región de alrededor. (Luc. 7:11-17)

Si le hubieras preguntado a esa madre acongojada: «¿Cuál es la verdad de todo esto?», habría respondido: «Mi esposo murió hace varios años. Solo teníamos un hijo y creí que pasaríamos juntos tiempos maravillosos, y que él me cuidaría en la vejez. Ahora ha muerto y no tengo a nadie que me cuide». ¿Pero era la verdad? No. ¡La verdad estaba de pie delante de ella! Cuando Él extendió la mano y tocó al hijo de la mujer, todo cambió. Cuando Jesús demostró Su poder la gente se maravilló por lo que había visto, y en toda la región proclamó que había llegado un gran profeta (Luc. 7:16-17).

Nunca mires las circunstancias para determinar la verdad de una situación, ni la evalúes hasta que hayas oído hablar a Jesús. Él es la verdad de cada circunstancia.

La verdad y la multitud hambrienta

Jesús tenía a más de 5000 personas hambrientas a Su alrededor (ver Juan 6:1-15) y quería alimentarlas. Para probar la fe de Felipe, Jesús preguntó dónde podían comprar suficiente pan para alimentar a la multitud. Si en ese momento les hubieras preguntado a los discípulos qué pasaría en esa situación, te habrían respondido: «No podemos. Es imposible alimentar a esta multitud». ¿Pero acaso era cierto? No. Y ya conocemos el resto de la historia. Entonces, ¿no nos convendría confiarle a Dios la otra mitad de la historia de *nuestra* vida? Aquel que es la verdad alimentó a 5000 hombres y sus familias, ¡y sobraron 12 canastas llenas!

Me pregunto si Dios alguna vez nos prueba la fe como lo hizo con Felipe. Tal vez nos diga que alimentemos a las multitudes, y la iglesia responda que no hay suficiente dinero en el presupuesto. Aquel que es la verdad está en medio de la Iglesia. Él es cabeza de la Iglesia y dice: «Créeme. Nunca te daré una orden que no vaya acompañada del poder necesario para hacerla posible. Confía en mí, obedéceme y así será».

Sí, Señor

Al tomar una decisión, tal vez la mayor dificultad no esté en escoger entre lo bueno y lo malo, sino en escoger entre lo bueno y lo mejor. Quizás tengas varias opciones y todas parezcan ser buenas. El punto de partida es decir con todo el corazón: «Señor, lo que sepa que es tu voluntad, sea lo que sea, la haré. Más allá del costo y del ajuste necesario, me comprometo a seguir tu voluntad. Más allá de qué aspecto tenga, Señor, ¡yo lo haré!».

Necesitas asumir ese compromiso antes de buscar la voluntad de Dios. De lo contrario, no estarás afirmando: «Hágase tu voluntad»; en cambio, estarás diciendo: «Hágase tu voluntad siempre que no contradiga la mía». En el vocabulario del cristiano, hay dos palabras que no pueden ir juntas: «No, Señor». Si dices «no», Él no es tu Señor. Si Él es tu Señor, tu respuesta debe ser siempre «sí». Cuando te dispongas a tomar una decisión, no lo hagas hasta que puedas afirmar con sinceridad: «Lo que sea que desees de mí, Señor, yo lo haré».

Indicadores físicos de encuentros espirituales

Cuando los israelitas cruzaron el río Jordán hacia la tierra prometida, Dios le dio estas instrucciones a Josué: «Tomad del pueblo doce hombres, uno de cada tribu, y mandadles, diciendo: Tomad de aquí de en medio del Jordán, del lugar donde están firmes los pies de los sacerdotes, doce piedras, las cuales pasaréis con vosotros, y levantadlas en el lugar donde habéis de pasar la noche» (Jos. 4:2-3).

Estas piedras servirían como monumento para los israelitas. Josué les explicó: «Para que esto sea señal entre vosotros; y cuando vuestros hijos preguntaren a sus padres mañana, diciendo: ¿Qué significan estas piedras? les responderéis: Que las aguas del Jordán fueron divididas delante del arca del pacto de Jehová; cuando ella pasó el Jordán, las aguas del Jordán se dividieron; y estas piedras servirán de monumento conmemorativo a los hijos de Israel para siempre» (Jos. 4:6-7).

Las piedras serían un recordatorio visible de un acto poderoso de Dios para proveer a Su pueblo. En los tiempos del Antiguo Testamento, otras personas también construyeron altares o erigieron piedras como recordatorio de encuentros significativos con Dios (Noé: Gén. 6–8; Abram: Gén. 12:1-8 y 13:1-18; Isaac: Gén. 26:17-25; Jacob: Gén. 28:10-22 y 35:1-7; Moisés: Ex. 17:8-16 y 24:1-11; Josué: Jos. 3:5–4:9; Gedeón: Jue. 6:11-24; y Samuel: 1 Sam. 7:1-13). Lugares como Betel («casa de Dios») y Rehobot («habitación») llegaron a ser recordatorios de la actividad de Dios en medio de Su pueblo. Moisés le puso a un altar el nombre de «Jehová es mi estandarte» y Samuel le puso a una piedra el nombre de «Ebenezer», lo cual significaba «hasta aquí nos ayudó Jehová» (1 Sam. 7:12). Dichos altares y piedras eran indicadores físicos de grandiosos encuentros espirituales con Dios. Brindaban oportunidades para que los padres les enseñaran a sus hijos sobre la actividad de Dios en nombre de Su pueblo.

UN INDICADOR ESPIRITUAL

Para mí ha sido útil identificar los indicadores espirituales de mi vida. Cada vez que me encuentro con el llamamiento o la dirección de Dios, construyo, mentalmente, un indicador. Un indicador espiritual identifica un tiempo de transición, decisión o dirección en que tengo la certeza de que Dios me ha guiado. Con el paso del tiempo, puedo volver a evocar aquellos indicadores espirituales y ver cómo Dios ha dirigido mi vida con fidelidad y conforme a Su propósito divino. Cuando examino mis indicadores, veo con mayor claridad la dirección en que Dios ha estado moviendo mi vida y ministerio. A veces, cuando deseamos ver hacia dónde nos dirige Dios, no podemos verlo con claridad, pero cuando miramos el pasado podemos discernir con mayor facilidad que la guía de Dios durante tiempos clave de nuestra vida tenía un propósito.

En ocasiones, tal vez deba enfrentar varias opciones mediante las cuales puedo servir a Dios y necesite saber cuál de todas esas buenas cosas es la que Él desea de mí. Cuando enfrento una decisión sobre la dirección de Dios, examino otra vez mis indicadores espirituales. No doy el paso siguiente sin el contexto de la plena actividad de Dios en mi vida. Eso me ayuda a ver mi pasado y mi presente desde la perspectiva de Dios. Luego, considero las opciones presentes para ver cuál es la más coherente con lo que Dios ha estado haciendo en mi vida hasta ese momento. Con frecuencia, una de las direcciones potenciales es una continuación de lo que Dios ya ha hecho. Si ese no es el caso, sigo orando y aguardando para que se revele la orientación y la ocasión de Dios.

MIS PROPIOS INDICADORES ESPIRITUALES

Hace varios años me invitaron a hacerme cargo de un nuevo ministerio en la agencia misionera de mi denominación. La organización me pidió que dirigiera su énfasis en la oración y el despertar espiritual, pero nunca había hecho tal cosa en mi vida. Si aceptaba, implicaba mudarnos de Vancouver (Canadá), donde nos habíamos radicado y éramos felices, para establecernos en Atlanta, Georgia (EE.UU.). Solo Dios podía revelar si eso era parte de Su propósito divino, y los indicadores espirituales de mi vida me ayudaron a ver esta decisión desde la perspectiva de Dios.

Mis indicadores espirituales comienzan antes de mi nacimiento. Mi legado se remonta a Inglaterra, donde algunos de los miembros de mi familia se graduaron en el instituto bíblico de Spurgeon, cuando Charles Spurgeon procuraba ganar a Inglaterra para Cristo. Se podría decir que tengo avivamiento y despertar espiritual «en la sangre».

Crecí en una ciudad canadiense donde no había iglesia evangélica. Allí, mi padre se desempeñó como pastor a tiempo parcial y contribuyó a fundar una misión. Durante los años de mi adolescencia, hace mucho tiempo, sentí una pesada carga por las comunidades de todo el territorio de Canadá donde no había iglesia evangélica. Mientras estuve en el seminario, Dios me aseguró que amaba a mi país lo suficiente como para traer un gran movimiento de Su Espíritu por todo el territorio. Cuando acepté el llamamiento de Dios a Saskatoon, Él se valió de la posibilidad de un despertar espiritual allá para confirmar mi llamado. En efecto, se produjo un avivamiento y un despertar espiritual que se esparcieron por muchos lugares de Canadá al principio de la década de 1970. Ahora, me tocaba ser parte de sucesos emocionantes en British Columbia donde era evidente que Dios estaba obrando.

Sin embargo, un día alguien me llamó desde Atlanta, Georgia. Me dijo: «Henry, hemos orado mucho para ocupar un puesto dedicado a la oración por el despertar espiritual. Hemos estado buscando una persona durante dos años. ¿Consideraría la posibilidad de venir y dirigir a nuestra denominación en este énfasis?».

Los indicadores espirituales de mi vida demostraban que el despertar espiritual era un elemento importante en todo mi ministerio. Aunque había supuesto que dedicaría el resto de mi vida a servir al Señor en Canadá, cuando oí que esta invitación tenía que ver con el despertar espiritual, sentí que el Espíritu Santo tenía algo que ver con la oportunidad. Después de orar al respecto y de recibir la confirmación por medio de la Palabra y de otros creyentes, acepté el empleo. Dios no me dirigió hacia algo que nunca me había interesado. En cambio, ese puesto reunía cosas que Dios había estado desarrollando en mi vida durante décadas.

RESUMEN

Dios usaba las circunstancias para revelarle a Jesús lo que estaba por hacer. Jesús prestaba atención para saber hacia dónde estaba dirigida la invitación del Padre para participar en Su obra. Dios también usará las circunstancias para revelarte Su dirección. Sin embargo, tienes que compararlas con lo que Dios dice en la Escritura, con la oración y con otros cristianos. El repaso de tus indicadores espirituales es una manera en que Dios puede darte un sentido de rumbo en tus circunstancias. Cuando Dios esté listo para que des un nuevo paso o sigas un nuevo rumbo, será conforme a lo que viene haciendo en tu vida.

Es posible que, a veces, te encuentres en circunstancias difíciles o confusas. Para comprenderlas, es vital que las veas desde la perspectiva de Dios. Nunca te concentres en las circunstancias para determinar la verdad de una situación. No podrás conocer la realidad de ninguna situación hasta que Dios te la haya revelado.

CÓMO TENER HOY UNA EXPERIENCIA CON DIOS

Pídele a Dios que te ayude a identificar tus propios indicadores espirituales. Tal vez comiencen con tu legado, la experiencia de tu salvación, las ocasiones en que tomaste decisiones significativas con respecto al futuro, etc. ¿Cuáles fueron algunas de las ocasiones de transición, decisión o dirección en tu vida cuando tuviste la certeza de que Dios te guiaba? Comienza a hacer una lista de tus propios indicadores espirituales, pero no pienses que debe ser exhaustiva. Agrega elementos a la lista a medida que reflexiones y ores sobre la actividad de Dios en tu vida.

PREGUNTAS PARA REFLEXIONAR

1. ¿Te encuentras en medio de una situación confusa? ¿Procuras verla desde la perspectiva de Dios?
2. ¿Dios te está hablando por medio de una circunstancia en tu vida? ¿Qué te dice? ¿Cómo se confirma esto por medio de la Palabra de Dios, de tus momentos de oración y de otros creyentes?
3. Al repasar tus indicadores espirituales, ¿ves claramente el rumbo con que Dios te ha estado dirigiendo? ¿Qué podría sugerirte esto con respecto a una decisión actual que necesitas tomar?

15

Dios habla a través de la Iglesia

Sino que siguiendo la verdad en amor, crezcamos en todo en aquel que es la cabeza, esto es, Cristo, de quien todo el cuerpo, bien concertado y unido entre sí por todas las coyunturas que se ayudan mutuamente, según la actividad propia de cada miembro, recibe su crecimiento ipara ir edificándose en amor. (Ef. 4:15-16)

Dios habla a través de un refugiado

Cuando vivía en Vancouver, me desempeñé como pastor interino de una iglesia con una concurrencia regular inferior a 50 personas. La semana anterior a mi llegada, una familia de refugiados laosianos se había incorporado a la iglesia, y yo sabía que Dios nunca agrega, por accidente, miembros a la iglesia (ver 1 Cor. 12:18). Aquellos que Dios agrega al cuerpo constituyen mi ministerio. Por lo tanto, mi responsabilidad como pastor era averiguar lo que Dios tenía en mente cuando los trajo a nuestra congregación. Junto a otros, tuve la oportunidad de ser testigo de la actividad de Dios en esta familia.

Thomas, el padre de la familia laosiana, se había convertido a Cristo en un campamento de refugiados en Tailandia. Cuando se entregó al Señor, la transformación en su vida fue tan gloriosa que, de inmediato, procuró ayudar a sus compatriotas a conocer a Jesús. Entonces, recorrió toda la comunidad en su intento por llevar a otros laosianos a Cristo. En la primera semana,

Thomas llevó a quince adultos al Señor. La semana siguiente, llevó a otros once y lloró, porque sentía que no había sido fiel a su Señor.

El Señor condujo a Thomas a inmigrar a Canadá, donde llegó a ser miembro de nuestra iglesia. Le preguntamos a Dios por qué había sumado a esa agradable familia a nuestra congregación. A medida que nuestra pequeña congregación se comunicaba con Thomas y observaba su vida, se puso de manifiesto que Dios estaba obrando entre los refugiados laosianos que llegaban a nuestra ciudad. Acompañamos a Thomas en oración y descubrimos que Dios le había dado corazón de pastor. Sentía una carga por la evangelización y acababa de inscribirse en un instituto teológico local, a fin de capacitarse como ministro para hacer cualquier cosa que Dios deseara. Nuestra iglesia decidió que Thomas fuera pastor de una misión en la comunidad laosiana, y él aceptó la invitación.

Dos meses después de iniciar su pastorado, lo invitaron a una reunión de pastores de minorías étnicas que se celebraría en los Estados Unidos. Para llegar en automóvil, habría que viajar durante varios días. Thomas preguntó si nuestra denominación tendría fondos que le permitieran llevar a algunos miembros de su congregación a esa conferencia. Pensé que era una excelente idea, ¡pero no sabía que planeaba llevar consigo a 18 personas! Me dijo que tenía parientes y amigos laosianos en todas las ciudades importantes de Canadá. En su viaje de regreso desde la conferencia, quería pasar por varias de esas ciudades y testificarles de Cristo. Dios ya lo había motivado para establecer iglesias laosianas en cada ciudad importante. Posteriormente, para la Navidad de ese año, llegaron a Vancouver laosianos desde todo Canadá para celebrar con Thomas su nueva vida en Cristo.

Años después, visité Vancouver y pregunté por Thomas. Para entonces, el gobierno laosiano había otorgado permiso para fundar iglesias en su país de origen. Así que Thomas regresó a Laos, predicó el evangelio ¡y 133 amigos y familiares conocieron al Señor! Fundó cuatro misiones, estableció el contacto entre la iglesia de Vancouver con las iglesias laosianas y manifestó su deseo de ver que todo el pueblo laosiano conociera a Cristo.

Todo esto comenzó cuando un refugiado laosiano se incorporó a nuestra iglesia. ¿Pero qué vio Dios? Vio toda una nación guiada hacia Él. Cuando Dios trae un nuevo miembro para honrar a tu iglesia, pregúntale lo que está planeando. Luego, comparte lo que sientas acerca de la actividad de Dios. Él habla a través de los miembros del cuerpo para ayudar a otros a conocer y comprender Su misión.

Parábola de las vías del tren

Supón que el ojo le dijera al cuerpo: «Caminemos por estas vías del tren. El camino está despejado. No hay tren a la vista». Entonces, el cuerpo comienza a caminar por las vías.

Luego, el oído dice: «Oigo un pitido que viene detrás de nosotros». Sin embargo, el ojo responde: «Hasta donde puedo ver, no hay nada en las vías. Sigamos caminando». Entonces, el cuerpo solo presta atención al ojo y continúa caminando. Pronto, el oído dice: «¡Ese pitido suena más fuerte y más cerca!» En ese momento, los pies agregan: «Siento la vibración de un tren que se acerca. ¡Más vale que saquemos el cuerpo de estas vías!». Si ese fuera tu cuerpo, ¿qué harías?

- ¿Tratarías de no hacerle caso al conflicto entre las partes del cuerpo y confiarías en que pronto pasará?
- ¿Someterías el asunto a la votación de todos los miembros de tu cuerpo y dejarías que la mayoría decida?
- ¿Confiarías en tus ojos y continuarías caminando, ya que la vista es un sentido sumamente importante?

¡No! Saldrías de las vías del tren. Dios le dio muchos sentidos y partes diferentes a nuestro cuerpo. Cuando cada parte cumple su función y cuando cada una le presta la debida atención a las demás, todo el cuerpo funciona como debe.

Una iglesia es el cuerpo de Cristo. Funciona de la mejor manera cuando todos sus miembros pueden compartir lo que sienten que Dios está haciendo y diciendo. Los miembros de la congregación no pueden conocer plenamente la voluntad de Dios para su vida, sin tener en cuenta el testimonio de los demás. Una iglesia necesita oír todo el consejo de Dios a través de sus miembros. Luego, puede seguir adelante para cumplir la voluntad de Dios en forma confiada y en unidad.

El cuerpo de Cristo

Hoy día, muchos cristianos sienten que su andar con Dios es algo reservado e independiente. No ven la necesidad de incorporarse a una iglesia ni de rendir cuentas ante otros creyentes. Algunos ven la iglesia como un medio para ayudarlos a cumplir el ministerio que Dios les ha encomendado en forma individual, en lugar de procurar ver cómo encaja su vida en la totalidad de la obra que el Señor hace en la congregación. La Biblia nos enseña que nuestro andar con Dios es algo personal, pero no reservado. El pecado hace que las personas sean independientes. La salvación las vuelve interdependientes entre sí. La Escritura enseña que la Iglesia es un cuerpo en el cual cada miembro es de vital importancia para los demás.

Aunque los cristianos acceden personalmente a Dios, por medio de Cristo como único mediador (ver 1 Tim. 2:5), Dios creó la Iglesia como agencia redentora en el mundo. Él está en acción para cumplir Sus propósitos. Por eso, coloca a cada miembro en una iglesia para que esos propósitos se lleven a cabo a través de cada congregación.

Jesucristo está presente como cabeza de cada Iglesia local (ver Ef. 4:15), y Dios pone a cada miembro en el cuerpo según le place (ver 1 Cor. 12:18). El Espíritu Santo se manifiesta a cada persona para el bien común (ver 1 Cor. 12:7), y el Padre edifica todo el cuerpo en unidad. El Espíritu Santo faculta y equipa a los miembros para que funcionen donde el Padre los ha puesto en el cuerpo. Luego, el cuerpo funciona bajo la dirección de Cristo, hasta que cada miembro madure espiritualmente (ver Ef. 4:13). Los creyentes se necesitan unos a otros. Lo que le falta a un miembro, otros lo pueden proporcionar.

Lo que Dios está haciendo en el cuerpo y a través de este, es esencial para que yo sepa cómo responderle. Cuando veo que Dios obra en el cuerpo, hago los ajustes necesarios y sumo mi vida a Su actividad allí también. En la iglesia, dejo que Dios me use de cualquier manera que desee para cumplir Su obra. Esa fue la meta de Pablo cuando dijo: «A quien anunciamos, amonestando a todo hombre, y enseñando a todo hombre en toda sabiduría, a fin de presentar perfecto en Cristo Jesús a todo hombre» (Col. 1:28). Pablo exhortaba constantemente a los creyentes para tener parte vital en su vida y ministerio. La eficacia del ministerio de Pablo dependía de ellos (ver Col. 4:3; 2 Tes. 3:1-2; Ef. 6:19).

La iglesia me ayudó a conocer la voluntad de Dios

Cuando estudiaba en el seminario, fui miembro de una iglesia local. En el primer año, me pidieron que diera clases a adolescentes varones, lo cual hice de todo corazón. Al año siguiente, la iglesia me pidió que dirigiera la música y la educación, algo que nunca antes había hecho. Había cantado en un coro, pero nunca había dirigido la música congregacional, y no sabía nada en cuanto a dirigir el programa educativo de una iglesia.

De modo que para decidirlo, tomé en cuenta varios factores. El pueblo de Dios necesitaba un líder en esa iglesia. Cuando oraron, sintieron que Dios me había puesto en su congregación con un propósito, para que cubriera esa necesidad. Yo también vi la necesidad y me di cuenta de que Dios me guiaba a servir en ese puesto. Como siervo de Cristo, negarme no era una opción. Creí que Jesucristo, la cabeza de la Iglesia, podía hablar por medio del resto del cuerpo para guiarme a conocer mi función. De modo que les respondí que haría lo mejor posible, y durante dos años serví como director de música y adoración.

Posteriormente, la iglesia decidió invitarme a pastorearla. Yo no había predicado tres sermones en toda mi vida y no había ido al seminario en respuesta a un llamado al pastorado. Sin embargo, me sentía llamado por Dios a mantener una relación con Él, y estaba dispuesto a hacer cualquier cosa que Dios me pidiera. Con esto en mente, sentí que necesitaba la capacitación del seminario a fin de estar mejor equipado para servir a Dios. No dije que iría a las misiones extranjeras. Tampoco dije que me interesaría en un ministerio musical, en la obra juvenil o en la predicación. Sin embargo, lo que dije fue: «Señor, haré lo que sea que me indiques con respecto a tu cuerpo. Soy tu siervo para servir a tus propósitos». Entonces, Dios me respondió y me dirigió de maneras que yo jamás había previsto. Acepté ser pastor de aquella iglesia y disfruté mucho de ese ministerio en diversas iglesias durante los 30 años siguientes.

Si no escuchas a otros miembros del cuerpo, no sabrás qué función cumples en la iglesia. Todo miembro necesita escuchar lo que dicen los demás. Si los miembros no dan testimonio de lo que sienten que Dios está haciendo, entonces, todo el cuerpo está en dificultad. Yo confío en que otros en la iglesia me ayuden a comprender la voluntad de Dios. Además, me tomo en serio mi función de ayudar a otros creyentes de igual modo.

Cuando confiamos en que Dios hable a través de la iglesia

Es importante observar que una necesidad no constituye un llamamiento. Sin la orientación adecuada, muchos cristianos bienintencionados ven cada necesidad de su iglesia como un llamado divino al cual deben responder. Nunca dudes en permitir que el cuerpo de creyentes te ayude a conocer la voluntad de Dios.

Es posible que, a veces, Dios hable a través de una persona. No obstante, ten presente que un individuo no es la iglesia. Por lo general, necesitas todo el consejo de la gente para obtener una dirección clara. Te encontrarás con que un cúmulo de cosas comienzan a alinearse. Lo que oyes de la Biblia, la oración, las circunstancias y la Iglesia apuntarán a lo mismo. Luego, podrás seguir adelante en forma confiada.

Tal vez digas: «Henry, usted no conoce mi iglesia. No puedo confiar en que ellos me ayuden a conocer la voluntad de Dios». Ten cuidado. Cuando hablas así, dices más de tu opinión sobre Dios que sobre tu iglesia. Estás diciendo: «Ni siquiera Dios puede obrar con esas personas». No me parece que esto sea lo que crees de verdad. Cuando te aíslas del consejo del pueblo de Dios, te pones en peligro. Permite que Dios te dirija a través de otros creyentes. Recurre a ellos para que te aconsejen con respecto a las decisiones importantes. Escucha todo lo que la iglesia tenga que decirte. Luego, deja que Dios confirme cuál es Su mensaje para ti.

TESTIMONIOS COMPARTIDOS EN EL CUERPO

Cuando servía como pastor en Saskatoon, cada vez que Dios se movía y revelaba Su voluntad a los miembros de la iglesia, yo los guiaba a testificar ante otros miembros de lo que Dios les había dicho. Si no sabíamos lo que Dios estaba diciendo, no podíamos ajustar nuestra vida a Su voluntad. Cuando el Señor, la cabeza de la Iglesia, le hablaba a cualquier miembro, todos prestábamos atención a lo que nos decía. A todos se les daba una oportunidad y se los instaba a dar testimonio. Se invitaba a cada miembro a que respondiera cuando Dios lo guiaba.

Esto no sucedía solo en la adoración (habitualmente, al cierre de un culto), sino también en reuniones de oración, reuniones de comisión, reuniones administrativas, clases de la escuela dominical, estudios bíblicos en hogares y conversaciones personales. Muchos llamaban a la oficina de la iglesia y daban testimonio de lo que Dios les estaba diciendo en su tiempo devocional. Otros también daban testimonio de lo que experimentaban en el trabajo o la escuela. Toda la iglesia llegó a reconocer, por experiencia y en forma práctica, la presencia y la dirección de Cristo en medio de nosotros.

A menudo, relatar lo que Dios está haciendo en tu vida puede ayudar a otra persona a tener un encuentro significativo con Dios. Por ejemplo, cuando alguien asumía un compromiso importante con el Señor en uno de nuestros cultos, yo le daba una oportunidad para dar testimonio ante el cuerpo. A veces, ese testimonio movilizaba a otros a responder de una manera similar. Así es como Dios hablaba a través de la iglesia a otros creyentes.

RESUMEN

Dios habla a Su pueblo por medio del Espíritu Santo. Puede hablar de cualquier manera que desee, pero las maneras más comunes a través de las cuales habla hoy día comprenden la Biblia, la oración, las circunstancias y la iglesia. Dios habla para revelarse a sí mismo y revelar Sus propósitos y Sus caminos. Cuando lo que dice por medio de la Biblia, la oración, las circunstancias y la iglesia mantiene su uniformidad, puedes continuar en forma confiada para seguir la dirección de Dios.

Cada creyente depende de todos los demás a fin de funcionar correctamente en ese cuerpo. Fuera del consejo que Dios proporciona a través de los demás miembros, no puedes comprender, plenamente Su voluntad en cuanto a tu participación en el cuerpo de Cristo. Todos los miembros del cuerpo pertenecen unos a otros y se necesitan mutuamente. Puedes y debes confiar en que Dios hablará a través de otros creyentes y de la iglesia para ayudarte a saber qué misión has de cumplir en el ministerio del reino.

CÓMO TENER HOY UNA EXPERIENCIA CON DIOS

Ora por tu iglesia y por la manera en que Dios obra en sus miembros y a través de ellos, para ayudar a los creyentes a comprender Su llamamiento. Reflexiona sobre las ocasiones y las maneras en que Dios te ha hablado a través de otros creyentes, y agradécele por usarlos para hablarte. Planea reunirte pronto con otros dos o tres creyentes de tu iglesia para orar unos por otros y por la iglesia.

PREGUNTAS PARA REFLEXIONAR

1. ¿Estás integrado al cuerpo de la Iglesia para que Dios pueda hablarte a través de otros miembros? Si así fuera, ¿qué te ha dicho Dios por medio de tus hermanos en la fe?
2. ¿Cómo respondes cuando te enteras de una necesidad en tu iglesia que tú podrías satisfacer? ¿Cómo sabes si eres la persona que Dios desea usar para cubrir dicha necesidad?
3. ¿Cómo te está usando Dios, actualmente, para ministrar a otros miembros de tu iglesia? ¿Estás procurando, en forma activa, conocer Su voluntad al respecto?

16

LA INVITACIÓN DE DIOS CONDUCE A UNA CRISIS DE CONFIANZA

Pero sin fe es imposible agradar a Dios; porque es necesario que el que se acerca a Dios crea que le hay, y que es galardonador de los que le buscan. (Heb. 11:6)

UN PRESUPUESTO DE FE PARA NUESTRA IGLESIA

Cuando yo era pastor, en una ocasión, los miembros del comité de finanzas de la iglesia dijeron: «Pastor, usted le ha enseñado a la congregación a andar por fe en toda área, menos en la del presupuesto». Les pedí que se explicaran y, entonces, agregaron: «Bueno, cuando fijamos el presupuesto, lo hacemos sobre la base de lo que creemos que podemos costear nosotros mismos. Esto no refleja que esperemos que Dios haga algo».

Me puse a pensar y luego, pregunté: «Entonces, ¿cómo les parece que debemos fijar el presupuesto?» Respondieron: «En primer lugar, debemos determinar todo lo que Dios quiere hacer a través de nosotros. En segundo lugar, necesitamos calcular cuál será el costo. Por último, debemos dividir la meta del presupuesto en tres categorías: (1) lo que planeamos recaudar mediante nuestros diezmos y ofrendas, (2) lo que otros han prometido hacer para ayudarnos, y (3) lo que debemos confiar que Dios proveerá».

Como iglesia, oramos y resolvimos que, en efecto, Dios quería que aplicáramos ese criterio para fijar el presupuesto, pero no intentamos sonar lo que deseábamos hacer para Dios. Debíamos tener la absoluta seguridad de que Dios nos guiaba a hacer las cosas que incluiríamos en el presupuesto. Después, calculábamos lo que costarían los planes de Dios. Hacíamos una lista de lo que pensábamos que nuestros miembros darían y lo que otros (tales como agencias denominacionales, iglesias asociadas y contribuyentes) habían prometido dar. La diferencia entre lo que podíamos esperar recibir, razonablemente, y el total que se necesitaba era lo que le pediríamos a Dios que proveyera.

La gran pregunta fue: ¿Cuál es nuestro presupuesto operativo? ¿Nos lanzamos a poner en marcha todo lo cubierto en las dos primeras columnas y aguardamos con respecto a la columna de la fe hasta que veamos que llegan los fondos? O bien, ¿proseguimos con todo lo que Dios ha dicho que hará, confiando en que Él proveerá sobre la marcha? Para estos momentos, llegamos a una crisis de confianza. ¿Realmente creíamos que el Dios que nos conducía a hacer esas cosas también proveería los recursos para concretarlas? Por fe, adoptamos el «total general» del presupuesto como presupuesto operativo.

Cada vez que Dios te dirija a hacer algo que sea posible solo en Sus dimensiones, enfrentarás una crisis de confianza. Cuando enfrentes dicha crisis, lo que hagas después revelará lo que, de verdad, crees de Dios. Ese año, sobre la base de lo que sentimos que Dios nos estaba dirigiendo a hacer, establecimos un presupuesto que superaba en más del doble lo que habríamos determinado, originalmente, con nuestros propios recursos. Dios derramó Su bendición y nos enseñó una lección revolucionaria sobre la fe... Recibimos más fondos de lo que incluso se había previsto en nuestro presupuesto de fe ampliado.

¿Notaste cuál fue nuestro momento decisivo... nuestra crisis de confianza? Llegó cuando decidimos actuar guiándonos por el total más grande, es decir, el presupuesto de fe, en lugar de emprender solo lo que pensábamos que podíamos costear y aguardar para ver si Dios nos suplementaba los ingresos. Podríamos haber optado por el presupuesto menor sin tener más noticias de Dios, pero en nuestra comunidad, las personas que observaban a la iglesia solo hubieran visto lo que los hombres pueden hacer. No habrían visto a Dios y lo que Él puede hacer.

UNA CRISIS DE CONFIANZA

Este capítulo habla de un momento decisivo necesario para que sigas la voluntad de Dios. Cuando Dios te invita a participar en Su obra te presenta una misión conforme a Sus dimensiones, la cual desea que cumplas. Es lógico que no puedes llevarla a cabo por tus propios medios. Si Dios no te ayuda, fracasarás. Ese es el punto crítico en el cual muchas personas deciden no seguir adelante con lo que sienten que Dios las dirige a hacer. Después se preguntan por qué no experimentan la presencia, el poder y la actividad de Dios como algunos cristianos lo hacen.

La palabra crisis proviene de un término griego que significa «decisión». A menudo, la misma palabra se traduce «juicio». No estamos hablando de ninguna calamidad en tu vida, tal como un accidente o una muerte. Esta crisis no constituye un desastre o algo malo. *Es un momento decisivo o un cruce de caminos que requiere tomar una resolución. Tienes que decidir lo que crees de Dios.* La manera en que respondas al llegar a dicho momento decisivo determinará si sigues adelante con Dios en relación con algo que únicamente Él puede hacer, o si sigues tu propio camino y te pierdes lo que Dios ha planeado para tu vida. No se trata de una experiencia que ocurre una sola vez. La manera en que vives a diario constituye un testimonio de lo que crees de Dios.

La crisis de confianza

Estas son las características de cada crisis de confianza:

- Un encuentro con Dios requiere fe.
- Los encuentros con Dios se miden con las dimensiones de Dios.
- La manera en que respondes a la invitación de Dios revela lo que crees de Él.
- La fe verdadera requiere acción.

El requisito de la fe

En toda la Escritura, cuando Dios se reveló a sí mismo y reveló Sus propósitos y Sus caminos, la respuesta requería fe. Lee lo que Dios dice de la fe:

- Es, pues, la fe la certeza de lo que se espera, la convicción de lo que no se ve. (Heb. 11:1)
- Porque por fe andamos, no por vista (2 Cor. 5:7)
- [Jesús dijo:] «El que en mí cree, las obras que yo hago, él las hará también; y aun mayores hará, porque yo voy al Padre». (Juan 14:12)
- «... porque de cierto os digo, que si tuviereis fe como un grano de mostaza, diréis a este monte: Pásate de aquí allá, y se pasará; y nada os será imposible». (Mat. 17:20)

- [Pablo dijo:] «Y ni mi palabra ni mi predicación fue con palabras persuasivas de humana sabiduría, sino con demostración del Espíritu y de poder, para que vuestra fe no esté fundada en la sabiduría de los hombres, sino en el poder de Dios». (1 Cor. 2:4-5)
- Si vosotros no creyereis, de cierto no permaneceréis. (Isa. 7:9)

La fe es la confianza en que Dios cumplirá lo que ha prometido. La vista es lo opuesto a la fe. Si con claridad puedes ver cómo se puede lograr algo, es muy probable que no necesites fe. Si nuestra iglesia hubiera decidido operar con un presupuesto basado en lo que sabíamos que podíamos lograr, no hubiéramos necesitado fe.

Los cristianos (y todos los demás también) tienen una tendencia natural a intentar desarrollar una vida donde no se necesita fe. Nos amoldamos a lo que es habitual para nosotros, donde todo está bajo nuestro control, pero no agrada a Dios. Él permitirá que en nuestra vida ocurran cosas que nos impulsen a depender de Él de manera drástica. Luego, veremos Su poder y Su gloria.

Tu fe no descansa en un concepto o una idea. Tu fe debe centrarse en una persona: Dios mismo. Nuestra generación promueve un concepto peligroso que estimula a las personas a «tener fe». En esa doctrina abstracta, la fe misma es el fin. Aquello en que la fe se basa tiene poca importancia. El acto de creer es lo importante, pero dicha enseñanza no es bíblica. La fe sólo es válida si se orienta a Dios y a lo que Él dice que planea hacer. Antes de disponerte a ejercitar la fe y de convocar a tu familia o a tu iglesia a hacerlo, asegúrate de haber recibido una palabra de Dios.

Jesús dijo que si Sus seguidores tenían fe en Dios, harían cosas aún mayores que las que Él había hecho. Nuestra fe en el Señor debe basarse en el poder de Dios y no en la sabiduría humana. Sin una fe firme en el Señor, tropezaremos y caeremos.

Con su propio poder, Moisés nunca habría podido librar del ejército del faraón a los israelitas, ni tampoco cruzar el mar Rojo en seco, ni sacar agua de una roca o darle al pueblo pan y carne. Tuvo que creer que Dios lo había llamado y haría las cosas que había prometido.

Josué no podría haber logrado que los israelitas cruzaran el río Jordán en tierra seca, ni podría haber derrumbado los muros de una ciudad, ni derrotado a enemigos fuertemente armados. Sólo Dios podía hacerlo y Josué tuvo que tener fe en Él.

Por sus propios medios, los discípulos no podrían haber alimentado a multitudes, sanado a los enfermos ni resucitado a los muertos, pero Dios sí podía, e hizo todo eso a través de ellos.

Cuando Dios te dice lo que desea hacer por medio de ti se trata de algo que solamente Él puede hacer. Lo que crees sobre Dios determinará tu respuesta. Si tienes fe en el Dios que te llamó, obedecerás y Él cumplirá lo que planea hacer. Si te falta fe, no harás lo que Dios desea, y eso es desobediencia.

A quienes lo rodeaban, Jesús les preguntó: «¿Por qué me llamáis, Señor, Señor, y no hacéis lo que yo digo?» (Luc. 6:46). Con frecuencia, reprendía a Sus discípulos por la falta de fe. La incredulidad de ellos demostraba que no habían llegado en realidad a conocer quién era Jesús. Por lo tanto, no sabían lo que podía hacer.

La obediencia demuestra fe

A Moisés y a los discípulos se les exigió tener fe. Cuando Dios llama a una persona para participar con Él en una misión conforme a Sus dimensiones, siempre se necesita fe. La obediencia demuestra la fe en Dios. La desobediencia demuestra falta de fe. Sin fe, una persona no puede agradar a Dios (Heb. 11:6). Sin fe, una iglesia no puede agradar a Dios.

Enfrentamos la misma crisis de confianza que tuvieron los protagonistas de la Biblia. Cuando Dios habla, lo que nos pide requiere fe. Nuestro egocentrismo es el principal obstáculo para la obediencia. Creemos que debemos cumplir la misión con nuestro propio poder y nuestros recursos actuales. Pensamos: «No puedo hacer esto; no es posible». En otras palabras, nos falta fe.

Olvidamos que, cuando Dios habla, siempre revela lo que va a hacer, y no lo que desea que hagamos por Él. Tenemos que unirnos a Él para que obre a través de nosotros. No somos llamados a cumplir la tarea con nuestro propio ingenio, nuestra capacidad ni nuestros recursos limitados. Si tenemos fe, podemos seguir adelante con confianza, porque sabemos que Él cumplirá lo que planea. «Entonces Jesús, mirándolos, dijo: Para los hombres es imposible, mas para Dios, no; porque todas las cosas son posibles para Dios» (Mar. 10:27).

Len Koster y las misiones

En la iglesia de Saskatoon donde era pastor, sentimos que Dios quería usarnos como instrumento para alcanzar a otros para Cristo en las numerosas ciudades, pueblos y aldeas de nuestra provincia, cuya superficie es de más de 650 000 km. Había muchas comunidades sin ninguna iglesia evangélica, por lo que tendríamos que fundar gran número de iglesias nuevas. Para hacerlo, sentimos que Dios nos guiaba a llamar a un hombre, Len Koster, a fin de equipar nuestra congregación para fundar otras iglesias.

Len vivía en British Columbia, en una ciudad a más de 1600 km de Saskatoon. En los últimos 14 años, Len y su esposa Ruth habían servido en iglesias pequeñas. De hecho, él era tan consagrado al Señor que trabajaba como empleado de una gasolinera para suplementar sus modestos ingresos, ya que estas iglesias no podían sostener a un pastor a tiempo completo. Para entonces, Len y Ruth habían ahorrado 7000 dólares con el fin de comprar su propia vivienda. Cuando me puse en contacto con él, tuvo la absoluta convicción de que debía ayudarnos a fundar iglesias.

Le dije: «Len, no tenemos dinero para mudarte ni para pagarte el salario». A lo cual respondió: «Henry, Dios me ha llamado. Él proveerá para nosotros. Usaremos el dinero de nuestros ahorros para mudarnos». Y así lo hicieron.

Un día, Len vino y me dijo: «Henry, mi esposa y yo oramos y conversamos toda la noche. He trabajado a medio tiempo durante 14 años, y no tengo problema en trabajar para mantener a mi familia; pero la necesidad es muy grande y Dios nos está dirigiendo de tal manera, que siento que debo servir al Señor a tiempo completo. Dedicaré toda mi energía a fundar misiones. No te preocupes por nuestro sustento financiero. Dios nos mostrará cómo vivir».

Cuando se fue de mi oficina, incliné el rostro y lloré delante del Señor. Le dije: «Padre, no comprendo por qué una pareja tan fiel tiene que hacer esta clase de sacrificio». Len y Ruth tenían cinco hijos, y vi en ellos una excelente fe que se demostraba en sus acciones.

Dos días después, recibí una breve carta de un creyente presbiteriano de Kamloops, British Columbia. Decía sencillamente: «Tengo entendido que un hombre llamado Len Koster ha ido a trabajar con ustedes. Dios ha puesto en mi corazón el deseo de ayudar a sustentar su ministerio. Adjunto un cheque por 7000 dólares para su sustento financiero». Cuando recibí esa carta, caí de rodillas y lloré delante del Padre. En esa ocasión, le pedí que me perdonara por no confiar en Él.

Llamé a Len y le dije: «Len, pusiste los ahorros de mucho tiempo sobre el altar del sacrificio, pero Dios había reservado otra cosa para ti en el matorral. ¡El Dios que dice "Yo soy tu proveedor" acaba de proveer!». Entonces le relaté lo que había sucedido.

¿Sabes cuál fue el resultado en la vida de Len? ¿Sabes cuál fue el resultado en la fe de nuestra iglesia? Todos llegamos a creer en Dios en mayor medida que antes. Después de aquello, dimos pasos de fe para obedecer a Dios una y otra vez. Vimos que Dios realizaba cosas asombrosas a través de una congregación común y corriente como la nuestra. Nunca habríamos tenido una experiencia semejante con Dios si Len y su familia no hubieran respondido con fe a Su llamamiento. Len ya se ha ido con el Señor, pero su legado de fe permanece en las docenas de iglesias que contribuyó a fundar. Su hijo menor está estudiando actualmente en el seminario.

Misiones conforme a las dimensiones de Dios

Dios quiere que el mundo lo conozca. De esa manera, las personas llegarán a comprender cómo es Él cuando lo vean obrar. Reconocerán Su naturaleza cuando la vean manifestada en Su actividad.

Algunas personas creen que Dios nunca les pedirá que emprendan nada que parezca imposible. Creen que Dios nunca dirigirá a una iglesia a intentar nada que no pueda pagar, nunca le pedirá a alguien que haga algo ajeno a sus dones, ni lo dirigirá a hacer aquello que tema emprender. Sin embargo, si las personas han de ver a Dios en acción, tienen que ver algo más que cristianos sinceros que hacen lo mejor que pueden. Tienen que ver a Dios en acción en la vida de ellos.

A veces, las personas preguntan si han de tener una crisis cada vez que Dios les pida hacer algo. En muchas ocasiones, Dios le dirá a Su pueblo que haga cosas triviales. Por ejemplo, no es milagroso celebrar una reunión social donde cada uno trae algún plato de comida y lo comparte con los demás. No obstante, cuando Dios participa en alguna actividad, siempre se ponen de manifiesto indicios de Su carácter. A veces, hacemos algo motivados por el amor de Cristo; por ejemplo, perdonamos a quien nos ha ofendido. Cuando hacemos las cosas a la manera de Dios, siempre exaltamos a Cristo.

La Escritura indica que Dios nos pedirá que emprendamos tareas que son imposibles fuera de la intervención divina. Aunque algunos líderes de iglesia creen que esto no es responsable, la verdad es que, cuando logramos cosas que solo pueden explicarse por la intervención de Dios, damos un testimonio poderoso de Su presencia y de Su guía. Las misiones que encontramos en la Biblia conforme a las dimensiones de Dios, son los medios con que Él demostró Su naturaleza, Su fuerza, Su provisión y el amor por Su pueblo, y por un mundo expectante. Quienes fueron testigos de la poderosa acción de Dios a través de Su pueblo comprobaron, en verdad, cómo es Su naturaleza.

Piensa en algunas de esas misiones conforme a las dimensiones de Dios. A Abraham le dijo que fuera el padre de una nación cuando no tenía ningún hijo y hacía mucho que Sara había pasado la edad fértil. A Moisés le dijo que librara a los israelitas, que cruzara el Mar Rojo y que proveyera agua de una roca. A Gedeón le dijo que con 300 hombres derrotara a un ejército madianita de 120 000 guerreros. A una virgen le dijo que daría a luz al Mesías. Jesús le dijo a los discípulos que alimentaran a la multitud y que hicieran discípulos en todas las naciones. Ninguna de esas cosas era posible desde el punto de vista humano. Sin embargo, cuando el pueblo de Dios y el mundo ven que sucede algo que solamente Él puede hacer, llegan a conocerlo.

LAS PERSONAS LLEGAN A CONOCER A DIOS

Moisés

Dios dirigió a Moisés para guiar a los israelitas a acampar junto al mar Rojo. Desde el punto de vista militar esto era una completa locura, porque no permitía una ruta de escape del ejército egipcio que venía persiguiéndolos. Sin embargo, Dios sabía que los iba a librar al dividir el mar y permitirles cruzar sobre tierra seca. Dios dijo: «Seré glorificado en Faraón y en todo su ejército, y sabrán los egipcios que yo soy Jehová» (Ex. 14:4). ¿Y cuál fue el resultado? «Y vio Israel aquel grande hecho que Jehová ejecutó contra los egipcios; y el pueblo temió a Jehová, y creyeron a Jehová y a Moisés su siervo» (Ex. 14:31).

Josué

Dios mandó a Josué que dirigiera a los israelitas a cruzar el río Jordán cuando estaba desbordado. ¿Por qué? «Para que todos los pueblos de la tierra conozcan que la mano de Jehová es poderosa; para que temáis a Jehová vuestro Dios todos los días» (Jos. 4:24).

Rey Josafat

Un numeroso ejército llegó para combatir a Israel. El Rey Josafat proclamó un ayuno y guió al pueblo a consultar a Dios. El rey oró: «¡Oh Dios nuestro! [...] En nosotros no hay fuerza contra tan grande multitud que viene contra nosotros; no sabemos qué hacer, y a ti volvemos nuestros ojos» (2 Crón. 20:12). Y Dios respondió: «No temáis ni os amedrentéis delante de esta multitud tan grande, porque no es vuestra la guerra, sino de Dios [...]. No habrá para qué peleéis vosotros en este caso; paraos, estad quietos, y ved la salvación de Jehová con vosotros [...]. Porque Jehová estará con vosotros» (2 Crón. 20:15,17). Entonces, Josafat envió a un coro delante del ejército, cantando alabanzas a Dios por su amor eterno. Una vez más, esta estrategia militar habría parecido suicida. Sin embargo, Dios destruyó al ejército invasor antes de que Josafat y los israelitas siquiera llegaran al campo de batalla. «Y el pavor de Dios cayó sobre todos los reinos de aquella tierra, cuando oyeron que Jehová había peleado contra los enemigos de Israel» (2 Crón. 20:29).

Sadrac, Mesac y Abed-nego

Sadrac, Mesac y Abed-nego obedecieron a Dios en lugar de al rey pagano Nabucodonosor. Antes de que los arrojaran en un horno de fuego por su presunta insolencia, proclamaron: «He aquí nuestro Dios a quien servimos puede librarnos del horno de fuego ardiendo; y de tu mano, oh rey, nos librará» (Dan. 3:17). Aunque los soldados que los rodeaban murieron por el calor del horno, Dios libró a esos tres hombres fieles.

Entonces, el rey Nabucodonosor dijo: «Bendito sea el Dios de ellos, de Sadrac, Mesac y Abed-nego, que envió su ángel y libró a sus siervos que confiaron en él. Por lo tanto, decreto que todo pueblo, nación o lengua que dijere blasfemia contra el Dios de Sadrac, Mesac y Abed-nego, sea descuartizado, y su casa convertida en muladar; por cuanto no hay dios que pueda librar como éste» (Dan. 3:28-29). Y así el rey anunció a toda la nación: «Conviene que yo declare las señales y milagros que el Dios Altísimo ha hecho conmigo. ¡Cuán grandes son sus señales, y cuán potentes sus maravillas!» (Dan. 4:2-3).

LA IGLESIA PRIMITIVA

En la Iglesia primitiva los cristianos seguían la dirección del Espíritu Santo. A continuación, vemos el testimonio del impacto que Dios causó en el mundo de ellos:

- Los discípulos fueron llenos del Espíritu Santo y hablaron en lenguas extranjeras que no habían aprendido. Pedro predicó y «los que recibieron su palabra fueron bautizados; y se añadieron aquel día como tres mil personas» (Hech. 2:41).

- Pedro y Juan curaron a un mendigo paralítico en el nombre de Jesús. Predicaron y «muchos de los que habían oído la palabra, creyeron; y el número de los varones era como cinco mil» (Hech. 4:4).
- Dios usó a Pedro para resucitar a Dorcas. «Esto fue notorio en toda Jope, y muchos creyeron en el Señor» (Hech. 9:42).

Por lo general, lo que nuestro mundo ve son creyentes consagrados que sirven a Dios de la mejor manera posible. Sin embargo, no ve a Dios. La gente comenta: «Bueno, ahí hay un grupo de personas fieles y consagradas»; pero no contemplan nada que solo pueda explicarse por la actividad de Dios. ¿Por qué? ¡Porque no intentan planear aquello que solamente Dios puede hacer!

El mundo llega a conocer a Dios

Nuestro mundo no es atraído a Cristo, porque no permitimos que la gente lo vea en acción. No dudan en atacar la postura de los cristianos en cuanto a la moralidad, porque no temen al Dios a quien servimos. Nos ven hacer cosas buenas para Dios y dicen: «Me parece bien, pero eso no me interesa». El mundo pasa junto a nosotros y no desea tener parte con nosotros, porque la gente solo ve *personas* en acción, pero no ve a Dios.

Dejemos que el mundo vea a Dios en acción, y Él atraerá a la gente. Dejemos que Cristo sea exaltado, no con palabras, sino con un modo de vida. Dejemos que la gente vea los resultados que el Cristo viviente produce en una vida, una familia o una iglesia y eso determinará la respuesta del mundo. Cuando este ve que suceden cosas a través del pueblo de Dios, y que no tienen más explicación que la obra de Dios mismo, entonces las personas son guiadas hacia Él. Dejemos que los líderes mundiales vean las señales milagrosas de un Dios todopoderoso, y como Nabucodonosor, ellos declararán que Él es el único Dios verdadero.

El mundo llega a conocer a Dios cuando la gente ve la expresión de Su naturaleza en la actividad divina. Cuando Dios comienza a obrar, logra algo que únicamente Él puede hacer, y tanto su pueblo como el mundo llegan a tener una experiencia con Dios como nunca antes habían tenido. Es por esta razón que Dios asigna ciertas misiones a Su pueblo, misiones conforme a Sus dimensiones.

Un campo peligroso para la iglesia

Conozco cierta iglesia que se estableció en un país donde la religión oficial es el islam. En ocasiones, hubo disturbios violentos contra los cristianos, y el gobierno promulgó regularmente leyes discriminatorias contra ellos, lo cual dificultó las condiciones para que las iglesias compraran propiedades.

Un grupo reducido de creyentes se reunía como iglesia y oraba a Dios para que usara a esta pequeña congregación como un impacto en su gran ciudad. Tiempo después, estudiaron *Experiencia con Dios* y eso les recordó que Él siempre está obrando a su alrededor. Entonces, decidieron observar dónde estaba obrando Dios para unirse a Él.

Así, la congregación comenzó a contemplar que Dios hacía cosas sorprendentes en medio de ellos. Un profesional cristiano de la ciudad sintió que Dios lo dirigía a renunciar a su lucrativa carrera profesional y pasar a ser pastor de dicha congregación. La gente notó la fe dinámica y el amor de esa congregación, y el número de creyentes aumentó. Cuando necesitaron un lugar más grande para reunirse, un empresario les vendió una propiedad en un importante edificio de oficinas, aunque esto incomodara al gobierno local y a los funcionarios religiosos. Cuando mi hijo Richard visitó esa iglesia, estaba repleta de creyentes entusiasmados que adoraban a Dios y ministraban a otras comunidades en el nombre de Cristo.

Mientras esa congregación permaneció intimidada por las fuerzas opositoras y mientras se concentró en lo pequeño de su tamaño y su falta de recursos, no sucedió gran cosa ni se le sumaron muchas personas. No obstante, cuando la congregación permitió que Dios obrara a través de ella para hacer cosas que solo podían explicarse mediante Su presencia, repentinamente, la iglesia se llenó de cristianos fructíferos y entusiasmados que causaron un impacto para Cristo en su nación.

Hay una gran parte del mundo que no se ve atraída a Cristo ni a Su Iglesia, porque al pueblo de Dios le falta fe para emprender cosas que sólo Él puede hacer. Si tú o tu iglesia no le responden a Dios y no procuran trabajar en proyectos que sólo Él puede lograr, entonces, no están practicando la fe. «Pero sin fe es imposible agradar a Dios» (Heb. 11:6). Si en tu comunidad la gente no responde al evangelio como lo hacía en los tiempos del Nuevo Testamento, una posible razón es que no ven a Dios en lo que hace tu iglesia.

PARA UNIRSE A DIOS SE NECESITA FE Y ACCIÓN

Nuestra iglesia en Saskatoon crecía y necesitaba más espacio. Sentimos que Dios nos guiaba a iniciar un programa de construcción, aunque únicamente teníamos 749 dólares en los fondos destinados al edificio. El edificio costaría 220 000 dólares, y no teníamos la menor idea de cómo lo íbamos a pagar. Nuestra congregación constaba, principalmente, de estudiantes universitarios y varias familias de ingresos moderados. Dios también había traído a nuestra congregación a cierta cantidad de personas con necesidades físicas, mentales y emocionales. Sin duda, nuestros miembros no tenían los recursos para financiar un proyecto de construcción.

Aunque nosotros mismos hicimos la mayor parte del trabajo para ahorrar en costos de mano de obra, a mitad del proyecto aún faltaban 100 000 dólares. Aquellas amadas y fieles personas recurrieron a mí, el pastor, para ver si creía que Dios podía lograr lo que nos había llamado a hacer. Así, Dios puso en mi corazón la confianza en que el Dios que nos dirigía también nos mostraría cómo hacerlo.

Entonces, Dios comenzó a proveer los fondos necesarios. Hacia el final del proyecto, todavía nos faltaban unos 60 000 dólares. Esperábamos cierto dinero de una fundación de Texas, pero una y otra vez surgieron demoras que no pudimos comprender. Entonces, un día, durante dos horas, la tasa de cambio del dólar canadiense llegó a una de las cotizaciones más bajas de su historia en relación con el dólar estadounidense. Eso sucedió, exactamente, cuando la fundación de Texas transfirió el dinero a Canadá. ¿Y sabes cuál fue el resultado? Nos dio 60 000 dólares *más* de los que habríamos recibido en otras condiciones.

Como siempre, el tiempo de Dios había sido perfecto. Frente a lo sucedido, exalté ante la congregación lo que el Señor había hecho y me cercioré de que recibiera nuestra gloria. Dios se reveló a nosotros y llegamos a conocerlo de una nueva manera a través de aquella experiencia.

CUANDO DIOS GUÍA HACIA LA POLÍTICA

Hace varios años, estuve hablando en una conferencia en Arkansas (EE. UU.), mientras Mike Huckabee era gobernador. Una noche me invitó a cenar en la mansión del gobernador y, durante la comida, Huckabee me explicó por qué me había invitado. Me dijo que mientras era pastor de una iglesia, el Señor había comenzado a indicarle que deseaba que lo sirviera de otros modos. Huckabee se había capacitado para ser pastor y eso había hecho hasta entonces. Sin mbargo, cuando él y su esposa comenzaron a estudiar *Experiencia con Dios*, se videnció que Dios lo guiaba a renunciar a la gran iglesia que pastoreaba y a ostularse como gobernador de su estado.

En aquel entonces, el gobierno estatal se había estremecido a causa de un scándalo y la corrupción parecía reinar en el sistema político. No parecía que se mundo aceptaría con gusto a un ministro cristiano como líder. Sin embargo, l seguir lo que sentía que Dios lo guiaba a hacer, obtuvo una victoria sorprendente y asumió como gobernador.

Huckabee se desempeñó bien y restauró la integridad en la gestión del obernador. Tras cumplir los plazos máximos en la gobernación, se sintió uiado por Dios para postularse como presidente de los Estados Unidos. Como esultado, ha tenido muchas oportunidades para testificar de su fe en la televisión estadounidense y ha llegado a ser un destacado protagonista a nivel acional. Mike Huckabee jamás habría imaginado a lo que llegaría su vida; ero Dios sí lo sabía y ha guiado a este pastor de Arkansas para lograr cosas ue nunca le habrían parecido posibles.

DAVID DEMUESTRA SU FE

En el pasaje de 1 Samuel 16:12-13, vemos que Dios escogió a David para er el próximo rey de Israel, e hizo que el profeta Samuel lo ungiera como al. Después, Dios guió a David hacia los planes divinos. Sin embargo, no cupó el trono de inmediato. Saúl aún era rey de los israelitas y estaba en uerra contra los filisteos. Aunque todavía era muy joven, su padre lo envió visitar a sus hermanos mayores que estaban en el ejército. David llegó uando Goliat, un enorme soldado de 2,70 metros de estatura, se burlaba de os israelitas y los desafiaba a enviar a un hombre para luchar con él. La nación ue fuera derrotada en el combate pasaría a ser sierva de la ganadora. El jército israelita estaba aterrado, pero David preguntó con asombro: «¿Quién s este filisteo incircunciso, para que provoque a los escuadrones del Dios iviente?» (1 Sam. 17:26). Entonces, David enfrentó una crisis de confianza. uvo que reconocer que Dios lo había traído al campo de batalla y lo había reparado para esa misión.

Así, se ofreció para combatir al gigante y afirmó su confianza de este nodo: «Jehová, que me ha librado de las garras del león y de las garras del so, él también me librará de la mano de este filisteo» (1 Sam. 17:37). El joven e negó a tomar armas de guerra convencionales. En cambio, tomó una honda cinco piedras redondas. Entonces dijo a Goliat: «Tú vienes a mí con espada y lanza y jabalina; mas yo vengo a ti en el nombre de Jehová de los ejércitos, el Dios de los escuadrones de Israel, a quien tú has provocado. Jehová te entregará hoy en mi mano, [...] y toda la tierra sabra que hay Dios en Israel. Y sabrá toda esta congregación que Jehová no salva con espada y con lanza; porque de Jehová es la batalla, y él os entregará en nuestras manos" (1 Sam. 17:45-47). David mató a Goliat, e Israel obtuvo la victoria.

Las audaces afirmaciones de David revelan su confianza en Dios como libertador. Reconoció que Dios es todopoderoso y que defendería a los ejércitos de Israel; pero sus acciones confirmaron su confianza. Muchos pensaron que David era un adolescente tonto, y hasta Goliat se burló de él. Sin embargo, a través de él, Dios hizo posible una victoria extraordinaria para que el mundo supiera que el Dios de Israel era poderoso y capaz de librar a su pueblo de todo lo que enfrentara.

LA FALTA DE FE DE SARAI

Dios le había prometido a Abram que su descendencia sería tan numerosa como las estrellas. Él puso en tela de juicio esa promesa ya que en su ancianidad seguía sin hijo propio, pero Dios volvió a afirmárselo así: "Un hijo tuyo será el que te heredará. [...] Y creyó a Jehová, y le fue contado por justicia" (Gén. 15:4,6).

Sarai, la esposa de Abram, tenía como 75 años cuando Dios le prometió un hijo. Ella sabía que había pasado su edad fértil, así que decidió construir una familia de otra manera. Prefirió que Abram tomara por mujer a su sierva y pidió tener un hijo de ella. Abram aceptó la propuesta y, un año más tarde, nació Ismael de Agar, la sierva. Las acciones de Sarai revelaron lo que ella creía de Dios. En esa experiencia, Abram se puso de acuerdo con Sarai para tratar de cumplir el propósito de Dios por medios humanos.

¿Ves cómo las acciones de esta mujer revelan lo que ella creía realmente de Dios? Le faltaba la fe necesaria para creer que Dios puede hacer lo imposible. Su fe en Dios fue limitada por su razonamiento humano, y ese acto de incredulidad le costó muchísimo. Ismael les causó mucha angustia a Abram y Sarai en su ancianidad. Además, desde aquel entonces y hasta hoy día, Ismael y sus descendientes árabes han sido hostiles con Isaac y sus descendientes.

LAS ACCIONES HABLAN CLARO

Cuando Dios te invita a unirte a Él y enfrentas una crisis de confianza, lo que hagas después revelará lo que realmente crees de Dios. Cuando do ciegos demostraron que Jesús era misericordioso y que era también el Mesías, Él los sanó conforme a la fe de ellos (ver Mat. 9:27-31). Una mujer, que había sufrido de flujo de sangre durante años, creyó que con sólo tocar el manto de Jesús recibiría el poder sanador del Señor. Se arriesgó a hacer el ridículo en público para experimentar el poder sanador de Jesús. La mujer actuó por fe y Él la sanó (ver Mat. 9:20-22).

Los discípulos se encontraban en medio de una tormenta en el mar. Jesús los reprendió, no por su tendencia humana al miedo, sino porque no reconocieron Su presencia, protección y poder (Mat. 8:23-27). Las acciones de los discípulos revelaron su desconfianza en lugar de su fe. Cuando las tormentas de la vida se apoderan de nosotros, con frecuencia, respondemos como si Dios no existiera o no se interesara por nosotros.

Cuando un centurión romano buscó la ayuda de Jesús para sanar a su siervo, dijo: «Solamente di la palabra, y mi criado sanará» (Mat. 8:8). Jesús elogió la fe que tenía el centurión en la autoridad y el poder del Señor, y sanó al siervo a causa de la fe del amo (Ver Mat. 8:5-13).

En cada uno de los ejemplos bíblicos anteriores, Jesús pudo ver si las personas tenían fe o no de acuerdo a lo que hicieron. Lo que haces, y no precisamente lo que *dices* que crees, revela lo que crees de Dios en verdad. «Porque como el cuerpo sin espíritu está muerto, así también la fe sin obras está muerta» (Sant. 2:26).

La verdadera fe requiere acción

A veces se conoce el capítulo 11 de Hebreos como «la lista de la fe». Los protagonistas que allí aparecen actuaron de una manera que demostró su fe. Sin embargo, al estudiar Hebreos 11, tal vez notes que una vida de fidelidad no siempre conlleva recompensas en términos humanos. En tanto que los versículos 33-35a describen la victoria y la liberación que experimentaron algunos fieles, los versículos 35b-38 describen la tortura, la burla y la muerte que encontraron otros. ¿Acaso algunos de ellos fueron más fieles que otros? No. Todos «alcanzaron buen testimonio mediante la fe» (Heb. 11:39). El versículo 40 explica que Dios ha planeado para las personas de fe algo mucho mejor que lo que ofrece el mundo, y en el siguiente capítulo se nos insta a seguir en los pasos de aquellos fieles:

> Por tanto, nosotros también, teniendo en derredor nuestro tan grande nube de testigos, despojémonos de todo peso y del pecado

que nos asedia, y corramos con paciencia la carrera que tenemos por delante, puestos los ojos en Jesús, el autor y consumador de la fe, el cual por el gozo puesto delante de él sufrió la cruz, menospreciando el oprobio, y se sentó a la diestra del trono de Dios. Considerad a aquel que sufrió tal contradicción de pecadores contra sí mismo, para que vuestro ánimo no se canse hasta desmayar. (Heb. 12:1-3)

UN LEPROSO PAGA EL PRECIO

Una vez, oí un extraordinario relato de un pastor indonesio en la costa oriental de Java. Sabía inglés y había estudiado *Experiencia con Dios*. Las verdades que descubrió le cambiaron la vida de manera espectacular. Por eso, quería que todos sus compatriotas que no sabían inglés pudieran leer el material para aprovecharlo también. Así comenzó la ardua tarea de traducir el curso a su lengua nativa. Los misioneros lo veían sentado frente a su máquina de escribir mecánica, traduciendo de tres a cuatro horas cada día, a pesar de que padecía de lepra. Tenía las manos gravemente estropeadas por la enfermedad, y estar sentado durante largas horas, le causaba mucha molestia. No obstante, siguió trabajando cada día con su antigua máquina de escribir hasta que, por fin, su gente obtuvo el material en su propio idioma.

Cuando oí esta historia, lloré y le pedí a la misionera que me relató la historia si podía conseguir una foto del hombre con su máquina de escribir, donde se vieran las manos. Me respondió que el hombre era muy humilde y, probablemente, no le permitiría tomar la foto. Varios años después, en una conferencia muy concurrida en Salt Lake City (EE.UU.), vi que la misionera se acercaba de prisa con una foto en la mano. «¡Tengo la foto para usted!», anunció. He colgado la foto en casa, en la habitación donde acostumbro a orar. Allí intercedo por este querido pastor y su gente, y me recuerda que algunas personas, sumamente valiosas para Dios, deben pagar un costo muy alto para participar en la actividad del Padre.

El éxito aparente no siempre evidencia que se tiene fe, pero tampoco el fracaso aparente evidencia que no se tiene fe. Un siervo fiel es aquel que hace lo que dice el amo, independientemente del resultado. Como modelo, solo necesitamos tener presente a Jesús. Aunque tuvo que sufrir la cruz, ahora está sentado a la derecha del Padre. ¡Qué recompensa maravillosa para su fidelidad! No te des por vencido. A los siervos fieles les aguarda una recompensa grandiosa.

Mi oración es que estés buscando a Dios de todo corazón para agradarle ver Jer. 29:11-13). En los siguientes capítulos, examinaremos en mayor detalle os ajustes necesarios para seguir la voluntad de Dios. La obediencia al Señor xigirá ajustes que serán costosos tanto para ti como para los que te rodean.

RESUMEN

Cuando Dios te invita a participar en Su actividad, desea revelarse a ti y un mundo expectante. Por lo tanto, te dará una misión conforme a sus limensiones. Cuando te encuentres ante una misión de esas características, nfrentarás una crisis de confianza. Tendrás que decidir lo que, realmente, rees del Dios que te ha llamado. Además, la manera en que respondas a Su oluntad revelará lo que crees, más allá de lo que digas. Para seguir a Dios e necesita fe y acción. Sin fe, no podrás agradar a Dios. Y sin acción, tu fe stará muerta (ver Sant. 2:26).

CÓMO TENER HOY UNA EXPERIENCIA CON DIOS

Lee Hebreos 11 y reflexiona sobre los héroes de la fe en la Biblia. Pídele l Señor que te aumente la fe para creerle en todas las cosas. Ora para que e haga andar por fe, aun cuando los resultados se parezcan a la segunda nitad de ese capítulo de Hebreos, y no, a la primera.

PREGUNTAS PARA REFLEXIONAR

1. ¿En este momento tienes una crisis de confianza? Si así fuera, ¿qué te pide Dios que hagas? ¿Qué te impide obedecer?
2. ¿Qué revela tu actual experiencia con Dios sobre lo que crees de Él? ¿En qué se evidencia la obra de Dios en tu vida y a través de ella?
3. ¿Qué cosas hay en tu vida o la vida de tu iglesia que sólo puedan explicarse por la presencia del Dios todopoderoso?
4. ¿Hay algo que te cueste entregarle a Dios? ¿De qué manera procura Dios aumentarte la fe en Él?

17

Para unirse a Dios es necesario hacer ajustes

Si alguno quiere venir en pos de mí, niéguese a sí mismo, tome su cruz cada día, y sígame. Porque todo el que quiera salvar su vida, la perderá; y todo el que pierda su vida por causa de mí, éste la salvará. (Luc. 9:23-24)

Por lo general, la mayoría de nosotros quiere que Dios nos hable y nos guíe en Su voluntad. Deseamos vivir la emoción de la obra de Dios a través de nosotros, pero nos resistimos a hacer cualquier ajuste importante para que Él pueda obrar. La Biblia revela que cada vez que Dios habla a las personas sobre algo que desea hacer, dichas personas tienen que realinear la vida de algún modo. Cuando el pueblo de Dios está dispuesto a tomar las medidas necesarias, Dios cumple Sus propósitos a través de los que llama.

Un segundo momento decisivo

Como vimos en el capítulo anterior, la crisis de confianza constituye el primer momento decisivo para conocer y hacer la voluntad de Dios. Tienes que creer que Dios es quien dice ser y que puede hacer lo que dice que hará. Sin fe en Dios, tomarás la decisión equivocada en este punto crucial. El segundo momento decisivo es ajustar tu vida a Dios. Si escoges hacer los ajustes necesarios, puedes proseguir con la obediencia. Si te rehúsas, podrías pasar por alto lo que Dios tiene preparado para tu vida.

La obediencia comienza en el corazón, como una predisposición a hacer cualquier cosa que Dios diga. Se expresa a través de la acción, no con palabras sino con hechos. Puede ser costosa, tanto para ti como para los que te rodean. Déjame darte un ejemplo.

LOS AJUSTES NECESARIOS PARA LAS MISIONES

En una ocasión, surgió en Saskatoon una necesidad en una de las misiones que teníamos a unos 65 km de distancia. Le pedí a la iglesia que orara para que Dios llamara a alguien a mudarse a aquella comunidad a fin de servir como pastor a tiempo parcial en la misión. Un matrimonio joven respondió y afirmó su disposición a mudarse allí. Sin embargo, el esposo aún concurría a la universidad, y sus recursos financieros eran muy limitados.

Si se mudaban a la comunidad donde estaba la misión, él tendría que viajar unos 130 km por día para concurrir a clase. Yo sabía que era pedirles demasiado. Además, en invierno, las condiciones de las carreteras de nuestra región podían ser sumamente peligrosas. Así que les respondí: «No, no puedo permitirles que lo hagan». Argumenté todas las razones para que dejaran de lado tal emprendimiento.

No obstante, al responder, el joven me miró y dijo: «Pastor, no me niegue la oportunidad de sacrificarme por mi Señor». Su afirmación me dejó indefenso. ¿Cómo podía rehusarme? Supe que aquel matrimonio tendría que pagar un alto precio para que nuestra iglesia obedeciera en la fundación de misiones nuevas.

Habíamos orado para que Dios llamara a un pastor a tiempo parcial, y yo debí haberme dispuesto a que Dios respondiera de una manera inesperada. Cuando ese matrimonio respondió con un compromiso tan profundo y tanta disposición a sacrificarse, el cuerpo (nuestra iglesia) ratificó la decisión de ellos frente al llamamiento... ¡y Dios proveyó para sus necesidades!

NO PUEDES QUEDARTE DONDE ESTÁS Y ACOMPAÑAR A DIOS

Cuando Dios habla, y así revela lo que está por hacer, tal revelación es la invitación para que ajustes tu vida a Él. Cuando ajustes tu corazón y tu mente a Dios, a Sus propósitos y a Sus caminos, estarás en condiciones de obedecer. No puedes seguir haciendo las cosas como de costumbre o quedarte onde estás, y acompañar a Dios simultáneamente. Dicha verdad se evidencia laramente en la Escritura.

- Noé no podía seguir haciendo las cosas como de costumbre y construir un arca al mismo tiempo (ver Gén. 6).
- Abram no podía quedarse en Ur o Harán y también ser padre de una nación en Canaán (ver Gén. 12:1-8).
- Moisés no podía permanecer como pastor de ovejas en medio del desierto y presentarse, al mismo tiempo, ante el faraón. (Ver Ex. 3.)
- Rahab no podía obedecer al rey y salvar, también, la vida de los espías israelitas (ver Jos. 2:1-24).
- Rut no podía quedarse con sus parientes y sumarse también al pueblo de Dios en Israel (ver Rut 1:16-18).
- David tuvo que dejar sus ovejas para ser rey (ver 1 Sam. 16:1-13).
- Amós tuvo que dejar sus higueras silvestres para predicar en Israel (ver Amós 7:14-15).
- Jonás tuvo que dejar su hogar y contradecir lo que se le había enseñado para predicar en Nínive (ver Jon. 1:1-2; 3:1-2; 4:1-11).
- Ester no podía quedarse callada delante del rey y salvar a su pueblo (ver Est. 4:14).
- Pedro, Andrés, Santiago y Juan tuvieron que dejar su negocio como pescadores para seguir a Jesús (ver Mat. 4:18-22)
- Mateo tuvo que dejar su rentable trabajo como recaudador de impuestos para seguir a Jesús (ver Mat. 9:9).
- Saulo tuvo que cambiar, por completo, el rumbo de su vida, para que Dios lo usara a fin de predicar el evangelio a los gentiles (ver Hech. 9:1-19).

Cada vez que el pueblo de Dios se dispuso a obedecer Su llamamiento, uvo que hacer enormes cambios y ajustes. Algunos tuvieron que dejar su amilia y su país. Otros tuvieron que superar prejuicios que habían sostenido or largo tiempo y modificar su manera de pensar. Hubo hombres y mujeres lispuestos a dejar atrás las metas de su vida, sus ideales y sus deseos. Tuvieron ue rendir todo a Dios y la totalidad de su vida debió ajustarse al Señor. Sin mbargo, en el momento en que se realizaron los ajustes necesarios, Dios omenzó a cumplir Sus propósitos a través de ellos. Cada uno aprendió que justar su vida a Dios siempre vale el costo que se paga.

Tal vez pienses: Dios no me pedirá que haga ajustes importantes en m vida, pero si consultas la Escritura para tratar de entender a Dios, verás qu sin duda, Dios requiere cambios en Su pueblo. Su propio hijo renunció mucho más que cualquier otro: «Porque ya conocéis la gracia de nuestro Seño Jesucristo, que por amor a vosotros se hizo pobre, siendo rico, para que voso tros con su pobreza fueseis enriquecidos» (2 Cor. 8:9). Jesús se despojó d todo honor y toda gloria del cielo para unirse al Padre en la obra de la salva ción a través de la muerte de Cristo en la cruz. No podía seguir siendo quie era en el cielo y ser, a la vez, parte del plan del Padre para redimir a l humanidad en la Tierra.

Si quieres ser seguidor de Jesús, no tienes alternativa. Tendrás que hace modificaciones considerables en tu vida. Seguir a tu maestro significa ir dond Él va. Mientras no estés listo para hacer todo cambio necesario a fin de segu y obedecer lo que Dios ha dicho, serás de poca utilidad para Él. Es posibl que a esta altura surja tu mayor dificultad para seguir a Dios.

Nuestra tendencia es desear que Dios se adapte a nosotros y a nuestro planes. Queremos obedecer a Dios, ¡pero solo bajo nuestras condiciones! N obstante, Sus caminos son diferentes a los nuestros. Dios dice: «Como so más altos los cielos que la tierra, así son mis caminos más altos que vuestro caminos, y mis pensamientos más que vuestros pensamientos» (Isa. 55:9). L única manera de seguirlo es alinear nuestro pensamiento y nuestras accione con los caminos de Dios. Antes de que podamos seguir a Jesús, debemos esta dispuestos a hacer todo ajuste necesario.

El joven rico rehusó hacer ajustes

El joven rico deseaba la vida eterna, pero no estuvo dispuesto a pagar e precio que Jesús le dijo (ver Luc. 18:18-27). La riqueza se interpuso en s camino para seguir al Señor, y Jesús sabía que ese hombre no podría servir Dios y aferrarse a su dinero al mismo tiempo (ver Mat. 6:24). Por eso, le pidi a ese joven aristócrata que renunciara a su riqueza, la cual había llegado a se un dios para él. El hombre rehusó hacer lo que Jesús le dijo, y dejó de busca a Dios.

El Señor conoce lo que hay en nuestro corazón que nos impide seguirl plenamente. Efesios 5:5 señala que la avaricia es una forma de idolatría. L prosperidad y el amor por las cosas mundanas pueden tentarnos a alguno de nosotros para dejar de seguir a Dios. Jesús dijo: «No podéis servir a Dio y a las riquezas» (Mat. 6:24). Efesios 5:5 también menciona la inmoralida como un obstáculo para la vida eterna.

La duda y la incertidumbre con respecto al futuro son las razones por las que muchos no pueden aceptar, incondicionalmente, la invitación de Dios para unirse a Él. La idea de alejarse del hogar y dejar la familia extendida impide que muchos cristianos sigan a Cristo. Ajustar nuestra vida a Dios significa superar las barreras financieras, físicas, emocionales, espirituales y de relación que nos impiden la obediencia absoluta a Él.

Los ajustes de Eliseo

Lee 1 Reyes 19:15-21. Dios le dijo a Elías que eligiera a Eliseo para que fuese su sucesor como profeta ante el pueblo de Dios. Elías encontró a Eliseo en un campo donde araba con doce yuntas de bueyes. Cuando Eliseo oyó el llamamiento de Dios a través de Elías, hizo grandes ajustes de inmediato: dejó su familia y su carrera como agricultor para responder al llamado de Dios. Eliseo quemó su equipo agrícola y mató a sus 25 bueyes. Después, cocinó la carne y alimentó a la gente de la comunidad. ¡Así daba una evidencia palpable de que su decisión era definitiva!

Cuando Eliseo hizo los ajustes necesarios, estuvo en condiciones de obedecer a Dios y servirle como profeta. En consecuencia, Dios obró a través de él para realizar algunas de las señales y los milagros más extraordinarios que se registran en el Antiguo Testamento (ver 2 Rey. 2–13). Así, el profeta demostró desde el inicio de su ministerio que se había tomado en serio la obediencia a Dios. Sin embargo, Dios no realizó ningún milagro a través de este hombre antes de que hiciera los ajustes necesarios.

Nadie puede resumir todo lo que Dios es capaz de cumplir a través de una vida totalmente rendida, ajustada y obediente a Él. ¿Quieres ser esa persona? No podrás proseguir con la obediencia sin hacer primero los ajustes que Dios exige en tu corazón y tu vida.

Jesús le dijo a Sus discípulos: «Si alguno quiere venir en pos de mí, niéguese a sí mismo (ajuste), tome su cruz cada día (ajuste), y sígame (obediencia)». Quienes intentan seguir a Jesús sin hacer los ajustes necesarios, siempre descubrirán que esto es imposible.

Los ajustes necesarios

¿Qué clase de ajustes requiere Dios que hagamos? Intentar responder esa pregunta es como procurar enumerar todas las cosas que Dios puede pedirte que hagas. La lista podría ser interminable. A continuación, se incluyen algunos ejemplos de las categorías generales donde tal vez necesites hacer ajustes:

- tus circunstancias (empleo, vivienda, finanzas),
- tus relaciones (familia, amigos, socios comerciales),
- tu manera de pensar (prejuicios, métodos, planificación),
- tus compromisos (con la familia, la iglesia, el empleo, los planes, la tradición),
- tus acciones (la manera de orar, dar, servir),
- tus creencias (sobre Dios, Sus propósitos, Sus caminos, tu relación con Él).

Cuando tengas que actuar según tu fe, necesitarás hacer un ajuste importante. Tal vez la decisión intelectual sea lo fácil. Lo difícil es ajustar tu vida a Dios y actuar de una manera que demuestre tu fe. Tal vez seas llamado a intentar cosas que solo Dios puede hacer, aunque es probable que antes hayas hecho solamente aquello que sabías que podrías lograr por ti mismo.

A veces, un ajuste abarca, simultáneamente, varias de las áreas mencionadas. Por ejemplo, Pedro era un fiel judío que solo comía alimentos apropiados según la ley hebrea. No tenía ningún interés en los gentiles «impuros». No obstante, un día mientras Pedro oraba, Dios le dio una visión que le cambió la vida. Tuvo que convencer a Pedro de que nada de lo que Dios había creado era impuro, y le dijo que acompañara a ciertos gentiles para predicarle a Cornelio y a su familia.

La experiencia con Cornelio le exigió a Pedro ajustar su manera de pensar y sus creencias en cuanto a lo que era limpio y lo que era impuro, a sus compromisos con las tradiciones del pueblo hebreo y a sus hábitos con respecto a relacionarse con gentiles (ver Hech. 10:1-20). Pedro hizo los cambios necesarios y obedeció a Dios. Cuando así lo hizo, Dios obró a través de él para que toda la familia de Cornelio llegara a experimentar la fe en Cristo.

Identificar la necesidad de un ajuste no es tan importante como hacer el ajuste. Una vez que comprendas el cambio que Dios desea que sigas, Él te hará saber cómo seguirlo. Lo que te corresponde es obedecer.

AJUSTES HECHOS EN RUSIA

Uno de los mayores privilegios que Marilynn y yo hemos disfrutado ha sido viajar por el mundo y animar a algunos de los misioneros más dedicados del Señor. En cierto viaje a Rusia, algunos años después del fin de la Guerra Fría, pasamos una tarde con una pareja encantadora. Cuando el esposo se jubiló de su empleo en los Estados Unidos, sintieron que el Señor les ponía una carga por el mundo que los rodeaba. Cuando prestaron atención para ver dónde estaba obrando Dios, se sintieron atraídos a la ex Unión Soviética, donde por largo tiempo se había prohibido la predicación del evangelio.

Finalmente, sintieron que Dios los guiaba a servir en una región extremadamente fría del norte de Rusia, pero tuvieron que enfrentar el costo. Se habían jubilado y ahora estaban en condiciones de disfrutar de la última etapa de su vida con viajes y actividades especiales de su iglesia. Tenían una hermosa casa y nietos en quienes pensar. Rusia estaba al otro lado del mundo, pero Dios los guiaba con claridad. Así que dejaron todo y se radicaron en una ciudad rusa, donde ni siquiera hablaban el idioma local.

Cuando los dos comenzaron a ministrar, se encontraron en medio de un amargo conflicto entre las iglesias de la zona. Cuando este matrimonio rehusó tomar parte en la controversia, ambos grupos se ofendieron y marginaron a esta pareja. Las dos partes recomendaron a sus congregaciones que no se relacionaran con los misioneros.

Cuando los conocimos, estaban sumamente desanimados. Habían sacrificado todas las comodidades de su anterior modo de vida. Vivían en un pequeño apartamento cuyo tamaño era solamente una fracción de la hermosa vivienda que tenían en Estados Unidos. ¡Pero lo peor de todo era que las personas por quienes habían viajado desde tan lejos no querían tener nada que ver con ellos! Estaban haciendo planes para regresar pronto a su lugar de origen.

Nos identificamos con su dolor, pero sentí que no habían hecho todos los ajustes necesarios para que Dios los usara en esa misión tan difícil. Habían cambiado su modo de vida, sus condiciones de vida y su ubicación geográfica; pero aún se aferraban a la creencia de que merecían ser tratados de cierta manera. Sentían que aquellos a quienes habían ido a servir tenían que valorar su sacrificio y esfuerzo, y estaban planeando regresar, porque no les habían demostrado gratitud ni aceptación.

Ahora bien, cuando no nos comprenden o nos tratan mal, esa es una respuesta muy humana. Sin embargo, los desafié con algunas preguntas difíciles. Les pedí que describieran cómo trataron a Jesús cuando dejó atrás la gloria del cielo y se acercó a personas que lo necesitaban con desesperación. Les pregunté cuántas personas valoraron realmente el sacrificio del Señor. Por último, les pregunté: «Si Jesús hubiera aplicado el mismo criterio que siguen ustedes, ¿qué costo habrían tenido que pagar los demás?». Jesús había anhelado tener una comunión profunda con quienes vino a salvar, los mismos que lo despreciaron, lo rechazaron y le dieron muerte.

Aquellos misioneros, al tener parte palpable en los sufrimientos de Cristo, pudieron vislumbrar Su amor de una manera que no es posible para muchos. Les recordé que en la fe cristiana no se trata de servir donde nos valoran, ni donde disfrutamos del éxito, sino de tener una relación con nuestro Señor, quien renunció a todo para que pudiéramos ser salvos.

Entonces respondieron con auténtica humildad. En ese momento, el Señor rodeó a esa amada pareja con Sus brazos de amor. Sonrieron con lágrimas en los ojos y dijeron que seguirían sirviendo a su Señor en el preciso lugar donde los había enviado. Dios les había dado una misión penosa, que les exigía hacer ajustes extensos y profundos en sus acciones y actitudes. Sin tales ajustes, no podrían servir al Señor como Él los había invitado a hacerlo.

Una entrega absoluta

A menudo, Dios requiere ajustes en áreas que nunca antes habías considerado. Pedro ni hubiera soñado que Dios le pediría que entrara en la vivienda de un gentil, pero eso fue, exactamente, lo que hizo el Señor. Solo porque nunca te hayas considerado maestro de la Biblia, escritor o misionero, no significa que Dios nunca te pida que enseñes, escribas o vayas a un viaje misionero. Él desea nuestra entrega absoluta. Debemos tener el corazón dispuesto a hacer todo lo que Dios nos pida y luego confiar que Él nos facultará para hacerlo. Dios no se deleita en pedirnos que hagamos cosas que no nos gustan. No obstante, nos ama lo suficiente como para hacernos participar en Su obra y se niega a dejarnos tal como estamos cuando sabe que podríamos tener una experiencia más profunda con Él. Todo ajuste que Dios espera que hagas es para tu propio bien y el de aquellos a quienes planea bendecir por medio de tu vida.

Los ajustes necesarios se hacen en respuesta directa a la dirección de Dios. A veces, tomamos decisiones para agradar a nuestra iglesia, a nuestros amigos o a nuestros padres, pero tales decisiones pueden ser buenas o no. Para seguir y experimentar a Dios de verdad, tenemos que orientar nuestra vida hacia Él. Así, cambiamos nuestro punto de vista para alinearlo con el suyo. Modificamos nuestros caminos para que sigan el suyo. Después que realizamos los cambios necesarios, Él nos dice qué hacer a continuación. Agradar a Dios es más importante que caerle bien a los amigos, los pastores o incluso nuestra familia.

Algunas personas han puesto en tela de juicio que siempre se necesiten ajustes importantes para seguir a Dios. Cuando vas desde donde estás hasta donde Dios está obrando, desde tu manera de pensar hasta la manera de pensar de Dios, desde tus caminos hasta Sus caminos, o desde tus propósitos hasta Sus propósitos, tendrás que hacer algún ajuste importante. Esto se debe a que los caminos y los planes de Dios son mucho mejores que nuestros mejores planes y nuestro mejor pensamiento.

Dependencia absoluta de Dios

La entrega absoluta implica entregar a Dios nuestros deseos, nuestras metas y preferencias, y aceptar Su voluntad por más difícil que sea. Otro ajuste que debemos hacer para cumplir la voluntad de Dios es llegar a depender de Él por completo. Jesús dijo: «Separados de mí nada podéis hacer» (Juan 15:5). Como siervos de Dios, debemos cultivar una relación íntima con Él para que cumpla Su obra a través de nosotros. Tenemos que depender únicamente de Dios. Cuando le entregamos totalmente nuestra vida, llegamos a depender de Él por completo. Y entonces comprendemos que, separados de Él, nada podemos hacer. Para que Dios pueda cumplir Sus propósitos a través de nosotros, debemos aprender a vivir de manera tal que confiemos en Él sin reservas.

Para hacer ese ajuste, es necesario dejar de trabajar para Dios conforme a nuestra capacidad, nuestros dones, nuestras metas, lo que nos gusta y lo que no nos gusta, a fin de depender totalmente de Él, de Su obra y de Sus recursos. Esto exige valor y fe.

Lee los siguientes pasajes bíblicos y observa las razones por las que debemos confiar en que Dios cumpla Sus propósitos:

- Yo soy la vid, vosotros los pámpanos; el que permanece en mí, y yo en él, éste lleva mucho fruto; porque separados de mí nada podéis hacer (Juan 15:5).
- Pero por la gracia de Dios soy lo que soy; y Su gracia no ha sido en vano para conmigo, antes he trabajado más que todos ellos; pero no yo, sino la gracia de Dios conmigo (1 Cor. 15:10).
- Con Cristo estoy juntamente crucificado, y ya no vivo yo, mas vive Cristo en mí; y lo que ahora vivo en la carne, lo vivo en la fe del Hijo de Dios, el cual me amó y se entregó a sí mismo por mí (Gál. 2:20).
- Jehová de los ejércitos juró diciendo: Ciertamente se hará de la manera que lo he pensado, y será confirmado como lo he determinado (Isa. 14:24).

- No temas, porque yo estoy contigo; no desmayes, porque yo soy tu Dios que te esfuerzo; siempre te ayudaré, siempre te sustentaré con la diestra de mi justicia (Isa. 41:10).
- Porque yo soy Dios, y no hay otro Dios [...]. Mi consejo permanecerá, y haré todo lo que quiero [...]. Yo hablé, y lo haré venir; lo he pensado, y también lo haré (Isa. 46:9-11).

Si Dios no está obrando en ti, no puedes hacer nada para producir fruto espiritual. Si estás crucificado con Cristo, Él vive en ti para cumplir Sus propósitos por Su gracia. Cuando Dios emprende algo, garantiza que lo cumplirá. Él es quien cumplirá lo que planea hacer. Si confías en alguien o algo que no sea Dios, te encaminas hacia el fracaso.

Cuando se espera en el Señor

A veces, cuando ajustes tu vida a Dios, te pedirá que aguardes una respuesta de Él. Aprender a esperar en Dios es uno de los aspectos más difíciles e importantes de la vida cristiana. Dios busca tener una relación de amor contigo, y tu espera hace que llegues a depender de Él por completo. Eso garantiza que actúes en el tiempo de Dios y no en el tuyo. Con frecuencia, la Escritura elogia el acto de esperar en el Señor:

- Estad quietos, y conoced que yo soy Dios... (Sal. 46:10).
- Nuestra alma espera a Jehová; nuestra ayuda y nuestro escudo es él (Sal. 33:20).
- Espera en Jehová, y guarda su camino, y él te exaltará para heredar la tierra... (Sal. 37:34).
- Porque en ti, oh Jehová, he esperado; tú responderás, Jehová Dios mío (Sal. 38:15).
- Pero los que esperan a Jehová tendrán nuevas fuerzas; levantarán alas como las águilas; correrán, y no se cansarán; caminarán, y no se fatigarán (Isa. 40:31).

Tal vez consideres que el acto de esperar es algo pasivo, pero esperar en el Señor no tiene nada de inactividad. Mientras aguardas una respuesta de Dios te mantendrás en oración, con el deseo ardiente de conocerlo y conocer Sus propósitos y Sus caminos. Mientras tanto, evaluarás tus circunstancias y le pedirás a Dios que te permita verlas desde Su perspectiva. Tendrás comunión con otros creyentes para averiguar lo que Dios les está diciendo. Mientras esperas en el Señor, pedirás, buscarás y llamarás con insistencia: «Pedid, y se os dará; buscad, y hallaréis; llamad, y se os abrirá. Porque todo aquel que pide, recibe; y el que busca, halla; y al que llama, se le abrirá» (Mat. 7:7-8).

Mientras aguardas, continúa con lo último que Dios te dijo que hicieras. Al aguardar, traspasarás la responsabilidad del resultado a Dios, pues así corresponde. Después, cuando Él te dé una dirección específica, en cuestión de días y semanas hará más a través de ti de lo que habrías logrado con años de esfuerzo propio. Siempre vale la pena esperar en el Señor. El tiempo y los caminos de Dios son siempre perfectos. Tienes que confiar en Él para que te guíe a cumplir Su voluntad.

Resumen

No puedes quedarte donde estás y obedecer la voluntad de Dios al mismo tiempo. Siempre deberás hacer ajustes para dejar tus caminos, pensamientos y propósitos, y orientarte hacia los de Dios. Tales ajustes pueden requerir cambios en tus circunstancias, tus relaciones, tus actitudes, tus compromisos, tu conducta y tus creencias. Una vez que hayas hecho los cambios necesarios, puedes seguir a Dios en obediencia. Ten presente: el Dios que te llama también es aquel que te facultará para hacer Su voluntad (1 Tes. 5:24).

Cuando rindas todo lo que hay en tu vida al señorío de Cristo, tal como sucedió con Eliseo, descubrirás que los ajustes bien valieron la recompensa de tener una experiencia con Dios. Si no has llegado a un punto en que hayas rendido todo al Señor, decide hoy negarte a ti mismo, tomar tu cruz y seguirle (Luc. 9:23).

Cómo tener hoy una experiencia con Dios

Las personas que poderosamente fueron usadas por Dios, siempre tuvieron que hacer ajustes importantes en su vida. Lee a continuación las declaraciones hechas por algunos siervos escogidos de Dios. Piensa en el considerable nivel de compromiso que refleja cada una:

David Livingstone. Él consideraba que su obra como médico misionero en África era un alto honor y no un sacrificio. Dijo: «Mientras otros hombres estimen como honor el servicio a un gobierno terrenal, nunca consideremos como sacrificio la misión encomendada por el Rey de reyes. Soy misionero de pies a cabeza. Dios mismo tuvo un único Hijo, que fue misionero y médico.

Soy, o deseo ser, una imitación sumamente burda, pero espero vivir cumpliendo este servicio. Y anhelo morir cumpliéndolo. Sigo prefiriendo la pobreza y el servicio misionero a la riqueza y la comodidad. Esta es mi decisión».[1]

Jim Elliot. Fue misionero entre los aborígenes huaorani (anteriormente conocidos como aucas) de Sudamérica. Estuvo dispuesto a renunciar a las cosas terrenales por una recompensa celestial. Jim fue sabio al escribir: «No es necio el que entrega lo que no puede conservar, para ganar lo que no puede perder».[2] Cuando procuraba difundir el evangelio entre quienes nunca habían oído hablar de Jesús, Jim murió a manos de los nativos sudamericanos. Posteriormente, su esposa y otros pudieron dar testimonio del mensaje de salvación a los asesinos de Jim y, en consecuencia, muchos llegaron a entregarse a Cristo.

Bob Pierce. Dios se valió de Bob Pierce para fundar los ministerios World Vision y Samaritan's Purse, ambos destinados a ayudar a poblaciones empobrecidas alrededor del mundo.

Esta era la oración de Bob: «Que mi corazón se quebrante por las cosas que quebrantan el corazón de Dios».[3] Permitió que Dios le modificara de tal manera su pensamiento, que llegó a sentir una profunda compasión por los necesitados y se dedicó a cuidar de ellos.

Oswald Smith. Dijo: «Quiero tu plan, oh Dios, para mi vida. Sea que yo esté contento y satisfecho, en mi tierra o en el campo extranjero; sea casado o soltero, en felicidad o en tristeza, en salud o en enfermedad, en prosperidad o en adversidad, quiero tu plan, oh Dios, para mi vida. ¡Lo quiero! ¡Sí, lo quiero!».[4] Fue un estadista misionero que se desempeñó como pastor en Toronto, Canadá.

C. T. Studd. Dijo: «Si Jesucristo es Dios y murió por mí, entonces no hay sacrificio demasiado grande que pueda hacer por Él».[5] Studd sirvió como misionero en China, India y África.

¿Cuál de estas citas es la más significativa o conmovedora para ti? Si estás dispuesto a asumir un compromiso similar con el señorío de Cristo, dedica unos momentos en oración para expresar tu disposición a ajustar tu vida conforme al Señor, Sus propósitos y Sus caminos.

PREGUNTAS PARA REFLEXIONAR

1. ¿Qué ajuste te está pidiendo Dios que hagas en este momento? ¿Esos ajustes incluyen tus valores, tus actitudes, tus acciones, tus relaciones?
2. ¿Hay algún ajuste que Dios te ha pedido que hagas y que te resulta difícil? ¿Hay algo que Dios te pida que hagas ya mismo y te estás resistiendo?

---

1. David y Naomi Shibley, *The Smoke of a Thousand Villages* [El humo de mil aldeas] (Nashville: Thomas Nelson Publishers, 1989), 11.
2. Elisabeth Elliot, *Shadow of the Almighty: The Life and Testament of Jim Elliot* [La sombra del Todopoderoso: La vida y el testamento de Jim Elliot] (Nueva York: Harper and Brothers Publishers, 1958), 247.
3. Franklin Graham con Jeanette Lockerbie, Bob Pierce: *This One Thing I Do* [Esto que yo hago] (Waco, TX: Word Books, 1983), 220.
4. Shibley, 11.
5. Shibley, 98.

18

PARA UNIRSE A DIOS SE NECESITA OBEDIENCIA

Respondió Jesús y le dijo: El que me ama, mi palabra guardará; y mi Padre le amará, y vendremos a él, y haremos morada con él. (Juan 14:23)

Así, pues, cualquiera de vosotros que no renuncia a todo lo que posee, no puede ser mi discípulo. (Luc. 14:33)

OBEDIENTE A TODA COSTA

Cuando me desempeñaba como pastor, observaba a las personas cultivar una relación con Dios y disponerse a hacer cualquier cosa que Él les indicaba. Una estudiante universitaria sintió que Dios la guiaba a bautizarse, pero su padre era ateo y se oponía firmemente a que lo hiciera. Llegó a amenazarla con consecuencias drásticas si se bautizaba. Sin embargo, la joven declaró que debía hacer lo que Dios le decía, y en el culto en que la bauticé, temblaba de miedo. Cuando sus amigos la llevaron de regreso, encontró su maleta empacada sobre el escalón del frente de la casa. Ya no era bienvenida en su propio hogar.

En mi congregación hubo otros que vendieron su vivienda y partieron para servir en las misiones. Otros donaron autos a personas necesitadas. Muchos hicieron grandes sacrificios financieros. Era reconfortante observar cómo las personas, motivadas por su devoción a Cristo, hacían cualquier cosa que Él les pidiera. No se debía a que tuvieran temor o se sintieran culpables, sino a que habían llegado a experimentar el amor de Dios que los había transformado y, entonces, estaban dispuestos a hacerlo todo por Él.

En el capítulo 7, estudiamos la relación entre el amor y la obediencia. Jesús dijo: «Si me amáis, guardad mis mandamientos. El que no me ama, no guarda mis palabras [...]» (Juan 14:15, 24). Aquí hay algunas ideas importantes de ese capítulo que sirven para repasarlo:

- La obediencia es la expresión exterior de tu amor por Dios.
- La recompensa de la obediencia es que Dios se te dará a conocer.
- Si tienes un problema con la obediencia, tienes un problema con el amor.
- Si amas a Dios, ¡lo obedecerás!

Jesús dijo: «Porque todo aquel que hace la voluntad de mi Padre que está en los cielos, ése es mi hermano, y hermana, y madre» (Mat. 12:50). Jesús aclaró que la obediencia es la expresión de tu relación de amor con Dios (ver Juan 14:15-21).

En su carta a los creyentes, Santiago destacó que la fe sin obediencia práctica está muerta, es decir, es inútil. Cuando los discípulos obedecieron a Jesús, contemplaron y experimentaron el poder de Dios obrando en ellos y a través de ellos. Cuando no actuaron por fe, no experimentaron el poder de Dios en acción.

¿Qué es la obediencia?

Los siervos de Dios hacen lo que Él indica. Obedecen. El siervo no tiene la opción de decidir si obedecerá o no. Cuando decidimos no hacer lo que Dios manda, incurrimos en rebelión, y esta actitud tiene consecuencias.

Las personas se centran en sí mismas por naturaleza. Queremos complacernos a nosotros mismos. ¡No nos gusta que otros nos digan qué hacer! Jesús relató una parábola sobre la obediencia: «Pero ¿qué os parece? Un hombre tenía dos hijos, y acercándose al primero, le dijo: Hijo, ve hoy a trabajar en mi viña. Respondiendo él, dijo: No quiero; pero después, arrepentido, fue. Y acercándose al otro, le dijo de la misma manera; y respondiendo él, dijo: Sí, señor, voy. Y no fue» (Mat. 21:28-30).

¿Cuál de los dos hijos hizo la voluntad de su padre? ¿El que dijo «no», pero después se arrepintió, o el que dijo «sí», pero nunca fue? Por supuesto, el primer hijo es el que obedeció al padre. La obediencia significa hacer lo que se ordena. ¡Cuánto mejor es ser un hijo que responde «sí» y, de inmediato, va y obedece!

Obedece aquello que ya sabes que es la voluntad de Dios

Cuando mis dos nietos mayores eran adolescentes, el mayor, Mike, obtuvo un empleo a tiempo parcial para servir comida rápida. Era un trabajo frenético y agotador, a cambio de un salario mínimo. Al poco tiempo, a Daniel, su hermano menor, le ofrecieron un empleo similar en una hamburguesería. Por haber observado la experiencia de Mike, Daniel respondió: «No, gracias. ¡Creo que pasaré por alto el trabajo de poca importancia y apuntaré derecho a la gerencia superior!»

Los cristianos somos así: anhelamos que Dios nos dé una misión importante, pero no estamos dispuestos a demostrar que somos fieles en las tareas más pequeñas y, aparentemente, menos importantes. ¿Alguna vez te preguntaste por qué nunca recibiste una misión importante de Dios? Ten presente tu obediencia a lo que Dios ya te ha mostrado. Dios dio los diez mandamientos. ¿Los obedeces? Jesús nos mandó amar a nuestros enemigos. ¿Lo haces? ¿Estás haciendo todo lo que sabes hacer para difundir el evangelio en todas las naciones como Cristo lo ordenó? (ver Mat. 28:18- 20). La Escritura nos ordena vivir en unidad con nuestros hermanos en Cristo. ¿Acaso tus relaciones se caracterizan por amor y armonía?

Los mandamientos de Dios no se han dado para que escojamos los que queremos obedecer. Dios quiere que hagamos todo lo que nos dice. Cuando seamos fieles y obedientes en lo poco, Dios nos confiará algo mayor.

La obediencia y las misiones de Dios

Como ya lo hemos dicho, Dios siempre ha estado en acción en nuestro mundo, y ahora está obrando a tu alrededor. Cuando Dios esté listo para hacerte participar en una misión, tomará la iniciativa para revelar tanto lo que ya está haciendo como lo que está por hacer. Cuando lo haga, eso será Su invitación para que te unas a Él.

Tu participación en la obra de Dios podría requerir que hagas grandes ajustes en tu vida, para que Él pueda cumplir Su voluntad por medio de ti. Cuando comprendas lo que Dios ha dicho, cuando sepas lo que Él está por hacer y cuando hagas los ajustes necesarios en tu vida, te faltará responderle a Dios en algo más. Para experimentar Su obra en ti y a través de ti, deberás obedecerlo.

Este capítulo habla de la última de las siete realidades: *Llegas a conocer a Dios por experiencia cuando lo obedeces y Él realiza Su obra a través de ti.* Todo ese proceso del cual hemos hablado en forma general, puede suceder con rapidez o puede llevar un tiempo prolongado.

EL MOMENTO DE LA VERDAD

En el proceso de tener una experiencia con Dios, la obediencia es tu momento de la verdad. Tu obediencia (o la falta de ella):

1. Revelará lo que crees de Dios;
2. Determinará si podrás experimentar el poder de Dios en ti y a través de ti;
3. Determinará si podrás llegar a conocerlo en forma más íntima.

Obedecerás a Dios, porque confías en Él. Confías en Dios, porque lo amas. A medida que crezcas en tu fe y obedezcas a Dios en cada paso, tu conocimiento de Dios dejará gradualmente de ser algo intelectual para comenzar a ser una relación con Jesucristo de una manera personal, dinámica y basada en la experiencia.

Al revelarte Su carácter y Su actividad, el Señor inicia esa relación contigo. El Espíritu Santo es tu maestro y guía; Él te ayuda a confiar en Dios y a obedecerlo; pero tú eres quien debe responder en obediencia. Nadie más puede hacerlo en tu lugar. Cuando confías en Dios y lo obedeces en forma práctica, llegas a crecer en Él. Como dice 1 Juan 2:3-6: «Y en esto sabemos que nosotros le conocemos, si guardamos sus mandamientos. El que dice: Yo le conozco, y no guarda sus mandamientos, el tal es mentiroso, y la verdad no está en él; pero el que guarda su palabra, en éste verdaderamente el amor de Dios se ha perfeccionado; por esto sabemos que estamos en él. El que dice que permanece en él, debe andar como él anduvo».

De manera similar, Jesús dijo:

> «No todo el que me dice: Señor, Señor, entrará en el reino de los cielos, sino el que hace la voluntad de mi Padre que está en los cielos. Muchos me dirán en aquel día: Señor, Señor, ¿no profetiza-

mos en tu nombre? [...] Y entonces les declararé: Nunca os conocí; apartaos de mí, hacedores de maldad» (Mat. 7:21-23).

La importancia de la obediencia

Como sabes que Dios te ama, nunca debes poner en tela de juicio una orden suya. Siempre será acertada y siempre, lo mejor. Cuando Dios te expresa Su voluntad, no es para que la sometas a consideración, conversación o debate. No te ha llamado para «luchar con Su voluntad» como lo hacen muchos. Tienes que obedecerla. Lo que la Escritura dice de la obediencia es lo siguiente:

> Acontecerá que si oyeres atentamente la voz de Jehová tu Dios, para guardar y poner por obra todos sus mandamientos que yo te prescribo hoy, también Jehová tu Dios te exaltará sobre todas las naciones de la tierra. [...] Jehová te enviará su bendición sobre tus graneros, y sobre todo aquello en que pusieres tu mano; y te bendecirá en la tierra que Jehová tu Dios te da (Deut. 28:1,8).
>
> Pero acontecerá, si no oyeres la voz de Jehová tu Dios, para procurar cumplir todos sus mandamientos y sus estatutos que yo te intimo hoy [...]. Y Jehová enviará contra ti la maldición, quebranto y asombro en todo cuanto pusieres mano e hicieres, hasta que seas destruido, y perezcas pronto a causa de la maldad de tus obras por las cuales me habrás dejado (Deut. 28:15,20).
>
> Escuchad mi voz, y seré a vosotros por Dios, y vosotros me seréis por pueblo; y andad en todo camino que os mande, para que os vaya bien (Jer. 7:23).
>
> ¿Por qué me llamáis, Señor, Señor, y no hacéis lo que yo digo? Todo aquel que viene a mí, y oye mis palabras y las hace, os indicaré a quién es semejante. Semejante es al hombre que al edificar una casa, cavó y ahondó y puso el fundamento sobre la roca; y cuando vino una inundación, el río dio con ímpetu contra aquella casa, pero no la pudo mover, porque estaba fundada sobre la roca. Mas el que oyó y no hizo, semejante es al hombre que edificó su casa sobre tierra, sin fundamento; contra la cual el río dio con ímpetu, y luego cayó, y fue grande la ruina de aquella casa (Luc. 6:46-49).

> Jesús les respondió y dijo: Mi doctrina no es mía, sino de aquel que me envió. El que quiera hacer la voluntad de Dios, conocerá si la doctrina es de Dios, o si yo hablo por mi propia cuenta (Juan 7:16-17).

Dios bendice a quienes lo obedecen (ver Deut. 28:1-14). Los beneficios de la obediencia superan nuestra imaginación, pero algunos de ellos son: formar parte del pueblo de Dios (ver Jer. 7:23), tener un cimiento sólido cuando arremeten contra ti las tormentas de la vida (ver Luc. 6:46-49), y conocer la verdad espiritual (ver Juan 7:16-17).

La desobediencia, es decir, la rebelión contra Dios, es un serio rechazo de Su voluntad. El pasaje de Deuteronomio 28:15-68 señala el costo de la desobediencia. (Para estudiar en mayor detalle los resultados de la obediencia y la desobediencia, consulta los capítulos 30 y 32 de Deuteronomio).

El costo de la obediencia

De manera similar, la obediencia tiene sus costos. No podrás conocer y hacer la voluntad de Dios sin pagar el precio de los ajustes. Enfrentar el costo de seguir la voluntad de Dios es uno de los grandes ajustes que deberás hacer. Muchos dejan de seguir a Jesús cuando deben enfrentar el costo. En efecto, a estas alturas «muchos de sus discípulos volvieron atrás, y ya no andaban con él» (Juan 6:66). Las iglesias también deben comprender que, a menudo, la obediencia exige sacrificios. Una congregación no conocerá ni experimentará el cumplimiento de los propósitos de Dios si sus miembros no están dispuestos a pagar el precio de la obediencia. Los líderes perjudicarán a su congregación si no ayudan a las personas a comprender esta realidad.

En el primer siglo, Saulo, un fariseo, tenía un reconocido prestigio en la estructura del poder religioso de Jerusalén. Perseguía despiadadamente a los cristianos para apresarlos o ejecutarlos. En eso, mientras viajaba a Damasco, se encontró con el Cristo viviente. El Salvador resucitado le dijo que lo había escogido para predicar el mensaje de salvación a los gentiles. Entonces, Saulo tuvo que cambiar en forma repentina y absoluta los planes de su vida. Incluso, se cambiaría el nombre por Pablo. De este modo, pasó de perseguir a los cristianos, a proclamar que Jesús es el Cristo.

La decisión de obedecer a Cristo fue costosa para Pablo. El perseguidor llegó a ser el perseguido. Fue azotado y puesto en prisión muchas veces, y su vida siempre corrió peligro a causa del sistema religioso con cuyo liderazgo había contribuido antes.

A menudo, seguir a Dios es objeto de crítica y confusión. Jesús dijo a Sus discípulos que serían perseguidos por seguirlo a Él (Juan 15:18-21). Pablo concluyó una de sus cartas diciendo: «... yo traigo en mi cuerpo las marcas del Señor Jesús» (Gál. 6:17). Antes de empezar a cumplir la voluntad de su Señor, Pablo no había tenido esas experiencias; sin embargo, sostuvo que la pasión de su vida, por excelencia, era «conocerle, y el poder de su resurrección, y la participación de sus padecimientos, llegando a ser semejante a él en su muerte, si en alguna manera llegase a la resurrección de entre los muertos. No que lo haya alcanzado ya, ni que ya sea perfecto; sino que prosigo, por ver si logro asir aquello para lo cual fui también asido por Cristo Jesús» (Fil. 3:10-12).

El apóstol describió así los ajustes que debió hacer: «A todos me he hecho de todo, para que de todos modos salve a algunos» (1 Cor. 9:22). La Escritura están repletas de ejemplos de personas que tuvieron que hacer ajustes costosos para obedecer.

Moisés y los israelitas

Cuando Moisés obedeció lo que el Señor le indicó y le dijo al faraón que librara a los israelitas, ¿cuánto le costó al pueblo? Les aumentaron la carga de trabajo y azotaron a sus capataces. Finalmente, fueron liberados, pero los israelitas pagaron un alto precio para que su líder cumpliera la voluntad de Dios (Ver Ex. 5:1-21).

Jesús y María

Cuando Jesús fue a la cruz, ¿cuál fue el costo para su madre al verlo sufrir y morir? ¿Acaso hay alguna experiencia más agonizante que la de ver cómo matan, cruelmente, a tu hijo? (ver Juan 19:17-37). La obediencia de Jesús hizo que Su madre pasara por una experiencia desgarradora. Además, acarreó temor y dolor en la vida de Sus discípulos. Para que Jesús cumpliera la voluntad de Dios, otros tuvieron que pagar un alto costo.

Pablo y Jasón

Cuando Pablo obedeció y predicó a los gentiles de Tesalónica, muchos respondieron bien al mensaje del evangelio. No obstante, otros que se oponían a la obra de Dios reaccionaron con violencia y proyectaron su ira sobre algunos cristianos locales. Una muchedumbre amotinada arrestó a Jasón (un creyente que apoyaba a Pablo, junto con algunos otros cristianos) y los acusaron de traición por haberse asociado con el predicador itinerante. A menudo, la obediencia de Pablo puso en peligro la vida de quienes lo acompañaban (ver Hech. 17:1-9).

No pases por alto ese elemento que es una parte real de conocer y hacer la voluntad de Dios. Dios te revelará Sus planes y propósitos, pero tu obediencia tendrá un costo para ti y los que te rodean.

EL COSTO PARA MI FAMILIA

Tengo cinco hijos, y cuando aún eran pequeños, Dios dirigió a nuestra familia para que dejáramos un pastorado seguro y sólido en California, a fin de incorporarnos a una congregación en Saskatoon, Canadá. Dicha iglesia era diminuta, tenía dificultades y no podía brindar el sustento financiero adecuado a nuestra familia. Al paso de los años, con frecuencia Dios me ha llamado a viajar y visitar otras iglesias, y participar en conferencias. A causa de mis viajes y mis responsabilidades para con la iglesia y el instituto bíblico, en muchas ocasiones Marilyn no contó con mi ayuda para cuidar de nuestros cinco hijos. En ocasiones, le tocó pagar un alto precio para que yo hiciera lo que sentía que Dios me pedía hacer.

He oído a muchas personas decir: «Realmente creo que Dios me llama, pero mis hijos me necesitan. No puedo imponerle eso a mi familia». O bien: «Siento que Dios quiere que le sirva en el campo misionero, pero mis hijos merecen la oportunidad de vivir cerca de sus abuelos». Es verdad que tus hijos necesitan de tu cuidado, y es maravilloso cuando pueden vivir cerca de sus parientes. No obstante, ¿no crees que si respondieras en obediencia a la actividad de Dios, Él cuidaría de tus hijos?

¿Cuál supones que sería el costo para tu familia si escogieras no obedecer a Dios? Creímos que el Dios que nos llamó honraría nuestra obediencia a Él y nos ayudaría a criar a nuestros hijos. Llegamos a creer que el Padre celestial podía cuidar de nuestros hijos mejor que nosotros mismos. Creímos que Dios nos mostraría cómo relacionarnos con nuestros hijos de una manera que compensara el tiempo que no les dedicábamos. Si bien esto no podía ser una excusa para descuidar a mi familia, cuando obedecía al Padre, podía confiarle el cuidado de ellos.

El primer año que estuvimos en Saskatoon, solo bautizamos a tres personas, y tras más de dos años de esfuerzo, nuestros cultos tenían una asistencia promedio de cuarenta personas. Un día, Marilynn me dijo: «Henry, sabes que hoy Richard vino a decirme que, realmente, siente pena por ti. Dijo: "Papá predica sermones muy buenos. Una semana tras otra hace una invitación, pero nadie responde"».

Entonces, busqué a Richard y le dije: «Nunca sientas pena por tu padre. Aunque Dios me permita esforzarme aquí durante diez años y vea pocos resultados, aguardaré con agrado el día en que Él traiga la cosecha». Tuve que ayudar a Richard a comprender lo que sucedía. Le expliqué la promesa de Dios: «Irá andando y llorando el que lleva la preciosa semilla; mas volverá a venir con regocijo, trayendo sus gavillas» (Sal. 126:6). Dios usó aquella situación para enseñarle a mi hijo una verdad espiritual de profunda importancia.

Dios cuidó de Marilynn

Recuerdo cuando Marilynn tuvo una crisis de desaliento. A pesar de que nuestra iglesia crecía y era evidente que Dios estaba en acción, comenzó a preguntarse si los sacrificios y esfuerzos que hacía estaban dando algún resultado. El domingo siguiente después de que prediqué, Richard pasó al frente para dar testimonio de una decisión ante la iglesia. Dijo: «Dios me está llamando al ministerio cristiano».

Inmediatamente detrás de él, vino otro joven a quien Marilynn le había dedicado horas de ministración. Dijo: «Yo también me siento llamado al ministerio». Y luego se volvió a la congregación y agregó: «Y gran parte de esta decisión tiene que ver con la esposa del pastor».

Luego, otro adulto joven se puso de pie y dijo: «Quiero que sepan que Dios también me llama al ministerio, y deseo agradecer a la esposa del pastor por darme ánimo». En una ocasión de crisis en la vida de ese joven, nuestra familia lo había ministrado y animado a buscar la voluntad de Dios. Ese día, Dios le mostró a Marilynn algunos de los frutos de su obediencia a Él. Es cierto que habían tenido un costo, pero las recompensas lo valían.

Nuestros cinco hijos son ahora parte de un ministerio vocacional o una obra misionera. Durante aquellos años en que, a menudo, me ausentaba de casa, Dios prometió ayudar a Marilynn con los aspectos prácticos de criar a nuestros hijos. Nunca prometió que sería fácil, y muchas veces, no lo fue, pero solo Dios pudo obrar de manera tan poderosa en nuestros cuatro hijos y en nuestra hija. A estas fechas, nuestros dos nietos mayores, ambos de veintitantos años de edad, se sienten llamados al ministerio cristiano a tiempo completo, y nuestros catorce nietos aman al Señor.

¡Quiero que sepas que puedes confiarle tu familia a Dios! Yo prefiero confiar mi familia al cuidado de Dios antes que al de cualquier otra persona en el mundo.

LOS AJUSTES EN LA ORACIÓN Y SU COSTO

Cuando nuestra iglesia recibía una orden de Dios, por lo regular, yo experimentaba una crisis en mi propia vida de oración. Con frecuencia, Dios espera para actuar hasta que se lo pidamos en oración. Esta era la crisis: ¿Estaba dispuesto a orar hasta que Dios respondiera? En Marcos 11:24, hay una promesa relativa a la oración, que para mí ha sido un desafío con respecto a la relación entre la fe y la oración: «Por tanto, os digo que todo lo que pidiereis orando, creed que lo recibiréis, y os vendrá».

A veces, se usa este versículo para promover la teología de «nombrarlo y reclamarlo». Tú decides lo que quieres. Lo nombras en tu oración, lo reclamas y lo recibes. Sin embargo, es un concepto equivocado y egocéntrico. Recuerda que solo Dios toma la iniciativa. Él te da el deseo de cumplir Su voluntad (ver Fil. 2:13) y Su Espíritu Santo te guía a orar conforme a la voluntad de Dios (ver Rom. 8:26-28). Si consideramos el criterio que se centra en Dios, Él te guía a orar conforme a Su voluntad y a creer que cumplirá aquello por lo cual te ha guiado a orar. Luego, continúas orando con fe y aguardando a que cumpla Su palabra.

Un encuentro con Dios conlleva una crisis de confianza que podría requerir grandes ajustes en tu vida. Por eso, necesitas aprender a orar. Hasta la oración puede ser algo costoso. Tal vez necesites permitir que Dios te despierte en medio de la noche para orar. Quizás, necesites dedicar mucho tiempo a la oración. Podrían llegar ocasiones en que ores hasta muy tarde por la noche o, incluso, durante toda la noche. Para llegar a ser una persona dedicada a la oración, necesitarás ajustar en gran medida tu vida a Dios. La oración siempre será parte de tu obediencia, porque Dios da Sus directivas en una relación de oración.

Cuando trates de guiar a las personas que te rodean a orar, tendrás que pagar otro costo. Casi ninguna iglesia ha aprendido a orar en unidad. El mayor recurso sin explotar que conozco, es la oración en unidad del pueblo de Dios. Al citar Isaías 56:7, Jesús dijo: «Mi casa es casa de oración» (Luc. 19:46). La experiencia de ayudar a tu iglesia a llegar a ser una congregación dedicada a la oración será gratificante.

Una segunda oportunidad

Con frecuencia, me preguntan: «Cuando una persona desobedece la voluntad de Dios, ¿Él le da una segunda oportunidad?». La respuesta es «sí»... a veces. Él no siempre da una segunda oportunidad, ni está obligado a ello.

Cuando Dios planeaba llamar a Nínive al arrepentimiento, le pidió a Jonás que se uniera a Él. Jonás se negó porque tenía prejuicios contra esos «enemigos paganos». Prefería ver que Dios destruyera la ciudad. La desobediencia a Dios es algo sumamente grave. Jonás experimentó el trauma de ser arrojado al mar en medio de una tormenta y de pasar tres días dentro de un gran pez. Se arrepintió y confesó su desobediencia, y Dios le brindó una segunda *oportunidad.*

La segunda vez, Jonás obedeció, aunque a regañadientes. El primer día, predicó un mensaje de una sola oración, ¡y Dios lo usó para que 120 000 personas se arrepintieran! Dijo: «... sabía yo que tú eres Dios clemente y piadoso, tardo en enojarte, y de grande misericordia, y que te arrepientes del mal» (Jon. 4:2). La respuesta de Dios a Jonás y a los pobladores de Nínive lo dice todo sobre cuán compasivo es Dios con todas las personas y cuánto desea que se arrepientan.

Algunos de los siervos más fieles de Dios, en algún momento vivieron una vida corrompida por el pecado y la desobediencia; no obstante, Dios no se dio por vencido con ellos. Si Él permitiera que las personas se equivocaran solo una vez, Moisés jamás habría llegado a ser quien fue. Se equivocó varias veces. (ver Ex. 2:11-15). Abraham comenzó con una maravillosa travesía de fe, pero fue a Egipto y allí falló, más de una vez (ver Gén. 12:10-20). David fracasó de un modo lamentable (ver 2 Sam. 11), y Pedro también (ver Mat. 26:69-75). Incluso Pablo comenzó su «servicio a Dios» con la persecución de cristianos (ver Hech. 9:1-2).

La desobediencia es costosa

Aunque sea reconfortante saber que Dios suele dar una segunda oportunidad, debemos comprender que la desobediencia es grave. El pecado de Jacob contra Esaú lo obligó a huir de su tierra y vivir enemistado con su hermano. La desobediencia de Jonás casi le cuesta la vida. A Moisés, el asesinato del egipcio le costó 40 años en el desierto. El pecado de David y Betsabé les costó la vida de su hijo. El joven rico rehusó obedecer a Jesús y se perdió la oportunidad de ser su seguidor.

Dios desea desarrollar tu carácter. Te permitirá seguir desobedeciendo, pero no sin disciplina para traerte de vuelta a Su comunión. En tu relación con Dios, es posible que te equivoques, pero el Espíritu de Dios te ayudará a darte cuenta de que vas contra Su voluntad. Él te guiará para reencaminarte en Su propósito y aclararte la voluntad del Padre. Quizás, hasta tome tu desobediencia y la use para tu propio bien (ver Rom. 8:28) al corregirte y enseñarte sus caminos.

A pesar de que Dios perdona y, a menudo, brinda una segunda oportunidad, no hay garantía de que esto último suceda. Cuando Nadab y Abiú, los dos hijos de Aarón, desobedecieron y ofrecieron un incienso profano al Señor, Dios los mató (ver Lev. 10:1-7).

Delante de todo Israel, Moisés golpeó la piedra y dijo: «¡Oíd ahora, rebeldes! ¿Os hemos de hacer salir aguas de esta peña?» (Núm. 20:10). Observa la palabra «hemos» que está en plural. Dios era quien haría fluir agua de la roca. Moisés usurpó la gloria de Dios, y Él no pasó por alto el resultado de tal desobediencia. No le permitió a Moisés entrar en la tierra prometida. En esa ocasión, Dios no dio una segunda oportunidad.

LA OBEDIENCIA TRAE BENDICIÓN EN EL FUTURO

A pesar de que la obediencia tiene un costo, siempre vale su precio. Cada vez que te parezca que el costo es demasiado, considera lo que te costará si no haces la voluntad de Dios.

Cuando todavía éramos una iglesia muy pequeña, con una concurrencia promedio inferior a 50 personas, nos hicimos cargo de tres misiones y las sustentamos financieramente. Además, nos pidieron que patrocináramos otra misión en Winnipeg, Manitoba, a más de 800 km de Saskatoon. Alguien tendría que conducir un vehículo a lo largo de ese recorrido de 1600 km para ministrar a las personas de la nueva misión. Al principio, pareció imposible para nuestro pequeño grupo.

Le hice saber a nuestra congregación que un fiel grupo de personas se había estado reuniendo durante más de dos años en Winnipeg y deseaban fundar una iglesia. Como nos habían pedido ayuda, debíamos determinar si eso era la obra de Dios y si Él nos estaba revelando Su actividad. ¿Acaso era esta la invitación para unirnos a Dios en lo que estaba haciendo? La iglesia creyó que, en efecto, era la obra de Dios, y así supimos que debíamos obedecer. Aceptamos patrocinar la nueva misión y luego le pedimos a Dios que nos diera la fortaleza y los recursos para hacerlo.

Entonces, junto a otras personas de nuestra iglesia, viajé en automóvil a Winnipeg un par de veces para predicar y ministrar a las personas. ¡Y al poco tiempo Dios nos había provisto de un pastor... y también de su salario! Sin embargo, allí no termina la historia. Esa iglesia llegó a ser la iglesia madre de otras nueve misiones y también originó toda una asociación de iglesias.

Cuando nuestro hijo Richard terminó sus estudios en el seminario, esta misma iglesia lo invitó para pastorearla. A Tom, nuestro segundo hijo, también lo invitaron para desempeñarse como pastor asociado. No podría haberme imaginado que ese acto de obediencia en particular, que al principio parecía algo imposible, tendría tanto potencial futuro de bendición para el reino y también para mi familia. ¡Cuán agradecido estoy por haber decidido obedecer a Dios y fundar aquella iglesia tan lejana para nosotros!

Resumen

Antes de que tengas una experiencia con el poder y la presencia de Dios, tendrás que hacer grandes ajustes y emprender una obediencia que te resultará costosa. Muchos cristianos y muchas iglesias llegan a ese momento de la verdad y deciden que el costo es demasiado. Lo que a menudo no tienen en cuenta es lo que podría costarles la desobediencia. Cuando Dios te asigna una misión, es posible que la obediencia requiera sacrificios de tu parte y de quienes te rodean. De todos modos, la obediencia a Dios no es una opción, sino la *obligación* de todo siervo. Cuando obedezcas, Dios cumplirá lo que planeó hacer, y te sentirás inundado por la experiencia del poder y la presencia de Dios en ti. Tanto tú como quienes te rodean llegarán a conocer mejor a Dios.

Cómo tener hoy una experiencia con Dios

¿Alguna vez Dios te invitó a ti o invitó a tu iglesia a unirse a Su obra, pero te negaste porque el precio te pareció demasiado alto? Pídele a Dios que te revele toda desobediencia en que hayas incurrido en el pasado. Si Dios trae algo a tu memoria, confiésale tu pecado para ponerte de acuerdo con Él. Entrega, nuevamente, tu vida a Su señorío y comprométete a obedecer sea cual fuere el costo.

Cada vez que la obediencia te parezca demasiado costosa, será un indicio de que no has entendido quién eres, ni lo que tienes. Como discípulo de Cristo, has sido comprado a gran precio, y tu vida no te pertenece. Todo lo que tienes pertenece a Dios. Eres el administrador de Sus recursos. A Él le perteneces; por lo tanto, renueva tu consagración a Dios para Sus propósitos.

Ora y acepta ante Dios que cualquier cosa que pida es razonable. Comprométete a pagar el precio de obedecer Su voluntad. Comienza ahora a observar cuál es la primera oportunidad de obedecer lo que Dios pide.

PREGUNTAS PARA REFLEXIONAR

1. Piensa en una orden de Dios que hayas obedecido recientemente. ¿Cómo fue tu experiencia con Dios al obedecerle? ¿Acaso hay algo que Dios haya tenido que enseñarte antes de que estuvieras listo para obedecerlo?
2. ¿En qué medida tu obediencia a Dios tuvo un costo para otros? ¿En qué medida la obediencia de otros a Dios tuvo un costo para ti?
3. ¿Alguna vez sufriste las consecuencias de no obedecer a Dios? En ese caso, ¿cuáles fueron?

19

Dios hace Su obra

Mas el que practica la verdad viene a la luz, para que sea manifiesto que sus obras son hechas en Dios. (Juan 3:21)

Mi consejo permanecerá, y haré todo lo que quiero [...]. Yo hablé, y lo haré venir; lo he pensado, y también lo haré. (Isa. 46:10-11)

Confirmación

Cuando recibimos la invitación de Dios para unirnos a Él, hay personas que insisten en ver alguna clase de señal. Básicamente, es como si dijéramos: «Señor, demuéstrame que esto viene de ti, y entonces te obedeceré». Cuando Moisés estuvo frente a la zarza ardiente y recibió la invitación para unirse a Dios en Su obra grandiosa, Dios le prometió confirmarle la invitación en su debido tiempo. Le dijo: «Y esto te será por señal de que yo te he enviado: cuando hayas sacado de Egipto al pueblo, serviréis a Dios sobre este monte» (Ex. 3:12). En otras palabras: «Moisés, si me obedeces, libraré a los israelitas por medio de ti. Llegarás a conocerme como tu libertador, ascenderás a esta montaña y me adorarás».

La confirmación de que Dios había enviado a Moisés vendría *después* de que Moisés obedeciera, y no antes. Eso es lo que vemos regularmente en la Escritura. La confirmación llega después de la obediencia. Cuando Jesús invitó a Pedro a salir del bote y caminar sobre el agua, ¡no le garantizó que permanecería a flote! El Señor le dijo, sencillamente, «ven» (Mat. 14:28). Pedro no sabría si podía caminar sobre el agua hasta que diera su primer paso.

Obedece a Dios, porque lo amas. Entonces, tendrás tal comunión con Él que llegarás a conocerlo íntimamente. Él obrará por medio de ti para cumplir tareas conforme a las dimensiones de Dios, ¡y eso será una experiencia maravillosa!

¿QUÉ HACER SI SE CIERRA «LA PUERTA»?

Supón que sientas el llamado de Dios para una tarea, un lugar o un ministerio en particular, y cuando te dispones a responder al llamado, todo sale mal. A menudo, las personas dicen: «Bueno, supongo que no fue la voluntad de Dios».

El Señor te llama a tener una relación con Él; entonces, ten cuidado cuando interpretes tus circunstancias. Muchas veces, nos apresuramos a sacar la conclusión de que Dios nos está guiando con un rumbo en particular. Interpretamos lo que Él está por hacer y cuándo lo va a hacer según lo que nos parece lógico. Comenzamos a seguir la lógica de nuestro propio razonamiento, pero luego, parece que todo sale mal. Tendemos a descuidar nuestra relación con Dios y a hacer las cosas con nuestro propio criterio, pero no es lo que debes hacer.

Habitualmente, cuando Dios te llama o te da una instrucción, Su llamamiento no es aquello que quiere que hagas. Te dice lo que está *por hacer* donde tú estás. Por ejemplo, considera este relato sobre el ministerio del apóstol Pablo:

> Y atravesando Frigia y la provincia de Galacia, les fue prohibido por el Espíritu Santo hablar la palabra en Asia; y cuando llegaron a Misia, intentaron ir a Bitinia, pero el Espíritu no se lo permitió. Y pasando junto a Misia, descendieron a Troas. Y se le mostró a Pablo una visión de noche: un varón macedonio estaba en pie, rogándole y diciendo: Pasa a Macedonia y ayúdanos. Cuando vio la visión, en seguida procuramos partir para Macedonia, dando por cierto que Dios nos llamaba para que les anunciásemos el evangelio. (Hech. 16:6-10)

Dios ya le había dicho a Pablo que sería un medio para alcanzar a los gentiles, pero Dios haría la obra salvadora, no Pablo. Pablo tomó un rumbo, pero el Espíritu lo detuvo (ver Hech. 16:6-10). Luego, tomó otro rumbo, pero el Espíritu volvió a impedírselo. ¿Cuál era el plan original de Dios?

Alcanzar a los gentiles. ¿Cuál era el problema de Pablo? Estaba tratando de descubrir qué hacer, pero las «puertas» de la oportunidad parecían cerrarse. En realidad, Dios estaba diciendo: «Escúchame, Pablo. Ve a Troas y aguarda allí hasta que yo te diga adónde ir».

Mientras estaba en Asia Menor, en la ciudad de Troas, Pablo recibió una visión para ir a Macedonia y ayudar a sus pobladores. El plan de Dios era llevar el evangelio al oeste, hacia Grecia y Roma. Dios estaba obrando en Macedonia y quería que Pablo se le uniera en dicho lugar.

Cuando comienzas a hacer lo que sientes que Dios quiere que hagas y las circunstancias parecen cerrar la puerta de la oportunidad, vuelve a consultar al Señor para aclarar lo que dijo. Incluso, lo mejor es intentar siempre confirmar, con exactitud y desde un principio, lo que Dios dice. Recuerda que Dios no te está llamando, primordialmente, a una tarea, sino a una relación. Por medio de dicha relación, Él cumplirá Sus propósitos a través de tu vida.

Moisés tuvo que volver a consultar, una y otra vez, las instrucciones de Dios. Obedeció a Dios, le habló al faraón y todo salió mal. Sin embargo, no se dio por vencido. Volvió a consultar al Señor para aclarar lo que estaba sucediendo.

Entonces, Dios comenzó a darle instrucciones sobre las plagas que iba a traer sobre Egipto. Parecía que la obstinación del faraón empeoraba más y más. A diario, Moisés procuraba obtener la dirección del Señor y obedecerla. Después, podía evaluar los hechos y ver la obra de Dios en todo lo que había ocurrido. Dios libró a los israelitas de los egipcios de tal manera que Israel, Egipto y las naciones vecinas supieron que Dios había hecho esa obra. La terquedad del faraón no era una señal de que Moisés hubiera malinterpretado las instrucciones de Dios. Más bien, fue la manera en que Dios realizó una obra aun mayor de lo que Moisés podría haber imaginado.

El llamamiento de un matrimonio a la obra entre estudiantes

En una ocasión, conversé con un matrimonio que dijo que Dios los estaba invitando a la obra entre estudiantes en Saskatoon. Entonces, comenzaron el proceso para ser enviados como misioneros; pero la junta misionera no los aceptó. Así llegaron a esta conclusión: «Nos equivocamos».

Les recomendé que no se apresuraran a sacar esa conclusión y que recordaran lo que Dios dijo cuando sintieron Su llamamiento. Estaban cancelando todo el plan de Dios porque un detalle no había salido como pensaron que debía. Les pedí que dedicaran un tiempo a confirmar la voluntad de Dios. ¿Acaso los estaba llamando a las misiones? ¿Los estaba llamando a la obra entre estudiantes? ¿Los estaba llamando a servir en Canadá?

Luego agregué: «Mantengan su sensibilidad a ese llamamiento; pero observen cómo el Dios que habla va a implementar lo que ha dicho. Cuando Dios da una palabra de orientación, la cumple. Solo tengan cuidado de no permitir que las circunstancias malogren lo que Dios dijo».

Por lo tanto, ese matrimonio tuvo que consultar a Dios y confirmar si habían comprendido bien Su instrucción. Quizás, Dios planeaba que sirvieran en otra ciudad. Tal vez deseaba que consiguieran otro medio para su sustento financiero. O quizás quería más tiempo para prepararlos en esa tarea. Mientras aguardaban la confirmación de Dios, les recomendé que siguieran haciendo todo lo que sabían que debían hacer para obedecerlo.

Si estuvieras en una situación como esa, ¿qué harías?

1. Aclarar lo que Dios dijo e identificar los posibles «agregados» de tu parte a lo que Él dijo.
2. No cuestionar lo que Dios ha dicho.
3. Dejar que Él encamine los detalles en Su tiempo.
4. Hacer todo lo que sepas que debes hacer.
5. Esperar en el Señor hasta que te diga qué hacer después.

Dios es todopoderoso. Él puede cambiar tus circunstancias en un momento. Lo que más tiempo le lleva es obrar en nuestra vida a fin de que estemos preparados para servirlo. Cuando aquel matrimonio anheló fervientemente la dirección de Dios y rindió por completo su voluntad a Él, Dios los guió. Con el tiempo, supieron que el Señor no los llamaba a Canadá, aunque en su corazón, tenían el deseo de que ese fuera el lugar. En cambio, Dios los guió en otra dirección en su ministerio, y desde entonces los ha usado en gran manera. Con el paso de los años, Dios también les ha permitido hacer una contribución importante a la obra en Canadá, como resultado de las posiciones que han ocupado en el ministerio.

EN MARCHA LENTA

¿Te parece que es lenta la obra de Dios en tu vida? Jesús había pasado unos tres años con Sus discípulos cuando dijo: «Aún tengo muchas cosas que deciros, pero ahora no las podéis sobrellevar. Pero cuando venga el Espíritu de verdad, él os guiará a toda la verdad; porque no hablará por su propia cuenta, sino que hablará todo lo que oyere, y os hará saber las cosas que habrán de venir» (Juan 16:12-13).

Jesús tenía más para enseñar a los discípulos, pero ellos no estaban preparados para recibir tal enseñanza. No obstante, sabía que el Espíritu Santo guiaría a los discípulos hacia la verdad en el tiempo de Dios.

Tal vez digas: «Apresúrate y hazme madurar». Quizás le estés pidiendo a Dios que te dé una misión nueva y de mayor importancia. ¿Pero acaso estás listo? Dios te guiará en Su verdad, a medida que le respondas en obediencia, paso a paso. Si sientes que Su obra en tu vida es lenta, hazte estas preguntas:

1. En este momento, ¿estoy respondiendo a todo lo que Dios me dirige?
2. ¿Estoy obedeciendo todo lo que ya conozco de Su voluntad?
3. ¿Realmente creo que me ama y siempre hará lo mejor para mi vida?
4. ¿Estoy dispuesto a aguardar con paciencia el cumplimiento de Su tiempo y, mientras tanto, me dispongo a obedecer todo lo que conozco de Su voluntad?

El pasto que crece hoy y mañana se seca, no necesita mucho tiempo para madurar. Un gigantesco roble, que dura por generaciones, necesita mucho más tiempo para crecer fuerte. El interés de Dios por tu vida dura toda la eternidad. Permítele tomarse todo el tiempo que desee, a fin de moldearte para Sus propósitos. Es posible que para las misiones de mayor importancia se necesiten períodos más largos de preparación.

Dios hace Su obra a través de ti

El Espíritu Santo nunca te engañará con respecto a la voluntad del Padre. A fin de que no pases por alto el propósito que planea para ti, Dios te ha dado Su Espíritu para guiarte conforme a Su voluntad. El Espíritu te *capacita* para hacer la voluntad de Dios. Si deseas obtener el conocimiento y la capacidad que necesitas para cumplir Sus propósitos, dependes, por completo, de Él. Tienes que ser paciente y aguardar hasta que recibas una palabra de Dios sobre Su voluntad y Sus caminos.

Jesús es nuestro modelo. Nunca dejó de conocer y hacer la voluntad de Su Padre. Cada cosa que el Padre se propuso hacer a través de la vida del Señor

Jesús, Él la hizo. Por lo tanto, al finalizar Su vida, Jesús pudo afirmar que había cumplido todo lo que el Padre le había encomendado hacer (ver Juan 17:4).

¿Cuál fue la clave para la obediencia perfecta de Jesús? Siempre se relacionó con el Padre de manera correcta. Si tienes una relación constante con Dios, entonces, nunca has de experimentar una ocasión en que no conozcas Su voluntad. Nunca habrá una situación en la cual el Espíritu Santo no te faculte para cumplir la voluntad de Dios.

En Jesús, vemos la imagen de una perfecta relación de amor con el Padre. En Su vida mantuvo esa relación en forma constante. Si lo pensamos, enseguida concluimos en que esa clase de relación dista mucho de nuestra experiencia, pero Cristo está plenamente presente en nosotros para ayudarnos a conocer y hacer la voluntad de Dios (ver Gál. 2:20). Necesitamos ajustar nuestra vida a Dios y vivir dicha relación con fidelidad y total dependencia de Él. Dios nunca dejará de atraernos hacia el centro de Sus propósitos, ni tampoco dejará de facultarnos para cumplirlos, como lo hizo con las personas que se mencionan en la Escritura.

Moisés. Comenzó a experimentar la plena naturaleza de Dios solo mediante la obediencia. Vemos un modelo mediante el cual Dios habla, Moisés obedece y Dios cumple lo que se propuso hacer:

- Dios invitó a Moisés para que se le uniera en lo que estaba haciendo a fin de liberar a los israelitas.
- Le dijo lo que debía hacer.
- Moisés obedeció.
- Dios libró a los israelitas de la cautividad de Egipto, tal como había prometido.
- Moisés y sus allegados pudieron conocer a Dios en forma más íntima.

Cuando el pueblo se encontró entre el Mar Rojo y el ejército egipcio que se acercaba, Dios le dijo a Moisés que extendiera la vara sobre el mar y Moisés obedeció. Dios dividió el mar y el pueblo cruzó sobre tierra seca (Ex. 14:1-25). Luego, María condujo al pueblo en un himno de alabanza para describir su nueva experiencia en el conocimiento de Dios.

Cuando el pueblo tenía sed y no había agua para beber, se quejaron con Moisés. Entonces, Dios le dijo a Moisés que golpeara una roca con la vara. Él obedeció y Dios hizo que de la roca fluyera agua (Ex. 17:1-7). Cada vez que obedeció lo que Dios le dijo que hiciera, Moisés y el pueblo experimentaron el maravilloso poder de Dios en acción.

Personas de fe. Cuando Noé obedeció, Dios preservó a su familia y volvió a poblar la tierra. Cuando Abraham obedeció, Dios le dio un hijo y dio origen a una nación. Cuando David obedeció, Dios lo hizo rey y aumentó en gran manera el poder y la prosperidad de Israel. Cuando Elías obedeció, Dios hizo descender fuego del cielo y demostró Su extraordinario poder. Dichas personas de fe llegaron a conocer a Dios por experiencia cuando lo obedecieron y Dios hizo Su obra a través de ellas.

Los discípulos. Lucas registra una hermosa experiencia de los discípulos de Jesús. El Señor invitó a 70 seguidores para unirse a Él en la obra del Padre. A estos les dio instrucciones específicas que incluían la manera de viajar, qué predicar, cómo responder a quienes estaban dispuestos a escuchar y cómo reaccionar ante el rechazo. Ellos lo obedecieron y experimentaron la obra de Dios a través de sus vidas para sanar a las personas y echar fuera demonios. Jesús alabó al Padre por haberse revelado a dichos seguidores. (ver Luc. 10:21-22). Y volviéndose a los discípulos, les dijo aparte: Bienaventurados los ojos que ven lo que vosotros veis; porque os digo que muchos profetas y reyes desearon ver lo que vosotros veis, y no lo vieron; y oír lo que oís, y no lo oyeron» (Luc. 10:23-24).

Esos discípulos fueron bendecidos. Dios los había escogido para participar en Su obra. Lo que vieron, oyeron y llegaron a conocer de Dios fue algo que hasta profetas y reyes habían anhelado experimentar, pero no les fue posible.

Tú también serás bendecido cuando, a través de ti, Dios haga una obra conforme a Sus dimensiones. Llegarás a conocerlo de una manera que traerá gozo a tu vida. Cuando otros vean que tienes esa clase de experiencia con Dios, también desearán saber cómo tenerla. De modo que prepárate para guiar a otros hacia Dios.

Si eres obediente, Dios realizará cosas maravillosas a través de ti. Desearás declarar las maravillas del Señor, pero deberás tener cuidado para que todo testimonio sobre lo que Dios ha hecho le dé gloria a Él. Tal vez, el orgullo te haga desear dar testimonio de tu experiencia porque te hace sentir importante; sin embargo, debes evitar toda sensación de orgullo. «El que se gloría, gloríese en el Señor» (1 Cor. 1:31).

LLEGARÁS A CONOCER AL SEÑOR

La Escritura nos demuestra que cuando Dios hizo algo a través de una o más personas obedientes, llegaron a conocerlo de una manera renovada y más íntima. Dios reveló Su nombre a Moisés: «YO SOY EL QUE SOY» (Ex. 3:14). Jesús se manifestó a Sus discípulos al decir:

- «Yo soy el pan de vida». (Juan 6:35)
- «Yo soy la luz del mundo». (Juan 8:12)
- «Yo soy la puerta». (Juan 10:9)
- «Yo soy el buen pastor». (Juan 10:11)
- «Yo soy la resurrección y la vida». (Juan 11:25)
- «Yo soy el camino, y la verdad, y la vida». (Juan 14:6)
- «Yo soy la vid verdadera». (Juan 15:1)

Se identificó a sí mismo con el YO SOY del Antiguo Testamento. Necesitas confiar en Él para poder conocerlo y apreciarlo de estas maneras. Por ejemplo, cuando lo oigas decir: «Yo soy el camino», lo que hagas después determinará si Él realmente ha llegado a ser «el camino» en tu propia vida. Cuando creas en Él, ajustes tu vida a Él y obedezcas lo que dice, llegarás a conocerlo y apreciarlo como «el camino». Así es todo lo que Dios te revela. Cuando lo sigas en obediencia, obrará en ti y a través de ti, para revelarse tanto a ti como también a quienes te rodean.

RESUMEN

Dios está obrando hoy para reconciliar consigo a un mundo perdido a través de Jesucristo, Su Hijo, y te invita a participar con Él en Su obra. Cuando lo obedezcas, Dios hará Su obra a través de ti de tal manera que tú y quienes te rodean reconocerán que Él ha estado en acción. Cuando experimentes la obra de Dios en ti y a través de ti, llegarás a conocerlo más plenamente. Como dijo Jesús: «Y esta es la vida eterna: que te conozcan a ti, el único Dios verdadero, y a Jesucristo, a quien has enviado» (Juan 17:3). Entonces llegarás a conocer a Dios a medida que tengas una experiencia con Él en tu vida.

CÓMO TENER HOY UNA EXPERIENCIA CON DIOS

Dios anhela que desees conocerlo y conocer Sus caminos. Lee la siguiente oración del salmista para apropiarte de ella. Pídele al Señor que te guíe en todos Sus caminos para Su gloria.

Enséñame, oh Jehová, el camino de tus estatutos, y lo guardaré hasta el fin. Dame entendimiento, y guardaré tu ley, y la cumpliré de todo corazón. Guíame por la senda de tus mandamientos, porque en ella tengo mi voluntad. (Sal. 119:33-35)

PREGUNTAS PARA REFLEXIONAR

1. En estos momentos, ¿estás aguardando a que de alguna manera el Señor cumpla Su palabra en ti? ¿Cómo ocupas ese tiempo en que esperas?
2. Hasta ahora ¿qué ha hecho Dios a través de tu vida? ¿Cómo contemplaron las personas la actividad de Dios cuando obró a través de ti? ¿De qué manera has glorificado a Dios por lo que hizo?

20

Volverse a Dios

*Y considerémonos unos a otros para estimularnos al amor
y a las buenas obras; no dejando de congregarnos,
como algunos tienen por costumbre, sino exhortándonos;
y tanto más, cuanto veis que aquel día se acerca. (Heb. 10:24-25)*

Servir sin conocer

Un domingo, prediqué sobre cómo la presencia de Cristo en nuestra vida afecta, de manera notable, nuestro diario vivir. Al finalizar el culto, un hombre pasó al frente llorando. Entonces, el pastor le pidió que diera testimonio de su experiencia ante la congregación. Este hombre confesó que diez años antes su esposa lo había apremiado para acompañarla a la iglesia. Cuando lo hizo, le gustó la gente, disfrutó de la adoración y decidió sumarse a la congregación. Al tiempo, se enteró de que la iglesia necesitaba maestros para las clases de escuela dominical de los niños, de modo que se ofreció como voluntario. Con el paso de los años, prestó servicio de diversas maneras en su iglesia, incluso en calidad de diácono y como maestro de escuela bíblica. Pero cuando prediqué esa mañana, el Espíritu Santo le reveló que no tenía una relación personal con Jesús. Este buen hombre había practicado religión sin haber experimentado un encuentro genuino con Cristo, que le cambiara la vida.

Cuando hablé sobre cómo el Espíritu Santo permanece a diario con nosotros para guiarnos, se dio cuenta de que no podía oír la voz del Espíritu.

Cuando hablé sobre el amor de Dios para con nosotros, reconoció que servía a Dios pero que, en realidad, no lo conocía. Para sorpresa suya y también de la iglesia, este hombre se dio cuenta repentinamente, de que a pesar de todo su servicio y su concurrencia a la iglesia, no tenía una relación con Dios basada en la experiencia personal.

Pero él no es el único. Si hay un comentario que he oído decir una y otra vez a personas que estudian *Experiencia con Dios*, es este: «Pensé que yo sabía lo que significaba ser cristiano y andar a diario con Dios, pero después de estudiar este material, me di cuenta de que, aunque era una persona religiosa, no disfrutaba, de verdad, de una relación personal con Dios».

Eso es lo más importante de este libro: motivarte para dejar de ser un mero religioso y ayudarte a tener una relación real, creciente y dinámica con Dios.

A COMUNIÓN ILIMITADA, POSIBILIDADES ILIMITADAS

En el primer siglo de la era, Juan dijo a los creyentes: «Lo que hemos visto y oído, eso os anunciamos, para que también vosotros tengáis comunión con nosotros; y nuestra comunión verdaderamente es con el Padre, y con su Hijo Jesucristo» (1 Jn. 1:3). Luego agregó: «Estas cosas os escribimos, para que vuestro gozo sea cumplido» (1 Jn. 1:4).

Así como el apóstol Juan escribió sobre lo que había visto y oído para dar ánimo a sus hermanos en la fe, cuando escribí *Experiencia con Dios*, me limité a contar lo que Dios me había enseñado mientras andaba con Él durante muchos años. No fue un tratado teológico, ni un libro completo sobre la vida cristiana. Solo era un testimonio de lo que Dios me había enseñado en mi experiencia con Él.

¡El resultado de compartir dichas verdades con otros, ha sido increíble! Me ha brindado la oportunidad de dar conferencias en 114 países. Me ha permitido dar testimonio de las verdades de Dios en iglesias de todo tamaño y denominación. Me ha generado invitaciones para hablar en la Casa Blanca, el Pentágono y las Naciones Unidas. Me ha guiado hacia un ministerio a directores ejecutivos cristianos de muchas de las más grandes empresas en los Estados Unidos. Sin embargo, lo que para mí ha tenido mayor importancia, es que me ha permitido recibir el testimonio de innumerables personas, quienes manifiestan que, a través del estudio, aprendieron a tener por primera vez una experiencia con Dios. Para mí ha sido motivo de suma alegría saber que, al mismo tiempo que Dios acompañaba a una persona común y corriente como yo, haría tanto para darle ánimo a Su pueblo alrededor del mundo.

Oro para que nunca te conformes con menos de todo lo que Dios planea hacer por medio de tu vida, al andar contigo.

La restauración de una relación quebrantada con Dios

En la vida de todo cristiano, hay ocasiones en que uno siente, claramente, la pérdida de intimidad con Dios. Incluso si los cristianos más fervientes no tienen cuidado, pueden descubrir que se les ha enfriado el amor por Dios. ¿Cómo sucede? ¿Cuáles son las señales y cómo podemos restaurar una relación con Dios una vez que se ha quebrantado?

En la Escritura, veo un modelo sobre la manera en que el pueblo de Dios ha experimentado el avivamiento.[1] Aunque a menudo los avivamientos presentan características únicas, las seis siguientes suelen ocurrir cuando las personas se alejan de Dios y luego se vuelven a Él:

1. Dios ha emprendido la misión de redimir a un mundo que no lo conoce y que está perdido en el pecado (ver Rom. 5:8). No buscamos a Dios en forma natural. Él nos busca a nosotros (ver Os. 11:7-11).
2. Dios es quien inicia con nosotros una relación de amor real y personal (ver Juan 1:12).
3. A causa del pecado, nuestro corazón tiende a apartarse de dicha relación íntima. Como pueblo de Dios, incurrimos en esta falta en lo individual y en lo comunitario. Esa separación es catastrófica, y si no se corrige, producirá la muerte espiritual (ver Jer. 3:20-22).
4. Cada vez que nos apartamos de Dios, Él nos disciplina de una u otra manera y en una medida creciente hasta que regresamos. Dios el Padre nos ama como a hijos, y nos corregirá como Padre celestial hasta que nos volvamos de nuestra rebelión (ver Heb. 12:5-11). Seguirá disciplinándonos hasta que lleguemos a un momento crítico en que debamos tomar una decisión significativa. Dicha decisión consiste en arrepentirse y volver a Dios, o perecer en el juicio (ver Isa. 59:1-20).
5. En nuestra angustia, clamamos a Dios y regresamos a Él. La Escritura promete que «si confesamos nuestros pecados, él es fiel y justo para perdonar nuestros pecados, y limpiarnos de toda maldad» (1 Jn. 1:9). Al confesar, uno se pone de acuerdo con Dios en cuanto a la horrible naturaleza de nuestro pecado. La confesión y el arrepentimiento van juntos. Cuando te arrepientes del pecado, te apartas de este y te vuel-

ves a Dios. Cuando se quebrante tu comunión con Dios a causa del pecado, ponte de acuerdo con Él en cuanto a tu condición y cambia de actitud. Vuélvete a Dios para que te perdone y reestablezca Su relación contigo. A menudo, los cristianos hablan de «volver a consagrar» su vida a Dios; pero debemos reconocer que Dios no nos llama a volver a consagrarnos, sino a arrepentirnos de nuestro pecado. Cuando deseamos que se restaure nuestra comunión con Dios, para empezar, debemos reconocer que nuestro propio pecado es lo que causó la separación. En 2 Crónicas 7:13-14, encontramos una reflexión al respecto:

> «Si yo cerrare los cielos para que no haya lluvia, y si mandare a la langosta que consuma la tierra, o si enviare pestilencia a mi pueblo; si se humillare mi pueblo, sobre el cual mi nombre es invocado, y oraren, y buscaren mi rostro, y se convirtieren de sus malos caminos; entonces yo oiré desde los cielos, y perdonaré sus pecados, y sanaré su tierra».

La receta de Dios para restaurar la comunión con Él, es humillarse, orar, buscar Su rostro y arrepentirse. Él promete oír, perdonar el pecado y traer sanidad. Dios nos ama demasiado para dejar que permanezcamos donde estamos.

6. Cuando nos volvemos a Dios (y no simplemente a la actividad religiosa), Él regresa a nosotros en una relación renovada y estrecha y nuevamente, comienza a cumplir sus propósitos para nosotros (ver Zac. 1:3 y 2 Crón. 15:1-3). El establece una vez más en nuestra alma. Esto puede sucederle a una persona, a una iglesia, a una denominación o a una nación. Hay una manera de saber que Dios ha restaurado, de verdad, Su relación contigo, y es cuando Él vuelve a ti (ver Sant. 4:8). Si uno es hipócrita con respecto a su necesidad de reconciliación con Dios, Él no puede ser engañado (ver Gál. 6:7). No experimentarás en tu vida el gozo de tu salvación, el poder de Dios, ni Su santificación, hasta que te hayas vuelto a Él con sinceridad.

¿Cómo perdemos la intimidad con Dios? En Lucas 15, hay tres parábolas de Jesús que describen cómo puede suceder esto.

La oveja perdida (vv. 3-7). ¿Cómo se pierden las ovejas? Las distracciones suelen alejarlas del rebaño. No deciden, a conciencia, vagabundear y apartarse de las demás ovejas. Sencillamente, en determinado momento siguen cualquier cosa que les llame la atención. Al dejarse llevar por una distracción tras otra, poco a poco, se alejan cada vez más de donde deberían estar, hasta que se encuentran perdidas, sin esperanza y en grave peligro.

La moneda perdida (vv. 8-10). Las posesiones valiosas suelen extraviarse a causa de la falta de cuidado. Nadie se propone perder algo precioso, pero al no tomar las precauciones debidas, podemos poner un objeto valioso en el lugar equivocado. Nada es más precioso que nuestra relación con Dios. Sin embargo, podemos descuidarla a causa de la ansiedad que nos producen las preocupaciones diarias. En el trajín cotidiano nos olvidamos de orar y acortamos el tiempo que le dedicamos al Señor. Y un día, descubrimos que Dios parece estar lejos de nosotros. Sin pensarlo, hemos perdido la intimidad con Él, de la cual antes disfrutábamos.

El hijo pródigo (vv. 11-32). En este relato, el hijo decide dejar el hogar para permitirse un modo de vida que deshonraba a su padre. Lamentablemente, hay personas que, en forma deliberada, abandonan su comunión con Cristo. Tal vez deciden experimentar ciertos placeres mundanos o rehúsan obedecer lo que Dios les ha ordenado claramente, como sería perdonar a alguien que los ha ofendido. Algunos se alejan de donde una vez estuvieron con Dios. Solamente la decisión voluntaria de arrepentirse para volver a Dios, podrá traer de regreso a alguien que se haya alejado.

Quizás, nadie haya notado que nos alejamos de Dios, al menos, al principio; pero al poco tiempo se hará evidente, tanto para nosotros como para quienes nos observan, que nos hemos alejado del Señor. Por lo menos, hay cuatro maneras en que puedes discernir si te has alejado de Él.

1. *Si ya no oyes a Dios* (ver Deut. 30:17; Amós 8:11-12). Deuteronomio 30:17 dice: «Mas si tu corazón se apartare y no oyeres, y te dejares extraviar...» La Escritura advierte que la desobediencia a Dios conduce, inevitablemente, a la sordera espiritual. Cuanto más rehusemos oír una palabra de Dios, más insensible se volverá nuestro corazón hacia Él. Con el tiempo, nos habremos endurecido contra la Palabra de Dios al punto de que el corazón se despreocupará de cualquier cosa que Dios diga.

2. *Has perdido el gozo* (ver Juan 15:9-14). Jesús afirmó que le había dado Su enseñanza a los discípulos «para que mi gozo esté en vosotros, y vuestro gozo sea cumplido» (Juan 15:11). Como la consecuencia natural de permanecer en Cristo es el gozo, un cristiano sin gozo es una contradicción, no puede existir lo uno sin lo otro. No obstante, cuando la preocupación, las inquietudes y las diversas tareas impiden que permanezcamos en Cristo, inevitablemente, disminuye nuestro gozo en el Señor.

3. *Tu vida no produce fruto espiritual* (ver Juan 15:1-8). El resultado natural de permanecer en Cristo es el fruto espiritual. Gálatas 5:22-23 identifica el fruto que el Espíritu produce en la vida de un cristiano: amor, gozo, paz, paciencia, benignidad, bondad, fe, mansedumbre y templanza. Cuanto más de este fruto haya en tu vida, más te parecerás a Jesús. El fruto espiritual no puede producirse por esfuerzo propio. Es la consecuencia de una relación íntima con Cristo.

4. *Ya no tienes victoria espiritual en tu vida* (ver Deut. 28:25). La Escritura promete que si Dios está a nuestro favor, nada puede estar en nuestra contra (ver Rom. 8:31). Sin embargo, si Dios no está a nuestro favor, entonces seremos derrotados continuamente. En los tiempos del Antiguo Testamento, Dios advirtió a Su pueblo que una manera clara de medir si lo estaban agradando, era si triunfaban o no sobre sus enemigos. Cuando el pueblo de Dios era derrotado, según la Escritura, era una señal inconfundible de que ya no agradaba a Dios. A menudo, la experiencia de esas graves derrotas impulsaba al pueblo de Dios a reconciliarse con Él. (Ver dicho ciclo recurrente en el libro de Jueces). Sin embargo, con el tiempo, el pueblo de Dios dejó endurecer tanto su corazón que Él permitió su completa destrucción como pueblo a manos de los ejércitos romanos en el año 70 d.C.

¿Guerra espiritual?

Una vez, vino a verme un ex pastor y relató con solemnidad las catastróficas derrotas que había sufrido en su vida. Su iglesia lo había despedido. Su esposa lo había dejado y había presentado la demanda de divorcio. Todos sus hijos habían abandonado el camino del Señor y habían incurrido en una inmoralidad deliberada. Su condición financiera era pésima y no podía cumplir sus obligaciones. Por último, una serie de trastornos asociados con el estrés le habían arruinado la salud. Con tristeza, me rogó: «Ore por mí, hermano. ¡Estoy sufriendo una intensa guerra espiritual!»

Ese hombre estaba en un peligro peor de lo que se daba cuenta. Suponía que todos sus problemas eran resultado de ataques satánicos, pero no tomaba en consideración que Dios lo estaba dejando sufrir esas derrotas continuas. Si este hombre hubiera agradado a Dios con su vida, ¿acaso Él le habría permitido sufrir una terrible derrota tras otra? En efecto, Dios permite el sufrimiento de quienes lo aman (Job, Pablo y Jesús son ejemplos de ello); pero es posible sobrellevar enfermedades o ataques, y aún así vivirlos en forma victoriosa. Este hombre sufría derrotas en todos los frentes. Necesitaba someterse a Dios y pedirle que le examinara el corazón (ver Sal. 139:23-24) para ver si allí había alguna maldad por la que Dios hubiera retirado Su mano protectora de su vida (ver Isaías 5:4-5).

En primer lugar, lo más seguro que puedes hacer como cristiano es proteger tu relación con Dios para no apartarte de Él. ¿Pero cómo proteges esa relación? Puedes hacer estas cuatro cosas:

1. Proverbios 4:23 advierte: «Sobre toda cosa guardada, guarda tu corazón; porque de él mana la vida». El corazón es la esencia de nuestro ser. Es el escenario donde experimentamos nuestras victorias espirituales más grandiosas, como así también nuestras derrotas más catastróficas. No podemos darnos el lujo de descuidarlo, ni de dar por sentado que todo está bien en esta área. Cuando nos exponemos al pecado o dejamos que la falta de perdón y la amargura moren dentro de nosotros, ya no disfrutaremos con Dios de la intimidad que antes tuvimos. Solo tú puedes proteger tu corazón. Nadie más puede hacerlo en tu lugar. Protegerte contra pensamientos y hábitos pecaminosos y destructivos requiere un esfuerzo sostenido y consciente.

2. Proverbios 11:14 advierte: «Donde no hay dirección sabia, caerá el pueblo; mas en la multitud de consejeros hay seguridad». Nuestro corazón anhela la maldad y puede engañarnos fácilmente (ver Jer. 17:9). Tal vez creamos que estamos compartiendo con otros un motivo de oración porque alguien nos preocupa, pero en realidad, solo estamos chismeando. Tal vez, pensemos que estamos dando un testimonio personal ante nuestra iglesia para la gloria de Dios, pero en realidad, estamos presumiendo. Por esta razón, es saludable que nos rodeemos de amigos consagrados que nos expresen libremente su inquietud. Sin embargo, es raro que tales consejeros se ofrezcan, voluntariamente, para ayudarte en tal sentido. Deberás reclutarlos e invitarlos a que te den cualquier consejo que consideren que necesitas oír. Puedes ahorrarte mucha angustia si te rodeas de personas que se interesen por ti y te alerten cuando vean que tu corazón se aleja de Dios.

3. *Jesús dijo: «Amarás al Señor tu Dios con todo tu corazón, y con toda tu alma, y con toda tu mente»* (Mat. 22:37). Esta debe ser la medida para tu vida cristiana. Medita, periódicamente, en tu amor por Dios. Pregúntate: «¿Estoy amando al Señor mi Dios con *todo* mi corazón, o acaso otros afectos han comenzado a desplazar mi devoción por Él?». Luego examina tu alma: ¿Lo más profundo de tu vida está totalmente consagrado a Dios? Indaga en tu mente. ¿Tienes los pensamientos en absoluta sujeción a Cristo y a tu amor por Él? Cuando descubras que no amas a Dios como debes, actúa de inmediato, para volver a tu relación de amor con Él. Si realizas, regularmente, esta evaluación perso-

nal, descubrirás que nunca te alejarás mucho de Cristo antes de reconocerlo y abordar los problemas necesarios en tu vida.

4. Jesús también dijo: «Cualquiera, pues, que me oye estas palabras, y las hace, le compararé a un hombre prudente, que edificó su casa sobre la roca» (Mat. 7:24). Amar a Dios es una decisión que tomamos. El amor nunca es un mero sentimiento o un pensamiento. El amor exige acción. Si amas a Dios, pondrás en práctica Sus mandamientos que están en la Escritura. Cuando te asedian las tormentas de la vida, ya es demasiado tarde para intentar cumplir las instrucciones de Dios. Adopta un estilo de vida caracterizado por la obediencia inmediata. Es inevitable que lleguen las pruebas, pero entonces, tu vida estará firmemente cimentada en la Palabra de Dios y nada podrá dañar tu relación con Él.

Si descubres que ya no sientes por Dios el entusiasmo y la devoción que alguna vez tuviste, dedica tiempo a la oración. Vuelve a Dios de inmediato y comienza, a experimentar la restauración de Su presencia en tu vida. Si no te has apartado de Dios, escribe una oración de gratitud y comprométete a permanecer en Él con firmeza y fidelidad.

RESUMEN

A pesar de la oportunidad maravillosa de tener una estrecha comunión con Dios de la que tanto disfrutamos, todos tendemos a separarnos de dicha relación de diversas maneras: a través de distracciones mundanas, del descuido de nuestra vida espiritual, y de la decisión deliberada de alejarnos de Él. Algunas evidencias de que nos hemos apartado de Dios son: dejar de oír a Dios, perder el gozo, ausencia de fruto espiritual en la vida de uno y pérdida de victoria. Para evitar que eso suceda, debes proteger tu corazón con esmero, rodearte de personas que te ayuden a rendir cuentas de tu conducta, procurar un ferviente amor a Dios con todo tu corazón, tu mente y tu alma, y habituarte a obedecer de inmediato cada cosa que Dios te diga.

CÓMO TENER HOY UNA EXPERIENCIA CON DIOS

Reflexiona en tu andar con Dios. ¿Hay mayor dinamismo y poder de lo que nunca antes experimentaste, o algo se ha perdido? Si sientes que no andas con Dios tan estrechamente como solías hacerlo, vuelve a leer este capítulo con atención, y pídele al Espíritu Santo que te alerte sobre cualquier área por la que seas responsable de haberte alejado de Dios. Vuelve a Él de inmediato y sin condiciones.

PREGUNTAS PARA REFLEXIONAR

1. Dedica un momento a considerar en tu vida cualquier evidencia de que te hayas alejado de tu relación de amor con Dios. ¿Oyes que Dios te habla con regularidad? ¿Tu vida está llena del gozo del Señor? ¿Ves fruto espiritual en tu vida? ¿Estás experimentando la victoria?
2. En este momento, ¿amas a Dios con todo tu corazón, tu alma, tu mente y tu fuerza? Si así no fuera, ¿qué podrías hacer hoy para renovar tu amor por Dios?
3. Cerca de ti ¿hay personas que puedan expresarte, con libertad, sus inquietudes, cuando vean que te alejas de tu relación de amor con Dios? Si así no fuera, ¿qué podrías hacer para pedir a un amigo que te ayude a proteger tu corazón?

---

1 Puedes encontrar un estudio completo sobre este modelo de avivamiento espiritual en el libro *Refrescante experiencia con Dios: Para un nuevo despertar* (El Paso, Texas: Casa Bautista de Publicaciones).

21

Experiencia con Dios en el matrimonio

Por lo demás, cada uno de vosotros ame también a su mujer como a sí mismo; y la mujer respete a su marido. (Ef. 5:33)

Matrimonio: un regalo de Dios

A menudo me preguntan: «Henry, ¿cómo explica que Dios haya usado su vida para lograr tanto para el reino?» Y siempre respondo por partida doble: En primer lugar, soy una persona común y corriente. Creo que Dios quería demostrar lo que podía hacer Su increíble poder en la vida de las personas; entonces, buscó por todas partes quién sería la persona más común y corriente que podría encontrar para demostrarlo, ¡hasta que finalmente me halló a mí! Solo puedo decir que he procurado rendirme a Dios con todo mi corazón, y los resultados de tal entrega han sido increíbles. Pero además, lo segundo que no tardo en agregar es: «Cuando Dios se propuso valerse de una vida común y corriente como la mía para Sus propósitos, en Su grandiosa sabiduría, escogió asociarme con una compañera perfectamente adecuada para mí y para la dirección de Dios en mi vida».

Por naturaleza, soy una persona tímida e introvertida. Mis padres eran británicos y me criaron para que fuera reservado... ¡y comiera pollo en los picnics con cuchillo, tenedor y servilleta! Marilynn, mi esposa, es una persona comunicativa en extremo, que nació y se crió en Oklahoma (EE.UU.).

No podríamos ser más diferentes aunque lo intentáramos. Sin embargo, desde el principio mismo, Dios tuvo un propósito para los dos.

Las familias de ambos eran activas en sus iglesias locales. Nuestros padres fueron diáconos. Tanto mis padres como los de mi esposa contribuyeron a fundar nuevas iglesias. Al crecer en hogares con esas características, ambos entregamos de jóvenes la vida al Señor para cumplir cualquier cosa que nos mandara e ir a cualquier lugar donde nos enviara. Desde nuestra niñez, llegamos a amar a la iglesia local y a desarrollar un corazón misionero. Los planes de Dios para mí incluyeron aprender a andar por fe mediante ciertas experiencias sumamente desafiantes como pastor misionero en Canadá y, con el tiempo, viajar millones de kilómetros alrededor del mundo para enseñar a otros lo que Dios me había instruido. Para poder cumplir la voluntad de Dios de ese modo, necesitaba una compañera de vida que respondiera a un llamamiento singular. Así, Dios trajo a Marilynn a mi vida, y ha sido un deleite experimentar juntos la voluntad de Dios ¡durante casi 50 años!

EL PROPÓSITO DE DIOS PARA EL MATRIMONIO

Durante varios años, Marilynn y yo condujimos en todo el país conferencias tituladas «Experiencia con Dios en el matrimonio». Fue maravilloso invitar a esposos y esposas para presentarse juntos ante Dios y descubrir lo que Él planeaba para sus matrimonios. Después de un tiempo, se desarrolló un curso de estudio con videos basados en esta enseñanza, y un alto porcentaje de matrimonios que concurrieron a nuestras conferencias se sintieron llamados al ministerio cristiano por medio de esos acontecimientos. Se restauraron las relaciones de muchas parejas. Una vez que llegaron a comprender el propósito de Dios para su matrimonio, descubrieron una dimensión totalmente nueva y sensacional de su vida juntos.

Jesús dijo del matrimonio:

> ¿No habéis leído que el que los hizo al principio, varón y hembra los hizo [...]. Por esto el hombre dejará padre y madre, y se unirá a su mujer, y los dos serán una sola carne? Así que no son ya más dos, sino una sola carne; por tanto, lo que Dios juntó, no lo separe el hombre (Mat. 19:4-6).

El matrimonio es el acto por el cual Dios reúne a un hombre y una mujer para crear una unión mediante la cual Él pueda cumplir Sus propósitos y ser glorificado. No se trata, simplemente, de un contrato o convenio humano, sino de una unión divina, una nueva creación que antes no existía. Dios tiene un propósito especial para cada pareja. Está absolutamente comprometido con la santidad del matrimonio y detesta el divorcio. (Mal. 2:16).

Así como Dios nos guió con claridad, a Marilynn y a mí a casarnos, Dios te guió hacia tu cónyuge. Si no lo has hecho recientemente, dedica un tiempo a escribir una lista de las diversas maneras en que sabes que Dios te guió a unirte a tu cónyuge. En ocasiones, durante el trajín cotidiano, olvidamos que Dios nos dio un cónyuge como expresión de Su amor por nosotros.

Una sola carne

¿Qué significa ser una sola carne? Significa que tu vida no te pertenece. Si eres casado, tú y tu compañera no son dos personas separadas que tratan de coexistir, sino que ambos son uno. Si tu esposa sufre, tú sobrellevas el mismo dolor. Si tu esposo vive una victoria espiritual, es para que tú también seas exitosa.

Cuando Dios tiene un plan para la esposa, significa que Su actividad también afectará al esposo. He oído decir: «Quiero seguir adelante con Dios, pero mi esposa no está dispuesta. ¿Acaso debo hacerlo sin ella?». Mi respuesta es la siguiente: «Los dos son una sola carne. No puedes dejar atrás a tu cónyuge». Otros han dicho: «Mi esposa claramente siente que Dios desea que participemos más en las misiones, pero Él a mí no me ha dicho nada». Entonces, respondo: «Los dos son una sola carne. Si Dios le habló a tu esposa, ¡también acaba de hablarte a ti!». Como los dos son una sola carne, debes ajustar tu vida a la palabra que Dios le da a tu cónyuge.

Por esta razón, siempre recomiendo enfáticamente a las parejas que me piden asesoramiento prematrimonial, que observen con atención hacia dónde está guiando Dios al futuro cónyuge. Al fin y al cabo, después de casarse, las instrucciones que Dios le dé a uno de los dos afectarán al otro en forma directa. He conocido personas que sentían que Dios los guiaba, con claridad, con cierto rumbo. Sin embargo, después de casarse dejaron de lado todo lo que antes Él les había dicho, porque su cónyuge no tenía interés en lo mismo. Cuando le pedí a Marilynn que se casara conmigo, yo sabía que Dios había obrado en la vida de ella mucho antes de que nos conociéramos. Cuando tenía cinco años, se enfermó gravemente y casi muere. Después de aquello, sintió claramente que su vida le pertenecía a Dios. De modo que le pregunté: «Marilynn, ¿qué te ha dicho Dios que planea hacer a través de tu vida? ¿Qué promesas le has hecho a Dios? Si me caso contigo, te prometo que pasaré el resto de mi vida ayudándote a cumplir cada promesa que hayas hecho».

¿Sabes qué compromisos ha asumido tu cónyuge ante Dios? ¿Conoces la travesía espiritual que ha estado realizando? ¿Puedes percibir el rumbo hacia donde Dios lo está guiando en este momento? Los cristianos necesitan conocer la respuesta a estas preguntas importantes sobre el compañero de su vida. ¿Cómo has ayudado a tu cónyuge a responder a la actividad de Dios y a obedecer Su voluntad?

LIDERAZGO ESPIRITUAL EN EL HOGAR

A través de los años, Marilynn y yo hemos hablado con miles de parejas. Desafiamos a los esposos a que hagan todo lo posible por ayudar a que sus esposas lleguen a ser lo que Dios ha planeado para ellas. De manera similar, las esposas deben esforzarse por ayudar a que sus esposos lleguen a ser hombres de Dios. Para las parejas cristianas, su amor y su mutua edificación tienen que ser una máxima prioridad. Si los padres descuidan su propio andar con Dios, sus hijos estarán en peligro. Lo mejor que puedes hacer por ellos, es apoyar y estimular el andar de tu cónyuge con Dios.

LA PROTECCIÓN DE NUESTRA PROPIA CARNE

Para poder oír a Dios, es esencial que seas uno en espíritu con tu cónyuge. Por esto, el apóstol Pablo advirtió a los creyentes que no se casaran con los incrédulos (Ver 2 Cor. 6:14). Dijo que eso era como tratar de mezclar la luz con la oscuridad. Tales personas no pueden llegar a ser uno en espíritu, porque sus naturalezas básicas se oponen. La intimidad espiritual que tienes con tu cónyuge afectará tu andar con Dios. El apóstol Pedro dijo que habrá obstáculos para las oraciones de un esposo que maltrata a su esposa (ver 1 Ped. 3:7). Por eso, es prudente no dejar nunca sin resolver tu ira o una relación dañada (ver Ef. 4:26).

UNA MISIÓN EN FRUNCIDO DE NIDO DE ABEJA

Marilynn ha trabajado conmigo en misiones pioneras durante 18 años en Canadá. También me ha acompañado en mi ministerio como escritor y disertante. Durante las dos últimas décadas, viajó conmigo a numerosos países, para que juntos pudiéramos alentar al pueblo de Dios. No obstante, en una ocasión en que tomábamos juntos un café, me mencionó que, de niña, siempre había soñado con participar en misiones internacionales. A pesar de que había viajado conmigo alrededor del mundo, nunca había participado formalmente en un viaje misionero. Sentí que Dios le había puesto esa pasión en el corazón, y supe que debía ayudarla a cumplir su sueño.

Poco después, Marilynn se enteró de ciertos misioneros en Asia cuyas hijas pequeñas no tenían ropa bonita. A Marilynn le encanta confeccionar vestidos con «fruncido en nido de abeja» para niñas, de modo que ella y una amiga cosieron varios vestidos hermosos y se los enviaron por correo a los misioneros. Estos se sintieron profundamente agradecidos. Mencionaron que había extrema pobreza entre las personas a quienes ministraban, y preguntaron si habría alguna manera en que Marilynn pudiera viajar para enseñar la técnica del fruncido en nido de abeja a las mujeres locales. De esa manera, al confeccionar y vender vestidos podrían ganar un ingreso para sus familias afectadas por la pobreza. Cuando Marilynn me mencionó esa posibilidad, pude ver cómo le brillaban los ojos, y de inmediato, supe que era una oportunidad para que participara en un auténtico trabajo misionero. ¡Fruncido en nido de abeja para Jesús!

Entonces, Marilynn comenzó a acopiar materiales; y para cuando llegó el momento de su viaje, tenía dos cajas repletas de suministros. Viajó a Asia junto a un equipo de misiones médicas de nuestra iglesia. En tanto que todos los demás llevaban estetoscopios y termómetros, ella llevaba agujas e hilo de coser. Luego, durante una semana, le enseñó la técnica del fruncido en nido de abeja a un grupo de mujeres en Asia.

A ella le encantó la experiencia, las mujeres estuvieron fascinadas, y se hicieron planes para vender ropa. ¡Ahora el equipo de misiones médicas de nuestra iglesia le ha pedido a Marilynn que los acompañe al África Occidental! Marilynn tiene catorce nietos. Me ha acompañado, fielmente, en el ministerio durante casi medio siglo, pero estos tiempos más recientes se cuentan entre los más gratificantes y satisfactorios de su vida. Estoy muy feliz de haber podido animarla cuando vi a Dios en acción en ella, y disfruto al verla experimentar el gozo del Señor por responderle a Su invitación.

Cuando te sumas a la actividad de Dios en la vida de tu cónyuge

Una de las cosas más sensacionales que puedes hacer, es observar cómo está obrando Dios en la vida de tu cónyuge y unirte a Él. Hay varias maneras en que puedes hacerlo.

1. *Ora regularmente por tu cónyuge y con tu cónyuge.* Dios conoce mejor que tú lo que tu cónyuge está experimentando. Él conoce sus temores y sus inseguridades. Dios sabe lo que planea hacer por medio de él. La oración regular por tu compañero o compañera te ayudará a verlo mejor desde la perspectiva de Dios. En una pareja es fácil que los cónyuges se frustren mutuamente. Si observamos a nuestra pareja solamente desde un punto de vista humano, veremos sus limitaciones, fracasos y debilidades. Cuando lo observamos desde la perspectiva de Dios, vemos un potencial ilimitado en las manos del Señor. Al orar, Dios puede alertarnos sobre alguna acción específica que debamos emprender, o puede mostrarnos alguna palabra de aliento en particular para impartir. Es posible que Dios te muestre en tu cónyuge aptitudes que este no ve. Mientras yo oraba por Marilynn, Dios confirmó que ella tiene una comprensión maravillosa en cuanto al andar con Él, que puede servir de aliento para muchos otros. Aunque he sido el disertante «profesional» durante todos los años de nuestro matrimonio, me he sentido motivado para animarla a aceptar invitaciones que reciba como disertante. Sentí que Marilynn necesitaba contar todo lo que Dios le había enseñado y que serviría para bendecir ricamente a otros. Al orar por tu cónyuge, ¿qué sientes que dice Dios?

2. *Conversa regularmente sobre asuntos espirituales con tu cónyuge.* Algunos cristianos nunca hablan con su cónyuge sobre la actividad de Dios. Suponen que Él está obrando, pero nunca hablan de eso. Tú y tu cónyuge deben hacerse preguntas como: «En este último tiempo: ¿qué te ha mostrado Dios en tus momentos devocionales? ¿Ha puesto alguna carga en particular en tu corazón mientras oras? «Hoy te veías muy concentrado durante el sermón del pastor. ¿Qué te decía Dios?». He descubierto que mi esposa es la mejor persona con quien compartir la actividad de Dios en mi vida. Cuando le cuento lo que he oído de parte de Dios, Marilynn reconoce cosas que yo paso por alto. Los dos juntos podemos oír a Dios con mayor claridad de lo que logramos por separado.

3. *Repasen juntos sus indicadores espirituales.* A lo largo de los años, mientras Dios dirige a las parejas, habrá ciertos momentos clave en los que Él hable en forma clara e inconfundible. Es importante que evoquen juntos esas ocasiones en forma regular. Eso ayuda de dos maneras. En primer lugar, te prepara para comprender hacia dónde te dirige Dios. Cuando cumplí la edad formal para jubilarme, como sucede con toda otra persona de la misma edad, tuve que decidir qué hacer. ¿Acaso me afiliaría a un club de campo

y me compraría un juego de palos de golf? Sin embargo, mientras Marilynn y yo repasábamos lo que Dios había hecho en nuestra vida como pareja, nos dimos cuenta de que toda nuestra vida de casados había sido una preparación para lo que Dios quería hacer después con nosotros. Finalmente, constituimos la organización *Blackaby Ministries International* (sitio web: www.blackaby.org) para poder responder a las invitaciones de Dios, a seguir ministrando alrededor del mundo. Cuando nuestro hijo Richard sintió que Dios lo guiaba a incorporarse a nuestro ministerio, volvimos a reconocer que eso encajaba, a la perfección, en los indicadores espirituales de nuestra vida. Más adelante, Dios guió a Tom a sumarse también al ministerio. ¡Es como si Dios hubiera estado obrando en nuestra familia durante todos estos años para una etapa tan especial como esta! Podemos responder juntos a cada invitación que Dios nos hace, porque sentimos claramente, como matrimonio y como familia, la manera en que Dios nos ha guiado hasta este punto. ¡Un segundo beneficio de repasar tus indicadores espirituales es que eso crea una maravillosa oportunidad para celebrar la actividad de Dios en la vida de tu matrimonio! ¡Cada mañana, Marilynn y yo pasamos juntos un tiempo regular en que bebemos café y reflexionamos en la bondad de Dios para con nosotros durante casi cinco décadas! ¡Cuánta alegría nos trae esto!

4. *Ministren juntos como pareja.* Dios te llevó a tu cónyuge por una razón. Un propósito es producir descendencia para Dios (ver Mal. 2:15). Si las personas buscaran la actividad de Dios junto a su cónyuge, descubrirían maneras únicas que Dios desea usarlas para realizar la obra de Su reino. Conozco a matrimonios que salen regularmente en viajes misioneros, enseñan juntos una clase de la escuela dominical, enseñan inglés a inmigrantes, interceden por otros, son anfitriones de un grupo de estudio bíblico en su casa, reciben a estudiantes de otros países en su hogar, ministran a adultos solteros o adoptan a niños extranjeros. Hay numerosas oportunidades para que los matrimonios descubran la enorme recompensa de ministrar juntos bajo la dirección de Dios. Hubo una pareja que, durante años, cumplió ministerios por separado. El esposo servía como diácono y en la comisión de finanzas de la iglesia, en tanto que la esposa participaba en viajes misioneros internacionales. Después de varios años, por fin la esposa convenció al esposo de que la acompañara en un viaje misionero. Para este hombre, la experiencia fue arrolladora. Con lágrimas, le confesó a su esposa: «¡Ahora comprendo de qué has estado hablando todo este tiempo!». Se habían estado perdiendo el privilegio de servir juntos al Señor. ¿Cuáles son algunas de las

maneras en que tú y tu cónyuge están sumándose juntos a la actividad de Dios en este momento? En oración, considera oportunidades para hacerlo.

5. *Den juntos.* Muchos matrimonios cristianos ponen su ofrenda en el plato cuando pasa cada domingo, pero nunca disfrutan del gozo de dar juntos. Dios está obrando alrededor de ambos. Él quiere que los dos participen en su obra tanto en lo personal como en lo financiero. Marilynn y yo hemos experimentado un gran gozo al determinar juntos dónde Dios desea que invirtamos dinero en Su reino. Apoyamos a nuestra iglesia local y también a diversos ministerios alrededor del mundo. Eso requiere mucho más que librar un cheque. Implica orar juntos y descubrir cómo quiere Dios que invirtamos nuestras finanzas en Su reino. ¡Juntos estamos acumulando tesoros en el cielo!

RESUMEN

Dios nos ha llamado a todos para participar en Su misión. Uno de los primeros sitios donde debemos buscar la actividad de Dios es en la vida de la persona con quien tenemos una relación más íntima. Si Dios te ha dado un compañero, te conviene participar en cualquier obra excelente que Dios planee hacer en su vida.

El matrimonio es la relación humana más fundamental e íntima que Dios creó. Él es quien une a un hombre y una mujer, y lo hace con un propósito. Así como Dios está activo en la vida de tu cónyuge, te invita a participar en Su actividad. Presta atención a la manera en que Dios desea que participes en Su actividad en la vida de tu cónyuge.

CÓMO TENER HOY UNA EXPERIENCIA CON DIOS

Haz una pausa para reflexionar sobre cómo hizo Dios que te unieras a tu cónyuge. Ten presente todo lo que Él ha hecho para bendecir tu vida gracias al compañero que te dio. Dedica algún tiempo para examinar junto a tu cónyuge la travesía espiritual a la cual Dios los ha invitado juntos, y alábenlo por Su bondad para ambos.

PREGUNTAS PARA REFLEXIONAR

1. ¿Con tu cónyuge dedican regularmente algún tiempo para hablar de la actividad de Dios en tu familia, tu iglesia y tu mundo? Si así no fuera, ¿cómo podrían comenzar a hacerlo?
2. ¿Qué te parece que está haciendo Dios en la vida de tu cónyuge? ¿Cómo podrías participar en dicha actividad?
3. ¿Qué clase de ministerio han podido desarrollar *juntos* tú y tu cónyuge? ¿En qué ministerio podrían servir juntos en el futuro?
4. ¿Cómo han determinado tú y tu esposa su criterio para ofrendar? ¿Han estado invirtiendo intencionalmente y como matrimonio en el reino de Dios?

22

Cuando te sumas a la actividad de Dios en la vida de tus hijos

Bendeciré a los que te bendijeren, y a los que te maldijeren maldeciré; y serán benditas en ti todas las familias de la tierra. (Gén. 12:3)

Los hijos y la actividad de Dios

Marilynn y yo nos casamos en California en 1960. ¡Eran tiempos turbulentos! Estábamos en Los Ángeles durante los disturbios sociales del vecindario de Watts. Yo hacía estudios de posgrado en Berkeley University durante las protestas estudiantiles. De forma regular, en las escuelas locales se realizaban simulaciones de bombardeo aéreo para entrenar a los niños en lo que debían hacer en caso de un ataque nuclear. Muchas personas trataron de desalentarnos, para que no trajéramos hijos a un mundo tan peligroso y agitado. Sin embargo, me di cuenta de que en toda la Escritura, cuando los tiempos eran difíciles, a menudo, la respuesta de Dios era enviar un bebé al mundo. Isaac, Moisés, Samuel, Sansón, Juan el Bautista, y, desde luego, también Jesús, fueron la respuesta de Dios a tiempos difíciles. Es un hecho: Marilynn y yo tuvimos cinco hijos (cuatro varones y una niña); los cinco sirven a tiempo completo en el ministerio cristiano, y ahora nuestros nietos comienzan a sentir también en su vida el llamamiento de Dios al ministerio.

Cuando nació Richard, pasé toda la noche orando por él después de que lo trajimos del hospital a casa. Creí que Dios nos lo había dado con un propósito en particular. Sentí que Dios deseaba usarlo en el ministerio cristiano cuando creciera. También supe que, al crecer en el hogar de un pastor, otros pondrían mucha presión sobre él para que siguiera las pisadas de su padre. De modo que nunca le dije lo que pensaba que Dios esperaba de él. En cambio, le pedí a Dios que me mostrara cómo ayudarlo a conocer y hacer Su voluntad.

Mientras crecía, tuvimos algunos tiempos difíciles. De niño Richard tuvo algunos problemas de salud. Durante los años de su adolescencia, tuvo que decidir si seguiría el camino de Dios o el del mundo. Cuando ingresó a la universidad, comenzó a prepararse como maestro de ciencias sociales de escuela secundaria, pero yo sabía que estaba eludiendo la voluntad de Dios. Así que continué orando y buscando la manera de ayudarlo a desarrollar su andar con Dios, de modo que obedeciera lo que Él le decía.

A mitad de su primer año de estudios, Richard pasó al frente un domingo, durante el llamado a la consagración en la iglesia. Con lágrimas, explicó que sabía que Dios lo estaba llamando al ministerio cristiano, y que había estado esquivándolo. No quería ser pastor solo porque su padre lo fuera, o porque todos los demás tuvieran esa expectativa. Además, al crecer, había visto personalmente los desafíos que enfrentaban un pastor y su familia. Pero ya no quería resistirse. Así que de pie ante la iglesia, sonreí y le dije por primera vez a mi hijo mayor que, durante toda su vida supe que Dios lo había llamado al ministerio. Con una mirada de sobresalto preguntó: «Si lo supiste por tanto tiempo, ¿por qué no me lo dijiste?». Y le respondí: «Quería que tú mismo se lo oyeras decir a Dios».

Entonces, Richard fue a estudiar al seminario y a servir en el pastorado. ¡Hoy día es el presidente de nuestro ministerio! Dios nos dio oportunidades similares en la vida de cada uno de nuestros hijos, para ayudarlos a andar con Dios, de modo que no se perdieran nada de lo que Él planeaba hacer en sus vidas.

Una de las invitaciones más sensacionales y gratificantes que Dios nos da es la oportunidad de sumarnos a Su actividad en la vida de nuestros hijos. La Escritura dice:

> He aquí, herencia de Jehová son los hijos; cosa de estima el fruto del vientre. Como saetas en mano del valiente, así son los hijos habidos en la juventud. Bienaventurado el hombre que llenó su aljaba de ellos; no será avergonzado cuando hablare con los enemigos en la puerta. (Sal. 127:3-5)

Si bien no todos se casan o tienen hijos, para quienes llegan a ser padres, los hijos son una misión especial del Señor. Los padres sabios comprenden que Dios diseña a cada hijo de manera singular y tienen que prestar atención para determinar cómo obra Dios en la vida de cada uno de ellos. Observa el propósito importante que Dios había planeado en estos hijos que se mencionan en la Biblia:

- Isaac (Gén. 17:19)
- José (Gén. 37:5-11)
- Moisés (Ex. 1:15–2:3)
- Sansón (Jue. 13:1-5)
- Samuel (1 Sam. 1:11)
- David (1 Sam. 16:11-13)
- Jeremías (Jer. 1:4-10)
- Juan el Bautista (Luc. 1:13-17)

El salmista declaró:

> Porque tú formaste mis entrañas; Tú me hiciste en el vientre de mi madre. Te alabaré; porque formidables, maravillosas son tus obras; Estoy maravillado, y mi alma lo sabe muy bien. No fue encubierto de ti mi cuerpo, bien que en oculto fui formado, y entretejido en lo más profundo de la tierra. Mi embrión vieron tus ojos, y en tu libro estaban escritas todas aquellas cosas que fueron luego formadas, sin faltar una de ellas. ¡Cuán preciosos me son, oh Dios, tus pensamientos! ¡Cuán grande es la suma de ellos! (Sal. 139:13-17)

Dios creó a cada persona, por eso solamente Él conoce el máximo potencial de la vida de cada uno. Dios conoce lo que producirá gozo y satisfacción. Él reconoce nuestras deficiencias. Comprende cómo nuestras debilidades pueden encaminarnos hacia Él. Por Su gracia y poder puede obrar, incluso, a través de nuestras debilidades. Dios nos ha concedido puntos fuertes. Si estos se someten a la dirección del Espíritu Santo, pueden convertirse en instrumentos poderosos en las manos de Él. Cada uno de nosotros emprende una travesía única, cargado de intuición, discernimiento y aspectos sensibles especiales que Dios puede usar de manera significativa para Su reino. En nuestra vida, Dios no deja que se malgaste ninguna experiencia de éxito o fracaso. Él no desaprovecha ninguna de nuestras desilusiones. Moldea la vida singular para la cual nos llama, y luego es glorificado cuando vivimos para Él. Cuando estamos en las manos de un Dios extraordinario, ninguna vida es común y corriente.

El apóstol Pablo identificó de manera gloriosa el diseño eterno de Dios para cada persona:

> Porque a los que antes conoció, también los predestinó para que fuesen hechos conformes a la imagen de su Hijo, para que él sea el primogénito entre muchos hermanos. Y a los que predestinó, a éstos también llamó; y a los que llamó, a éstos también justificó; y a los que justificó, a éstos también glorificó. (Rom. 8:29-30)

EL PROPÓSITO ETERNO DE DIOS PARA TUS HIJOS

El propósito de Dios para cada uno de tus hijos es que lleguen a parecerse a Cristo. Desde el comienzo de los tiempos, Dios supo que tus hijos vivirían en esta Tierra, y se propuso que algún día vivieran y pensaran como Cristo. Para lograrlo, procura atraer a cada uno de ellos hacia una relación de amor con Él. Dios conducirá a cada hijo tuyo por un recorrido singular. Les hablará y permitirá ciertas circunstancias en sus vidas para poder moldearlos a la semejanza de Cristo. Durante el proceso, Dios te invita a participar en la obra que Él hará en la vida de tus hijos. Como padre, tu influencia es sumamente importante. Dios quiere que:

1. *Ores por tus hijos.* El propósito fundamental de la oración no es que le digamos a Dios lo que queremos que haga por nuestros hijos. En realidad, el propósito es que Dios haga en nosotros los ajustes necesarios, para que podamos ser instrumento suyo en la vida de nuestros hijos. No siempre sabemos qué es mejor para ellos. No tenemos conocimiento de todo lo que viven en la escuela. No vemos todas las tentaciones, las críticas, las amenazas ni las presiones de las que son objeto. Dios no inmuniza a nuestros hijos contra la dificultad. Sin embargo, nos alertará como padres para que podamos ser voceros suyos cuando ellos necesiten responder a las circunstancias de la vida. Dios conoce también el potencial de cada hijo. A pesar de cuánto los amamos, ni siquiera podemos comenzar a imaginar todo lo que Dios se propone en Su corazón para ellos (ver 1 Cor. 2:9). Si solo deseamos que cumplan *nuestras* expectativas, los privamos de lo mejor. Necesitamos conocer los planes de Dios para nuestros hijos a fin de que experimenten la vida abundante que Él planea para ellos (ver Juan 10:10).

A menudo, los padres oran para que sus hijos nunca pasen por sufrimientos o dificultades. No obstante, Dios permite diversos niveles de contrariedad en la vida de tu hijo para ayudarlo a crecer y aprender. Si Dios está procurando que nuestros hijos maduren y lleguen a parecerse a Cristo por medio de las dificultades, entonces, es contraproducente orar en contra de cualquier circunstancia difícil que Dios permita en la vida de ellos. Es mucho mejor pedirle que nos ayude a comprender lo que está intentando lograr mediante las circunstancias que les tocan a nuestros hijos. Tendemos a concentrarnos en lo que les está sucediendo *hoy*, en tanto que Dios conoce lo que tiene en mente en cuanto a lo que serán y harán para *la eternidad.*

2. *Habla con tus hijos sobre la actividad de Dios.* Los padres hablan con sus hijos de muchos temas, pero ninguno es tan importante como la actividad de Dios en sus vidas. En Deuteronomio 6:6-9 y 20-25, se instruye a los padres a hablar regularmente con sus hijos acerca de la actividad de Dios. Los padres deben repetirles a sus hijos, una y otra vez, las obras de Dios durante todo el historial de su familia. Tienen que relatarles cómo conocieron a Cristo personalmente, cómo Dios los guió a casarse, cómo los guió en su carrera profesional y cómo los acompañó con el paso del tiempo. Los padres tienen que señalar la obra de Dios que está en proceso en sus vidas, para que la familia aprenda a reconocer la actividad de Dios.

Cuando Marilynn y yo criábamos a nuestros hijos, constantemente, les mostrábamos la actividad de Dios. Cuando Dios proveía para una necesidad financiera, lo alabábamos en familia. Cuando Dios nos respondía las oraciones, ayudábamos a nuestros hijos a asociar nuestra experiencia de oración con lo que sucedía después. En consecuencia, andar con Dios llegó a ser parte natural de sus vidas.

Yo también les hacía preguntas relacionadas con Dios. En lugar de: «¿Qué te gustaría ser cuando crezcas?», les preguntaba: «¿Qué sientes que Dios desea que hagas?» Cuando mis hijos me hacían una pregunta, aprendieron a que mi perspectiva los orientara hacia Dios: «¿Qué piensas que Dios quiere que hagas?», era mi respuesta habitual. Si solo les hubiera dado mi opinión cada vez que venían a pedir ayuda, habrían aprendido a recurrir a mí para obtener respuestas en lugar de a Dios. Yo quería que, como norma, aprendieran a confiar en Dios y no en sus padres. Cuando mis hijos empezaron a madurar, solía preguntarles: «¿Qué te ha enseñado Dios últimamente?». Una pregunta como esa siempre brindaba oportunidades para conversar sobre asuntos importantes.

3. *Ministra a tus hijos.* Uno de los mayores gozos que hemos tenido como padres ha sido ministrar juntos a nuestros hijos. A menudo, invitábamos a personas a nuestra casa, y por medio de esas experiencias nuestros hijos aprendieron a interesarse en los demás. Cuando me desempeñaba como pastor, con frecuencia, llevaba conmigo a uno de los niños cuando predicaba en una de nuestras misiones. A veces, llevaba a uno de ellos para visitar a una viuda o a alguna persona hospitalizada. También servíamos juntos en familia en la escuela bíblica de vacaciones y los campamentos juveniles.

Conozco familias que cada año emprenden juntos un viaje misionero. Algunas, conversan abiertamente sobre el presupuesto familiar y deciden, de común acuerdo, con cuáles causas contribuir, además del apoyo financiero a su iglesia local. Muchos de los misioneros y ministros más destacados de la historia recibieron de sus padres la enseñanza de participar en la misión de Dios.

A medida que crecían mis cinco hijos, tuve el privilegio de dar conferencias y escribir con cada uno de ellos. El año pasado, tuve una nueva experiencia. Diserté en una conferencia de hombres junto a Richard y su hijo mayor, Mike. ¡Hubo allí tres generaciones de Blackaby ministrando juntas para el Señor!

Es importante dar a nuestros hijos el ejemplo de cómo unirse a la actividad de Dios. Cada vez que nos enterábamos de una nueva oportunidad ministerial de Dios, la compartíamos con nuestros hijos y les preguntábamos qué pensaban que Dios deseaba que hiciéramos. A medida que nuestros hijos fueron creciendo, comenzaron a reconocer la obra de Dios alrededor de nuestra familia y ellos sugerían maneras sobre cómo pensaban que debíamos participar. Mientras Marilynn y yo veíamos el proceso de maduración de nuestros hijos, nos dimos cuenta de que la mayor contribución que pudimos haber hecho al reino de Dios, durante nuestra vida, fue enseñarles a observar dónde Dios estaba obrando y cómo unirse a Él.

RESUMEN

Dios creó la familia y desea que, al crecer, los hijos lleguen a conocerlo y amarlo. Los padres tienen que ser sensibles a la actividad del Espíritu Santo en la vida de ellos. Dios sabe qué hacer para guiar a nuestros hijos hacia una relación de amor con Él. Debemos estar siempre alertas a la actividad de Dios en sus vidas, y debemos estar listos para participar cuando Dios nos invite.

Cómo tener hoy una experiencia con Dios

Dedica un tiempo a reflexionar sobre cada hijo que Dios te ha encomendado. Esa es una responsabilidad maravillosa. Alaba a Dios por Su disposición a acompañarte y guiarte en la tarea de enseñar a tus hijos a conocer y amar al Señor. Ten presente que, aun cuando sean adultos, tus hijos e hijas te seguirán viendo como un modelo a imitar.

PREGUNTAS PARA REFLEXIONAR

1. Dedica un momento a pensar en cada uno de tus hijos. ¿Qué cosas ves que Dios está haciendo en sus vidas?
2. ¿Cómo estás orando por ellos? ¿Solo le presentas tus propios planes a Dios en oración o procuras conocer Sus planes para tus hijos?
3. ¿Cómo te sumas a la actividad de Dios en la vida ellos?

23

Experiencia con Dios en la Iglesia

Y perseveraban en la doctrina de los apóstoles, en la comunión unos con otros, en el partimiento del pan y en las oraciones. (Hech. 2:42)

La actividad de Dios en la iglesia

En cierta ocasión en que estaba hablando en una iglesia, una niña pasó al frente para orar durante el llamado a la consagración. Nadie en la congregación la acompañó, de modo que me acerqué y me paré junto a ella. Así, descubrí que oraba por la salvación de una amiga de nueve años. Oírla interceder por su amiga fue para mí un momento especial y tierno.

Esa noche, cuando al concluir mi sermón hice otro llamado a la consagración, noté que la misma niña venía caminando por el pasillo y traía de la mano a otra niña. Como era de esperarse, su amiga manifestaba su decisión de entregarse a Cristo. Al concluir el culto, el pastor comenzó a hacer lo que siempre hacía; es decir, anunciar la decisión de la niña y pedir a la iglesia que la admitiera formalmente como miembro cuando se bautizara. Entonces no pude contenerme. Me dirigí al pastor y le dije: «¡Pastor! ¡Está ocultando la actividad de Dios a su congregación!». Entonces, les relaté a todos lo que había sucedido.

Aquella mañana, Dios le había hablado, claramente, a la niña sobre la necesidad de salvación de su amiga. Había caminado hasta el frente del imponente auditorio de la iglesia para orar por su amiga. Luego, había regresado a su casa y había invitado a su amiga para que la acompañara al culto de la noche. Y solo unas horas después, contemplábamos el milagro de la salvación eterna de una persona. Sin embargo, toda la respuesta de la iglesia era un voto formal y de rutina para que alguien se sumara a la membresía. En ese momento, aquel pastor comenzó a llorar y a pedir a su congregación que lo perdonara. Se dio cuenta de que había practicado la religión, pero no había ayudado a su congregación a identificar la actividad de Dios entre ellos. Dios obraba con poder en la vida de algunos de los miembros más jóvenes de esa iglesia, y nadie parecía notarlo. Cuando la congregación comenzó a observar la actividad de Dios entre ellos, surgió una dinámica sensacional y totalmente nueva.

Dios creó a la Iglesia para que no se pareciera a ninguna otra organización humana. Es un cuerpo viviente, creado por Cristo (ver Mat. 16:18), y Cristo es la cabeza (ver Col. 1:18). Dios se propone extender Su reino, por medio de la Iglesia, en toda la Tierra. Por lo tanto, la actividad de Dios allí es crucial para todo creyente. Es esencial que cada cristiano sea miembro activo de una iglesia local.

En la Escritura notarás que casi toda mención de la Iglesia se refiere a una congregación local. Cada congregación es importante para Cristo, y a cada una Él le ha asignado una misión en particular. La Escritura nos indica la manera en que los creyentes deben actuar entre sí:

- Recibid al débil en la fe, pero no para contender sobre opiniones. [...] De manera que cada uno de nosotros dará a Dios cuenta de sí. Así que, ya no nos juzguemos más los unos a los otros, sino más bien decidid no poner tropiezo u ocasión de caer al hermano. (Rom. 14:1,12-13)
- Ninguno busque su propio bien, sino el del otro. (1 Cor. 10:24)
- Por lo cual, desechando la mentira, hablad verdad cada uno con su prójimo; porque somos miembros los unos de los otros. (Ef. 4:25)
- Ninguna palabra corrompida salga de vuestra boca, sino la que sea buena para la necesaria edificación, a fin de dar gracia a los oyentes. (Ef. 4:29)
- Someteos unos a otros en el temor de Dios. (Ef. 5:21)
- Soportándoos unos a otros, y perdonándoos unos a otros si alguno tuviere queja contra otro. De la manera que Cristo os perdonó, así también hacedlo vosotros. Y sobre todas estas cosas vestíos de amor, que es el vínculo perfecto. (Col. 3:13-14)

¿Qué observas al leer estos pasajes bíblicos? ¡Que ser miembro de una iglesia constituye un acto desinteresado! La Iglesia no existe solo por lo que puedas obtener de ella, sino que es tu oportunidad para invertir en la vida del pueblo de Dios y sumarte a la actividad que Dios realiza a través de él. Dios sabía que tu iglesia te necesitaba; por eso, te sumó a ese cuerpo (ver 1 Cor. 12:18). Tu participación es parte del equipamiento de tu iglesia para cumplir los propósitos de Dios.

¿Alguna vez pensaste en la razón por la cual Dios te sumó a la Iglesia? ¿Estás cumpliendo esa función?

Ya hemos hablado de la experiencia de oír a Dios cuando habla a través de la Iglesia. Sin embargo, mientras procuras unirte a la actividad de Dios que te rodea, deseo desafiarte a que uno de los primeros lugares que observes sea tu propia congregación. Es probable que, a primera vista, no veas nada allí que se parezca a la actividad divina. De modo que tal vez, necesites pedirle al Espíritu Santo que te ayude a reconocer lo que está haciendo.

Cuando me desempeñaba como pastor, una de las cosas más importantes que hacía era ayudar a la congregación a reconocer cuando Dios obraba entre nosotros. En las reuniones informales o de poca concurrencia, a menudo le preguntaba a los miembros qué habían presenciado de la actividad de Dios durante la semana. Los estudiantes universitarios solían contar cómo Dios les había brindado oportunidades para dar testimonio de su fe a sus compañeros. Los empresarios hablaban de la actividad de Dios en el lugar de trabajo. Las madres relataban la manera en que Dios las había guiado a establecer un grupo de madres cristianas para orar por la escuela pública. Los jubilados mencionaban cómo, durante la semana, Dios los había guiado a interceder por alguien en oración. Esas ocasiones informales para contar testimonios llegaron a ser oportunidades maravillosas para celebrar juntos la actividad de Dios entre nosotros.

Dios obra durante un tiempo de testimonio

Cada vez que nos reuníamos como congregación, prestábamos atención a lo que Dios haría. A veces, al finalizar el culto, las personas respondían públicamente a lo que Dios las había llamado. Durante nuestras reuniones de oración y nuestro culto vespertino a menudo invitábamos a las personas a dar testimonio de lo que Dios les decía.

Un domingo a la noche, un estudiante universitario se puso de pie durante un tiempo de testimonio y afirmó ante la congregación que Dios lo había estado buscando. Ahora se daba cuenta de que debía entregar su vida a Cristo y obedecerlo en el bautismo. En ese mismo momento, detuvimos el culto y le pedí a la congregación que confirmara la decisión del joven y lo recibiera de inmediato en nuestra comunión. Luego, al comprobar que esa noche Dios obraba de manera poderosa, pregunté si otros también sentían que Dios quería que hicieran algo y estaban dispuestos a rendirse ante Su señorío en ese momento. Una persona tras otra se puso de pie para decir que estaba preparada para responder a lo que Dios le pidiera. El culto duró más de dos horas y muchos tomaron importantes decisiones espirituales. ¡Ni siquiera llegué a predicar el sermón que había preparado! Sin embargo, cada uno de los presentes sintió que Dios había obrado de manera poderosa cuando adaptamos el culto a la actividad de Él entre nosotros.

UNA PERSONA AFLIGIDA

En 1 Corintios 12:26 se indica que el cuerpo de la Iglesia debe ser tan unido que, si un miembro sufre, el resto de la congregación debe sentir el dolor. Para que las iglesias funcionen de esa manera las personas deben desarrollar su sensibilidad en cuanto a la actividad de Dios en la vida de otras personas. En ocasiones, Dios muestra a un miembro de la iglesia lo que está haciendo en la vida de otro.

Cuando era pastor, en nuestra iglesia había un matrimonio anciano muy querido por todos. En una temporada de otoño, falleció Arthur, el esposo, y así quedó viuda su esposa, Marion. Ella era una mujer inglesa, pequeña, humilde y gentil, que se sentía mortificada por la idea de que llegara a ser una carga para su congregación. Una de sus principales preocupaciones era no poder cuidar de la casa y del jardín, ahora que su esposo ya no estaba con ella. Sin embargo, no quería ni pensar en pedir ayuda. De modo que se puso a orar con insistencia.

En aquel tiempo, Richard estudiaba en la universidad, y un domingo por la noche ingresó temprano al auditorio y se sentó para aguardar el comienzo del culto. Cuando el auditorio comenzó a llenarse, miró a su alrededor y se dio cuenta de que esta dama se había sentado al otro lado del salón. Richard pensó: «Me pregunto quién cuida de su jardín ahora que el señor Clark ya no está». De repente, sintió que Dios le pedía que fuera a obtener la respuesta de inmediato. Entonces, se acercó a la mujer y dijo: «Me preguntaba quién va a cuidar de su jardín este año». A Marion se le llenaron los ojos de lágrimas y le costó controlar las emociones. «Nadie», respondió. Entonces, Richard le ofreció pasar por su casa el siguiente sábado para ver lo que podía hacer. El alivio de la mujer fue evidente.

Al siguiente sábado, cuando Richard llegó a la casa de Marion, ¡el patio era un desastre! Dedicó casi todo el día a recoger ramas caídas de los árboles, rastrillar hojas y cortar el césped. Cuando estaba terminando, notó que esta mujer tenía un puñado de dinero con la intención de dárselo por su trabajo, pero él se negó, rotundamente, a recibirlo. Le explicó que Dios le había indicado, con claridad, que hiciera lo que había hecho, y que sería incorrecto recibir dinero de ella siendo que tenía tan poco. «Sin embargo», agregó Richard, «sé que usted hornea cosas muy ricas. De modo que en *cualquier* ocasión en que esté horneando algo, sería excelente si quisiera preparar un poco para mí».

Al día siguiente, cuando Richard ingresó al vestíbulo de la iglesia, lo recibió el aroma de algo recién horneado. ¡Esta mujer lo estaba esperando con dos bolsas grandes repletas de alimentos horneados para él! Esto se transformó en una tradición semanal. Mi hijo cortaba el pasto en la casa de aquella mujer y regresaba cargado con alimentos horneados que te hacían agua la boca.

¿A quién se le podría haber ocurrido, alguna vez, que un estudiante universitario y una viuda anciana llegarían a ser buenos amigos? A Dios. Él diseñó la Iglesia para personas de toda edad y todo nivel de madurez espiritual. Dios desea que los miembros de la Iglesia se relacionen tan estrechamente que, cuando un anciano esté afligido, un estudiante universitario de la congregación pueda sentir la carga y responder a la necesidad.

Necesitas prepararte antes de ir a la iglesia. De esa manera, estarás listo para unirte a Dios en cualquier obra que pueda estar haciendo en tu congregación. Con demasiada frecuencia, los miembros de la iglesia concurren a los cultos y solo procuran relacionarse con sus amigos. Nunca caen en la cuenta de que podría haber otros que padecen un tremendo dolor. Es probable que haya personas que visitan la iglesia por primera vez, sin que nadie siquiera las salude.

Si eres sensible a la guía del Espíritu Santo, este puede guiarte a alguien que está afligido. Tal vez, al ingresar al auditorio, el Espíritu Santo te indique que te sientes en un lugar diferente al habitual para poder conversar con alguien que necesite aliento al finalizar el culto. Permite que el Espíritu Santo te guíe hacia un visitante para darle la bienvenida a la iglesia. Quizás, el Espíritu te mueva a orar, con regularidad, por una madre soltera que se haya sentado frente a ti y se vea profundamente conmovida por el sermón en ese día. Es posible que el Espíritu te inspire a acercarte a un adolescente después del culto, para prometerle que orarás por él, y de ese modo, brindarle aliento. Cada semana, el Espíritu sabe quién está afligido, quién busca respuestas de Dios o quién necesita, desesperadamente, comprobar si el pueblo de Dios se interesa por él. Si eres sensible a ese ligero «codazo» del Espíritu, podrás ser un instrumento de Dios para impartir amor y sanidad en tu propia iglesia.

¡OBSERVAR Y ORAR!

Anteriormente, mencioné que en mi iglesia se dedica un tiempo especial durante el culto, en que se invita a las personas a permanecer frente al auditorio mientras el pastor ora. El pastor siempre nos dice que inclinemos la cabeza y cerremos los ojos. Pero en lugar de ello, prefiero hacer lo que Jesús le mandó a Sus discípulos: ¡observar y orar! Siento que ese momento puede ser clave para determinar si hay personas afligidas a mi alrededor. Es trágico que cada domingo en nuestras iglesias, haya personas con terribles sufrimientos y nadie se dé cuenta de su dolor.

Un domingo, observé que una distinguida anciana se veía apesadumbrada. Durante el tiempo de la oración dejé mi asiento, y en silencio, me acerqué a esta mujer. Le pregunté si había algo que pudiera hacer por ella dado que se veía bastante triste esa mañana. Me respondió que era el primer aniversario de la muerte de su esposo y que ese día había sido sumamente difícil para ella. No estaba segura de poder tolerar el duelo. Le pregunté si podía orar por ella, y de inmediato, aceptó mi ofrecimiento.

Con el paso de los años, he orado por muchas personas, pero esta ocasión me sorprendió. De pronto, me encontré pidiéndole a Dios que hiciera cosas en la vida de esa querida anciana, que nunca antes había pensado en pedir por nadie. Reconocí que el Espíritu Santo me estaba ayudando a pedir por cosas que había en el corazón de Dios para impartirle a esa mujer (ver Rom. 8:26). Cuando terminé de orar, sonrió, y con una expresión de paz, me dijo que sabía que estaría bien.

Varias semanas después, llegó la temporada navideña. Sé que a las personas que han perdido a su cónyuge hace poco tiempo, les resulta particularmente difícil pasar la primera temporada navideña sin la compañía de su ser amado. Entonces, vi que aquella mujer se había sentado cerca de donde estábamos mi esposa y yo. Y una vez más, dejé mi asiento, en silencio, para preguntarle cómo estaba. Sonrió y dijo que el Señor había sido bueno con ella y que estaba muy bien. Ahora, cada vez que mi esposa y yo vamos a la iglesia, la buscamos y procuramos alentarla. Dios se ha ocupado de sus necesidades de una manera especial.

Cualquier domingo, en mi congregación hay numerosas personas que están afligidas y anhelan experimentar la certeza de que Dios sabe lo que están pasando y se interesa por ellas. Cada domingo ha sido un gozo para mí ingresar a la iglesia con una oración a Dios, indicándole que estoy disponible para que el Espíritu me guíe a alguien que ese día necesite una palabra de aliento. ¡Eso ha logrado que los domingos se vuelvan muy emocionantes! Así, me presento ante Dios, no solo para adorarlo, sino también para servirlo en medio de Su pueblo, sin saber lo que puede pedirme que haga.

La Escritura exhorta a los creyentes a sobrellevar «los unos las cargas de los otros, y cumplid así la ley de Cristo» (Gál. 6:2) La Palabra de Dios también dice: «No nos cansemos, pues, de hacer bien; porque a su tiempo segaremos, si no desmayamos. Así que, según tengamos oportunidad, hagamos bien a todos, y mayormente a los de la familia de la fe» (Gál. 6:9-10).

Demasiados cristianos han desarrollado una actitud egocéntrica hacia su iglesia. La miran como algo que existe para satisfacer sus necesidades y brindarles cultos entretenidos cada semana. No obstante, Jesús dijo que debemos negarnos a nosotros mismos (ver Mat. 16:24). Nuestro deseo no debe ser que siempre nos ministren, sino que sigamos a Jesús a todo lugar donde nos dirija. En vez de concentrarnos en lo que nuestra iglesia está haciendo por nosotros, debemos preguntarle a Dios lo que Él está procurando hacer en nuestra iglesia *a través* de nosotros.

Un ministerio orientado a los hombres

Cierta vez, un empresario me dijo que se había desilusionado con su iglesia. Quería participar en un dinámico ministerio orientado a los hombres, que los ayudara a crecer y rendir cuentas ante otros, pero su iglesia no tenía algo así y no había planes inmediatos de iniciar uno. Preguntó: «¿Acaso debo irme de la iglesia y encontrar otra que vea la necesidad de ministrar a los hombres?». Le recordé que Dios suma miembros al cuerpo según le place (ver 1 Cor. 12:18), y le sugerí que si Dios lo había traído a una iglesia sin un ministerio para hombres, tal vez, su plan era iniciar un ministerio a través de él. Este hombre era un empresario exitoso y siempre había sido líder. ¿Por qué no ofrecer esas aptitudes para servir al Señor y permitir que Él lo usara a fin de producir resultados en su iglesia?

No del todo convencido, el hombre se dirigió al personal de su iglesia y les dijo que estaba dispuesto a organizar allí un evento para hombres. Los miembros del personal le dijeron que ellos también sentían la necesidad de dicho ministerio, pero necesitaban alguien que lo liderara. En el primer evento, ¡los hombres de su iglesia superaron toda expectativa de concurrencia! Fue un éxito tremendo y todos se preguntaban qué harían a continuación. La concurrencia fue aumentando regularmente, hasta que este hombre vio a cientos de hombres participar activamente en el nuevo ministerio. Con el tiempo, otras iglesias se contactaron con él para pedirle que las ayudara a iniciar la obra entre los hombres.

Dirigió varios eventos que abarcaron toda la ciudad, a los que asistieron hombres de diferentes lugares que sintieron el impacto. El hombre se sintió emocionado por la manera tan espectacular en que Dios había usado su vida para dejar un impacto en las personas. Llegó a entender que esa necesidad que sintió en su vida, no era para quejarse e irse de su iglesia. El Espíritu Santo lo estaba moviendo para transformar su iglesia en el cuerpo de creyentes que Dios había planeado.

RESUMEN

Dios suma personas a las Iglesias por una razón. Él quiere usar tu vida para que seas una influencia positiva en las personas entre quienes te ha puesto. Tienes que ser sensible al Espíritu cuando te guía a servirlo en tu iglesia. Cuando respondas al Espíritu Santo, descubrirás que te usa para bendecir a las personas de tu congregación y para ayudar a tu iglesia a llegar a ser lo que Dios tiene en mente.

CÓMO TENER HOY UNA EXPERIENCIA CON DIOS

Haz memoria de cómo Dios te guió para incorporarte a la iglesia de la que eres miembro. ¿Cómo supiste que allí era donde Dios quería que estuvieras? Repasa las maneras en que Dios te ha ministrado a través de tu iglesia y considera cómo ha usado tu vida para bendecir a otros.

PREGUNTAS PARA REFLEXIONAR

1. ¿El Espíritu Santo te ha mostrado a alguien de tu iglesia que está pasando dificultades o necesidad? ¿Cuál podría ser el deseo de Dios en cuanto a cómo debes ministrarle a esa persona o esa familia?
2. ¿Te ha mostrado Dios algún problema o alguna necesidad en tu iglesia? ¿Cómo podría usar tu vida como parte de la solución a ese problema?
3. Cuando concurres a la iglesia, ¿eres sensible a las personas que podrían necesitar una palabra de aliento? Si Dios ya te ha guiado a algunas personas en particular, ¿qué has hecho en respuesta a ello?
4. Si no te das cuenta de cuáles son las personas de tu iglesia a quienes podrías ministrar, ¿cuál te parece que puede ser la causa? ¿Cómo podrías estar mejor preparado, espiritualmente, la próxima vez que vayas a la iglesia?

24

Experiencia con Dios en el mundo de los negocios

Así que discutía en la sinagoga con los judíos y piadosos, y en la plaza cada día con los que concurrían. (Hech. 17:17)

Encuentros divinos en el sillón del dentista

Mi buen amigo John es propietario de una empresa grande. Cierta vez, John fue al dentista. Ya en el consultorio, una higienista reclinó el sillón donde se había sentado mi amigo y le introdujo diversos tubos en la boca. Mientras trabajaba con un objeto metálico puntiagudo dentro de la boca de John, le informó que varios años atrás él había descalificado la solicitud de empleo de su esposo. De repente, John se sintió vulnerable en extremo.

Aparentemente, años atrás, le habían informado a John que un solicitante no había pasado la prueba obligatoria para detección de drogas y, por lo tanto, no podía ser empleado, a pesar de sus excelentes calificaciones. En general, el director de recursos humanos le habría dado las malas noticias al solicitante, pero John sintió que Dios lo dirigía a hablar personalmente con aquel joven. Por cierto, esta situación no era un deleite para el propietario y director ejecutivo de una compañía, pero John hizo pasar al hombre a su oficina y le explicó que estaba sumamente impresionado por sus antecedentes. Le indicó que tenía la clase de aptitudes que la compañía estaba buscando, pero que no había pasado la prueba de detección de drogas. John estaba obligado a cumplir el reglamento de la compañía y rehusarse a emplearlo. Después, miró al joven a los ojos y le recordó que estaba recién casado, en espera de su primer hijo. Le advirtió que si continuaba consumiendo drogas, su familia sufriría muchísimo y perdería la salud, la esposa y los hijos si no hacía algunos cambios importantes en su vida.

La higienista concluyó: «Realmente tomó en serio su advertencia. Regresó a casa conmovido por lo que usted le había dicho y dejó de consumir drogas. Tiempo después, encontró un buen empleo y ha tenido éxito en su carrera. Ha llegado a ser un excelente esposo y padre. Sé que querría que le agradezca por dedicar tiempo a hablar con él, en medio de un día atareado, como lo hizo aquella vez. ¡Esa breve conversación le cambió la vida!»

John solo era un empresario cristiano, común y corriente, a quien Dios invitó un día a participar en la obra de salvar la familia y la carrera de aquel hombre. A medida que Dios acompaña a las personas en el mundo de los negocios, cada día surgen posibilidades ilimitadas.

DIOS ESCOGE HOMBRES DE NEGOCIOS

Los cristianos han supuesto, durante demasiado tiempo, que la actividad de Dios solo tiene lugar los domingos en la iglesia. En realidad, la Escritura muestra que Dios siempre está en acción en el mercado. Cuando Dios lanzó Su gran obra para traer salvación a la humanidad, llamó a Abraham, uno de los hombres de negocios más exitosos de su tiempo (ver Gén. 24:35). Isaac, el hijo de Abraham, también prosperó en el mundo de los negocios (ver Gén. 26:12-14). De manera similar, Jacob, el hijo de Isaac, llegó a enriquecerse gracias a su visión para los negocios (ver Gén. 30:43). José sirvió a Dios, no como predicador o misionero, sino como administrador de los graneros de Egipto (ver Gén. 41:37-57). Moisés tuvo un encuentro profundo con Dios mientras se ocupaba de su trabajo (ver Ex. 3:1-6). Eliseo fue invitado a unirse a la actividad de Dios mientras araba un campo (ver 1 Rey. 19:19-21). Amós declaró que no era profeta ni hijo de profeta, sino criador de ovejas y colector de higos silvestres (ver Amós 7:14). Daniel sirvió a Dios como funcionario del gobierno.

Jesús se capacitó como carpintero. Cuando emprendió el llamado a doce hombres para que lo acompañaran y fueran Sus discípulos, escogió pescadores y otros que tenían profesiones establecidas (Mar. 1:16-20). Los empresarios no se dejan intimidar por el mundo. Ese es el ambiente en el que viven y prosperan. Una vez que esas personas tuvieron un encuentro con Jesús que les cambió la vida, ¡estuvieron preparadas para revolucionar su mundo! José de Arimatea fue un hombre de negocios que, aunque temía a los líderes religiosos, tuvo el valor suficiente para reclamar el cuerpo de Jesús a Pilato, el líder romano (ver Juan 19:38; Mar. 15:42-43). José se valió de sus contactos comerciales y su influencia, para dar una adecuada sepultura a Jesús, y los cuatro Evangelios relatan su historia. Lidia, una mujer de negocios, fue un miembro clave de la iglesia en Filipos (ver Hech. 16:14-15). Dos partidarios firmes del ministerio de plantación de iglesias del apóstol Pablo fueron Aquila y Priscila, un matrimonio que manejaba un negocio (ver Hech. 18:1-2).

Las personas pasan la mayor parte de su tiempo en el mundo de los negocios, y no en el edificio de la iglesia. Dios no aguarda a encontrarse con ellos cuando ingresen al templo los domingos, sino que va adonde están las personas y se encuentra con ellas en lo cotidiano. Los cultos de los domingos brindan una oportunidad para que los creyentes adoren a Dios y reciban el equipamiento para cumplir Su misión donde viven y trabajan durante la semana (ver Ef. 4:11-12).

¡Dios está obrando!

Uno de los mayores movimientos espirituales que veo hoy día es lo que Dios está haciendo en el mundo de los negocios. Colaboro con un grupo de cristianos que se desempeñan como directores ejecutivos de algunas de las más grandes compañías de los Estados Unidos. Esas personas han reconocido que Dios las puso en su puesto con un propósito. Tienen influencia sobre decenas de miles de empleados y controlan enormes presupuestos publicitarios. Pueden contactarse con líderes mundiales a quienes los misioneros no tienen acceso.[1]

La compañía de uno de ellos produce centrales eléctricas y donó una de estas centrales a una aldea en África, a condición de que pudiera decirles a los pobladores la razón por la cual los ayudaba. Cuando se puso en marcha la central en aquella comunidad, el jefe y muchos de los pobladores habían llegado a creer en Cristo. Luego, el director ejecutivo fue invitado por un importante líder del gobierno para proveer de centrales eléctricas a muchas otras aldeas, y en todas esas oportunidades, se le dio libertad para decir que lo hacía por su amor a Jesucristo.

Otro director ejecutivo les ha obsequiado Biblias a líderes mundiales en ocasión de visitas a sus países por razones de negocios. Uno de los hombres de negocios a quien conozco se jubiló a edad temprana, compró una empresa en decadencia, la transformó por completo, y como forma de inversión en el reino de Dios, dona las ganancias de la empresa a ministerios cristianos.

Muchas personas están descubriendo que Dios las ha puesto en una compañía para que puedan dar testimonio ante sus compañeros y clientes. Podría contarte numerosos relatos de personas que guiaron a sus compañeros a entregarse a Cristo por fe, y conozco líderes empresariales que dirigen estudios bíblicos para su personal durante la hora del almuerzo.

Muchas personas que conocen a Cristo en su lugar de trabajo nunca habrían visitado una iglesia un día domingo. De modo que Cristo envía Sus siervos a sitios donde trabajan las personas que necesitan oír de Él. De la misma manera en que oramos por los misioneros que viajan a otros países para dar a conocer el evangelio, creo que las iglesias deben celebrar cultos para encomendar al Señor a quienes van al mundo de los negocios cada lunes por la mañana.

Jesús y Zaqueo

En Lucas 19:1-10 se relata una de las historias más alentadoras de la Biblia. Cuando Jesús pasaba por Jericó de camino a Jerusalén, donde lo esperaba la cruz, se corrió la voz de que el grandioso maestro y obrador de milagros venía por la calle principal. De inmediato, se reunió una multitud para darle un fugaz vistazo al visitante. Zaqueo, quien era un hombre de negocios reconocido por sus prácticas despiadadas y carentes de ética, también se sintió movido a ver a Jesús. A pesar del frío aspecto externo del hombre y su reconocida inflexibilidad, Dios lo estaba buscando.

Cuando Jesús pasaba, muchos le gritaban para llamarle la atención. Sin embargo, Él advirtió, repentinamente, al infame recaudador de impuestos en un árbol. Sabía que Dios estaba obrando en la vida de aquel hombre, y entonces le dijo: «Zaqueo, date prisa, desciende, porque hoy es necesario que pose yo en tu casa». Aunque la Escritura no describe la manera, Jesús reconoció que el Padre estaba atrayendo a Zaqueo hacia sí, y se unió, de inmediato a Su Padre en esa obra.

Dios está obrando entre los empresarios alrededor del mundo. En el corazón de muchos de ellos, hay cierta inquietud al reconocer que el escalón más alto en el mundo de los negocios, o el logro de las metas financieras, no produce la paz ni la satisfacción que estaban buscando.

VEAMOS A ZAQUEO EN EL LUGAR DE TRABAJO

Un hombre estaba trabajando, cuando el Espíritu Santo desvió su atención hacia un compañero en particular. Aunque no lo conocía bien, se sintió movido a invitarlo a almorzar. Durante el almuerzo, el hombre confesó que esa misma mañana había dejado a su esposa. Antes de que terminara el día, aquel cristiano había guiado a este compañero atribulado a entregarse a Cristo por fe y a volver con su esposa.

Un hombre de negocios hacía uno de sus recorridos regulares por la comunidad cuando vio una casa en venta. Algunas semanas después, notó que llegaba un furgón de mudanzas a la entrada de dicha casa. A las dos semanas, observó que instalaban una rampa para silla de ruedas junto a la puerta del frente. Cada vez que este cristiano pasaba con su vehículo frente a aquella vivienda, sentía que el Espíritu lo movía para averiguar quién vivía allí. Finalmente, cierto día pasó por el lugar y sintió el intenso deseo de hacer una visita. De modo que se detuvo e hizo sonar el timbre de la puerta. La casa no quedaba lejos de la iglesia de aquel comerciante, de modo que decidió invitar al ocupante desconocido para que visitara la iglesia. Salió a su encuentro un hombre discapacitado, que le relató una historia de amargura y soledad. Estaba profundamente agradecido porque alguien se había interesado lo suficiente como para visitarlo. Dijo que había visto la iglesia y se preguntaba si allí la gente sería amistosa o no. Y ahora lo sabía.

Otros empresarios han descubierto que Dios los ha prosperado para que inviertan su riqueza en Su reino. De súbito, en lugar de permitir que sus trabajos los absorban, descubren que ante ellos se despliega todo un nuevo ámbito de actividad del reino de Dios. Algunos han comenzado a usar sus recursos para construir edificios para iglesias alrededor del mundo. Otros se han jubilado a edad temprana y han ido a trabajar para organizaciones cristianas. Hay quienes han invertido en institutos bíblicos y seminarios, y están capacitando a personas para el ministerio cristiano. Hay hombres de negocios que apoyan a orfanatos y ministerios dedicados a quienes sufren a causa del hambre y la enfermedad. A quienes serían Sus seguidores, Jesús les mandó: «Mas buscad primeramente el reino de Dios y su justicia, y todas estas cosas os serán añadidas» (Mat. 6:33). Jesús espera que la prioridad de cada discípulo sea participar en el desarrollo del reino de Dios y confiar en que Él provea para todas las demás necesidades.

AVIVAMIENTO

Creo que Dios traerá un avivamiento a América del Norte, e intuyo que, tal vez, lo haga por medio del mundo de los negocios. ¿Por qué? Por un lado, los empresarios cristianos están interconectados entre todas las denominaciones. A menudo, los líderes de las iglesias tienen escaso contacto con personas de otras denominaciones o siquiera de otras iglesias. Sin embargo, los empresarios trabajan por medio de redes de contactos. También son personas prácticas y pueden ser sumamente creativas.

Las iglesias que aprenden a aprovechar los talentos creativos y administrativos de sus miembros para realizar la obra del reino, descubrirán que Dios usa a su congregación para dejar un espectacular impacto en su comunidad y su mundo. Los hombres de negocios conocen la importancia de comunicarse y publicitar. Muchos pastores están demasiado ocupados ministrando y aconsejando a los miembros de sus iglesias, y tienen poco tiempo para abordar desafíos administrativos. Pero he descubierto que cuando uno desea organizar una reunión para algún evento cristiano, lo mejor es pedirle a un empresario que lo haga.

Los hombres de negocios tienen acceso a personas y lugares fuera del alcance de muchos miembros del personal de las iglesias. Pueden ponerse en contacto con funcionarios gubernamentales y demás líderes de influencia. Algunos ministros se sienten intimidados por los líderes seculares, pero no así los hombres de negocios. Incluso, ellos pueden ingresar a ciertos países que se oponen a la fe cristiana y que, por lo tanto, están cerrados para los misioneros. Hoy día, miles de empresarios cristianos están descubriendo que Dios les ha brindado oportunidades y recursos singulares para beneficiar considerablemente la obra del reino de Dios.

RESUMEN

En el curso de la historia, cuando Dios buscaba cumplir una obra excelente, a menudo lo hizo por medio de un hombre de negocios. Las personas pasan la mayor parte de su tiempo en el mundo de los negocios, y es allí donde Dios saldrá al encuentro de ellas a fin de satisfacer sus necesidades espirituales. Dios desea obrar en el mundo de los negocios por medio de empresarios cristianos, a fin de guiar a otros hacia una relación con Jesús como Salvador. Cada día al ir al trabajo, los cristianos debieran prestar atención a lo que Dios se propone hacer a través de sus vidas.

Cómo tener hoy una experiencia con Dios

Si eres profesional o empresario, dedica un tiempo a reflexionar sobre la razón por la que Dios te guió a tu empleo actual. Piensa en los clientes y compañeros con quienes te encuentras cada día. ¿Acaso Dios te ha puesto en un campo misionero entre personas con necesidades espirituales? Pide al Señor que te revele cómo planea afectar por medio de tu vida a las personas que te rodean.

PREGUNTAS PARA REFLEXIONAR

1. Si en este momento tienes participación en el mundo de los negocios, ¿qué has visto de la obra de Dios en tu lugar de trabajo? ¿Cómo te has sumado a dicha actividad?
2. ¿Qué destrezas, experiencias, contactos y recursos que Dios te ha dado desea que los uses para extender Su reino?
3. ¿Has buscado primeramente el reino de Dios y luego, has permitido que Él te añada todo lo demás?
4. ¿Cómo se refleja en tu manera de vivir que crees que Dios es Señor de tu carrera profesional y también de tu empresa?

---

1. Para obtener mayor información, consultar: God in the Marketplace: 45 Questions Fortune 500 Executives Ask about Faith, Life, and Business, de Henry y Richard Blackaby [Dios en el mundo de los negocios: 45 preguntas que los ejecutivos de las empresas Fortune 500 formulan sobre la fe, la vida y los negocios] (Nashville: B&H Publishing Group, 2008).

25

Experiencia con Dios en Su reino

Después que Juan fue encarcelado, Jesús vino a Galilea predicando el evangelio del reino de Dios, diciendo: El tiempo se ha cumplido, y el reino de Dios se ha acercado; arrepentíos, y creed en el evangelio. (*Mar. 1:14-15*)

Todo un mundo al alcance de la mano

Hace un par de años, al predicar en una iglesia un domingo por la mañana, hice referencia al relato de la mujer samaritana junto al pozo de agua, según el Evangelio de Juan. Señalé que Jesús dedicó tiempo a ministrar a una mujer muy conocida, de dudosa reputación. Su vida fue transformada de tal manera que todo el pueblo llegó a depositar su fe en Jesús (ver Juan 4:39-42). Más adelante, después de Pentecostés, muchos otros samaritanos aceptaron de buen grado el evangelio (ver Hech. 8:4-25). Es probable que la conversión de aquella mujer haya sentado las bases para la obra a gran escala que después tuvo lugar.

Así que desafié a los miembros de la congregación para que fueran catalizadores de la conversión de muchas personas, tal como lo fue la mujer junto al pozo de agua. Los insté a estar dispuestos a que Dios haga una obra poderosa en sus vidas a fin de alcanzar a otros para Cristo. Durante el llamado a la congregación, muchos vinieron a orar movidos por lo que Dios les había dicho. Después del culto, se formó una larga fila de personas que aguardaban para hablar conmigo. Una mujer declaró: «Dios me dijo que soy la mujer junto al pozo de agua para mi país, Ghana». Un hombre agregó: «Dios me dijo que soy la mujer junto al pozo de agua para mi pueblo en Pakistán». Una persona tras otra me dijo que Dios la había invitado para ser instrumento suyo, a fin de alcanzar a su patria para Cristo. Yo no tenía idea de que hubiera tantas naciones diferentes representadas en esa iglesia en particular.

El pastor se sintió muy conmovido. Como muchos otros pastores, había recibido a cada nuevo miembro en su congregación con la perspectiva de lo que podría hacer para su iglesia. ¿Enseñaría en una clase de escuela dominical? ¿Serviría en una comisión? ¿Cantaría en el coro? Pero nunca se había preguntado cuáles serían los planes de Dios para causar un impacto en el mundo a través de personas de su congregación. ¿Acaso Dios los estaba sumando a su congregación a fin de que el pastor y sus líderes pudieran equiparlos para regresar a sus países y dar testimonio de su fe ante familiares y amigos? ¿Dios estaba sumando miembros a fin de asistir a la iglesia en el envío de equipos misioneros a los países de origen de los nuevos miembros?

La carga de Dios por este mundo

Juan el Bautista predicaba este mensaje: «Arrepentíos, porque el reino de los cielos se ha acercado» (Mat. 3:2). Jesús predicaba: «Arrepentíos, porque el reino de los cielos se ha acercado» (Mat. 4:17). Y cuando Jesús envió a Sus doce discípulos hacia pueblos y aldeas, «los envió a predicar el reino de Dios, y a sanar a los enfermos» (Luc. 9:2). Sin duda, el ministerio de Jesús era edificar el reino de Dios.

Este reino es Su gobierno en el corazón de las personas alrededor del mundo. Cada iglesia que sigue a Cristo es parte del reino de Dios. Si eres un verdadero discípulo de Jesús, tienes que obedecer Su claro mandamiento de buscar «primeramente el reino de Dios» (Mat. 6:33). Si en verdad vamos a seguir a Jesús, el reino de Dios tiene que ser nuestra prioridad tal como lo es para Cristo.

Cuando Dios se relaciona contigo y con tu iglesia, siempre lo hace con la carga por este mundo. Cuando te habla, lo hace pensando en las masas que hay alrededor del mundo y que aún no lo conocen. La Escritura explica que Dios amó tanto al mundo que estuvo dispuesto a pagar cualquier precio para traer la salvación a quienes estaban en peligro de perecer (ver Juan 3:16). No puedes amar a Dios sin amar, también, lo que Él ama. Todas las personas del mundo son importantes para Él. Dios no favorece a los de ciertos países, nacionalidades, colores o afiliaciones políticas. Él ama a *las personas* y no desea que *ninguna* perezca. Conoce muy bien el horror de lo que significa perecer eternamente y no desea que le suceda a nadie. Observa cómo se revela el anhelo de Dios en la Biblia:

> Por tanto, id, y haced discípulos a todas las naciones, bautizándolos en el nombre del Padre, y del Hijo, y del Espíritu Santo; enseñándoles que guarden todas las cosas que os he mandado; y he aquí yo estoy con vosotros todos los días, hasta el fin del mundo. (Mat. 28:19-20)
>
> Id por todo el mundo y predicad el evangelio a toda criatura. (Mar.16:15)
>
> Pero recibiréis poder, cuando haya venido sobre vosotros el Espíritu Santo, y me seréis testigos en Jerusalén, en toda Judea, en Samaria, y hasta lo último de la tierra. (Hech. 1:8)
>
> Y a todo lo creado que está en el cielo, y sobre la tierra, y debajo de la tierra, y en el mar, y a todas las cosas que en ellos hay, oí decir: Al que está sentado en el trono, y al Cordero, sea la alabanza, la honra, la gloria y el poder, por los siglos de los siglos. (Apoc. 5:13)

El deseo de Dios es que «toda lengua confiese que Jesucristo es el Señor, para gloria de Dios Padre» (Fil. 2:11). Dios el Padre estuvo dispuesto a hacer un gran sacrificio para que esto se cumpliera, y lo hizo al enviar a Su propio Hijo a morir en la cruz por el pecado de todos los hombres. Ahora, al cumplir Su plan de redención de la humanidad, ha levantado a la Iglesia como instrumento suyo para reconciliar consigo al mundo.

Dios planea valerse de las congregaciones locales para hacer discípulos en todas las naciones. Me complace enterarme de muchas iglesias que patrocinan cantidades récord de viajes misioneros alrededor del mundo. Hay agencias misioneras internacionales que invitan a las iglesias para adoptar grupos étnicos y asumir la responsabilidad de llevar el evangelio a naciones específicas. Debemos tener presente que Dios espera que nos compadezcamos de todo el mundo, tal como Él lo hace.

La gran comisión no es un mandamiento para ir a *una parte* del mundo, sino para ir a *todo* el mundo. Procurar el logro de cualquier meta inferior, es ser culpable de una desobediencia premeditada. Tal vez afirmes: «¡Pero eso es imposible para una iglesia tan pequeña como la nuestra!». A lo cual te respondería: «Claro que lo es; pero eso no hace que cumplir ese mandamiento sea menos obligatorio para ti». Jesús dio otro mandamiento que también te resultará imposible de cumplir: «Sed, pues, vosotros perfectos, como vuestro Padre que está en los cielos es perfecto». Sin embargo, eso no lo hace menos obligatorio. Es obvio que no puedes cumplir muchos de los mandamientos de Dios con tu propia fuerza o sabiduría. Ni tú ni tu iglesia podrán jamás imaginar cómo causar un impacto en el mundo, a favor de Cristo. Sin embargo, Dios sabe cómo hacerlo por medio de ti. Él guiará a tu iglesia para saber qué hacer, dónde ir y con quién aliarse para causarlo.

Ten cuidado de decir «¡esto es imposible!». Si así lo haces, dirás más de tu fe en Dios que de la capacidad de tu iglesia. Nunca reduzcas un mandamiento de Dios a un nivel en el que pienses que puedes obedecerlo. Cuando Dios te pida hacer algo imposible, ¡alégrate!, porque entonces, te llevará a un punto en el que experimentarás Su poder divino que obra a través de ti o, de lo contrario, fracasarás. ¡Sin dudas será una situación maravillosa y emocionante para ti!

Cuando María era adolescente y se le presentó el ángel, este le dijo que Dios iba a traer al mundo la salvación por medio del hijo de ella. Entonces, el ángel la tranquilizó con estas palabras: «porque nada hay imposible para Dios» (Luc. 1:37). Cuando Jesús ordenó a Sus seguidores que hicieran discípulos en todas las naciones, también les prometió: «[...] he aquí yo estoy con vosotros todos los días, hasta el fin del mundo» (Mat. 28:20).

Dios conoce mejor que nosotros lo que somos capaces de hacer. Obra constantemente en nuestra vida y nuestra iglesia para que confiemos en Él con una fe que sea de su agrado (ver Heb. 11:6.) Además, en nuestra debilidad, se manifiesta su fortaleza a un mundo expectante. (ver 2 Cor. 12:9-10). Los planes infalibles que podamos concebir no lograrán que el mundo se entregue a Cristo, sino nuestra obediencia fiel a un Dios todopoderoso.

Me he deleitado cuando el pueblo de Dios le toma la palabra y procura obedecerlo en cualquier cosa que los guíe a hacer. Hoy día, hay iglesias que llevan el evangelio a algunos de los lugares más peligrosos del mundo. Las personas dedican su tiempo de vacaciones para participar en viajes misioneros a fin de manifestar el amor de Dios a quienes nunca antes han visto a un cristiano. Asimismo, las iglesias invierten grandes porciones de sus finanzas en el reino de Dios alrededor del mundo.

FIELES EN LO POCO

Entonces, ¿cómo llevar una vida que cause un impacto en el mundo y en el reino de Dios? Como ya lo he dicho, solo Dios puede facultarte para hacerlo. Sin embargo, Él ha establecido ciertos principios bíblicos para demostrar la manera en que obra en la vida de las personas. Uno de esos principios es la verdad según la cual, si eres fiel en lo poco, Dios te confiará algo mayor. Jesús relató la parábola del amo que dejó a sus siervos a cargo de sus bienes mientras él se iba de viaje a un lugar lejano. A uno le asignó cinco talentos, a otro le asignó dos talentos, y a un tercero, un talento. (Aclaremos que un talento representaba una gran suma de dinero). Dos de los siervos hicieron lo correcto con lo que se les había dado, en tanto que el tercero no hizo lo mismo. A los dos siervos que fueron buenos administradores de lo que les asignó, el amo les respondió: «Bien, buen siervo y fiel; sobre poco has sido fiel, sobre mucho te pondré; entra en el gozo de tu señor» (Mat. 25:21).

El principio está claro: si eres fiel en las misiones de menor importancia que Dios te asigne, Él te encomendará algo mayor. He visto esta verdad manifestada en toda forma imaginable en la vida de las personas. En una ocasión, el gerente regional de una gran empresa me preguntó si Dios le había encomendado ese empleo por una razón específica. Le aseguré que así había sido, y agregué: «Pero, esto no termina aquí. Si es fiel en cumplir con todo lo que Dios planea para usted en este puesto, Él le confiará una mayor responsabilidad en Su reino». Como era de esperar, no tardaron en ascenderlo a director ejecutivo nacional. «¿Es esto lo que quiso decir?», preguntó. «No, eso es lo que Dios quiere decir; pero esto no termina aquí. Sea tan fiel como pueda con esta misión y vea luego lo que Dios está preparando para usted». Tiempo después, me dijo que le habían asignado la responsabilidad de todas las operaciones internacionales de su empresa. A partir de ese momento, se relacionaría con líderes mundiales y ejercería una influencia considerable en naciones enteras.

No creo que este hombre haya visto aún la medida en que Dios planea usar su vida para bendecir Su reino. Su empresa hace negocios en países que han estado cerrados para la fe cristiana o que le han impuesto restricciones. Siento que Dios se va a valer de este director ejecutivo y su influencia para contribuir a la extensión de Su reino alrededor del mundo. Este hombre puede conversar con líderes nacionales de países que arrestarían a misioneros cristianos si intentaran ingresar al país. Como empresario, puede representar a Cristo de maneras y en lugares que no serían posibles para la mayoría de las personas. Se le ha encomendado mucho y Dios tendrá grandes expectativas al respecto (Luc. 12:48). La obra de Dios no tiene límites cuando Sus siervos le son fieles en todo lo que Él les encomienda.

Dios sabe cómo usar tu vida para ejercer el máximo impacto a favor de Su reino. Tal vez, al principio no te dé una misión internacional a gran escala, pero no tengas dudas de que habrá planeado algo para que hagas. Quizás sea una tarea común y corriente. Podría no acarrear gran prestigio. No obstante, si cumples fielmente con todo lo que Dios te pide, no te sorprendas si te asigna algo nuevo con mayores ramificaciones. Sin embargo, recuerda siempre que toda misión de Dios es más de lo que merecemos. No te sientas ansioso por cumplir funciones cada vez más importantes. No sigas insistiendo ni pidiendo misiones de mayor magnitud, ni ejerciendo influencia ante otros para obtener puestos. Confía en que, cuando Dios se complazca por tu servicio fiel, Él te encomendará algo mayor en Su tiempo perfecto.

Resumen

Dios ama a todo el mundo. Constantemente, está en acción para extender Su reino. Este incluye a todo creyente en la tierra. Dios busca a aquellos cuya prioridad en su vida sea la búsqueda y la extensión de Su reino. A quienes sean fieles con las misiones que Dios les asigne se les encomendará algo mayor.

Cómo tener hoy una experiencia con Dios

Dedica algún tiempo para estudiar un mapa del mundo. Examina cada continente y observa los diversos países. ¿Cuáles de ellos has visitado? ¿A cuáles has ido en un viaje misionero? Pregúntale al Señor si debes hacer planes para ministrar de alguna manera en un país en particular. Tal vez, no puedas viajar a dicha nación, pero no hay duda de que puedes orar por ella e incluso patrocinar allí algún esfuerzo misionero. No olvides dedicar esta semana un tiempo considerable a interceder por aquellas naciones que Dios ponga en tu corazón. Investiga los diversos países y averigua todo lo que puedas sobre el reino de Dios allí.

PREGUNTAS PARA REFLEXIONAR

1. ¿Estás buscando el reino de Dios por encima de todo lo demás? ¿Cuál es la evidencia?
2. ¿Cómo ha usado Dios tu vida para producir un impacto en otra parte del mundo? ¿Qué nación ha puesto en tu corazón? ¿De qué manera podrías planear tu pronta participación en las misiones?
3. ¿Has sido fiel con lo que Dios te ha dado? ¿Cuál es la evidencia?
4. ¿Realmente crees que Dios puede causar un impacto en el mundo a través de tu vida y tu iglesia?

26

La experiencia con Dios debe ser permanente

Y a aquel que es poderoso para guardaros sin caída, y presentaros sin mancha delante de su gloria con gran alegría... (Jud. 24)

El comienzo, no el final

Hace casi 2000 años, dos hombres desalentados caminaban juntos hacia la aldea de Emaús, que quedaba a unos 11 km de Jerusalén (ver Luc. 24:13-35). Habían decidido seguir a Jesús y se habían entusiasmado con todo lo que Él hacía y enseñaba, pero de pronto, había sido arrebatado cruelmente. Ahora, se sentían desconcertados, sin saber qué hacer. De repente, un extraño se les sumó a su camino y les preguntó de qué hablaban. Le explicaron lo que había sucedido y que ya no podían seguir a Jesús de la manera en que lo habían planeado. Durante las horas siguientes, el extraño les explicó que los sucesos relativos a la muerte de Jesús no eran el final, sino el comienzo de una nueva y sensacional oportunidad para andar a diario con el Hijo de Dios. ¡El extraño era el mismo Cristo resucitado!

A menudo, algunas personas que han estudiado este material nos dicen que al terminar, experimentan alguna clase de decepción. Esto sucede, en especial, si se han estado reuniendo en forma regular con un pequeño grupo. Muchos nos dicen que lamentaron terminar el libro porque temen que su vida cristiana podría volver a los mismos modelos de antes del estudio. Quiero animarte, ya que no tiene por qué ser así. Tu encuentro con Cristo, a través de este material, no ha sido un final, sino un comienzo.

Mi oración es que Dios te haya mostrado que puedes tener la experiencia de una relación de amor con Él que sea real y se renueve a diario. Confío en que hayas aceptado el desafío de ver dónde está Dios en acción para unirte a Él. Espero que hayas hecho en tu vida los ajustes necesarios que Dios te haya pedido, y que lo estés obedeciendo en todo lo que te dijo que hicieras. Sin embargo, ¡todo esto es solo el comienzo! Hay mucho más que Dios desea que conozcas y experimentes de Él. Hay nuevas verdades que quiere que comprendas para que te hagan libre (ver Juan 8:32). Hay mucho más de la naturaleza, los propósitos y los caminos de Dios que Él aún desea revelar. Este curso debe ser el punto inicial de toda una nueva aventura de seguir a Cristo a diario.

Al llegar al final de este libro, hay varias preguntas importantes para hacernos pensar: ¿Cuáles son algunas de las cosas que Dios te ha enseñado sobre sí mismo mientras estudiabas este material? ¿Qué te ha revelado Dios sobre tu andar con Él? ¿Cuáles son algunos de los compromisos que has asumido ante Dios al estudiar este material?

Mientras te preparas para la próxima fase de tu andar con Dios, aquí hay algunas prácticas que te ayudarán a continuar con tu crecimiento espiritual:

1. *Permanece inmerso en la Palabra de Dios en forma regular.* Recuerda la instrucción de Dios a Josué: «Nunca se apartará de tu boca este libro de la ley, sino que de día y de noche meditarás en él, para que guardes y hagas conforme a todo lo que en él está escrito; porque entonces harás prosperar tu camino, y todo te saldrá bien» (Jos. 1:8). Practica el hábito de meditar a diario en la Palabra de Dios. Él tiene muchas verdades para revelar si le das la oportunidad. Efesios 5:26 pinta una imagen maravillosa de Cristo que prepara a la Iglesia como Su prometida. La Escritura dice: «... para santificarla, habiéndola purificado en el lavamiento del agua por la palabra». Cuando la Iglesia se sumerge en la Palabra de Dios, el Espíritu usa la Escritura para convencer y limpiar de pecado al pueblo de Dios a fin de que esté puro delante de Él. Dedicar tiempo regularmente al estudio bíblico permitirá que el Espíritu Santo te limpie de todo pecado y haga que te parezcas cada vez más a Cristo.

2. *Mantente activo y comprometido en una iglesia local que te ame y te ayude a crecer.* El libro de Hebreos nos exhorta así: «No dejando de congregarnos, como algunos tienen por costumbre, sino exhortándonos; y tanto más, cuanto

veis que aquel día se acerca» (Heb. 10:25). Dios hizo que los creyentes dependieran unos de otros. Apartado del resto del cuerpo de Cristo, no podrás experimentar todo lo que Dios ha planeado para ti. Rodéate de personas que tengan pasión por Cristo y Su Palabra, que estén dispuestas a animarte y a ayudarte a rendir cuentas por la palabra que Dios te haya dado.

3. *Ora regularmente.* Daniel se hizo el hábito de orar tres veces por día (ver Dan. 6:10). Como resultado, tenía una vida de oración poderosa en la cual Dios le respondía al momento en que comenzaba a hablar (ver Dan. 9:23). Una de las mejores maneras de evitar que se enfríe tu corazón es hablar regularmente con Dios. Cuando tengas comunión con Él, mantente concentrado en Dios y recuerda obedecerlo a diario. La oración es una comunicación de dos vías por la cual Dios también te habla. Es difícil hablar con Dios cada día y seguir pecando.

4. *Cumple las promesas que le hagas a Dios.* El libro de Eclesiastés advierte: «Cuando a Dios haces promesa, no tardes en cumplirla; porque él no se complace en los insensatos. Cumple lo que prometes. Mejor es que no prometas, y no que prometas y no cumplas» (Ecl. 5:4-5). En el curso de este libro, es posible que Dios te haya hablado y que, como respuesta, hayas asumido compromisos ante Él. Recuerda que Dios se toma sumamente en serio nuestras promesas. Dedica tiempo a repasar este libro y a enumerar los compromisos que hiciste. Conserva esa lista dentro de tu Biblia, donde puedas verla regularmente. Luego, dedícate a cumplir todo lo que le prometiste a Dios. Ten presente que una buena intención no es lo mismo que la obediencia, porque nada la sustituye.

5. *Medita en todo lo que Dios haya hecho en tu vida mientras leías este libro.* Es posible que Dios te haya hablado muchas veces, pero si no dejas que tu corazón absorba las verdades y que estas se arraiguen en tu vida, será como la semilla que cayó entre las piedras y pronto fue arrebatada (ver Mat. 13:20-21). Meditar en la Palabra de Dios significa permitir que Dios te explique y aplique en ti todo lo que te ha dicho. No basta con aceptar lo que Dios dice. Tienes que aplicar la Palabra de Dios en tu corazón y tu vida. Eso implica acción.

Por ejemplo, si Dios te habló del perdón, no es suficiente creer en el perdón. Tienes que pedirle a Él que examine tu corazón y tus relaciones para ver si hay alguien a quien no hayas perdonado de verdad. Si Dios te revela un nombre, pídele que te muestre qué acción emprender para reconciliarte. Luego, haz lo que te dice. No consideres la verdad de Dios como una doctrina en la cual creer, sino como una realidad que debe vivirse y experimentarse. Si Dios te reveló algunas verdades, en especial durante este estudio, no dejes que se pierdan al depositar este libro en un estante y continuar con tus actividades habituales. Identifica todas las verdades que Dios te mostró y luego medita en ellas hasta que estés seguro de que comprendes y experimentas todo lo que Dios se propuso cuando te reveló la verdad.

Palabras finales

[Mi oración es] ...que os dé, conforme a las riquezas de su gloria,
el ser fortalecidos con poder en el hombre interior por su Espíritu;
para que habite Cristo por la fe en vuestros corazones,
a fin de que, arraigados y cimentados en amor,
seáis plenamente capaces de comprender con todos los santos
cuál sea la anchura, la longitud, la profundidad y la altura,
y de conocer el amor de Cristo, que excede a todo conocimiento,
para que seáis llenos de toda la plenitud de Dios.
Y a Aquel que es poderoso para hacer todas las cosas mucho
más abundantemente de lo que pedimos o entendemos,
según el poder que actúa en nosotros, a él sea gloria en la iglesia
en Cristo Jesús por todas las edades, por los siglos de los siglos. Amén
(Ef. 3:16-21).

Al trabajar en este libro, mi oración ha sido que llegues a conocer a Dios de manera más íntima cuando experimentes Su acción en tu vida y a través de ella. ¿Dios te ha estado hablando? ¿Te ha enseñado, guiado o animado? ¿Te ha llamado a una relación de amor con Él? ¿Te ha invitado a participar en Su obra? ¿Puedes identificar lo que Dios ha hecho en tu vida? Mi oración es que puedas responder «sí» a estas preguntas.

Si Dios ha estado en acción en tu vida mientras leías el libro, te ha preparado para una comunión más íntima con Él y para nuevas misiones en Su reino. Espero que experimentes Su presencia y actividad en tu vida de un modo más profundo. Dios perfeccionará lo que haya comenzado en tu vida: «El que comenzó en vosotros la buena obra, la perfeccionará hasta el día de Jesucristo» (Fil. 1:6).

En Su gracia, Dios me ha permitido ser parte de Su obra en tu vida. Agradezco a Dios y lo alabo por todo lo que hará en ti y a través de ti en los días venideros.

Acerca de los autores

HENRY T. BLACKABY es fundador de *Blackaby Ministries International* y ex asistente especial de los presidentes de las siguientes agencias de la Convención Bautista del Sur de Estados Unidos: Junta de Misiones Internacionales, Junta de Misiones Norteamericanas y LifeWay Christian Resources. Su padre fue diácono y contribuyó a fundar iglesias en Canadá como pastor a medio tiempo.

Henry terminó sus estudios en la Universidad de British Columbia, en Vancouver, Canadá, y en el Seminario Teológico Bautista Golden Gate, en Mill Valley, California, Estados Unidos. También se le confirieron cuatro doctorados honoris causa. Antes de desempeñarse como pastor de la Iglesia Bautista Faith, en Saskatoon, Saskatchewan, Canadá, fue pastor de iglesias en las zonas de San Francisco y Los Ángeles (California, Estados Unidos). Asimismo, se desempeñó como director de misiones en Vancouver, British Columbia, Canadá. Ha disertado en iglesias y conferencias en 114 países. Asesora a directores ejecutivos cristianos de empresas del índice Fortune 500 (EE.UU.) y ha disertado en la Casa Blanca, el Pentágono y las Naciones Unidas.

Henry ha escrito numerosos libros como: *Experiencia con Dios: Cómo conocer y hacer la voluntad de Dios, edición revisada; Lo que el Espíritu le dice a la iglesia; Refrescante experiencia con Dios; Creado para ser amigo de Dios; El llamado de Dios: El propósito de Dios para todo creyente; La santidad y Una vida de oración con Jesús.*

Marilynn Wells es su esposa. Tienen cinco hijos: Richard, Thomas, Melvin, Norman y Carrie. Los cinco sirven a tiempo completo en el ministerio cristiano.

Para obtener mayor información sobre Henry Blackaby y su ministerio, escriba a: Blackaby Ministries International, P.O. Box 16338, Atlanta, GA 30321, Estados Unidos de América, llame al 770-603-2900, o visite el sitio web www.blackaby.org.

CLAUDE V. KING es Especialista en Discipulado Nacional de LifeWay Christian Resources en Nashville, Tennessee, Estados Unidos de América. Claude colaboró con T. W. Hunt para escribir *La mente de Cristo.* Ha escrito o colaborado en la autoría de unos 21 libros y cursos incluyendo: *Experiencia con Dios: Cómo conocer y hacer la voluntad de Dios, edición revisada; y Refrescante experiencia con Dios.* Claude se desempeña como vicepresidente del directorio de Final Command Ministries. Terminó sus estudios en la Universidad Belmont y en el Seminario Teológico Bautista de Nueva Orleáns.

RICHARD BLACKABY es el hijo mayor de Henry. Es diplomado en Filosofía y Letras, magíster en Divinidades, doctor en Filosofía. También ha recibido el título de doctor honoris causa. Ha servido como pastor y presidente de seminario, y actualmente, se desempeña como presidente de *Blackaby Ministries International.* Viaja a escala internacional para disertar sobre la vida cristiana y el liderazgo espiritual. Él y su esposa, Lisa, tienen tres hijos: Mike, Daniel y Carrie. Richard colaboró con su padre en la autoría de una docena de libros, entre los que se incluyen: *Cuando Dios habla; Llamado a ser un líder de Dios: Lecciones de la vida de Josué; Realidades: Siete verdades de la experiencia con Dios; y Experiencia con Dios, edición revisada.*

NOTAS: En este libro, Henry Blackaby es el autor principal del contenido. Claude King fue el editor principal de la versión original. Richard Blackaby dirigió la revisión y ampliación de la obra en 2008.

Apéndice

Nombres, títulos, y descripciones de Dios

Abogado para con el Padre (1 Jn. 2:1)
Adán, el postrer (1 Cor. 15:45)
Admirable, consejero (Isa. 9:6)
Alabanza, tu (Deut. 10:21)
Alabanzas de Israel, las (Sal. 22:3)
Alfa, el (Apoc. 1:8; 21:6)
Alfarero, el (Isa. 64:8; Rom. 9:21)
Altísimo sobre toda la tierra (Sal. 83:18)
Altísimo, el (Sal. 18:13; 92:1)
Amado, mi (Mat. 12:18)
Amén, el (Apoc. 3:14)
Amigo de publicanos y pecadores (Mat. 11:19)
Amo en los cielos, un (Col. 4:1)
Amor (1 Jn. 4:8)
Amparo del huérfano, el (Sal. 10:14)
Amparo y fortaleza, nuestro (Sal. 46:1)
Anciano de días, el (Dan. 7:22)
Apóstol y sumo sacerdote de nuestra profesión (Heb. 3:1)
Apoyo, mi (2 Sam. 22:19; Sal. 18:18)
Aquel que es poderoso para guardaros sin caída (Jud. 24)
Aquel que es poderoso para... presentaros sin mancha... (Jud. 24)
Aquel que levantó de los muertos a Jesús (Rom. 8:11)
Arquitecto y constructor (Heb. 11:10)
Arras, las (2 Cor. 1:22; 5:5)
Aurora, la (Luc. 1:78)
Autor de eterna salvación, el (Heb. 5:9)

Autor de la vida, el (Hech. 3:15)
Autor y consumador de la fe (Heb. 12:2)
Ayuda, mi (Sal. 27:9; 40:17)
Ayuda, nuestra (Sal. 33:20)
Bienaventurado y solo Soberano, el (1 Tim. 6:15)
Buen espíritu, tu (Neh. 9:20)
Buen pastor, el (Juan 10:11)
Cabeza de la Iglesia (Ef. 5:23)
Cabeza de todo principado y potestad, la (Col. 2:10)
Cabeza del ángulo (Mat. 21:42; Mar. 12:10)
Cabeza del cuerpo que es la Iglesia, la (Col. 1:18)
Cabeza, la (Ef. 4:15; Col. 2:19)
Camino, el (Juan 14:6)
Cántico, mi (Sal. 118:14)
Carpintero, el (Mar. 6:3)
Castillo mío (Sal. 18:2; 91:2)
Cetro (Núm. 24:17)
Cimiento estable (Isa. 28:16)
Consolación de Israel, la (Luc. 2:25)
Consolador, el (Juan 14:26)
Consolador, otro (Juan 14:16)
Consolador, vuestro (Isa. 51:12)
Cordero de Dios, el (Juan 1:29)
Cordero que fue inmolado, el (Apoc. 5:12)
Cordero sin mancha y sin contaminación, un (1 Ped. 1:19)
Cordero, el (Apoc. 5:8)
Cordero, un (Apoc. 5:6)
Corona de gloria (Isa. 28:5; 62:3)
Creador de Israel (Isa. 43:15)
Creador de los cielos y de la tierra (Gén. 14:22)
Creador, tu (Ecl. 12:1)
Creó los confines de la tierra, el cual (Isa. 40:28)
Cristo de Dios (Luc. 9:20)
Cristo Jesús, mi Señor (Fil. 3:8)
Cristo, el (Mat. 16:16)
Cristo, el escogido de Dios (Luc. 23:35)
Cual hizo los cielos y la tierra, el mar..., el (Sal. 146:6)

Dador de la ley, el (Sant. 4:12)
Defensa, mi (Sal. 59:9)
Defensor de viudas (Sal. 68:5)
Deseado de todas las naciones, el (Hag. 2:7)
Diadema de hermosura (Isa. 28:5)
Diadema de reino (Isa. 62:3)
Dios (Gén. 1:1; Juan 1:1)
Dios Altísimo (Gén. 14:18)
Dios arriba en el cielo y abajo en la tierra
(Deut. 4:39; Jos. 2:11)
Dios celoso (Ex. 34:14; Deut. 4:24)
Dios de Abraham, de Isaac y de Jacob (Ex. 3:16)
Dios de Abraham, el (Sal. 47:9)
Dios de Daniel (Dan. 6:26)
Dios de David tu padre (2 Reyes 20:5)
Dios de dioses (Deut. 10:17)
Dios de Israel (Ex. 24:10; 1 Crón. 17:24; Mat. 15:31)
Dios de Jacob (Sal. 20:1)
Dios de Jesurún (Israel) (Deut. 33:26)
Dios de la tierra (Gén. 24:3)
Dios de las venganzas (Sal. 94:1)
Dios de los cielos (Gén. 24:3; Sal. 136:26)
Dios de los cielos, fuerte, grande y temible (Neh. 1:5)
Dios de los ejércitos (El Sabaot) (Sal. 80:7)
Dios de los escuadrones de Israel (1 Sam. 17:45)
Dios de los espíritus de toda carne (Núm. 16:22; 27:15)
Dios de los hebreos (Ex. 5:3)
Dios de mi fortaleza (Sal. 43:2)
Dios de mi justicia (Sal. 4:1)
Dios de mi misericordia, el (Sal. 59:10)
Dios de mi padre Abraham (Gén. 32:9)
Dios de mi padre Isaac (Gén. 32:9)
Dios de mi salvación (Sal. 18:46; 51:14; 88:1)
Dios de Nacor (Gén. 31:53)
Dios de nuestro Señor Jesucristo, el (Ef. 1:17)
Dios de nuestros padres, el (Deut. 26:7)
Dios de paz (Rom. 16:20; 1 Tes. 5:23)

Dios de retribuciones (Jer. 51:56)
Dios de Sadrac, Mesac y Abed-nego (Dan. 3:28)
Dios de toda carne (Jer. 32:27)
Dios de toda consolación (2 Cor. 1:3)
Dios de toda gracia (1 Ped. 5:10)
Dios de toda la tierra (Isa. 54:5)
Dios de todos los reinos de la tierra (2 Rey. 19:15)
Dios de tu salvación, el (Isa. 17:10)
Dios de tus padres (Deut. 1:21)
Dios de verdad (Sal. 31:5)
Dios de verdad, y sin ninguna iniquidad en él (Deut. 32:4)
Dios de vivos (Mat. 22:32)
Dios del cielo y de la tierra (Esd. 5:11)
Dios de gloria, el (Sal. 29:3)
Dios el Padre (Juan 6:27)
Dios el único soberano (Jud. 4)
Dios fiel (Deut. 7:9)
Dios Fuerte (Isa. 9:6)
Dios grande (Deut. 10:17)
Dios grande, digno de ser temido (Dan. 9:4)
Dios nuestro padre (Ef. 1:2)
Dios perdonador (Sal. 99:8)
Dios que hace maravillas (Sal. 77:14)
Dios que venga mis agravios, el (Sal. 18:47)
Dios sobre Israel (2 Sam. 7:26)
Dios Todopoderoso (El Shaddai) (Gén. 17:1)
Dios verdadero (Jer. 10:10)
Dios vivo (Jer. 10:10)
Dios vivo y verdadero (1 Tes. 1:9)
Dios y Padre de nuestro Señor Jesucristo (Ef. 1:3)
Dios y Salvador Jesucristo, nuestro (2 Ped. 1:1)
Dios, fortaleza nuestra (Sal. 81:1)
Dios, mi rey (Sal. 145:1)
Dios, nuestro Salvador (Jud. 25)
Dios, roca mía (Sal. 42:9)
Dios, salvación nuestra (1 Crón. 16:35; Sal. 85:4)
Dios, vuestro (Juan 20:17)

Dios... es fiel con los santos (Os. 11:12)
Don inefable (2 Cor. 9:15)
Don, el mismo (Hech. 11:17)
Él hizo la Osa, el Orión y las Pléyades... (Job 9:9)
Emanuel (Dios con nosotros) (Mat. 1:23)
Escogido de Dios, el (Luc. 23:35)
Escogido, mi (Isa. 42:1)
Escudo alrededor de mí (Sal. 3:3)
Escudo, mi (Sal. 18:2; 28:7)
Escudo, nuestro (Sal. 33:20)
Espada de tu triunfo (Deut. 33:29)
Esperanza de Israel (Jer. 14:8; Hech. 28:20)
Esperanza de su pueblo, la (Joel 3:16)
Esperanza de sus padres (Jer. 50:7)
Esperanza de todos los términos de la tierra (Sal. 65:5)
Esperanza, mi (Sal. 71:5)
Espíritu de adopción, el (Rom. 8:15)
Espíritu de conocimiento y de temor de Jehová (Isa. 11:2)
Espíritu de consejo y de poder (Isa. 11:2)
Espíritu de Cristo, el (Rom. 8:9)
Espíritu de devastación (Isa. 4:4)
Espíritu de Dios, el (Gén. 1:2; Mat. 3:16)
Espíritu de gracia y de oración (Zac. 12:10)
Espíritu de gracia, el (Heb. 10:29)
Espíritu de Jehová, el (Isa. 11:2)
Espíritu de Jesucristo, el (Fil. 1:19)
Espíritu de juicio (Isa. 4:4; 28:6)
Espíritu de nuestro Dios, el (1 Cor. 6:11)
Espíritu de sabiduría y de inteligencia (Isa. 11:2)
Espíritu de sabiduría y de revelación (Ef. 1:17)
Espíritu de sabiduría, el (Deut. 34:9)
Espíritu de santidad, el (Rom. 1:4)
Espíritu de Su Hijo, el (Gál. 4:6)
Espíritu de verdad, el (Juan 14:17; 15:26)
Espíritu de vida, el (Rom. 8:2)
Espíritu de vuestro Padre, el (Mat. 10:20)
Espíritu del Dios vivo, el (2 Cor. 3:3)

Espíritu es el que da testimonio, el (1 Jn. 5:6)
Espíritu eterno, el (Heb. 9:14)
Espíritu nuevo, un (Ezeq. 11:19; 18:31)
Espíritu que él ha hecho morar en nosotros, el (Sant. 4:5)
Espíritu Santo de Dios, el (Ef. 4:30)
Espíritu Santo, el (Juan 14:26; Sal. 51:11)
Espíritu vivificante (1 Cor. 15:45)
Espíritu, el (Núm. 11:17; Hech. 16:7)
Espíritu, mi (Gén. 6:3; Mat. 12:18)
Espíritu, Su (Núm. 11:29; Ef. 3:16)
Espíritu, tu (Neh. 9:30)
Esposo, el (Mat. 9:15)
Estrella (Núm. 24:17)
Estrella resplandeciente de la mañana, la (Apoc. 22:16)
Fiador de un mejor pacto (Heb. 7:22)
Fiel creador (1 Ped. 4:19)
Fiel y verdadero (Apoc. 19:11)
Fin, el (Apoc. 21:6)
Fortaleza al menesteroso en su aflicción (Isa. 25:4)
Fortaleza al pobre (Isa. 25:4)
Fortaleza de los siglos, la (Isa. 26:4)
Fortaleza de mi vida, la (Sal. 27:1)
Fortaleza mía (Sal. 18:2)
Fortaleza, mi (Sal. 28:7; 118:14)
Fuego consumidor (Deut. 4:24; Isa. 33:14)
Fuente de agua viva (Jer. 2:13)
Fuerte de Jacob, el (Gén. 49:24; Sal. 132:2,5)
Fuerte de mi salvación (2 Sam. 22:3)
Fundamento (1 Cor. 3:11)
Galardón será sobremanera grande, tu (Gén. 15:1)
Gloria de Israel, la (1 Sam. 15:29)
Gloria, Su (Sal. 106:20; Jer. 2:11)
Gloria, tu (Isa. 60:19)
Glorioso Espíritu de Dios, el (1 Ped. 4:14)
Gran Dios y Salvador Jesucristo, nuestro (Tito 2:13)
Gran pastor de las ovejas, el (Heb. 13:20)
Gran rey (Sal. 48:2; Mat. 5:35)

Gran sacerdote sobre la casa de Dios (Heb. 10:21)
Gran sumo sacerdote (Heb. 4:14)
Grande en misericordia y verdad (Ex. 34:6)
Guardador suyo en el tiempo de la aflicción (de Israel) (Jer. 14:8)
Guía, nuestro (Sal. 48:14)
Guiador, un (gobernador) (Mat. 2:6)
Habitación, tu (Sal. 91:9)
Hacedor de todo, el (Jer. 10:16)
Hacedor, mi (Job 32:22; 35:10)
Hacedor, nuestro (Sal. 95:6)
Hacedor, Su (Proverbios 14:31)
Hacedor, tu (Isa. 54:5)
Hecho por Dios sabiduría (1 Cor. 1:30)
Heredad, Su (Ezeq. 44:28)
Heredero de todo (Heb. 1:2)
Hermano de Jacobo, de José, de Judas y de Simón (Mar. 6:3)
Hijo amado, mi (Mar. 1:11)
Hijo de Abraham (Mat. 1:1)
Hijo de David (Mat. 1:1; Luc. 20:41)
Hijo de Dios (Juan 1:49; 1 Jn. 4:9)
Hijo de María (Mar. 6:3)
Hijo del Bendito, el (Mar. 14:61)
Hijo del carpintero, el (Mat. 13:55)
Hijo del Dios Altísimo (Mar. 5:7)
Hijo del Dios viviente (Mat. 16:16)
Hijo del hombre, el (Mat. 12:40; 24:27)
Hombre [era] justo, este (Luc. 23:47)
Hombre, el (Juan 19:5)
Imagen de Dios, la (2 Cor. 4:4)
Imagen del Dios invisible, la (Col. 1:15)
Imagen misma de su sustancia (Heb. 1:3)
Inmortal (1 Tim. 1:17)
Invisible (1 Tim. 1:17)
Ishi (mi marido) (Os. 2:16)
Jefe y por maestro a las naciones, por (Isa. 55:4)
Jehová de los ejércitos (Sal. 24:10)
Jehová Dios (Gén. 2:4; 1 Crón. 13:6; Sal. 85:8)

Jehová Dios de Abraham, de Isaac y de Israel (1 Rey. 18:36)
Jehová Dios de los dioses (Jos. 22:22)
Jehová Dios de los ejércitos (2 Sam. 5:10)
Jehová Dios eterno (Gén. 21:33; Isa. 40:28)
Jehová el Altísimo (Sal. 7:17)
Jehová es mi estandarte (Jehová-nisi) (Ex. 17:15)
Jehová es paz (Jehová-salom) (Jue. 6:24)
Jehová nuestro Dios (Jos. 24:24)
Jehová nuestro Hacedor (Sal. 95:6)
Jehová para con nosotros fuerte (Isa. 33:21)
Jehová proveerá (Gén. 22:14)
Jehová que os santifico (Ex. 31:13)
Jehová será mi Dios (Gén. 28:21)
Jehová sobre Israel (1 Crón. 28:5)
Jehová tu Hacedor (Isa. 51:13)
Jehová tu sanador (Ex. 15:26)
Jehová vuestro Dios (Lev. 11:44)
Jehová, Dios de Israel (1 Crón. 29:10)
Jehová, escudo nuestro (Sal. 59:11)
Jehová, fuerte, misericordioso y piadoso (Ex. 34:6)
Jehová, justicia nuestra (Jer. 23:6; 33:16)
Jehová, que hizo los cielos y la tierra (Sal. 115:15; 121:2)
Jehová, roca mía (Sal. 28:1)
Jehová, Señor de toda la tierra (Jos. 3:13)
Jesucristo (Juan 1:17; Hech. 2:38)
Jesucristo de Nazaret (Hech. 4:10)
Jesucristo hombre (1 Tim. 2:5)
Jesucristo nuestro Salvador (Tito 3:6)
Jesús (Mat. 1:21)
Jesús de Nazaret (Juan 6:42; 19:19)
Jesús, Salvador (Hech. 13:23)
Juez de la tierra (Sal. 94:2)
Juez de toda la tierra (Gén. 18:25)
Juez de vivos y muertos (Hech. 10:42)
Juez justo (Sal. 7:11; 2 Tim. 4:8)
Juez, el (Jue. 11:27)
Juez, nuestro (Isa. 33:22)

Justificación, santificación y redención (1 Cor. 1:30)
Justo, el (Hech. 7:52)
Justo, ese (Mat. 27:19)
Labrador, el (Juan 15:1)
Lámpara, mi (2 Sam. 22:29)
Lazo y por red, por (Isa. 8:14)
Legislador, nuestro (Isa. 33:22)
León de la tribu de Judá, el (Apoc. 5:5)
Libertador, el (Rom. 11:26)
Libertador, mi (2 Sam. 22:2; Sal. 18:2)
Lirio de los valles, el (Cant. 2:1)
Lucero de la mañana, el (2 Ped. 1:19)
Luz (1 Jn. 1:5)
Luz de la vida, la (Juan 8:12)
Luz de las naciones (Isa. 42:6)
Luz de los hombres, la (Juan 1:4)
Luz del mundo, la (Juan 8:12)
Luz para revelación a los gentiles (Luc. 2:32)
Luz perpetua (Isa. 60:19)
Luz verdadera (Juan 1:9)
Luz, gran (Isa. 9:2)
Maestro (Luc. 5:5)
Maestro (Mat. 26:18; Mar. 9:17)
Magnífica gloria, la (2 Ped. 1:17)
Majestad en las alturas, la (Heb. 1:3)
Marido, tu (Isa. 54:5)
Más que Jonás (Mat. 12:41)
Más que Salomón (Mat. 12:42)
Mayor que el templo, uno (Mat. 12:6)
Mediador (1 Tim. 2:5)
Mediador de un nuevo pacto (Heb. 9:15)
Médico (Luc. 4:23)
Mensajero, mi (Mal. 3:1)
Mesías Príncipe, el (Dan. 9:25)
Mesías, el (Juan 1:41)
Miedo, vuestro (Isa. 8:13)
Misericordioso y fiel sumo sacerdote (Heb. 2:17)

Mismo espíritu de fe, el (2 Cor. 4:13)
Morada de justicia (Jer. 50:7)
Nazareno (Mat. 2:23)
Niño Jesús (Luc. 2:27)
Nos consuela (2 Cor. 1:4)
Ofrenda y sacrificio a Dios (Ef. 5:2)
Óleo de alegría (Heb. 1:9)
Omega, la (Apoc. 1:8)
Oyes la oración (Sal. 65:2)
Pacto al pueblo (Isa. 42:6)
Padre (Mat. 11:25)
Padre de gloria, el (Ef. 1:17)
Padre de huérfanos (Sal. 68:5)
Padre de las luces, el (Sant. 1:17)
Padre de los espíritus, el (Heb. 12:9)
Padre es el que me glorifica, mi (dicho por Jesús) (Juan 8:54)
Padre Eterno (Isa. 9:6)
Padre justo (Juan 17:25)
Padre santo (Juan 17:11)
Padre, a Israel (Jer. 31:9)
Padre, mi (Juan 8:54)
Padre, nuestro (Isa. 64:8)
Padre, tu (Deut. 32:6; Juan 20:17)
Pan de vida, el (Juan 6:35)
Pan del cielo, verdadero (Juan 6:32)
Pascua, nuestra (1 Cor. 5:7)
Pastor de Israel (Sal. 80:1)
Pastor y Obispo de vuestras almas, el (1 Ped. 2:25)
Pastor, un (Ecl. 12:11)
Paz, nuestra (Ef. 2:14)
Pendón a los pueblos (Isa. 11:10)
Piedra de tropiezo (1 Ped. 2:8)
Piedra para tropezar (Isa. 8:14; 1 Ped. 2:8)
Piedra probada, angular, preciosa (Isa. 28:16)
Piedra que desecharon los edificadores, la
(Mat. 21:42; Mar. 12:10; 1 Ped. 2:7)
Piedra viva (1 Ped. 2:4)

Poder de Dios (1 Cor. 1:24)
Poder del Altísimo, el (Luc. 1:35)
Poderoso Salvador (Luc. 1:69)
Porción de Jacob, la (Jer. 10:16)
Porción de mi herencia, la (Sal. 16:5)
Porción en la tierra de los vivientes, mi (Sal. 142:5)
Porción, mi (Sal. 119:57)
Posesión, su (del sacerdote) (Ezeq. 44:28)
Postrero, el (Isa. 44:6; Apoc. 22:13)
Primero de la resurrección de los muertos, el (Hech. 26:23)
Primero, el (Isa. 44:6; Apoc. 22:13)
Primicias de los que durmieron (1 Cor. 15:20)
Primogénito de entre los muertos, el (Col. 1:18)
Primogénito de toda creación, el (Col. 1:15)
Primogénito entre muchos hermanos, el (Rom. 8:29)
Principal piedra del ángulo, escogida, preciosa, la (1 Ped. 2:6; Ef. 2:20)
Príncipe de los ejércitos, el (Dan. 8:11)
Príncipe de los pastores, el (1 Ped. 5:4)
Príncipe de los príncipes, el (Dan. 8:25)
Príncipe de paz (Isa. 9:6)
Príncipe del ejército de Jehová, el (Jos. 5:15)
Príncipe y Salvador (Hech. 5:31)
Principio de la creación de Dios, el (Apoc. 3:14)
Principio, el (Apoc. 21:6)
Profeta que había de venir al mundo, el (Juan 6:14)
Profeta, de Nazaret, el (Mat. 21:11)
Profeta, el (Juan 7:40)
Promesa del Espíritu Santo, la (Hech. 2:33)
Promesa del padre, la (Hech. 1:4)
Pronto auxilio en las tribulaciones (Sal. 46:1)
Propiciación por nuestros pecados, la (1 Jn. 2:2)
Puerta de las ovejas, la (Juan 10:7)
Puerta, la (Juan 10:9)
Que anuncia al hombre Su pensamiento, el (Amós 4:13)
Que borro tus rebeliones, el (Isa. 43:25)
Que da victoria a los reyes, el (Sal. 144:10)
Que en nuestro abatimiento se acordó de nosotros, el (Sal. 136:23)

Que es desde el principio, el (1 Jn. 2:13)
Que es tan justo, el (Job 34:17)
Que es y que era y que ha de venir, el (Apoc. 1:4)
Que escudriña la mente y el corazón, el (Apoc. 2:23)
Que escudriña los corazones, el (Rom. 8:27)
Que está preparado para juzgar a los vivos y a los muertos, el (1 Ped. 4:5)
Que está sentado en el trono, el (Apoc. 5:13)
Que estuvo muerto y vivió, el (Apoc. 2:8)
Que forma los montes y crea el viento, el (Amós 4:13)
Que habitas en los cielos (Sal. 123:1)
Que hace oscurecer el día como noche, el (Amós 5:8)
Que hizo todas las cosas, el (Heb. 3:4)
Que juzgas con justicia, que escudriñas... (Jer. 11:20)
Que llama a las aguas del mar, el (Amós 5:8)
Que me libra de mis enemigos, el (Sal. 18:47-48)
Que me ve, el (Gén. 16:13)
Que nos amó, y nos lavó de nuestros pecados, el (Apoc. 1:5–6)
Que ora por los transgresores, el (Isa. 53:12)
Que revela los misterios, el (Dan. 2:28)
Que santifica, el (Heb. 2:11)
Que tiene los siete espíritus de Dios, el (Apoc. 3:1)
Que viene en el nombre de Jehová, el (Sal. 118:26)
Que vive por los siglos de los siglos, el (Apoc. 10:6)
Que vive por los siglos, el (Dan. 12:7)
Que vivo, el (Apoc. 1:18)
Que vuelve las tinieblas en mañana, el (Amós 5:8)
Rabí (Juan 3:2)
Raboni (Maestro) (Juan 20:16)
Raíz de David, la (Apoc. 5:5)
Raíz de Isaí, la (Isa. 11:10; Rom. 15:12)
Raíz y el linaje de David, la (Apoc. 22:16)
Recto (Isa. 26:7)
Redentor perpetuo es tu nombre, nuestro (Isa. 63:16)
Redentor, mi (Job 19:25; Sal. 19:14)
Redentor, nuestro (Isa. 47:4)
Redentor, Su (Sal. 78:35)
Redentor, tu (Isa. 41:14)

Refugio (Sal. 90:1)
Refugio contra el turbión (Isa. 25:4)
Refugio del pobre (Sal. 9:9)
Refugio en el día de mi angustia (Sal. 59:16)
Refugio mío en el tiempo de la aflicción (Jer. 16:19)
Refugio para el tiempo de angustia (Sal. 9:9)
Refugio salvador de Su ungido, el (Sal. 28:8)
Refugio, mi (2 Sam. 22:3; Sal. 32:7)
Refugio, nuestro (Sal. 46:7)
Refugio... en el día malo, mi (Jer. 17:17)
Renuevo de Jehová, el (Isa. 4:2)
Renuevo justo (Jer. 23:5)
Renuevo, el (Zac. 6:12)
Rescate por todos (1 Tim. 2:6)
Resplandor de su gloria, el (Heb. 1:3)
Resurrección y la vida, la (Juan 11:25)
Rey de gloria, el (Sal. 24:7)
Rey de Israel (Sofonías 3:15; Juan 1:49)
Rey de las naciones (Jer. 10:7)
Rey de los judíos, el (Mat. 27:11; Juan 18:39; 19:9)
Rey de los santos (Apoc. 15:3)
Rey de reyes (Apoc. 19:16; 1 Tim. 6:15)
Rey de toda la tierra (Sal. 47:7)
Rey del cielo, el (Dan. 4:37)
Rey desde tiempo antiguo, mi (Sal. 74:12)
Rey eterno (Jer. 10:10)
Rey grande sobre toda la tierra (Sal. 47:2)
Rey grande sobre todos los dioses (Sal. 95:3)
Rey que viene en el nombre del Señor, el (Luc. 19:38)
Rey, mi (Sal. 44:4)
Rey, nuestro (Isa. 33:22)
Rey, tu (Mat. 21:5; Isaías 43:15)
Roca de Israel, la (Gén. 49:24; 2 Sam. 23:3)
Roca de mi confianza (Sal. 94:22)
Roca de mi corazón, la (Sal. 73:26)
Roca de mi salvación, la (Sal. 89:26)
Roca de nuestra salvación, la (Sal. 95:1)

Roca de su salvación (Deut. 32:15)
Roca espiritual, la (1 Cor. 10:4)
Roca fuerte, y mi refugio, mi (Sal. 62:7)
Roca mía (Sal. 18:2)
Roca, la (Deut. 32:4)
Rosa de Sarón, la (Cant. 2:1)
Sabiduría de Dios (1 Cor. 1:24)
Sacerdote para siempre, según el orden de Melquisedec (Heb. 5:6)
Salvación, mi (Ex. 15:2; Sal. 27:1)
Salvación, tu (Luc. 2:30)
Salvador de todos los hombres (1 Tim. 4:10)
Salvador del mundo, el (Juan 4:42)
Salvador mío (2 Sam. 22:3)
Salvador, su (de la Iglesia) (Ef. 5:23)
Salvador, su (Isa. 63:8)
Salvador, tu (Isa. 43:3)
Santo de Dios, el (Luc. 4:34)
Santo de Israel (Sal. 71:22; Isa. 41:14)
Santo de los santos, el (Dan. 9:24)
Santo Espíritu, su (Isa. 63:10)
Santo Hijo (Hech. 4:27)
Santo Hijo Jesús (Hech. 4:27)
Santo Ser, el (Luc. 1:35; 1 Juan 2:20; Isa. 43:15)
Santo y el Justo, el (Hech. 3:14)
Santuario (Isa. 8:14)
Segundo hombre, el (1 Cor. 15:47)
Seguridad mía desde mi juventud (Sal. 71:5)
Sello, un (Ef. 1:13)
Señor Jesucristo (Gál. 1:3; Sant. 2:1)
Señor (Adonai) (Sal. 54:4)
Señor (Jehová) (Gén. 15:6)
Señor (Luc. 2:11)
Señor así de los muertos como de los que viven (Rom. 14:9)
Señor de gloria, el (1 Cor. 2:8)
Señor de la mies (Mat. 9:38)
Señor de los reyes (Dan. 2:47)
Señor de paz, el (2 Tes. 3:16)

Señor de señores (Deut. 10:17; 1 Tim. 6:15;
Apoc. 17:14; 19:16)
Señor del cielo y de la tierra (Mat. 11:25)
Señor del día de reposo (Mat. 12:8; Luc. 6:5)
Señor Dios Todopoderoso (Apoc. 15:3)
Señor Jesucristo nuestra esperanza (1 Tim. 1:1)
Señor Jesucristo, nuestro (Rom. 1:3)
Señor Jesús (Luc. 24:3; Hech. 7:59)
Señor mío (Juan 20:28)
Señor y Salvador Jesucristo, el (2 Ped. 2:20)
Señor y Salvador, el (2 Ped. 3:2)
Siervo de la circuncisión (Rom. 15:8)
Siervo justo, mi (Isa. 53:11)
Siervo, mi (Mat. 12:18)
Siete espíritus de Dios, los (siete veces el espíritu) (Apoc. 5:6)
Simiente de Dios (1 Jn. 3:9)
Simiente, la (Gál. 3:19)
Simiente, su (de Abraham) (Gál. 3:16)
Soberano de los reyes de la tierra, el (Apoc. 1:5)
Sol y escudo (Sal. 84:11)
Sombra a tu mano derecha, tu (Sal. 121:5)
Sombra contra el calor (Isa. 25:4)
Soplo del Omnipotente, el (Job 32:8; 33:4)
Sumo sacerdote para siempre (Heb. 6:20)
Tardo para la ira (Ex. 34:6)
Temible, el (Sal. 76:11)
Temor de Isaac (Gén. 31:42)
Temor, vuestro (Isa. 8:13)
Testigo a los pueblos (Isa. 55:4)
Testigo fiel y verdadero (Apoc. 3:14)
Testigo fiel, el (Apoc. 1:5)
Testigo, mi (Job 16:19)
Todo, el (Col. 3:11)
Todopoderoso, el (Job 5:17)
Torre fuerte delante del enemigo (Sal. 61:3)
Ungido (Sal. 2:2; Hech. 4:27)
Único y sabio Dios (1 Tim. 1:17)

Unigénito del Padre, el (Juan 1:14)
Varón aprobado por Dios (Hech. 2:22)
Varón de dolores (Isa. 53:3)
Vástago, un (Isa. 11:1)
Venido de Dios como maestro (Juan 3:2)
Verbo de Dios, el (Apoc. 19:13)
Verbo de vida, el (1 Jn. 1:1)
Verbo, el (logos) (Juan 1:1)
Verdad, la (Juan 14:6)
Vid verdadera, la (Juan 15:1)
Vid, la (Juan 15:5)
Vida eterna, la (1 Jn. 5:20)
Vida, la (Juan 14:6)
Vida, nuestra (Col. 3:4)
Voz de Jehová (Sal. 29:3)
Voz del Omnipotente, la (El Shaddai) (Ezeq. 1:24)
Yo soy (Ex. 3:14; Juan 8:58)
Yo soy el que soy (Ex. 3:14)

NOTAS

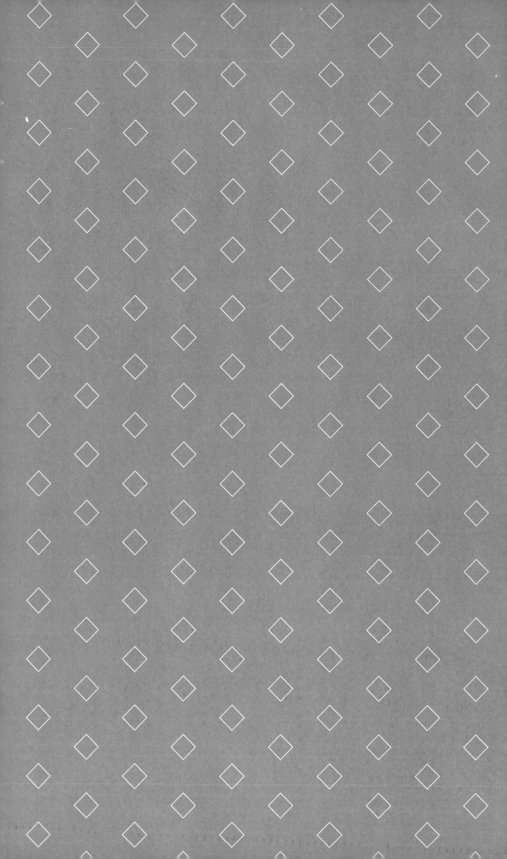